*Hedwig Wyss*

# Berner Kochbuch

*Hedwig Wyss*

**Berner Kochbuch**

*ISBN/EAN: 9783944350066*

*Auflage: 1*

*Erscheinungsjahr: 2013*

*Erscheinungsort: Bremen, Deutschland*

*@ Kochbuch-Verlag in Access Verlag GmbH, Fahrenheitstr. 1, 28359 Bremen. Alle Rechte beim Verlag und bei den jeweiligen Lizenzgebern.*

# Berner Kochbuch

oder

## Anleitung

die

im gewöhnlichen Leben sowohl als bei Festanlässen üblichen Speisen auf die schmackhafteste Art zuzubereiten.

Herausgegeben

von

**L. Rytz, geb. Dick.**

Fünfzehnte Auflage

neu bearbeitet und vermehrt

durch

**Hedwig Rytz.**

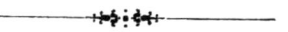

Bern.
Druck und Verlag von K. J. Wyß.
1893.

# Vorwort der Verfasserin
## zur ersten Auflage.

Einzig die vielfachen Aufforderungen von Freunden und Bekannten konnten mich bewegen, diese Anleitung zum Kochen und Zubereiten der Speisen für angehende, in der Küche noch unerfahrene junge Hausfrauen niederzuschreiben. Eigene und die Erfahrungen anderer bewährter Hausfrauen, denen ich hiermit für ihre gefälligen zuvorkommenden Mittheilungen meinen verbindlichsten Dank abstatte, leiteten mich, so daß keine Zubereitungsart irgend einer Speise aufgenommen worden ist, die sich nicht als bewährt ausgewiesen, und bei uns meistentheils üblich und beliebt wäre.

Wenn ich an manchen Orten vielleicht zu weitläufig gewesen bin, so mag das gerade im Zwecke und in der Bestimmung dieses Buches, Solchen, die im Kochen noch keine Erfahrung haben, eine deutliche und umständliche Anleitung zu geben, seine Rechtfertigung und Entschuldigung finden, und zwar, ich hoffe es, gewiß auch in den Augen derer, die des Kochens bereits kundig sind und die ich deßhalb um Nachsicht bitte. Die gleiche Nachsicht muß ich auch in Hinsicht des Styls in Anspruch nehmen, der Vieles zu wünschen übrig läßt, hoffe aber, daß deß=

halb dem Buche keine ernstlichen Vorwürfe werden gemacht werden, da wohl Niemand in einem Kochbuch, wo sich's um Rezepte handelt, einen schönen fehlerfreien Styl suchen wird.

Möge das Buch für manche angehende Hausfrau einigen Werth erhalten und ihr nützlich werden, das ist der angelegentlichste Wunsch der

**Verfasserin.**

Bern, im November 1834.

———•———

# Vorwort
## zur vierzehnten Auflage.

Nur mit großem Zagen habe ich auf Wunsch des Verlegers es unternommen, diese neue Auflage des Kochbuches meiner l. Großmutter durchzusehen, Fehler, die sich durch die vielen Auflagen eingeschlichen, zu beseitigen und einige neue Rezepte einzuschalten. Wohl bleibt noch manches zu wünschen übrig, und ich bitte die Berner Hausfrauen und Töchter recht um Nachsicht, hoffend, daß ihnen das Buch dennoch oft hülfreich und rathgebend zur Seite stehen möge.

Die Enkelin der Verfasserin:<br>**Hedwig Ryk.**

Bern, im Dezember 1886.

# Register über die Hauptrubriken.

| | Seite. |
|---|---|
| Suppen | 1 |
| Gemüse | 20 |
| Aller Arten Chaufferette-Gemüse | 27 |
| Kartoffeln auf verschiedene Art | 34 |
| Salat und Eingemachtes zu Salat | 44 |
| Ragouts und allerlei von Kalbfleisch | 58 |
| Allerlei Knöpflein (Kügelchen) zu Suppen und Ragouts | 89 |
| Rindfleisch auf verschiedene Art zuzubereiten | 92 |
| Schaffleisch auf verschiedene Art zuzurüsten | 111 |
| Geflügel en ragoût | 120 |
| Gebratenes Geflügel | 130 |
| Fische, Schnecken, Frösche | 138 |
| Schweinefleisch u. Wildpret | 146 |
| Pasteten | 162 |
| Saures Gemüse einzumachen | 176 |
| Verschiedene Arten von Breien | 182 |
| Fasten-, Mehl- u. Eierspeisen | 186 |
| Nudeln und Maccaroni | 206 |
| Käsgerichte | 210 |
| Allerlei Gebackenes in Butter | 218 |
| Kuchen und Torten | 234 |
| Obst, das nicht in Butter gebacken wird | 249 |
| Plattenmüesli, Pudding, Köpfli u. dgl. | 268 |
| Crêmen verschieden. Art | 301 |
| Zucker u. Teigwerk zum Nachtisch und Abendessen | 313 |
| Läckerli | 347 |
| Backwerk in Butter gebacken | 356 |
| Backwerk nicht in Butter gebacken | 366 |
| Brätzeli und Wafflen | 384 |
| Eingemachte Früchte, Confitüren und Gelée | 388 |
| Liqueurs und Getränke | 408 |

# Register über die einzelnen Rezepte.

## Suppen.

|  | Seite. |
|---|---|
| Anken-Suppe, süße | 3 |
| Bataille-Suppe | 9 |
| Baumwoll- oder Bündner-Suppe | 4 |
| Brod-Suppe | 2 |
| Bröckli-Suppe | 2 |
| Brösmeli-Suppe | 2 |
| Andere Art | 2 |
| Eier-Gersten-Suppe | 4 |
| Erbs-Mues | 15 |
| Erdäpfel-Suppe | 2 |
| Andere Art | 3 |
| Noch andere Art | 3 |
| Noch andere Art | 3 |
| Fläbli-Suppe | 8 |
| Fleisch-Suppe, gewöhnliche | 5 |
| Geröstete Suppe | 1 |
| Gerstenschleim | 12 |
| Gries-Suppe | 5 |
| Andere Art | 5 |
| Gute Suppe für Kranke | 11 |
| Hafermehl-Suppe | 11 |
| Hasen-Suppe | 15 |
| Käs-Suppe | 8 |
| Knödel-Suppe | 19 |
| Kraut-Suppe | 9 |
| Krebs-Suppe | 12 |

|  | Seite. |
|---|---|
| Krebs-Suppe, falsche | 7 |
| Kümi-Suppe | 1 |
| Leguminosen-Suppe | 11 |
| Linsen-Mues | 16 |
| Maizena-Suppe | 6 |
| Mehl-Suppe | 1 |
| Mehl-Suppe, weiße | 4 |
| Morcheln-Suppe, russischer Art | 19 |
| Nokerl- ob. deutsche Suppe | 18 |
| Nudeln- oder Vermicelli-Suppe | 5 |
| Reis-Suppe | 6 |
| Reis-Suppe auf ital. Art | 6 |
| Rübli-Suppe | 10 |
| Andere Art | 10 |
| Rüben-Mues | 18 |
| Sago- ob. Tapioka-Suppe | 5 |
| Schildkröten-Suppe | 14 |
| Schweizer-Suppe | 7 |
| Suppe auf Genfer Art | 7 |
| Suppe für Kranke | 11 |
| Suppe mit Markkügelchen | 8 |
| Suppe von Rinderleber | 15 |
| Suppe von Sauerampfer | 10 |
| Zwieback-Suppe | 6 |

## Gemüse.

|  |  |
|---|---|
| Blumenkohl am Speck | 21 |
| Blumenkohl, gefüllter | 21 |
| Bohnen | 25 |
| Bohnen, dürre | 25 |
| Kiefel (Hülsenerbsen) | 26 |
| Kopfkohl | 20 |
| Krautstiele oder Storzen | 23 |
| Lattich | 22 |
| Mangold | 23 |
| Mueserbsen ob. kleine weiße Muesböhnli | 26 |

|  |  |
|---|---|
| Rösli- oder Nüßlikohl | 21 |
| Rüben, gelbe, oder Rübli | 24 |
| Rüben, weiße | 23 |
| Andere Art | 24 |
| Andere Art | 24 |
| Rübkohl (Kohlraben) | 25 |
| Säukraut (Löwenzahn) mit Nesseln | 22 |
| Saures Gemüse | 26 |
| Spinat, lang gekocht | 22 |

## Aller Arten Chaufferetten-Gemüse.

| | Seite. | | Seite. |
|---|---|---|---|
| Artenfüsi (Schwarzwurzel) | 30 | Lattich, junger | 28 |
| Artischocken | 28 | Lattichstörzli | 30 |
| Blumenkohl | 29 | Markkürbis | 33 |
| Bohnen, junge, mit Milch= sauce | 32 | Rüben an einer Sauce | 32 |
| | | Rüben auf englische Manier | 32 |
| Carbons | 30 | Rübli, junge | 27 |
| Farçon | 32 | Sellerie | 31 |
| Farçon auf andere Art | 33 | Sonnenwirbel (Endivien) | 30 |
| Kabis, rother | 31 | Spargeln | 27 |
| Kopfkohl | 31 | Spinat mit Milch | 29 |
| Lattich, gefüllter | 28 | Zuckererbsen | 27 |

## Kartoffeln auf verschiedene Art.

| | | | |
|---|---|---|---|
| Erdäpfel-Auflauf | 41 | Andere Art | 40 |
| Erdäpfel, abgeschweizte | 37 | Erdäpfel-Kügeli, sehr gut | 40 |
| Erdäpfel-Bitzli | 35 | Erdäpfel-Kuchen | 43 |
| Andere Art | 35 | Andere Art | 43 |
| Noch eine andere Art | 35 | Erdäpfel mit Käs | 42 |
| Erdäpfel, ganze, auf hol= ländische Art | 35 | Erdäpfel mit Kräutli-Sauce | 38 |
| | | Erdäpfel à la maître d'hôtel, sehr beliebt | 36 |
| Kartoffeln, gebackene | 36 | | |
| Erdäpfel, gebackene, sehr gut zu saurem und Schafbraten, Frican= deau ıc. zu serviren | 36 | Erdäpfel mit Milch | 37 |
| | | Erdäpfel-Pfannkuchen | 44 |
| | | Erdäpfel-Plattenmues | 41 |
| | | Erdäpfel-Plattenmues mit Käs | 43 |
| Erdäpfel-Gemüse | 37 | Erdäpfel-Pudding | 40 |
| Erdäpfel zu schwellen | 34 | Erdäpfel-Pudding mit Käs= Crême | 42 |
| Erdäpfel-Höckli mit Jüs | 39 | | |
| Erdäpfel-Knödel | 39 | | |
| Erdäpfel-Knöpfli | 38 | Erdäpfel-Röste | 37 |
| Erdäpfel-Köpfli | 38 | Erdäpfel-Stock | 34 |
| Erdäpfel-Kügelchen | 39 | Erdäpfel-Torte | 41 |

## Salat und Eingemachtes zu Salat.

| | | | |
|---|---|---|---|
| Bayonnaise | 52 | Dänischer Salat | 48 |
| Blumenkohl-Salat | 45 | Englischer Salat zum Rind= fleisch | 46 |
| Bohnen, eingemachte | 45 | | |
| Bohnen-Salat | 45 | Englischer Salat zum Auf= bewahren | 51 |
| Citronen-Salat | 52 | | |
| Cornichons (junge Gurken) einzumachen | 49 | Erdäpfel-Salat | 47 |
| | | Erdäpfel-Salat mit Speck | 47 |

|  | Seite. |  | Seite. |
|---|---|---|---|
| Gurken, große, einzumachen | 48 | Nuß à l'aigre-doux | 54 |
| Andere Art | 48 | Preißelbeeren | 57 |
| Kabis-Salat | 44 | Salat von Tomaten | 47 |
| Kopf-Salat | 44 | Salade de Chambéry | 51 |
| Kräutli-Salat | 45 | Sauce piquante | 53 |
| Kukumern-(Gurken-)Salat | 47 | Sellerie-Salat | 45 |
| Mayonnaise, ganz einfach | 53 | Störzli à l'aigre-doux | 55 |
| Melonen, eingemacht | 56 | Tomaten aufzubewahren | 57 |
| Melonen in Essig | 55 | Zucker-Gurken | 55 |
| Meerrettig-Salat | 46 | Zwetschgen à l'aigre-doux | 56 |
| Monatrettigsamen in Essig | 50 | Zwiebeln einzumachen | 50 |
| Nüsse, eingemachte, zum Rindfleisch zu essen | 53 | Zwiebeln-Salat | 46 |
| Nüsse, eingem., andere Art | 53 | Andere Art | 46 |

## Ragouts und allerlei von Kalbfleisch.

|  |  |  |  |
|---|---|---|---|
| Braten, sächsischer | 68 | Hirn | 81 |
| Coteletten | 76 | Kalberleber, verdämpfte | 78 |
| Coteletten an der Niblen | 77 | Andere Art | 79 |
| Côtelettes en papillotes | 77 | Kalbermocken, glacirter | 64 |
| Croquettes (Fleischkügelchen) | 85 | Kalbermocken mit Niblen | 64 |
| Daube, kalte | 71 | Kalbfleisch à la Salmen | 74 |
| Daube von Kalb- oder Rindfleisch | 70 | Kalbfleisch-Fricaffé oder Voressen | 83 |
| Erdäpfel, gefüllte | 88 | Kalbfleisch, gebackenes | 84 |
| Fleischwürstchen | 86 | Andere Art | 85 |
| Fricandeau | 62 | Kalbfleisch-Köpfli im Gallerich | 72 |
| Andere Art | 62 | Kalbfleisch-Köpfli mit Gallerich | 73 |
| Fricandeau im Netz | 59 | Kalbfleisch-Köpfli, andere Art | 67 |
| Fricandeau mit Sauerampfer | 63 | Kalbfleisch, marin. (veau mariné) | 73 |
| Fricandeau von marinirt. Kalbfleisch mit Estragon | 63 | Andere Art | 74 |
| Fricandeau von ungehacktem Fleisch | 61 | Kalbfleisch mit Niblen | 65 |
| Fricandeau, kleine | 75 | Kalbfleisch mit Speck | 60 |
| Andere Art | 75 | Kalbfleisch nach polnischer Art | 66 |
| G'häck | 87 | Kalbfleisch-Plätzli | 75 |
| Gizi-Haas, gebraten | 68 | Kalbfleisch-Pudding | 60 |
| Gurken, gefüllte | 88 | Kalbfleisch-Roulade | 76 |
| Hasen-Köpfli | 85 |  |  |

| | Seite. | | Seite. |
|---|---|---|---|
| Kalbfleisch-Spießli mit Morcheln | 83 | Andere Art | 66 |
| Kalbfleisch wie Thon gekocht | 69 | Mocken, verdämpfter | 67 |
| Kalbfüße mit Kräutlisauce | 80 | Morcheln en ragoût | 83 |
| Kalbsbraten | 61 | Nierenschnitten | 86 |
| Kalbsbrust, gefüllte | 68 | Oel-Mocken | 72 |
| Kalbskopf | 82 | Ohren, gefüllte | 87 |
| Kalbskopf, sehr einfach und gut | 71 | Pieds de St. Menoud | 80 |
| Kalbsschlegel | 65 | Plattenring | 86 |
| Kalbszungen, gebratene | 68 | Plätzlein, gerollte | 75 |
| Krös | 82 | Pudding von Leber | 78 |
| Kügelchen | 58 | Ragout von Kalberbraten | 84 |
| Leber, gebackene | 78 | Ragout von Kalbszungen | 82 |
| Leberkügelchen | 79 | Ragouts von Trüffeln und Morcheln | 84 |
| Leber-Omelette | 80 | Spießli von Kalbfleisch | 59 |
| Andere Art | 80 | Tomaten-Sauce auf französische Art | 89 |
| Leber, saure | 79 | Thon mariné, sehr gut | 69 |
| Milchling mit Krebssauce | 81 | Andere Art | 70 |
| Mocken, saurer | 66 | Thon von Kalbfleisch | 69 |
| | | Zwiebeln, gefüllte | 87 |

**Allerlei Knöpflein (Kügelchen) zu Suppen und Ragouts.**

| | | | |
|---|---|---|---|
| Butter-Knöpflein | 91 | Kalbfleisch-Knöpflein | 90 |
| Erdäpfel-Knöpflein | 90 | Knöpfli von Weißbrod | 91 |
| Gries-Knöpflein | 91 | Krebs-Knöpflein | 90 |
| Hirn-Knöpflein | 89 | Leber-Knöpflein | 89 |

**Rindfleisch auf verschiedene Art zuzurüsten.**

| | | | |
|---|---|---|---|
| Aloyau, frisches, nicht gebeizt | 93 | Daube im Essig | 95 |
| Aloyau, gebratenes | 95 | Andere Art | 96 |
| Beefsteak | 104 | Fleischköpfli | 100 |
| Beefsteak mit Kräutli | 105 | Fleischköpfli von gekochtem Fleisch | 101 |
| Noch eine andere Art | 105 | Fleischschnitten mit Reis | 107 |
| Beefsteak von gehacktem Rindfleisch | 105 | Filet mit Madeira-Weinsauce | 97 |
| Andere Art | 106 | Gallerich | 109 |
| Beefsteak von gekochtem Rindfleisch oder anderem Fleisch | 109 | Gebratene Zunge | 101 |
| | | Gedämpftes Rindfleisch | 98 |
| Bœuf à la mode | 99 | Andere Art | 98 |
| | | Gehacktes Rindfleisch | 109 |

| | Seite. |
|---|---|
| Geprägeltes Rindfleisch | 107 |
| Gerollter Preßkopf von Rindfleisch | 99 |
| Gesalzenes Rindfleisch | 92 |
| Andere Art | 93 |
| Andere Art | 93 |
| Jüs, das man eine Zeit= lang aufbehalten kann | 110 |
| Königs=Mocken | 99 |
| Plätzchen von Rindfleisch | 103 |
| Andere Art | 104 |
| Ragouts von Rindfleisch | 107 |
| Rindermaul | 106 |
| Rinderzunge am Gallerich | 102 |
| Rinderzunge en ragoût | 102 |
| Rinderzunge mit einer Fülle | 101 |
| Rindfleisch à la ménagère | 108 |
| Rindfleisch auf indische Art | 100 |
| Rindfleisch auf italienische Manier | 94 |
| Rindfleisch auf polnische Art | 95 |
| Rindfleisch im Jüs | 92 |
| Rindfleisch im Saft | 103 |
| Rindfleisch mit Linsen | 106 |
| Rindfleisch mit geröstetem Brod | 108 |
| Rindfleisch=Roulade | 108 |
| Rindfleisch=Schnitten | 107 |
| Roftbeef | 93 |
| Roulade von Rind= oder Kalbfleisch | 102 |
| Runder Mocken mit Ci= tronen gebeizt | 96 |
| Runder Mocken als Haas gebraten | 97 |
| Verdämpfter saurer Mocken | 97 |

### Schaffleisch auf verschiedene Art zuzurüsten.

| | Seite. |
|---|---|
| Cassole | 119 |
| Cassole anderer Art | 119 |
| Cassole en ragoût | 120 |
| Coteletten | 118 |
| Andere Art | 118 |
| Fleischschnitten | 119 |
| Schafbraten | 112 |
| Schafbrust | 117 |
| Schafbrust geprägelt | 116 |
| Schaffleisch mit Reis | 118 |
| Schaffleisch mit Rüben | 117 |
| Schaffleisch mit weißer Sauce, oder Voressen | 111 |
| Schafpudris | 120 |
| Schafrücken glacirt | 116 |
| Schafschlegel à la Daube | 112 |
| Schafschlegel als Reh zu= bereitet | 114 |
| Schafschlegel auf englische Art | 115 |
| Schafschlegel gebeizt | 113 |
| Andere Art | 113 |
| Schafschlegel gesalzen | 116 |
| Schafschlegel mit Niblen | 115 |
| Schafschlegel mit rothem Wein | 115 |
| Schafschlegel verdämpft | 111 |
| Schafschlegel wie Wildpret | 114 |

### Geflügel en ragoût.

| | Seite. |
|---|---|
| Capilotade von gebratener Gans | 129 |
| Enten, gedämpft | 120 |
| Enten mit Zuckererbsen | 122 |
| Enten=Ragout | 121 |
| Andere Art | 121 |
| Enten, wilde | 122 |
| Gans mit Kastanien | 129 |
| Hähneli=Fricassé | 124 |
| Hähneli am Blumkohl, ge= füllte | 125 |
| Hähneli mit Zuckererbsen | 125 |

|  | Seite. |  | Seite. |
|---|---|---|---|
| Huhn mit Dampf | 127 | Ragout von Truthahn | 130 |
| Hühner im Gallerich | 127 | Rebhuhn mit Erbsen | 130 |
| Huhn mit Zuckererbsen | 125 | Schnepfen-Salmi | 123 |
| Hühner mit Jüs, junge | 126 | Andere Art | 124 |
| Kapaun am Reis | 130 | Tauben en Ragoût | 128 |
| Kapaun gedämpft | 122 | Tauben, gefüllte | 128 |
| Krägli-Mägli von Gans | 128 | | |

### Gebratenes Geflügel.

| Auerhahn | 136 | Gebratene Tauben | 133 |
|---|---|---|---|
| Feld- und Rebhühner | 137 | Gebratene Wachteln | 136 |
| Gallerich für Kranke | 138 | Gebratener welscher Hahn | 133 |
| Gans auf englische Art | 131 | Gefüllte Tauben | 133 |
| Gebackenes Geflügel | 138 | Lerchen | 136 |
| Gebratene Enten | 132 | Sauce zu gebratener Gans | 131 |
| Gebratene Gans | 130 | Welscher Hahn mit Gallerich | 134 |
| Gebratene Hähneli | 132 | Welschhahn-Leber en robe | |
| Gebratene Schnepfen | 136 | de chambre | 135 |

### Fische, Schnecken, Frösche.

| Anchois-Sauce | 144 | Gebratener Hecht | 138 |
|---|---|---|---|
| Butter-Sauce zu Fisch und | | Gesottene Krebse | 146 |
| Kartoffeln | 144 | Hecht an einer Pomeranzen- | |
| Fische mit Capris-Sauce | 141 | Sauce | 140 |
| Fische am Wasser | 141 | Hecht am Wein | 139 |
| Forellen nach Genfer Art | 142 | Krügeli von Stockfisch | 143 |
| Forellen zu mariniren | 142 | Salm in Coteletten | 141 |
| Frösche, fricassirt | 145 | Salm marinirt | 140 |
| Gebackene Fische | 142 | Senf-Sauce | 144 |
| Gebackene Frösche | 145 | Schnecken | 144 |
| Gebackene Häringe | 143 | Stockfisch | 143 |
| Gebackene Krebse | 146 | Zimmet-Sauce | 144 |

### Schweinefleische und Wildpret.

| Attriaux | 152 | Gebratenes Spanferkel | 146 |
|---|---|---|---|
| Blutwürste | 149 | Geräucherte Leberwürste | 151 |
| Boulogner-Würste | 154 | Gesalzenes und geräuchtes | |
| Bratwürste | 151 | Schweinefleisch | 148 |
| Gebeizte Hamme | 149 | Grümpelwürste | 153 |
| Gebratener Has | 157 | Andere Art | 153 |
| Gebratener Has en sauce | 160 | Hammenwurst | 154 |
| Gebratenes Schweinefleisch | 147 | Hasenbrod | 160 |

XII

| | Seite. |
|---|---|
| Hasenpfeffer | 158 |
| Hasenpfeffer, andere Art | 158 |
| Hasen-Köpfli | 159 |
| Andere Art | 159 |
| Kopf von Geflügel wie Hasenkopf | 161 |
| Leberwürste | 150 |
| Andere Art | 151 |
| Magenwürste | 152 |
| Andere Art | 153 |
| Preßkopf (Tête marbrée) | 155 |
| Andere Art | 156 |
| Preßkopf oder Roulade von Schweinskopf | 157 |
| Rehbraten | 161 |
| Schweinefleisch ungeräuchert gut aufzubehalten, oder petit-salé | 148 |
| Schweins-Coteletten | 147 |
| Schweinsrippchen mit Wein | 147 |
| Zungenwurst | 154 |

## Pasteten.

| | Seite. |
|---|---|
| Agnolettes | 174 |
| Bereitung des Teiges | 162 |
| Andere Art | 162 |
| Andere Art | 163 |
| Cardinal-Pasteten | 168 |
| Fisch-Pastetchen | 166 |
| Gallerich-Pasteten | 168 |
| Gebäck-Pasteten | 167 |
| Gebäck-Pasteten, süße | 167 |
| Hasen-Pasteten | 172 |
| Andere Art | 173 |
| Hasen-Pasteten mit Gallerich | 173 |
| Kräpflein | 168 |
| Krebs-Torte oder Pastete | 175 |
| Pasteten | 163 |
| Pastetchen, kleine | 166 |
| Pasteten, kalte | 169 |
| Andere Art | 170 |
| Pasteten, kalte, von Kalbfleisch | 170 |
| Andere Art | 171 |
| Pasteten mit Hasenresten | 174 |
| Pâté de Terre | 174 |
| Ragout-Pastetchen, kleine | 165 |
| Stockfisch-Pastetchen | 166 |
| Tauben-Pasteten | 167 |
| Timbales | 175 |

## Saures Gemüse einzumachen.

| | Seite. |
|---|---|
| Bohnen | 179 |
| Bohnen im Salz einzumachen | 180 |
| Bohnen in Essig | 180 |
| Kabis | 176 |
| Kohl | 177 |
| Mangoldkraut | 178 |
| Rüben | 180 |
| Trüffeln aufzubehalten | 181 |
| Zuckererbsen aufzubewahren | 181 |

## Verschiedene Arten von Breien.

| | Seite. |
|---|---|
| Aepfel-Brei | 184 |
| Brei von gedörrten Aepfeln und Zwetschgen | 185 |
| Brei von Habergrütz | 183 |
| Brei von Kanne- (Würg-) Birnen | 185 |
| Kürbis-Brei | 183 |
| Mehl-Brei | 182 |

XIII

| | Seite. | | Seite. |
|---|---|---|---|
| Reis=Brei | 182 | Erdäpfel=Brei | 182 |
| Zwetschgen=Brei | 184 | Gries=Brei | 182 |
| Brei von Saft der Brombeeren und Himbeeren | 184 | Kartoffel=Gries | 185 |

## Fasten=, Mehl= und Eierspeisen.

| | | | |
|---|---|---|---|
| Anchois=Schnitten | 194 | Kleine Omeletten | 201 |
| Auflauf | 202 | Knöpfli | 186 |
| Auflauf, süßer | 202 | Andere Art Knöpfli | 188 |
| Brod=Eierkuchen | 194 | Krautknöpfli | 189 |
| Brodschnitten | 199 | Andere Art | 190 |
| Dünne Pfannkuchen | 197 | Kraut=Omelette | 204 |
| Eier mit Anchois | 194 | Luft=Omeletten | 200 |
| Eier mit Fleischbrühe | 192 | Matafans | 202 |
| Eier au jus | 192 | Omelette française | 204 |
| Eierkuchen mit Gans= ob. Kalbsleber | 196 | Omelette am Punsch | 201 |
| Eierkutteln | 192 | Omelette soufflée | 203 |
| Eier=Omeletten | 200 | Andere Art | 203 |
| Eier in Papier | 194 | Omelette mit Spinat | 204 |
| Andere Art | 195 | Pfannkuchen mit Brodbrosmen (Brodkrumen) | 198 |
| Eierröste | 193 | Reis= oder Gries=Omelette | 200 |
| Andere Art | 193 | Reiskopf | 205 |
| Eiertätsch oder Eierkuchen | 196 | Reiskrügeli | 190 |
| Erdäpfel=Omelette | 205 | Andere Art | 190 |
| Andere Art | 205 | Reis nach piemontesischer Art | 205 |
| Fasttag=Pudding | 199 | Schildbrod=(Semmelbrod=) Kuchen | 199 |
| Fleisch=Eierkuchen | 195 | Schinken=Omeletten | 196 |
| Andere Art | 195 | Süße Flädli | 198 |
| Fricassirte Eier | 193 | Süße Pfannkuchen | 198 |
| Gebackene Gries = Knöpfli in Milch | 191 | Andere Art | 198 |
| Gebrühter Eierkuchen | 196 | Wasserschnitten | 187 |
| Geprägelte Knöpfli | 188 | Wasser=Omeletten | 201 |
| Andere Art | 188 | Wasserstrüblein | 187 |
| Gerührte Eier | 192 | Andere Art | 187 |
| Gries=Knöpfli | 191 | Weißmehl=Knöpfli (Wasserspatzen) | 186 |
| Andere Art | 191 | Welsche Nudeln | 202 |
| Gute Mark=Omelette | 200 | | |
| Holländische Omeletten | 201 | | |
| Kirschwasser=Kuchen | 199 | | |

## Nudeln und Maccaroni.

| | Seite. | | Seite. |
|---|---|---|---|
| Bereitung der Nudeln | 206 | Nudeln mit Fleischbrühe | 207 |
| Kopf von Maccaroni und Milchling | 209 | Nudeln mit Käs | 207 |
| | | Andere Art | 207 |
| Krebs-Pudding | 210 | Noch eine andere Art | 208 |
| Nudeln, gefüllte | 208 | Maccaroni | 208 |

## Käsgerichte.

| | | | |
|---|---|---|---|
| Auflauf von Käs | 216 | Andere Art | 216 |
| Blumkohl mit Käs | 218 | Käs-Ramequin | 211 |
| Erdäpfel-Pudding | 212 | Kleine Käs-Ramequins | 211 |
| Fetter Ramequin | 211 | Käs-Schnittli | 217 |
| Geschmolzener Käs | 215 | Andere Art | 217 |
| Käs-Crême | 211 | Kartoffel-Ramequin | 212 |
| Käsgericht | 210 | Risotto | 214 |
| Andere Art | 210 | Andere Art | 214 |
| Käs-Knöpfli | 217 | Noch andere Art | 215 |
| Käs-Kügelchen | 213 | Kürbis-Ramequin | 212 |
| Andere Art | 213 | Maccaroni mit Parmesan-Käse auf italienische Art | 214 |
| Andere Art | 213 | Neuenburger-Fondu | 215 |
| Käs-Omelette | 215 | | |
| Andere Art | 216 | Pfannkuchen mit Käs | 218 |

## Allerlei Gebackenes in Butter.

| | | | |
|---|---|---|---|
| Aepfel-Bachis oder Aepfel-Omelette | 224 | Gebackene Aepfel mit Wein-Sauce | 223 |
| Aepfel-Küchli | 221 | Gebackener Blumkohl | 220 |
| Andere Art | 221 | Gebackene Kirschen | 225 |
| Aepfel- oder Zwetschgen-Kügelchen | 225 | Gebackene Omelette | 230 |
| | | Gebackenes Plattenmues | 230 |
| Aepfel-Schnitten | 225 | Gebackener Reis | 218 |
| Aepfel-Schnitten, dürre | 226 | Andere Art | 219 |
| Aepfel-Schnitzli | 220 | Gebackene Zwetschgen | 224 |
| Aepfel-Sträublein | 222 | Gefüllte Wegglein | 232 |
| Brodköpfli | 232 | Andere Art | 232 |
| Bruniolen-Schnitten | 226 | Andere Art | 232 |
| Erdbeer-Schnitten | 227 | Gries-Küchli | 219 |
| Fasten-Brod | 230 | Himbeer-Schnitten | 227 |
| Fastenbrod mit Kirschmues | 231 | Kaiser-Nudeln | 233 |
| Fastenbrod mit Niblen | 231 | Kannebirnen-Küchli | 222 |
| Fotzelschnitten | 229 | Kraut-Küchli | 220 |
| Gebackene Aepfel im Kräzli | 223 | Mandel-Schnitten | 228 |

|  | Seite. |
|---|---|
| Mandel-Schnitten, andere Art | 229 |
| Andere Art | 229 |
| Ribel-Schnitten | 228 |
| Andere Art | 228 |
| Nütschnitten, sind gut und giebt wohl aus | 229 |
| Pfnutli, ein Basler Gericht | 222 |
| Portugiesische Aepfel | 223 |

|  | Seite. |
|---|---|
| Rübli von Mandeln | 233 |
| Spinat-Schnitten | 227 |
| Teig von verschiedenen Sorten Küchli, als: Aepfelküchli, Brodschnitten, Kalbsfüße und Krautküchli | 219 |
| Weinknödel | 231 |
| Weinwarm | 231 |

## Kuchen und Torten.

| Aepfel-Kuchen | 235 |
|---|---|
| Aepfel-Torte | 242 |
| Aepfel-Torte, einfache | 242 |
| Bereitung des Teiges | 234 |
| Andere Art | 234 |
| Citronen-Torte | 246 |
| Andere Art | 246 |
| Eier-Torte | 248 |
| Ein guter Kuchen zum Thee | 244 |
| Andere Art | 244 |
| Erdäpfel-Kuchen | 248 |
| Erdbeer-Kuchen | 237 |
| Freiburger-Torte | 245 |
| Himbeer-Kuchen | 237 |
| Johannisbeer-Kuchen | 237 |
| Johannisbeer-Kuchen mit Mandeln | 238 |
| Andere Art, sehr gut | 238 |
| Kastanien-Torte | 247 |
| Kirschen-Kuchen | 235 |
| Andere Art | 235 |
| Andere Art | 235 |
| Kirschmues-Kuchen | 239 |
| Königs-Torte | 244 |
| Kraut-Kuchen | 240 |

| Kürbis-Kuchen | 240 |
|---|---|
| Linzer-Torte | 244 |
| Maccaronen-Torte | 247 |
| Mandel-Torte | 247 |
| Mark-Torte | 241 |
| Andere Art | 241 |
| Andere Art | 242 |
| Osterfladen-Kuchen | 239 |
| Osterfladen, andere Art | 248 |
| Parillen- (Aprikosen-) Kuchen | 236 |
| Pfirsich-Kuchen | 236 |
| Pistache-Torte | 245 |
| Pomeranzen-Kuchen | 238 |
| Reis-Kuchen | 243 |
| Reis-Torte | 243 |
| Reis-Torte mit Früchten | 243 |
| Rosinen-Kuchen | 239 |
| Skandinavischer Kuchen | 239 |
| Torte mit geschmolzenem Käse | 241 |
| Wasser-Torte | 245 |
| Zwetschgen- u. Pflaumen-Kuchen | 236 |
| Zwiebeln-Kuchen | 240 |

## Obst, das nicht in Butter gebacken wird.

| Aepfel-Charlotte | 255 |
|---|---|
| Andere Art | 255 |

| Aepfel-Compote | 250 |
|---|---|
| Aepfel mit Crême | 253 |

|  | Seite. |
|---|---|
| Aepfel aux macarons | 253 |
| Aepfelkopf mit einer Meringue | 255 |
| Aepfel-Müesli | 251 |
| Aepfel-Pudding | 256 |
| Andere Art | 256 |
| Aepfel mit Reis | 253 |
| Aepfelring | 252 |
| Andere Art | 252 |
| Aepfel-Tschu | 254 |
| Andere Art | 254 |
| Auflauf von Erdbeeren | 262 |
| Birnen-Compote | 256 |
| Birnenschnitz | 256 |
| Charlotte von Birnen | 257 |
| Chocolat-Birnen | 257 |
| Compote von ganzen süßen Pomeranzen | 267 |
| Compote von süßen Pomeranzen | 266 |
| Compote von Zahmkirschen (sauern Kirschen oder Ammern) | 258 |
| Compote von grünen Zwetschgen | 260 |
| Erdbeeren- oder Himbeeren-Köpfli | 262 |

|  | Seite. |
|---|---|
| Erdbeer-Müesli | 261 |
| Erdbeer-Ring | 262 |
| Frucht-Pudding | 264 |
| Ganze saure Aepfel | 249 |
| Gebratene halbe Aepfel | 249 |
| Halbe Aepfel auf der Chaufferette | 250 |
| Heidelbeer-Müesli | 261 |
| Himbeer-Ring | 263 |
| Andere Art | 263 |
| Kalte Schale von Erdbeeren | 262 |
| Kirschen-Charlotte | 259 |
| Kirschen-Compote auf andere Art | 258 |
| Kirschen-Tschu | 259 |
| Macedoine von allerlei Früchten | 265 |
| Andere Art | 266 |
| Pfirsich-Auflauf | 261 |
| Pfirsiche auf portug. Art | 260 |
| Rhübarbe-Müesli | 264 |
| Andere Art | 264 |
| Rhübarbe-Pudding | 263 |
| Süße Aepfelschnitz | 249 |
| Verdämpfte Kirschen | 258 |
| Verdämpfte Zwetschgen | 259 |

## Plattenmüesli, Pudding, Köpfli und dergleichen.

|  |  |
|---|---|
| Aepfel-Gelee-Kopf | 299 |
| Aepfel-Köpfli | 299 |
| Ammermehl-Pudding | 272 |
| Auflauf von Gelee | 300 |
| Bagatelle | 275 |
| Blanc-manger | 274 |
| Brod-Pudding | 280 |
| Andere Art | 280 |
| Charlotte russe | 276 |
| Chocolat-Crême mousseuse | 291 |
| Chocolat-Kopf | 289 |
| Andere Art | 289 |
| Andere Art | 290 |

|  |  |
|---|---|
| Chocolat-Pudding | 289 |
| Crême-Köpfli | 275 |
| Deutscher Pudding | 273 |
| Englischer Plum-Pudding | 284 |
| Englischer Pudding | 284 |
| Gefülltes Milchbrod | 282 |
| Gestürzte Citronen-Crême | 295 |
| Gries-Pudding | 270 |
| Andere Art | 271 |
| Haselnuß-Köpfli | 277 |
| Haselnuß-Pudding | 277 |
| Andere Art | 277 |
| Italienischer Rahmkäs | 294 |
| Kaffee-Crême mousseuse | 292 |

|  | Seite. |
|---|---|
| Kaffee-Köpfli | 292 |
| Andere Art | 292 |
| Kaffee-Köpfli mit Caramelle | 293 |
| Kalte Schale von Brod | 282 |
| Kastanien-Köpfli | 287 |
| Andere Art | 287 |
| Andere Art | 288 |
| Kastanien-Pudding | 287 |
| Köpfli mit Caramelle | 293 |
| Köpfli von gebrannt. Zucker | 294 |
| Kopf à la parisienne | 277 |
| Maizena-Pudding | 267 |
| Mandel-Pudding | 278 |
| Mandelring | 279 |
| Andere Art | 279 |
| Mark-Pudding | 282 |
| Meyen Zieger | 295 |
| Orange-Gelée | 297 |
| Orange-Köpfli | 297 |
| Andere Art | 297 |
| Orange-Pudding | 298 |
| Andere Art | 298 |
| Pistache-Pudding | 279 |
| Plattenmüesli | 268 |
| Plattenmüesli mit Reis | 268 |
| Plum-Pudding | 285 |
| Andere Art | 285 |
| Andere Art | 286 |

|  | Seite. |
|---|---|
| Andere Art | 286 |
| Pudding von Weggli | 281 |
| Andere Art | 281 |
| Punsch-Gelée oder Punsch-kopf | 296 |
| Andere Art | 296 |
| Reis au caramel | 272 |
| Reis nach Genferart | 271 |
| Reis im Ofen | 272 |
| Reis-Pudding | 269 |
| Andere Art | 269 |
| Andere Art | 270 |
| Rhum-Pudding | 295 |
| Sago-Knöpfli | 274 |
| Andere Art | 274 |
| Spinat-Köpfli | 284 |
| Spinat-Pudding | 283 |
| Soufflé von Aprikosen | 300 |
| Soufflé von Chocolat | 290 |
| Soufflé von Kastanien | 288 |
| Surprise au chocolat | 291 |
| Türkischer Pudding | 282 |
| Vanille-Köpfli | 273 |
| Vanille-Pudding | 276 |
| Weggli-Plattenmues | 269 |
| Wein-Gelée | 297 |
| Weinkopf mit Sago | 275 |
| Wein-Pudding | 281 |

## Crêmen verschiedener Art.

| Aepfel-Crême | 306 |
|---|---|
| Chocolat-Crême | 312 |
| Andere Art | 312 |
| Andere Art | 312 |
| Citronen-Crême | 303 |
| Andere Art | 303 |
| Andere Art | 303 |
| Crême brûlée | 307 |
| Crême von Pfirsichkernen | 310 |
| Crême im Schaum | 303 |
| Crême mit Zuckerbrod | 307 |
| Erdäpfel-Crême | 311 |
| Andere Art | 311 |

| Erdbeer-Crême | 305 |
|---|---|
| Haselnuß-Crême | 309 |
| Andere Art | 309 |
| Himbeer-Crême | 304 |
| Andere Art | 305 |
| Andere Art | 305 |
| Andere Art | 305 |
| Andere Art | 305 |
| Kaffee-Crême | 307 |
| Kastanien-Crême | 311 |
| Kirschwasser-Crême | 302 |
| Mandel-Crême | 309 |
| Mandel-Crême, weiße | 310 |

XVIII

| | Seite. | | Seite. |
|---|---|---|---|
| Orange-Crême | 304 | Spinat-Crême | 310 |
| Pfirsich-Crême | 304 | Vanille-Crême | 308 |
| Pistachen-Crême | 308 | Wasser-Crême | 302 |
| Praline-Crême | 308 | Andere Art | 302 |
| Reinetten-Crême | 306 | Wein-Crême | 301 |
| Rhum-Crême | 312 | Andere Art | 301 |
| Sillapoup | 312 | Andere Art | 301 |

## Zucker- und Teigwerk zum Nachtisch und Abendessen.

| | | | |
|---|---|---|---|
| Anisbrödchen | 329 | Andere Art | 323 |
| Andere Art | 330 | Andere Art | 323 |
| Anisbrödchen oder sogen. | | Erdäpfel-Kuchen | 317 |
| Freiburger-Kräbeli | 330 | Fenchel-Schnitten | 329 |
| Anisbrödchen, Neuenburger | 330 | Andere Art | 329 |
| Anis-Ringli | 343 | Fenchel-Kuchen | 319 |
| Anis-Stängeli | 331 | Freiburger-Kuchen | 319 |
| Anis-Tourteletten | 331 | Freimaurer-Brod | 325 |
| Belgrader-Brod | 324 | Gâteaux de Milan | 342 |
| Bettler-Brod | 324 | Andere Art | 342 |
| Blitzkuchen | 315 | Gâteaux de Milan mit | |
| Brod-Stängeli | 334 | Mandeln | 342 |
| Butter-Tourteletten | 334 | Gâteaux de Zweisimmen | 342 |
| Butter-Zuckerbrod | 327 | Geschmolzene Brödchen | 336 |
| Chinoise | 344 | Glacirte Kastanien | 346 |
| Chocolat-Brödchen | 336 | Andere Art | 346 |
| Andere Art | 336 | Grafen-Brödchen | 336 |
| Chocolat-Herz | 335 | Grafenrieder-Kuchen | 316 |
| Chocolat-Kuchen | 318 | Halb-Zuckerbrod-Kuchen | 314 |
| Andere Art | 318 | Haselnuß-Boucles | 338 |
| Andere Art | 318 | Haselnuß-Brödchen | 337 |
| Chocolat-Tourtelette | 335 | Haselnuß-Brödchen, weiße | 337 |
| Chocolat-Zuckerbrod | 328 | Haselnußkuchen | 322 |
| Citronen-Boucles | 338 | Haselnuß-Zuckerbrod | 327 |
| Citronen-Brödchen | 331 | Krüschbrödchen, sehr gut | 338 |
| Citronen-Kuchen | 316 | Krüsch-Kuchen | 321 |
| Citronen-Ringli | 343 | Andere Art | 321 |
| Craquelins | 333 | Andere Art, recht gut | 322 |
| Croquante | 344 | Läckerli-Kuchen | 318 |
| Andere Art | 345 | Maccaronen, kleine | 339 |
| Andere Art | 345 | Magen-Brod | 324 |
| Englischer Kuchen | 322 | Mailänder-Kuchen | 343 |
| Andere Art | 323 | Mandelbrödchen | 339 |

| | Seite. | | Seite. |
|---|---|---|---|
| Mandel-Kuchen | 319 | Süßer Kuchen | 314 |
| Andere Art | 320 | Schwabenbrod | 325 |
| Andere Art | 320 | Schweizer-Kuchen | 316 |
| Andere Art | 320 | Tire-Bouchons | 332 |
| Mandel-Pfannkuchen | 321 | Tourtelette v. Pfirsichkernen | 337 |
| Mandel-Ringli | 340 | Tronchines | 333 |
| Mandel-Stängeli | 340 | Andere Art | 333 |
| Mandelstern | 339 | Türkenbund | 325 |
| Mandel-Türkenbund | 325 | Vanille-Kuchen | 310 |
| Mandel-Zuckerbrod | 327 | Vanille-Stängeli | 332 |
| Mandel-Zuckerbrod-Kuchen | 321 | Vortrefflicher Kuchen | 319 |
| Mapepains | 334 | Wein-Kuchen | 316 |
| Méringues | 345 | Weinplätzli | 344 |
| Moosbruggerli | 330 | Wein-Stängeli | 332 |
| Muskaten-Brödchen | 337 | Zimmetkuchen | 317 |
| Nidel-Tourteletten | 340 | Andere Art | 317 |
| Noga | 341 | Andere Art | 317 |
| Orange-Schnitten | 346 | Zimmet-Ringli | 343 |
| Pain à la Reine | 334 | Zuckerbrod | 326 |
| Papillotes au chocolat | 335 | Andere Art | 326 |
| Pistachen-Zuckerbrod | 328 | Andere Art | 326 |
| Robes de chambre aux pistaches | 341 | Zuckerbrod-Kuchen | 313 |
| Schmelzbrödchen | 328 | Zuckerbrod-Kuchen, guter, für Kranke | 313 |
| Andere Art | 328 | Zuckerbrodring mit einer rothen Glace | 314 |
| Schmelzkuchen | 315 | Zuckerstängeli, wohlfeile u. gute | 332 |
| Soufflée aux amandes | 340 | | |
| Steinerli | 344 | | |

## Läckerli.

| | | | |
|---|---|---|---|
| Basler Läckerli | 349 | Haselnuß-Läckerli | 352 |
| Andere Art | 350 | Klaret-Läckerli | 352 |
| Andere Art | 350 | Lebkuchen, sehr gut | 354 |
| Chocolat-Läckerli | 351 | Lebküchli, andere Art | 354 |
| Andere Art | 351 | Lebküchli, sehr gut | 354 |
| Citronen-Läckerli | 352 | Quitten- (Küttenen-) Läckerli | 353 |
| Dünne Läckerli | 351 | | |
| Extra gute Läckerli | 347 | Sommer-Lebküchli oder Klepferli | 355 |
| Andere Art | 348 | | |
| Andere Art | 348 | Weiße Läckerli | 353 |
| Andere Art | 349 | | |

## Backwerk, in Butter gebacken.

| | Seite. | | Seite. |
|---|---|---|---|
| Berliner-Pfannkuchen | 364 | Leichte Kügeli, andere Art | 361 |
| Champion-Küchli | 359 | Mandel-Weggli | 356 |
| Eier-Küchli | 360 | Andere Art | 356 |
| Flobt-Küchli | 363 | Nibel-Küchli | 363 |
| Gehabene Küchli | 360 | Nibel-Sträubli | 363 |
| Goldene Hauben | 358 | Rosen-Küchli | 358 |
| Graswürme | 356 | Andere Art | 358 |
| Andere Art | 356 | Spritzen-Küchli | 359 |
| Gute Hobelspäne | 357 | Andere Art mit Mandeln | 360 |
| Gute Kügeli | 361 | Stängeli | 363 |
| Gute Sträubli | 362 | Tabakrollen | 365 |
| Andere Art | 362 | Andere Art | 365 |
| Andere Art | 562 | Verbrühte Kügeli | 361 |
| Hasen-Oehrli | 364 | Weiße Sträubli | 362 |
| Andere Art, sehr gut | 364 | Zinggli | 357 |
| Haselnuß-Graswürme | 357 | Andere Art | 357 |
| Kleine Tabakrölli | 366 | Zucker-Nüßli | 358 |

## Backwerk, nicht in Butter gebacken.

| | Seite | | Seite |
|---|---|---|---|
| Anis-Ring | 376 | Hefen-Bröbchen | 379 |
| Aufgelaufene Echaudés | 366 | Hefenkranz | 377 |
| Bier-Brod | 380 | Hefen-Pudding | 382 |
| Bierhefe-Tourteletten | 378 | Hefen-Zwieback | 382 |
| Dampfnudeln | 381 | Holländischer Kuchen | 380 |
| Echaudés | 367 | Holländische Nudeln | 381 |
| Eier-Ring | 378 | Hütchen | 369 |
| Flaum-Tourteletten | 368 | Kartoffel-Kuchen zu Thee | 372 |
| Gefüllte Blätter | 369 | Konstanzer Triätschnitten | 383 |
| Gefüllter Eierschaum | 368 | Kuchen von Ankenrume | 372 |
| Gehabener Kuchen | 374 | Kuchen à la hâte | 375 |
| Andere Art | 375 | Kuchen à la reine | 376 |
| Gehabener Nibelring | 377 | Kuchen von Spanischbrod- | |
| Genfer-Kuchen | 375 | teig | 372 |
| Gesalzene Ringli | 371 | Kümikuchen | 374 |
| Andere Art | 372 | Kümi-Ring | 374 |
| Andere Art | 372 | Mandel-Tourteletten | 370 |
| Gesalzener Ring oder | | Mürber Kuchen | 371 |
| Bröbli | 378 | Ofen-Küchli | 366 |
| Gugelhopf (Bierbrod) | 382 | Pistachen-Tourteletten | 370 |
| Gugelhopf von Brodteig | 379 | Russen-Täfeli | 383 |
| Gute Carreaux | 371 | Schottische Biscuits | 370 |

|   |   |
|---|---|
| Schützenmatt-Kuchen . . 371 | Andere Art . . . . 367 |
| Spanisch-Brod . . . . 372 | Weggli . . . . . . 379 |
| Süßer Ring . . . . 377 | Welscher Ring . . . . 376 |
| Tricenet für 15 bis 18 Schnitten . . . . 383 | Zwieback . . . . . 382 |
| Tschu . . . . . . 367 | Zwieback andere Art . . 382 |

## Brätzeli und Wafflen.

|   |   |
|---|---|
| Erdäpfel-Brätzeli . . . 385 | Röstenweis . . . . . 386 |
| Gesalzene Brätzeli . . 385 | Süße Brätzeli . . . . 384 |
| Haselnuß-Brätzeli . . . 386 | Andere Art . . . . 384 |
| Kaffee-Röstenweis . . . 386 | Andere Art . . . . 384 |
| Kaffee-Wafflen . . . . 387 | Wafflen . . . . . . 387 |
| Kümmi-Brätzeli . . . 385 | Wein-Röstenweis . . . 387 |
| Mürbe Brätzeli . . . 386 |   |

## Eingemachte Früchte, Confitüre und Gelée.

|   |   |
|---|---|
| Apfel-Gelée . . . . 400 | Gelée von Himbeeren und Meertrübeli . . . . 392 |
| Aprikosen i. Kirschenwasser 394 | Gumpisch . . . . . 402 |
| Andere Art . . . . 394 | Heidelbeeren, Himbeeren ꝛc. gut aufzubewahren zu Breien . . . . . 407 |
| Citronen-Gelée . . . 407 | |
| Coignarde . . . . . 402 | |
| Confitüre von Erdbeeren 389 | |
| Confitüre von Kirschen und Orangen . . . 389 | Kirschen-Confitüre . . . 389 |
| | Kirschen-Confitüre ohne Himbeeren . . . . 401 |
| Confitüre von rothen Pfirsichen . . . . 396 | Marmelade von Birnen . 401 |
| | Andere Art . . . . 397 |
| Confitüre von Thierli (Cornelkirschen) . . 405 | Marmelade v. Himbeeren 392 |
| | Marmelade v. Zwetschgen oder Pflaumen . . . 397 |
| Confitüre v. Transparent-Aepfeln . . . . 399 | |
| Confitüre v. Zahmkirschen (sauren Kirschen oder Ammern) . . . 390 | Meertrübeli- (Johannisbeeren-) Gelée . . . 393 |
| | Meertrübeli-Confitüre . 393 |
| Andere Art . . . . 390 | Melonen-Confitüre . . 399 |
| Confitüre von Zahm- und schwarzen Kirschen mit Himbeersaft . . . , 391 | Mirabelles-Confitüre . . 397 |
| | Orangen-Confitüre . . 406 |
| | Orangen-Marmelade . . 405 |
| Andere Art . . . 391 | Parillen- (Aprikosen) Confitüre . . . . . 394 |
| Eingemachte Zwetschgen auf andere Art . . 399 | |
| | Pfirsich-Confitüre . . . 395 |
| Erdbeer-Gelée . . . . 388 | Pfirsich-Marmelade . . 396 |

|  | Seite. |  | Seite. |
|---|---|---|---|
| Pfirsiche in Kirschwasser | 396 | Weichseln ob. andere saure Kirschen in Kirschwasser | 392 |
| Pflaumen-Confitüre | 397 | Zahmkirschen en confiture sèche | 391 |
| Pomeranzen-Bast | 406 | Zwetschgen in Kirschwasser | 399 |
| Quitten-Brod | 404 | Zwetschgen-Marmelade | 398 |
| Quitten-Confitüre | 403 | Zwetschgen-Confitüre mit Citrone | 398 |
| Quitten-Gelée | 404 | | |
| Rosen-Confitüre, russische | 388 | | |
| Rousseletten i. Kirschwasser | 401 | | |

## Liqueurs und Getränke.

|  |  |  |  |
|---|---|---|---|
| Bischoff | 414 | Nußwasser | 414 |
| Capillaire-Syrup | 410 | Andere Art | 415 |
| Andere Art | 411 | Maitrank | 410 |
| Curaçao | 411 | Mandelmilch | 413 |
| Eier-Punsch | 414 | Münzen-Rosolis | 412 |
| Erdbeeren-Saft | 410 | Orangen-Liqueur | 411 |
| Glühwein | 413 | Orangen-Syrup | 410 |
| Himbeer-Essig | 409 | Persicot | 412 |
| Himbeer-Saft | 408 | Punsch | 413 |
| Himbeer-Syrup | 408 | Andere Art | 413 |
| Johannisbeeren-Wasser | 409 | Quitten-Liqueur | 411 |
| Klaret | 415 | Syrup von Johannisbeeren und Zahmkirschen | 409 |
| Andere Art | 415 | Vert-Jus | 412 |
| Limonade | 413 | | |

**Anmerkung.** Das Schweizerpfund theilt sich in 16 Unzen oder 32 Loth und ist gleich $1/2$ Kilogramm oder 500 Gramm.

1 Schweizer-Maß enthält 4 Schoppen und ist gleich $1^{1}/_{2}$ Liter.

## Abkürzungen.

kg. = Kilogramm.

g. = Gramm oder tausendster Theil eines Kilogramms.

l. = Liter.

dl. = Deciliter oder der zehnte Theil eines Liters.

# Wort-Erklärung.

| | |
|---|---|
| Anken | Butter. |
| Ausgetrölt | ausgewallt. |
| Bröckli | würflig geschnittenes Brod. |
| Brösmeli | geriebenes Brod. |
| Blatter | Blase. |
| Bord | Rand. |
| Bruniolen | große Pflaumen. |
| Bähen | rösten. |
| Capillaire-Kraut | Frauenhaar. |
| Cebra-Confit | eine Art verzuckerte Citronen oder Pomeranzen. |
| Erdäpfel-Rösti | gebratene Erdäpfel. |
| Erbselensaft | Berberizensaft. |
| Gnippe | Wiegenmesser. |
| Gesottene Butter | ausgelassene Butter. |
| Gewannet | aufgeworfen, geschüttelt. |
| Gräubchi | Blüthe der Frucht. |
| Gelatine | feine Hausenblase. |
| Hamme | Schinken. |
| Hicken | stark einschneiden. |
| Haben | aufgehen. |
| Hebi | Bierhefe oder Sauerteig. |
| Höckli | Häufchen. |
| Jüs | Jus, Brühe. |
| Kümi | Kümmel. |
| Kässchaber | Reibeisen. |
| Kachel | Schüssel. |
| Kohl | Weißkraut. |
| Knoben | Fußgelenk-Knochen. |
| Kiefel | Zuckerschoten. |
| Kabis | gröbere Art Weißkraut. |

| | |
|---|---|
| Kalberblätterli | Kalbsblase. |
| Kölm | Thymian. |
| Läckerli | Kleine Pfeffer= oder Lebkuchen. |
| Läften | beschweren. |
| Lugg | locker, schwablig. |
| Milchling | Kalbsmilch. |
| Mocken | aus der Keule. |
| Macis | Muskatblüthe. |
| Niblen | Rahm. |
| Nägelipulver | Gewürznelken=Pulver. |
| Nägeli | Gewürznelken. |
| Oefeli | Bratofen. |
| Pfefferbecken | Sieb. |
| Pistache | Pistazie. |
| Pralinen | mit Zucker überzogene Mandeln. |
| Rübli | gelbe Rüben, Moorrüben. |
| Rüben | weiße Rüben. |
| Rübhächel | Hobel. |
| Ringli | Brätzeln. |
| Schweizen | dämpfen. |
| Storzen | Strünke. |
| Sturzen | blechern. |
| Trölholz | Nudelholz, Wallholz. |
| Tamis | Haarsieb. |
| Taternpfanne | kupfernes oder eisernes Casserol mit einem Deckel, worauf man Kohlen legt. |
| Tängg | talkig. |
| Weggli=Schnittli | Schnittchen von Eierbrod. |
| Weinbeeren | große Rosinen. |
| Zwecheli | Serviette. |
| Züpfli | Eierbrod. |

**Anmerkung.** Ueberall, wo von Brod die Rede ist, ist Weißbrod oder Semmel verstanden.

# Suppen.

## 1. Mehlsuppe.

Man nehme gesottene Butter, lasse dieselbe heiß werden, nehme dann, je nachdem man eine größere oder kleinere Portion Suppe haben will, 2—3 gute Kochlöffel voll Mehl, oder so viel, daß die Butter ordentlich aufgetrocknet wird, röste dasselbe auf gelindem Feuer, bis es schön hellbraun ist, gieße dann soviel siedendes Wasser darein, als man Suppe haben will, und lasse es 1—2 mal aufkochen; dann thut man fein geschnittenes Brod darein und läßt die Suppe noch einmal damit aufwallen und richtet sie an.

## 2. Kümi-Suppe.

Diese wird ganz gleich gemacht wie obige; nur thut man, wenn das Mehl hellbraun geröstet ist, nach Belieben Kümmel (Kümi) darein und rührt ihn mit dem Mehl noch 1—2 mal in der Pfanne herum.

## 3. Geröstete Suppe.

Man nehme Butter wie zu einer andern Suppe, thue, wenn sie heiß ist, statt Mehl fein geschnittenes Brod darein und röste es schön gelb, nehme dann einen Kochlöffel voll Mehl, rühre es noch ein paar Mal mit dem Brod um, thue Salz darein und genugsam Wasser, und lasse sie eine gute Viertelstunde kochen.

### 4. Bröckli=Suppe.

Man schneidet kleine Brodbröckli und röstet sie mit so viel Butter, daß die Bröckli dieselbe nicht ganz auftröcknen mögen, schön gelb, schüttet dann die noch übrige Butter ab und nimmt einen kleinen Löffel Mehl dazu, und verfährt wie bei obiger; wenn man die Suppe anrichtet, so klopft man 1 oder 2 Gelbe vom Ei mit ein wenig Muskatnuß und rührt es langsam in die Suppe.

### 5. Brösmeli=Suppe.

Man nimmt von nicht ganz frischem Brod das Brosmichte, gnippt es mit der Gnippe oder reibt es am Käsihaber ziemlich fein und verfährt damit ganz wie mit der Bröcklisuppe.

### 6. Andere Art.

Man nehme eine kleine Portion Brösmeli und röste sie schön gelb, schütte die Butter, wenn übrig ist, wohl ab und schütte das Wasser dazu; wenn es kocht, so rühre man ein paar Löffel Gries oder geschwellte, geschabte Erdäpfel darein, läßt sie eine Weile kochen, thut aber kein Ei darein.

### 7. Brod=Suppe.

Gutes Schwarzbrod wird zerschnitten, im Oefeli gedörrt und ein wenig braun gemacht, dann im Mörser zu grobem Pulver zerstoßen. Nun rührt man einige Löffel von diesem Pulver in siedende Fleischbrühe, fügt Salz und Gewürz bei und läßt sie einige Mal aufkochen. Beim Anrichten kann noch ein mit Milch verklopftes Eigelb hineingerührt werden.

### 8. Erdäpfel=Suppe.

Man mache eine gute Mehlsuppe, röste nach Belieben fein geschnittene Zwiebeln mit dem Mehl und lasse dann rohe, klein gewürfelte oder gescheibelte Erdäpfel damit kochen, bis sie ordentlich verkocht sind, und thue zuletzt ein wenig fein geschnittenes Brod und ein wenig Pfeffer dazu.

### 9. Andere Art.

Man nehme rohe Erdäpfel, schäle sie und thue sie mit genugsam frischem Wasser übers Feuer und lasse sie weich kochen, zerdrücke sie wohl und thue beim Anrichten, wenn man will, dünn geschnittenes Brod darein. Ist etwas Fleisch oder Knochen mit gekocht worden, thut man beim Anrichten nichts darein als ein wenig fein gerieben Majoran, und wenn man will, einen Löffel Nibeln; ist aber nichts damit gekocht, so mache man eine kleine Schweize von Butter und geschnittenen Zwiebeln darein.

### 10. Noch andere Art.

Wenn man Erdäpfelstock macht, so thue man in eine Suppenschüssel ein wenig fein geschnittenes Brod mit einer kleinen Prise Pfeffer, eine Hand voll fein gehackter Kräuter, als Körbelkraut, Petersilie, Schnittlauch, Pfefferkraut, Majoran und Kölm, eines Ei's groß süße Butter; wenn die Erdäpfel weich gesotten, so gieße man das Wasser davon darüber und lasse sie ein paar Minuten zugedeckt stehen.

### 11. Noch andere Art.

Man nehme zu einer Schüssel für 6 Personen etwa 14 rohe, beschnittene Erdäpfel und lasse sie in Fleischbrühe recht weich kochen, so daß man sie ganz zerdrücken kann; ist dieses geschehen, so gieße man diese Brühe durch ein Pfefferbecken und lasse sie dann mit einem ganz kleinen Stück süßer Butter noch ein paar Minuten kochen; beim Anrichten klopfe man ein Eigelb mit Muskatnuß darunter.

### 12. Süße Anken-Suppe.

Man schneide das Brod etwas gröber als zu einer anderen Suppe, thue es mit Salz, einem Stück frischer Butter und genugsam Wasser über das Feuer und lasse sie eine gute halbe Stunde kochen; oder man kann auch die Butter in der Pfanne zuerst schmelzen lassen, einen Löffel Mehl damit zerrühren und dann das Wasser mit dem Salz und Brod darein thun, und wie obige kochen lassen. Wird noch besser, wenn man die Hälfte Fleischbrühe dazu nimmt, statt nur Wasser.

### 13. Baumwoll= oder Bündner=Suppe.

Zu einer Portion Fleischbrühe für 6 Personen nimmt man einen Löffel voll weißes Mehl, rührt es mit 4 Löffel dünner Nideln zart an, klopft 4—5 ganze Eier darunter, bis der Teig recht zart ist; wenn die Fleischbrühe zu kochen anfängt, so gießt man den Teig bei fortdauerndem Rühren durch eine Schaumkelle langsam darein und läßt sie einmal aufwallen, thut Salz und Muskatnuß nach Belieben darein und richtet sie sogleich an.

### 14. Weiße Mehl=Suppe.

Zu einer Portion für 8 Personen nimmt man 4—5 gute Kellen voll Mehl, rührt es mit kalter Fleischbrühe zart an, wie einen Kindsbrei, gießt Fleischbrühe hinzu, bis man die gehörige Portion Suppe hat, fügt ein kleines Stück frische Butter bei, setzt sie auf ein gelindes Feuer und rührt sie bis sie kocht, läßt sie eine halbe Stunde langsam kochen, gibt wohl Acht, daß sie nicht anbrenne, und richtet sie dann an.

### 15. Eier=Gersten=Suppe.

Zu einer Portion von 6 Personen nimmt man 6 Eier und eine Hand voll weißes Mehl auf ein Brett, auch ein wenig Salz; dieses wirkt man zusammen, bis das Mehl und die Eier gut vermengt sind und der Teig zu kleinen Stückchen, in der Größe von Reiskörnern, sich formirt hat; dies läßt man nun in der gehörigen Portion Fleischbrühe kochen, bis die Teigkörnchen den mehlichten Geschmack ganz verloren; beim Anrichten thut man Muskatnuß darüber, und wenn man will, fein geschnittene Peterfilie.

### 16. Gewöhnliche Fleisch=Suppe.

Wenn das Fleisch genug gekocht, so thue man dünn geschnittenes Brod (auch zuerst gedörrtes ist recht gut) in eine Casserole, gieße kochende Fleischbrühe darüber, nachdem das Fett rein davon abgenommen, und lasse sie mit dem Brod eine Viertelstunde auf der Gluth kochen; beim Anrichten streue man feingeschnittenen Schnittlauch und Peterfilie darüber.

### 17. Nudeln= oder Vermicelli=Suppe.

Man lasse Fleischbrühe, von der alles Fett abgenommen ist, in einer Casserole kochen, thue dann die Nudeln darein, rühre sie öfters auf und lasse sie eine halbe Stunde langsam kochen; ist sie angerichtet, so thue man etwas Muskatnuß darüber.

### 18. Gries=Suppe.

Für 5—6 Personen wird eine Gries langsam unter beständigem Rühren in kochende Fleischbrühe gestreut; damit das Gries recht aufkochen kann, muß man sie nicht zu dick machen und gut eine halbe Stunde kochen lassen.

### 19. Andere Art.

Eine Tasse Gries röstet man in heiß gemachter Butter schön gelb und gießt das nöthige Wasser hinzu, salzt sie und läßt sie eine Viertelstunde kochen.

### 20. Sago= oder Tapioka=Suppe.

Es werden etwa 100 Gr. Sago in 2 Liter kochende Fleischbrühe gerührt und langsam während $1/2$ Stunde oder mehr gekocht. Sollte sie zu stark einkochen und zu dick werden, so muß Fleischbrühe oder Wasser nachgegossen werden. Tapioka wird ebenso verwendet.

### 21. Reis-Suppe.

Nachdem das Reis erlesen ist, thut man es mit guter Fleischbrühe auf gelindes Feuer, man kann nach Belieben ein paar ganze Nägeli dazu thun, deckt die Casserole zu und läßt die Suppe zwei kleine Stunden langsam kochen; rührt sie von Zeit zu Zeit auf, daß sie nicht ansitze. — Auf gleiche Weise wird die U l m e r = G e r st e n s u p p e gemacht, nur daß die Ulmergerste nicht erlesen wird, aber etwas länger gekocht werden muß als das Reis.

### 22. Reis-Suppe auf italienische Art.

Für diese Suppe muß etwas mehr Reis genommen werden, als zu einer gewöhnlichen; ist der Reis erlesen und wohl gewaschen, so thut man ihn in so viel kochende Fleischbrühe als man Suppe haben will, läßt sie 20 Minuten kochen und trägt sie auf.

### 23. Zwieback-Suppe.

Wenn die Fleischbrühe kocht, rührt man gestoßenen Bischofzeller Zwieback in gleichem Verhältniß wie bei der Griessuppe Gries hinein, läßt sie ein gutes Weilchen kochen und rührt beim Anrichten das Gelbe vom Ei mit ein wenig Schnittlauch oder Petersilie hinein.

### 24. Maizena-Suppe.

Zu einer Portion für 6 Personen nehme man drei Löffel Maizena, rühre es mit kalter Milch zart an, klopfe ein Ei hinein und rühre es in so viel siedende Fleischbrühe, als man Suppe haben will, lasse sie ein wenig kochen, muß aber immerfort gerührt werden und richtet sie an. Es kann noch ein wenig Muskatnuß beigefügt werden.

## 25. Falsche Krebs-Suppe.

Man nimmt gute Fleischbrühe, bähet dünne Brodschnitten auf der Gluth schön gelb; wenn die Suppe kochen will, so bricht man die Brodschnitten in einige Stücke, thut sie darein, läßt sie mit der Suppe ein paar Mal aufkochen, richtet sie an und rührt 2—3 wohlgeklopfte Eiergelb mit Muskatnuß darunter.

## 26. Suppe auf Genfer Art.

Man thut in eine Casserole oder Messingpfanne ein gutes Stück frische Butter; wenn sie geschmolzen ist, so rührt man zwei Löffel voll Mehl darein, gießt dann nach und nach gute Fleischsuppe dazu, indem man immer rührt, bis sie kocht, und läßt sie eine Stunde auf schwachem Feuer kochen; dann werden 6 Eiergelb mit ein wenig Nibeln oder Muskatnuß wohl geklopft und in die Suppe gerührt, wenn man sie anrichten will; sie darf mit den Eiern nicht mehr kochen.

Will man die Suppe in Schaum haben, so klopft man 4 Eierweiß halb zu Schnee und thut sie unter beständigem Rühren mit einem Beseli in die Suppe; auf diese Weise aber muß sie gleich servirt werden.

## 27. Schweizer-Suppe.

Man nimmt eine Schüssel, die so viel Suppe enthält als man bedarf, in diese thut man 3 Löffel voll Mehl, das mit 3 Löffel voll Nibeln zart angerührt wird; dann werden 3 ganze Eier darein geschlagen und wohl geklopft, gießt unter beständigem Rühren so viel heiße Fleischbrühe darein als man Suppe haben will, setzt sie über's Feuer und rührt fortwährend bis sie kocht, richtet sie dann über ganz dünne geschnittene und gebähte Brodschnittchen an und trägt sie sogleich auf. Man kann nach Belieben etwas Muskatnuß darüber thun.

### 28. Suppe mit Mark-Kügelchen.

Zu einer kleinen Schüssel Suppe nimmt man 50 Gr. Rindermark, ein Weggli, das wohl zerstoßen wird, und ein ganzes Ei, mengt alles durcheinander, formt kleine Kügelchen, thut sie in so viel siedende Fleischsuppe, als man haben will, und kocht sie in derselben 10 bis 15 Minuten.

### 29. Eine gute Suppe.

Man nimmt Fleischbrühe; wenn sie recht stark kocht, thut man ein gutes Stück ganz frische Butter darein, läßt sie während einer Viertelstunde stark kochen, indem man sie fortwährend mit dem Beseli schwingt, bindet sie mit dem Gelben vom Ei und richtet sie an.

### 30. Flädli-Suppe.

Von 2 Eiern, 4 dl. Milch und einem Löffel Mehl, mit etwas Salz gewürzt, werden ganz dünne Omeletten gebacken, wenn sie kalt sind in feine Riemchen geschnitten und mit Fleischbrühe eine Viertelstunde gekocht. Nach Belieben kann feingeschnittener Schnittlauch dem Teig beigefügt, oder Muskatnuß auf die Suppe gerieben, oder auch 1 oder 2 Eigelb mit einigen Löffeln Nideln verrührt in die Schüssel gethan und die Suppe darüber angerichtet werden.

### 31. Käs-Suppe.

Ein Teller voll feingeschnittenes Brod wird in einem Löffel heiß gemachter Butter gelb geröstet, 5 dl. Wasser und 1 1/2 l. Fleischbrühe nebst dem nöthigen Salz und 100 g. fetten, zerschnittenen Käs hinzugefügt; wenn sie eine Viertelstunde gekocht hat, so verrührt man zwei Eigelb mit ein wenig Milch oder Nideln, gießt es dazu, reibt Muskatnuß darüber und richtet sie an.

## 32. Kraut-Suppe.

Man nehme Spinat, für 6 Personen ungefähr eine ordentliche Kachel voll, dazu eine Hand voll Körbelkraut, 2 kleine Stengel Krausemünze, Schnittzwiebeln nach Belieben, 3, 4—6 Stengel, auch etwas Majoran, hacke dieses zusammen recht fein und presse den Saft daraus, daß das Kraut ganz trocken sei; alsdann lasse man in einer Pfanne Butter wie zu einer gewöhnlichen Suppe heiß werden und schweizt das Kraut darin, bis es weich ist, doch nicht zu lange, sonst zieht es Wasser. Ist es geschweizt, so rührt man 1—2 Kellen Mehl darein und gießt Wasser, oder besser noch Fleischbrühe dazu, bis man die gehörige Portion Suppe hat, thut Salz darein und ein wenig feingeschnittenes Brod und läßt sie einige Mal aufkochen, richtet sie an und rührt ein wohl geklopftes Eigelb mit ein paar Löffel Nibeln und etwas Muskat darein.

## 33. Bataille-Suppe.

Man nimmt ein nicht gar großes Kohlköpflein, schneidet die große Storze daraus, und zerschneidet das Köpflein in ziemlich kleine Stücke, dann 1—2 Stück gewallten Lattich (d. h. Kopflattich), ebenso zerschnitten eine Rübe und ein Rübli geschält und in kleine Stücke oder Scheibchen geschnitten, so auch eine Kohlrabe und 3 oder 4 rohe geschälte Erdäpfel, ein Kaffeekacheli voll Zuckererbsen, ein wenig zugerüsteten Blumenkohl. Dies alles wird in wenig heiß gemachte Butter übergewaschen und einige Minuten zugedeckt, dämpfen lassen, dann genugsam Wasser oder Fleischbrühe beigefügt und wohl 2 Stunden gekocht, bis alles weich ist. Ist die Suppe zu dick, so gieße man Fleischbrühe hinzu, bis sie die beliebige Dicke hat; beim Anrichten kann man nach Belieben feingeschnittenen Schnittlauch und Petersilie darein thun, auch Muskatnuß. Diese Suppe wird aber bei gehöriger Besorgung so gut und kräftig, daß sie gar keines Gewürzes bedarf.

### 34. Rübli-Suppe.

Man schneide etwa 6—8 rothe holländische, große Rübli und so viel Erdäpfel in Stücklein, lasse sie in der Fleischsuppe recht weich kochen, zerdrücke sie wohl und richte sie durch's Pfefferbecken, daß eine ordentlich dicke Brühe gibt, lasse sie auf gelinder Gluth noch ein wenig kochen und richte sie über geröstete Bröcklein an.

### 35. Andere Art.

Man nimmt 50 g frische Butter, 12 gelbe Rübli, eine Rübe und eine Selleriewurzel, wenn man sie liebt, schneidet von allem die Rinde weg, thut eine Handvoll Erbsen dazu, verdämpft dann alles in einer Casserole bis es recht weich ist; zieht es durch den Dampf nicht genug Wasser, so muß man ein wenig dazu thun, damit es nicht anbrenne, aber nur wenig; wenn es dann weich ist, daß man alles recht verstoßen kann, so gießt man Wasser hinzu, bis die Suppe die gehörige Dicke hat, fügt Salz, ein wenig Pfeffer und ein Stück magern Speck bei, läßt sie noch zwei Stunden langsam kochen und richtet sie dann durch's Tamis; man kann auch, wenn man will, ein wenig geröstete Brodbröcklein in die Schüssel thun und die Suppe heiß darüber schütten.

### 36. Suppe von Sauerampfer.

Eine oder zwei Brodschnitten werden in gesottener Butter schön gelb gemacht, dann in eine Casserole gelegt, Sauerampferblätter, welche nach dem Waschen wohl vertropft sein müssen (je nachdem man Suppe haben will 1—2 Hände voll), darauf gelegt und recht gute Fleischbrühe dazu gegossen, sie muß wenigstens 3 Stunden kochen; wenn man sie anrichten will, so wird das Gelbe von einem Ei darunter geklopft; ist die Suppe stark von Sauerampfer, so kann man ein wenig Milch darein thun, auch kann man sie richten, wenn man will.

### 37. Suppe für Kranke.

Eine Tasse voll Hafergrütz oder Hafermehl wird mit 3 l Wasser eine Stunde lang gekocht, bis sie wie eine Crème ist und durch den Seiher gerichtet; dann werden 100 g Rosinen, 5 g gestoßener Zimmet und Zucker nach Belieben dazu gefügt, mit 4 dl. gutem weißen Wein verdünnt und alles zusammen noch eine halbe Stunde kochen lassen, nur auf schwachem Feuer oder Gluth. Will man die Rosinen nicht darin behalten, so richtet man die Brühe, wenn sie fertig ist durch den Seiher.

### 38. Hafermehl=Suppe.

Ein Stück gesottene Butter wird heiß gemacht, dann werden 2 gute Löffel voll Hafermehl und 1 Löffel Mehl darin schön gelb geröstet, auf schwachem Feuer, da es leicht anbrennt; dann wird kaltes Wasser oder Fleischbrühe beigefügt, bis sie die gewünschte Dicke hat und alles noch eine halbe Stunde gekocht.

Beim Anrichten können noch in Butter geröstete Brodbröcklein beigefügt werden, was nöthig ist, wenn keine Fleischbrühe dazu genommen wurde.

### 39. Leguminosen=Suppe.

Dies feingemahlene Mehl wird mit kaltem Wasser oder Fleischbrühe glatt angerührt. 1 Löffel Mehl wird mit einem Stück Butter geröstet, dem man nach Belieben klein geschnittene Zwiebeln oder fein gewürfelten Speck beifügen kann. Dann wird es abgelöscht und aufgekocht, nun rühre man das verdünnte Leguminosenmehl dazu und lasse alles 20 Minuten kochen. Es können auch wieder in Butter geröstete Brodbröckli beigefügt werden und Gewürz nach Belieben.

### 40. Gute Suppen für Kranke.

Man nimmt 500—750 g. Kalbermocken ohne Fett und 250 g. Rinderleber und thut dies zusammen mit 4 l. kaltem

Waſſer in einem Eiſentopf übers Feuer. Wenn es zu kochen anfängt, ſo wird es wohl verſchäumt, und wenn man Haberkernen dabei kochen will, ſo werden dieſe (etwa ein gutes Kaffeekacheli voll), ſobald das Fleiſch verſchäumt iſt, dazu gethan, und nun auf gelindem Feuer gekocht, bis die Brühe zur Hälfte eingekocht und die beliebige Dicke hat. Dann wird ſie durch die Schaumkelle gerichtet und in einem irdenen Hafen oder Caſſerole aufbehalten und den Kranken jedesmal nur ſo viel davon gewärmt, als ſie genießen. Salz wird nur ſehr wenig darein gethan. Will man ſtatt Haberkernen lieber Gries dabei kochen, was für viele Kranke noch beſſer iſt, ſo wird die Brühe vorerſt bei= nahe zur Hälfte eingekocht, hierauf durch die Schaumkelle gerichtet und dieſes Bouillon dann in einer irdenen Caſſe= role auf Gluth geſetzt, und wenn es wieder kocht, Gries darein gerührt, bis es die beliebige Dicke hat; ſie muß jedoch für Kranke nur dünn ſein. Iſt genug Gries darein gerührt, ſo wird mit dem Rühren fortgefahren, bis ſie kocht, dann läßt man ſie auf ganz gelinder Gluth eine halbe Stunde kochen, behaltet ſie nun in der irdenen Caſſe= role auf und verfährt damit wie oben.

## 41. Gerſtenſchleim, ſehr gut.

500 g. nicht gewaſchene Gerſte, 250 g. Mehl und 100 g. friſche Butter werden zuſammen in einer Caſſerole oder in einem ehernen Hafen über's Feuer gethan und einen Augenblick gerührt, dann 1½ l. friſches Waſſer darein ge= rührt, zuletzt nach und nach Fleiſchbrühe bis die Caſſerole voll iſt, und fortgerührt, bis es kocht. Dieſe Suppe muß wenigſtens 4 Stunden kochen; wenn man ſie anrichten will, gießt man noch ½ l. gute Milch hinzu und richtet ſie durch ein Pfefferbecken oder eine Schaumkelle. Dies gibt eine Portion für 30 Perſonen.

## 42. Krebs=Suppe.

Zu einer Portion Suppe für 12—18 Perſonen nehme man 50 Stück Suppenkrebſe, thue ſie mit einer Handvoll

Salz und einer guten Prise Pfefferpulver in siedendes Wasser; sobald sie kochen, stelle man sie ab und ziehe sie aus dem Wasser, reiße dann die Schwänze aus und schäle die Schale mit Sorgfalt davon, daß die Schwänze ganz bleiben, ziehe den Darm, der unter den rothen Haut liegt, aus, und behalte die Schwänze in einem Kacheli; der Leib wird von der Galle und dem übrigen Eingeweide gereinigt, dann sammt den Scheeren und allen übrigen Schalen in einem Mörser recht fein gestoßen, bis keine groben Stücke mehr sind; dann wird ein gutes Stück frische Butter, ungefähr eines Ei's groß, in einer Eisenpfanne auf gutem Feuer geschmolzen (man lasse sie aber ja nicht heiß werden, sonst wird das Jus gern braun), thut dann die zerstoßenen Krebse darein und röstet sie bis sie recht warm sind, gießt dann so viel Fleischbrühe dazu, als man Suppe haben will (von der aber vorher alles Fett sorgfältig abgenommen werden muß), und läßt die Suppe einmal aufwallen, stellt die Pfanne ab dem Feuer und läßt sie stehen, bis das Jus d. h. die rothe Butter, sich obenauf gesetzt hat; dieses nimmt man nun mit einem Löffel sorgfältig ab und thut es in ein besonderes Kacheli, schüttet dann die Brühe durch eine reine Schaumkelle ganz ab, so daß die zerstoßenen Krebse trocken in der Pfanne bleiben, thut sie noch einmal in den Mörser und zerstößt sie wieder, verfährt damit zum dritten Mal ebenfalls gleich. Man nimmt immer wieder die gleiche durchgerichtete Brühe und gießt jedesmal ein wenig Fleischbrühe dazu, damit man die gleiche Portion Suppe behalte, dann bäht man dünne Brodschnitten auf der Gluth schön gelb, bricht sie in 2—3 Stücke, thut sie in die Suppe und läßt sie mit aufwallen, thut die Krebsschwänze in die Schüssel und richtet die Suppe darüber an, thut dann das Jus oder die Krebsbutter darein und läßt es in der heißen Suppe zugedeckt schmelzen, und streut ein wenig fein geschnittene Petersilie und Muskatnuß darüber.

Will man, statt Brod, Reis oder Ulmergerste mit der Krebsbrühe kochen, so lasse man das eine oder andere zuerst mit bloßer Fleischbrühe aufkochen; dann wird die Krebsbrühe darein gethan und noch eine Weile auf gelinder Gluth

gekocht, bis Reis oder Gerste weich ist; dann wird sie an=
richtet, die Krebsbutter und die Schwänze darein gethan
und ein wenig Muskatnuß darauf, die Schüssel zugedeckt,
daß die Krebsbutter, die nicht mitgekocht werden muß, schmelze,
und sobald diese geschmolzen, aufgetragen.

### 43. Schildkröten=Suppe.

Man nimmt einen halben Kalbskopf und ein Züngli,
setzt beides mit genugsam Wasser über's Feuer, verschäumt
es und läßt es während einer halben Stunde kochen; schneidet
dann das Fleisch so viel möglich in großen Stücken vom
Kopf, vom Züngli wird die Haut abgelöst, alsdann wird
gute Fleischbrühe genommen, etwas mehr als man Suppe
haben will, weil sie einkocht, thut sie in eine Casserole mit
den Stücken vom Kalbskopf und dem Züngli, 1—2 Zwie=
beln, 5 g. Nägeli, 5 g. Macis, der 4. Theil einer Mus=
katnuß, feingeschnittene Kräutli und 2 Anchoix, läßt dies
alles auf gelindem Feuer kochen, bis Züngli und Fleisch
weich sind, zieht dann das Fleisch heraus und schneidet es
in kleine Würfel, das Züngli in Schnittchen und richtet das
Bouillon durch's Tamis; während obiges kocht, werden von
250—400 g. Kalbfleisch Krügeli in der Größe einer Hasel=
nuß gemacht und kocht sie etwa eine gute Viertelstunde in
der Brühe, wo Kalbskopf und Züngli geschwellt wurden;
dann werden 50 g. frische Butter in einer Casserole ge=
schmolzen, 150 g. Mehl darein gerührt, und die gerichtete
Brühe unter fortwährendem Rühren, bis es kocht dazu ge=
gossen, sammt 4 dl. gutem alten weißen Wein, thut Salz
dazu, und soviel weißen Pfeffer als man die Suppe stark
haben will, thut Krügeli, Fleisch, Züngli, und von 6 bis
8 hart gesottenen Eiern das Gelbe, in zwei Theile ge=
schnitten, nebst dem Saft einer Citrone darein, kocht sie
während einer Stunde auf Kohlen oder schwachem Feuer
und trägt die Suppe heiß auf; wer es liebt, kann beim
Anrichten noch einen Löffel voll Pulver de Carry darein
thun.

Noch ist zu bemerken, daß man diese Suppe, da sie viel
zu thun gibt, ganz gut den Tag vorher machen kann, dann

aber nur eine halbe Stunde kocht, sie in der Casserole stehen läßt bis den folgenden Tag, wo sie dann noch eine halbe Stunde gekocht wird.

### 44. Hasen-Suppe.

Man nimmt die Theile vom Hasen, die für den Hasenpfeffer genommen werden, thut sie mit so viel Wasser, daß man es abschaumen kann, über's Feuer; ist dies geschehen, werden 2 Zwiebeln mit ein paar Gewürznelken gespickt, Salz, wenn man ihn liebt, ein wenig Macis, und Fleischbrühe dazu gethan und gekocht, bis das Fleisch weich ist, zieht es dann aus der Brühe, thut die Knochen sorgfältig davon und zerschneidet das Fleisch so viel möglich in gleichmäßige Würfel, dann werden in einer Casserole 2 Kellen voll Mehl mit einem guten Stück frischer Butter schön gelb geröstet, die Hasenbrühe, welche gerichtet werden muß, darein gerührt, nebst 4 dl. gutem Wein und wenn nöthig noch Fleischbrühe, Pfeffer und andere Spezereien je nach Belieben, thut auch das Fleisch darein und läßt die Suppe noch eine halbe Stunde kochen.

### 45. Suppe von Rinderleber.

Man schneidet die Leber in Stücke von der Größe einer Baumnuß, dämpft sie mit süßer Butter und überstreut sie dann mit ein wenig Mehl, das gelb werden muß, thut Fleischbrühe, Gewürz, einige Rübli und Kräutli daran und läßt sie eine Stunde kochen, richtet sie durch ein Pfefferbecken oder Schaumkelle, und thut gebähtes Brod darein. Die Suppe soll die Farbe einer dünnen Mehlsuppe haben.

### 46. Erbs-Mues.

Hat man gute Erbsen, von denen man sicher ist, daß sie nicht harter Art sind, so ist es nicht nöthig sie vorher einzulegen, sonst aber lege man sie Abends in kaltes Wasser ein. Für ein gutes Mues für 8 Personen nehme man, wenn man zweimal davon haben will, ein Kacheli voll

Erbsen, thue diese am Morgen ziemlich mit 2—3 l. kaltem Wasser über's Feuer und lege 1 oder 2 Speckschwarten dazu, indem die Erbsen eher weich werden, wenn etwas Fettes dabei ist. Man läßt sie nun wohl zugedeckt auf gutem Feuer kochen, bis das Wasser beinahe eingekocht ist. Sind sie nun noch nicht weich genug, d. h. noch nicht so weich, daß man sie mit einer großen hölzernen Kelle zerdrücken kann, also noch zu hart, so gieße man noch ein wenig siedendes Wasser dazu und koche sie, bis sie weich sind, zerdrücke sie so gut man kann, und gieße dann etwas mehr siedendes Wasser hinzu, als man Mues haben will, lasse es nun auf gelindem Feuer fortwährend kochen, bis man es anrichten will. Ist das Mues zu dick, oder hat man zu wenig, so gieße man noch eine Viertelstunde vor dem Anrichten siedendes Wasser hinzu. Will man es gerichtet haben, so läßt man es beim Anrichten durch die Schaumkelle laufen und preßt die Erbsen wohl aus. Man kann nach Belieben kleine Brodbröcklein, die in der Butter gelb geröstet werden, in die Schüssel thun und das Mues darüber richten. Will man dasselbe aber ungerichtet, sammt den Hülsen genießen, so geht es recht gut, wenn man eine Stunde vor dem Essen einige geschälte rohe Erdäpfel dazu thut und mitkocht. In jedem Fall kann man feingeschnittenen Schnittlauch und Petersilie nach Belieben darüber streuen, wenn das Mues angerichtet ist. Das Salz wird sowohl bei diesem als auch bei jedem andern Mues dieser Art erst eine Stunde vor dem Essen in das Mues gethan, weil alle Hülsenfrüchte durch das Salz eher hart als weich werden.

### 47. Linsen-Mues.

Für eine gleiche Portion Mues, wie bei den Erbsen angezeigt ist, nehme man etwas weniger Linsen als man Erbsen genommen haben würde, lege sie aber nicht ein, sondern setze sie gleich mit ziemlich viel Wasser übers Feuer und lasse sie zugedeckt 2 Stunden lang auf gutem Feuer kochen. Nach dieser Zeit kann man ein großes Kaffeekacheli voll dürre oder einige rohe geschälte Erdäpfel dazu thun und Wasser genugsam nachgießen und nun noch beinahe

2 Stunden auf gelindem Feuer kochen. Dieses Mues wird gewöhnlich nicht gerichtet; will man es aber richten, so läßt man alsdann die Erdäpfel weg und werden dagegen etwas mehr Linsen genommen; auf jeden Fall aber müssen diese beinahe 4 Stunden kochen. Beim Richten müssen sie in einem Pfefferbecken wohl durchgepreßt werden; man verliert aber immer viel davon, wenn man sie richtet. Auch bei diesem Mues kann man nach Belieben ein wenig feingeschnittene Zwiebeln, in ein paar Löffel voll heißer Butter gedämpft, gerade vor dem Anrichten dareint thun.

Wie das Haberkernen-Mues gekocht wird, weiß wohl jedermann. Ich übergehe es also ganz. Hingegen kann aus mehreren Muesfrüchten ein anderes Mues zubereitet werden, welches sehr gut ist, und deßhalb hier erwähnt zu werden verdient. Man nimmt entweder Erbsen oder Bohnen, Haberkernen oder gebrochene Gersten, oder auch Reis, ein wenig mehr als die Hälfte Erbsen oder Bohnen, und die kleinere Hälfte dann von einer der angezeigten Muesfrüchte. Die Erbsen oder Bohnen werden zuerst mit 1½—3 l. kaltem Wasser (je nachdem man eine Portion Erbsen 2c. hat) auf gutes Feuer gesetzt, wohl zugedeckt und so lange gekocht, bis das Wasser eingekocht ist, dann wird genugsam heißes Wasser zugegossen, und nun Haberkernen oder Gerste 2c. dazu gethan, zugedeckt und auf gelindem Feuer im Ganzen wohl 4 Stunden gekocht und bisweilen aufgerührt, damit es nicht ansitze; wenn es zu dick wird, so muß heißes Wasser nachgegossen werden. Hat man etwas von Fleisch, oder auch nur einen Knoben oder dergleichen, dazu zu thun, so wird das Mues um so besser, dieses wird dann gerade mit den Erbsen oder Bohnen auf's Feuer gesetzt. Eine Stunde vor dem Essen wird noch ein großes Kaffeekacheli voll dürrer Erdäpfel darein gethan, aber das Mues nun öfters aufgerührt, weil es mit den Erdäpfeln gerne anbrennt, und deßhalb auch nur auf ganz gelindem Feuer gekocht werden darf. Dieses Mues wird nicht gerichtet, es muß aber alles wohl verkocht und schön liirt sein; Schnittlauch und Petersilie, fein geschnitten, in der Schüssel darüber gestreut, geht gut. Auch eine Selleriewurzel im Mues gekocht ist gut.

Und wenn nichts von Fleisch dabei gekocht wurde, so kann man nach Belieben ein wenig heiß gemachte Butter mit etwas feingeschnittenen, darin gedämpften Zwiebeln vor dem Anrichten darein thun.

### 48. Rüben=Mues.

Man nimmt einige Rüben, je nach dem man viel Mues haben will; sie müssen gut beschnitten werden und dann mit der Rübenhechel geschnitten, die Schüssel, die man voll Mues haben will, soll zur Hälfte gehechelte Rüben haben; dieselben werden geschwellt bis sie beinahe weich sind; das Wasser muß kochend sein, wenn man die Rüben darein thut; sind sie nun ordentlich weich, so werden sie in eine irdene Schüssel ausgezogen, dieselbe schief gestellt, damit alles Wasser abtropfe. Alsdann wird ein Stück gesottene Butter, eines kleinen Ei's groß in einer Pfanne auf's Feuer gesetzt, und wenn sie heiß ist, ein wenig fein geschnittene Zwiebeln darein gedämpft, aber nicht gelb, nur weich; dann werden die gekochten Rüben darein gethan, einmal in der Pfanne umgerührt und sogleich gute Milch dazu gegossen, so viel als man Mues haben will; man läßt dies zusammen nicht völlig eine Viertelstunde kochen, thut eine kleine Prise Salz darein und richtet das Mues an; dann werden ein paar Löffel voll geschabten Käs darein gerührt, die Schüssel wird zugedeckt und aufgetragen.

### 49. Nokerl= oder deutsche Suppe.

Man nimmt 2 Löffel voll gesottene Butter, die in einer Schüssel mit etwas Wasser gerührt wird, bis sie zart und weiß ist; darein werden nun nacheinander immer 1 Gelbes vom Ei, mit etwas Mehl gerührt, bis auf diese Weise 5 Eiergelb darin sind, und bei jedem Ei der Teig wohl geklopft ward; dann werden die 5 Weißen der Eier zu Schnee geschwungen und leicht in die Masse gerührt, das Teiglein soll die Dicke eines dünnen Kindsbrei haben, d. h. noch flüssig sein. Von diesem Teig nun wird ein kleiner Löffel voll nach dem andern in's siedende Wasser geworfen und

Suppen.

nach einigen Augenblicken wird jedes Stück mit einem kleinen Schaumlöffel sorgfältig herausgenommen und in die Suppenschüssel gethan, in welcher die heiße Fleischsuppe angerichtet ist, und dann sogleich aufgetragen. Man kann auch nach Belieben Muskatnuß darüber thun.

### 50. Knödel-Suppe.

Man nimmt 50 g. gesottene Butter, die in einer Schüssel mit etwas Wasser gerührt wird, bis sie zart und weiß ist; dann werden 4 ganze Eier und 2 am Käsjchaber geriebene Semmelbrödchen hinein gerührt, aber wie oben, immer nur ein Ei nach dem andern, mit etwas Brod eingerührt und wohl geklopft, Salz und etwas Kräutli werden beigemischt. Der Teig soll eine Stunde stehen bleiben, dann kleine Kügelchen daraus gemacht und in der Fleischsuppe, die heiß sein muß, wenn man sie darein thut, eine starke Viertelstunde gekocht.

### 51. Morcheln-Suppe, russischer Art.

Man nimmt von den größern Morcheln, wenn man hat, grüne; nimmt man aber dürre, so muß um so mehr auf große gesehen werden; diese, wie die grünen, werden ungefähr eine Viertelstunde in heißes Wasser eingelegt, dann wird ein hartgesottenes Ei fein gehackt und mit fein geschnittenen Kräutli, als Petersilie, Majoran, ganz wenig Münzen und Schnittlauch wohl vermischt, auch ein wenig Muskatnuß und Salz dazu gethan und gut durcheinander gerührt. Nun werden die Morcheln aus dem Wasser gezogen und mit der Hand wohl ausgedrückt, an jeder Morchel der Hals weggeschnitten und die Oeffnung so groß als möglich gelassen, dann wird mit einem ganz kleinen Kaffeelöffel von der Eierfülle in jede Morchel so viel gethan, als sie fassen kann; sind alle gefüllt, so werden sie in eine Casserole in siedende Fleischsuppe gethan, 1 1/2 Stunde auf Gluth gekocht und angerichtet. Man thut etwas mehr Fleischbrühe in die Casserole, als man Suppe haben will, da dem Einkochen zugegeben wird; die Portion Morcheln kann am besten durch die Zahl der Personen bestimmt werden. 3 Stück auf eine Person soll hinreichend sein, wenn sie ordentlich groß sind, kleiner, kann man 1—2 zusetzen, bedarf man eine ordentlich große Portion Suppe, so muß man 2 hartgesottene Eier für die Fülle nehmen. Diese Suppe wird sehr schmackhaft und kräftig.

## Gemüse.

Die meisten Gemüse sollten Gesundheits halber, ehe sie abgekocht werden, gebrüht werden, wobei man vorzüglich darauf zu achten hat, daß sie in genugsam Wasser und auf starkem Feuer schnell gebrüht und hernach in frischem Wasser abgekühlt werden; auch darf nie zu viel Gemüse auf einmal in einen Hafen (Topf) gethan werden, weil es sonst gerne einen üblen Geschmack bekommt, auch muß der Hafen nicht gedeckt und das Gemüse beim Aufkochen immer mit der Kelle niedergedrückt werden.

### 1. Kopfkohl.

Der Kopf wird in 2 Theile geschnitten. Sobald derselbe auf oben angegebene Weise nur wenig gebrüht und gut abgekühlt ist, werden die großen Storzen herausgeschnitten und je nach Belieben größer oder kleiner geschnitten und auf einem Brett oder in einer durchlöcherten Kachel wohl vertropft. Dann thut man in einen eisernen oder ehernen Topf, je nach der Portion Kohl, verhältnißmäßig ein wenig Wasser oder Fleischbrühe, Salz und Schweinefett, oder zerlassenen Speck; wenn es kocht (siedet), so thut man den Kohl darein und läßt ihn auf gutem Feuer so lange kochen, bis er weich und das Wasser eingekocht ist;

alle Kohlarten bedürfen nur wenig Salz. Am Blätter- und Federkohl müssen an allen größeren die Storzen bis an die Blätter abgeschnitten werden, sonst wird ganz wie mit obigem verfahren.

## 2. Rößli- oder Nüßli-Kohl.

Wird beim Brühen bloß ein einziger Wall darüber gelassen; zum Abkochen darf nur sehr wenig Wasser, oder noch besser Fleischbrühe genommen werden, auch kann man statt anderem Fett süße Butter nehmen.

## 3. Blumkohl am Speck.

Darf beim Rüsten nicht in gar kleine Theile zerstückelt werden; wird nur ganz wenig gebrüht und nicht abgekühlt. Zum Abkochen nehme man ganz wenig Fleischbrühe und ausgelassenen Speck; auch kann ein Stück Speck dabei gekocht werden, er muß aber früher als der Blumkohl übers Feuer gesetzt werden, weil er sonst nicht lind würde, da der Blumkohl, besonders wenn er frisch ist, nur kurze Zeit zu kochen bedarf, weßhalb auch nur ganz wenig Flüssiges in den Topf gethan wird, damit der Blumkohl nicht allzu lind werde; er darf auch nicht gerührt werden, sondern nur gewannet, damit die Blümchen so wenig als möglich ab den Storzen fallen.

## 4. Gefüllter Blumkohl.

Der Blumkohl wird sorgfältig gerüstet und ein wenig gebrüht, dann wird ein Tüpfi recht gut mit frischer Butter und einigen Speckscheiben belegt, der Blumkohl mit den Blumen nach unten gekehrt schön darein geordnet: dann bereitet man eine Fülle von Fleisch wie für Fricandeau gehackt und gewürzt, oder wie für Kalbervögel, thut auch einige Milchling dazu, wenn man will, thut diese Fülle auf den Blumkohl mit frischer Butter und kocht ihn ganz langsam im Oefeli, bis er gelb wird. Will man ihn auftragen, so wendet man ihn wie einen Pudding auf eine Platte um und macht eine Krebssauce daran.

### 5. Lattich.

Wird auf starkem Feuer und in viel Wasser gebrüht, bis er unten bleibt. Auch thut man wohl, wenn man die Blätter etwas früher als die Köpfe in's Wasser legt, weil sie immer zäher als die Köpfe sind. Ist er genug gebrüht und recht gut abgekühlt, so läßt man ihn auf einem Brett wohl vertropfen und alles Wasser davon ablaufen, läßt dann Schweinefett oder zerlassenen Speck im Topf, in welchem man ihn kochen will, heiß werden, thut Salz und ein klein wenig Mehl und den Lattich ohne Wasser darein und schüttelt ihn mit der Fleischgabel wohl auf, läßt ihn auf starkem Feuer unter öfterm Aufschütteln schnell kochen, bis alles Wasser, so der Lattich selbst gibt, eingekocht ist; er darf nicht zugedeckt werden und muß auch sogleich, wenn er eingekocht ist, angerichtet und aufgetragen werden können, weil er sonst wieder Wasser zieht. Wenn man gerne will, kann man, ehe man ihn vom Feuer nimmt, ein Stäubchen Mehl darüber streuen und ihn aufschütteln, aber dann darf kein Mehl in's Fett gethan werden.

### 6. Spinat, lang gekocht.

Wenn er gebrüht und abgekühlt ist, so wird er wie der Lattich auf ein Brett gelegt und das noch darin befindliche Wasser mit einer Schaumkelle ausgepreßt, und wenn er nicht mehr jung und die Blätter groß sind, kann man ihn ein paar Mal zerschneiden, dann wird er ganz gleich wie der Lattich behandelt, sehr schnell gekocht und nicht zugedeckt; zuletzt wird ein wenig Mehl darüber gestreut.

### 7. Säukraut (Löwenzahn) mit Nesseln.

Man nimmt 2 Theile junges Säukraut und 1 Theil junge Nesseln, brüht dieses zusammen sehr weich in viel Wasser, kühlt es in frischem Wasser ab, bis es kalt ist, preßt dann alles Wasser daraus und hackt es fein, läßt Schweinefett oder zerlassenen Speck recht heiß werden und dämpft eine halbe kleingehackte Zwiebel darein, thut das

Kraut darein, rührt Salz und je nach der größern oder kleinern Portion Kraut, 2—3 kleine Kellen (Kochlöffel) voll Mehl trocken darein, verdünnt es gehörig mit Fleischbrühe; nun wird es so lange auf gelindem Feuer gekocht, bis es den Geschmack von rohem Mehl verloren hat, und dann angerichtet. Wenn man will, so kann man einige in heiße Butter aufgeschlagene frische Eier oder Stierenaugen auf die Platte darüber legen. Ganz gleich wie dieses wird auch der gehackte S p i n a t gekocht und der B r u n n  k r e s s i ch, der sehr gesund sein soll, nur daß man keine Zwiebel in die beiden Letztern thut.

### 8. Mangold.

Wird gebrüht, bis die Storzen weich sind, abgekühlt und gehackt, doch nicht so klein wie der Spinat und das Säukraut, übrigens aber gleich damit verfahren; ein wenig Pfefferpulver und Essig, ehe er angerichtet wird, geht ihm sehr gut, wer es liebt.

### 9. Krautstiele oder Storzen.

Das Kraut wird abgestreift und die Storzen weich gebrüht, gekühlt und gehackt, doch nicht sehr klein; dann schweizt man in Schweinefett oder Butter eine kleine gehackte halbe Zwiebel mit einer guten Kelle Mehl schön gelb, rührt es mit ein wenig Wasser oder Fleischbrühe zart an, thut Salz, ein wenig Pfefferpulver, Essig und, wer ihn liebt, ein wenig Kümmel, dann die gehackten Storzen darein und läßt sie ein wenig kochen.

Sie können auch wie Störzlein, mit einer weißen Sauce gekocht und wie diese länglich geschnitten werden.

### 10. Weiße Rüben.

Sie werden in lange, etwa eines dünnen Fingers dicke Stäbchen geschnitten; wenn die Rüben zart, mild und wässericht sind, so darf nicht mehr als 2 dl. Wasser genommen werden. Salz und Fett setzt man mit dem Wasser über; wenn es siedet, so werden die Rüben darein gethan und schnell gekocht. Wenn sie ganz eingekocht sind, so rührt man eine kleine Kelle voll Mehl mit Milch zart an, gießt dieß daran, rührt sie auf und richtet sie an. Wenn die Rüben stark sind, d. h. einen scharfen, bittersalzigen Geschmack haben, so ist es gut, wenn man eine halbe Stunde, ehe man sie übersetzen will, siedendes Wasser darüber gießt; sind sie hart und trocken, so muß auch zum Kochen mehr Wasser genommen werden; guter Art, und besonders frisch aus dem Boden, sollen sie in einer halben Stunde gekocht sein.

### 11. Andere Art.

Da die Rüben kältend sind, so thut man wohl, dieselben, nachdem sie wie oben gerüstet worden sind, in siedendem Wasser zu brühen, bis sie weich sind; dann zieht man sie mit der Schaumkelle heraus, ohne sie abzukühlen, und legt sie sogleich in heißgemachtes Fett, macht ein kleines Teigli von einem Löffel Mehl und Milch daran, salzt sie und rührt sie sorgfältig um, und wenn sie noch ein wenig gekocht haben, werden sie angerichtet und nach Belieben mit Kümmel bestreut.

### 12. Andere Art.

Wenn die Rüben geschält sind, so schneidet man sie der Breite nach in vier bis sechs dicke Stücke, legt sie in den Topf mit einem großen Stück frischer Butter, läßt sie gelb werden, streut dann ein wenig Mehl darüber, gießt Fleischbrühe dazu und läßt sie weich kochen; wenn sie weich sind und die Brühe eingekocht, so wird etwas Zucker dazu gethan und die Rüben gleich servirt.

### 13. Gelbe Rüben oder Rübli.

Werden, nachdem sie geschabt worden, breit und dünn geschnifelt (geschnitten). Das Wasser, etwas mehr als für die Rüben, wird siedend gemacht, Salz und Fett darein gethan, und dann die Rübli; sind dieselben ganz eingekocht, kann nach Belieben, wie an die Rüben, ein kleines Mehlteigli daran geschüttet werden, auch kann man einige beschnittene rohe Erdäpfel dabei kochen. Wenn die Rübli zart sind, sollen sie in einer kleinen Stunde gekocht sein.

### 14. Rübkohl (Kohlraben).

Man muß denselben nicht allzu groß nehmen, die Rinde so dick davon schneiden, daß nichts Spänichtes zurückbleibt, und dann in dünne Scheibchen zerschneiden, auch nur was zart ist; die Herzblätter werden dazu genommen, und alles zusammen weich gebrüht und abgekühlt und zubereitet wie der Blumkohl Nr. 3, oder man kann auch eine weiße Sauce daran machen.

### 15. Bohnen.

Viele Leute brühen die Bohnen nicht. Man hält sie jedoch für unschädlicher, wenn sie gebrüht werden, doch nur sehr wenig; besonders wenn dieselben jung und zart sind, darf man nur einige Wälle darüber gehen lassen, alsdann läßt man Schweinefett heiß werden und dämpft (schweizt) je nach Belieben eine größere oder kleinere feingeschnittene Zwiebel darein, mit einer kleinen Kelle voll Mehl und gießt sogleich Wasser dazu, ungefähr 5 dl. je nachdem mehr oder weniger Bohnen sind, auch Salz, und thut die Bohnen darein, rührt sie bisweilen auf, doch mit Sorgfalt, und läßt sie ordentlich einkochen; eine gute Stunde sollen sie immer kochen, wenn sie gehörig weich sein sollen.

### 16. Dürre Bohnen.

Man thut die Bohnen mit kaltem Wasser über das Feuer, das Wasser muß im Topf weit über die Bohnen zusammen gehen, läßt sie auf gutem Feuer, zugedeckt, wohl 2 Stunden kochen, und wenn das Wasser eingekocht ist und nicht mehr ob den Bohnen zusammengeht, so wird zugegossen, dann gleich gekocht wie die grünen Bohnen, nur etwas mehr Wasser zugesetzt.

### 17. Kiefel (Hülsenerbsen).

Werden nie gebrüht, sondern roh in heißes Fett oder Butter übergewaschen, sogleich Salz, ein kleines Bündelchen Pfefferkraut, und ein Stück auf Gluth gebähtes Brod und nur wenig Wasser dazu gethan; 2 dl. ist genug. Sie müssen schnell gekocht und anstatt aufgerührt, mit dem Topf gewannet werden, damit sie ganz bleiben.

### 18. Mueserbsen oder kleine weiße Muesböhnli.

Sie werden Abends in frisches Wasser eingeweicht, am Morgen im Wasser gekocht, bis sie weich sind; dann läßt man frische Butter in einer Casserole zerschmelzen, thut die Erbsen und Böhnli, nachdem man sie aus dem Wasser hat vertropfen lassen, Salz, Muskatnuß, kleingehackte Kräutchen und Fleischbrühe dazu, und läßt sie gelinde kochen. Man kann auch statt frischer Butter Schweinefett nehmen, und ein wenig kleingehackte Zwiebeln darin, thut die Böhnli mit Salz und Fleischbrühe dazu und läßt sie ein wenig kochen, aber gelinde. Beim Anrichten kann ein wenig Essig darein gethan werden, wenn man das Saure liebt.

### 19. Saures Gemüse.

Kabis, Kohl, Rüben und Bohnen werden auf gleiche Art gekocht; man läßt nämlich das Wasser mit Salz und Fett sieden. Das Gemüse wird, je nachdem man es gerne mehr oder weniger sauer hat, in ganz kaltem, lauem oder warmem Wasser gewaschen, ausgedrückt und in das siedende Wasser (nicht klumpenweise, sondern wohl verzettelt) gethan, öfters aufgeschüttelt und etwa 2 Stunden gekocht. Rüben sollen in einer guten halben Stunde gekocht sein, hingegen Kabis, Kohl und Bohnen müssen wenigstens 2—2½ Stunden kochen; es muß daher zu den letztern auch mehr Wasser in den Topf gegossen werden. Ein Stück Schweinefleisch dabei gekocht, geht allem Gemüse gut, besonders dem sauren, welches auch mehr Fett erfordert als jedes andere.

# Aller Arten Chaufferette-Gemüse.

### 1. Zuckererbsen.

Sie werden mit einem Stück süßer Butter verdämpft (versteht sich, daß die Casserole ganz zugedeckt wird); ist die Brühe, die der Dampf gegeben, ein wenig eingekocht, wird Fleischbrühe daran gegossen, mit Salz und kleingeschnittenem Schnittlauch und Pfefferkraut auf gelindem Feuer gekocht, bis die Erbsen weich sind, dann wird ein Stück in Mehl gewälzte süße Butter dareingerührt, bis dieselbe zerlassen und die Sauce zart ist, und nur noch ein wenig gekocht, ein Eiergelb mit einem Löffel voll Nideln geklopft, darein gerührt und sogleich angerichtet.

### 2. Junge Rübli.

Werden im Wasser gesotten, bis sie weich sind, daß die Haut leicht davon abgezogen werden kann, mit frischer Butter, Mehl und Fleischbrühe oder Milch eine Sauce gemacht, und wenn sie kocht, die Rübli darein gethan und mit ein wenig feingeschnittenem Schnittlauch und Pfefferkraut auf gelindem Feuer oder Gluth ein wenig gekocht.

NB. Für alle Saucen, die mit frischer Butter gemacht werden, darf man sie nicht heiß werden, sondern bloß schmelzen lassen, auch darf das Mehl nicht mehr als darin gedämpft und muß sogleich mit Fleischbrühe oder Milch zart angerührt und, bis die Sauce kocht, immer gerührt werden.

### 3. Spargeln.

Werden im Wasser gesotten (sie dürfen nicht allzu weich werden, damit die Köpfe nicht abfallen), dann auf eine wohlgewärmte Platte herausgezogen, büschelweise gelegt, daß die Köpfe alle in der Mitte der Platte gegeneinander kommen, eine Sauce von Fleischbrühe, nicht zu dünn, mit einem Löffel Essig gebunden, Muskatnuß daran gethan und sogleich aufgetragen.

Ganz wie die Spargeln werden auch die Hopfen gekocht.

### 4. Artischocken.

Werden im Wasser gesotten, bis man mit einer Gabel unten in der Mitte leicht darein stechen kann, eins nach dem andern aus dem heißen Wasser gezogen, das Büschel Blätter in der Mitte herausgehoben, mit einem Löffel die darin befindlichen stechenden Blüthen herausgenommen, das Büschel Blätter wieder hineingestellt, auf einer Platte zugedeckt an der Wärme behalten, bis alle so gereinigt sind, eine Sauce von Fleischbrühe mit Muskatnuß daran gemacht und heiß aufgetragen.

### 5. Junger Lattich.

Wird gebrüht, wohl abgekühlt und vertropft, frische Butter in einer Casserole oder Messingpfanne geschmolzen und der Lattich darein gethan, Salz und eine halbe Kelle voll Mehl darüber gestreut, ein paar Löffel voll Fleischbrühe dazu, öfters aufgeschüttelt und, ehe er ganz eingekocht ist, angerichtet und Muskatnuß darüber geschabt. Für den Kopflattich wird eine Sauce mit Kräutli gemacht, die Köpfe, wenn sie weich gebrüht und wohl vertropft sind, ein wenig darin gekocht, mit Sorgfalt umgerührt, damit die Köpfe so viel möglich ganz bleiben. Auf gleiche Weise kocht man auch Kopfsalat, nur daß die Köpfe in zwei Theile zerschnitten werden und beim Anrichten das Gelbe von einem Ei mit einem Löffel Niblen in die Sauce geklopft wird.

### 6. Gefüllter Lattich.

Man nimmt von den schönsten gewallten Köpfen (sechs geben eine sehr große Platte), rüstet und wascht sie mit Sorgfalt, daß die Köpfe schön ganz bleiben, dann werden sie sorgfältig gebrüht und abgekühlt, auf ein Brett verlegt, damit alles Wasser davon ablaufe. Für die Fülle wird Spinat mit ein wenig Körbelkraut, Schnittzwiebeln und einem Stengelchen Krausemünze ganz fein gehackt, auf der Schaumkelle aller Saft daraus gepreßt, mit gesottener Butter geschweizt, doch nicht zu lange, weil es sonst Wasser zieht, nun 2 gute Kellen Mehl darein gerührt, in eine Kachel angerichtet und noch 3 Eier und ein paar Löffel Niblen darein gerührt; dann wird eine Sauce gemacht von frischer Butter mit Fleischbrühe (sie muß nicht dünn sein) und fein geschnittener Schnittlauch und Pfefferkraut darein gethan; wenn sie kocht, werden an den Lattichköpfen die Blätter sorgfältig auseinander gelegt, in die Mitte eines jeden Kopfes 2 Löffel voll von der Fülle gethan, die Blätter wieder schön darüber gelegt und sogleich in die kochende Sauce gethan; es bedarf aber einer großen Pfanne, damit die Köpfe flach darin liegen können. Wenn sie auf gelindem Feuer ein wenig gekocht haben, so werden sie mit der Schaumkelle angerichtet, ein Eigelb mit einem Löffel voll Niblen in die Sauce gerührt und darüber geschüttet und sogleich aufgetragen.

## 7. Spinat mit Milch.

Der Spinat wird weich gebrüht, gekühlt und fein gehackt, frische Butter in einer Casserole geschmolzen, der Spinat darein gethan, Salz und eine Kelle voll Mehl (oder mehr, je nach der Portion Spinat) trocken darein gerührt, mit guter Milch verdünnt bis er gerade recht ist, und dann ein wenig auf gelindem Feuer gekocht und beim Anrichten Muskatnuß darüber geschabt; auf ganz gleiche Art kann er auch mit Fleischbrühe, statt mit Milch, gekocht werden, und nach Belieben kann man ihn beim Anrichten mit Eiern (sog. Stierenaugen) belegen.

## 8. Blumenkohl.

Er darf, wenn es eine schöne Platte geben soll, beim Zurüsten nicht in kleine Stücke zerschnitten werden. Er wird gebrüht, bis die Storzen weich sind, doch nicht so weich, daß die Blümchen davon abfallen, auf eine gewärmte Platte herausgezogen und rangirt, eine Sauce von frischer Butter mit Fleischbrühe oder Milch oder auch mit Krebsjus daran gemacht und sogleich aufgetragen. (Wie das Krebsjus gemacht wird, ist bei der Krebssuppe angezeigt.)

### 9. Sonnenwirbel (Endivien).

Wird, wenn er aus dem Keller kommt und gelb ist, nur wenig, wenn er noch grün ist, ganz weich gebrüht in viel Wasser, abgekühlt und wohl vertropft und mit einem guten Stück frischer Butter und Fleischbrühe abgekocht; nach Belieben kann, wenn er bald eingekocht ist, eine ganz kleine Kelle voll Mehl darüber gestreut, wohl umgerührt und bald hernach angerichtet werden.

### 10. Lattichstörzli.

Man nimmt die Storzen von aufgestengeltem Lattich, zerschneidet dieselben in Stücke von der Länge eines Fingers, zieht die Rinde wohl ab, daß keine Fäden mehr daran bleiben; sind die Storzen gar dick, so werden sie der Länge nach einmal gespalten, schwellt sie weich und läßt in einem Pfefferbecken alles Wasser davon abtropfen, macht eine Sauce mit frischer Butter, Mehl und Fleischbrühe oder Milch, feingeschnittenem Pfefferkraut und Schnittlauch daran und läßt die Störzli noch ein wenig damit kochen.

### 11. Artenfüsi (Schwarzwurzel).

Werden, wenn sie geschabt sind, sogleich in warmes Wasser mit etwas Milch vermengt gelegt, ebenso auch im Wasser mit ein wenig Milch geschwellt (ohne Milch bleiben sie nicht weiß), dann wird eine Sauce von frischer Butter mit Fleischbrühe und Muskatnuß gemacht und die Artenfüsi eine Weile damit kochen lassen; für Kranke oder für Solche, welche die Sauce nicht lieben, ist es besser, wenn man sie nur mit ganz wenig frischer Butter und Fleischbrühe ohne Mehl beinahe einkochen läßt; sie müssen aber dann länger in der Fleischsuppe kochen, als wenn man eine Sauce mit Mehl macht.

### 12. Cardons.

Wenn sie im Keller weiß geworden, so werden sie in fingerslange Stücke geschnitten, in Wasser mit ein wenig

Milch weich geschwellt, damit die Fäden gut davon abgezogen oder geschabt werden können; so wie sie geschabt sind, wird ein Stück nach dem andern wieder in laues Wasser, mit wenig Milch vermischt, gelegt (damit sie nicht anlaufen), eine Sauce mit Fleischbrühe gemacht, die Cardons ein wenig vertropft, in der Sauce eine Weile gekocht und nach Belieben Muskatnuß darein geschabt.

### 13. Rother Kabis.

Wird gehobelt oder mit dem Messer fein geschnitten; nun wird ein gutes Stück frische Butter in einer Casserolle geschmolzen, der Kabis darein gethan, Salz dazu, wohl zugedeckt, ein wenig darin gedämpft, dann Fleischbrühe und ein kleines Glas Wein oder Essig daran geschüttet und gekocht, bis er weich und die Brühe daran eingekocht ist; er bedarf einer guten Stunde zu kochen.

### 14. Kopfkohl.

Man nimmt vorzugsweise von dem langen, grünen, krausen Kohl, schneidet die Köpfe in zwei Theile und brüht sie weich, kühlt sie gut ab, schneidet die Storzen, wenn man will, daraus, läßt ihn wohl vertropfen, macht eine Sauce von Fleischbrühe, schabt Muskatnuß darein und läßt den Kohl darein kochen, bis er nur noch wenig Sauce mehr hat.

### 15. Sellerie.

Die Wurzeln werden sauber geschabt, bis alle Rinde davon ist, und gemeiniglich beim Rindfleisch (da die Brühe davon einen guten Geschmack erhält) weich gesotten, wenn man sie zubereiten will, in dünne Scheibchen geschnitten und in einer Sauce von frischer Butter und Fleischbrühe mit ein wenig Muskatnuß nur kurz gekocht. Es versteht sich von selbst, daß in alle dergleichen Saucen Salz gethan wird.

### 16. Junge Bohnen mit Milch-Sauce.

Die Bohnen müssen nicht groß und noch zart sein; sie werden geschwellt und abgekühlt, dann in einer Sauce von frischer Butter mit guter Milch und ordentlich Muskatnuß gekocht, auf Gluth oder sehr schwachem Feuer, da alle Milchsaucen leicht anbrennen.

### 17. Rüben an einer Sauce.

Wenn die Rüben beschnitten sind, so werden sie in dünne Scheiben zerschnitten und im Wasser ein wenig gebrüht bis sie weich sind; dann wird eine Sauce darein gemacht von frischer Butter mit Fleischbrühe oder Milch, Salz und ein wenig Kümmel; man muß ein wenig mehr Mehl nehmen als zu Saucen für andere Gemüse, weil die Rüben sehr wässericht sind; sie werden nicht lange in der Sauce gekocht und sogleich angerichtet.

### 18. Rüben auf englische Manier.

Man nimmt zarte Rüben, schält sie und schwellt sie im Wasser, ohne sie zu zerschneiden, recht weich; dann werden sie im Mörser zart zerstoßen, daß gar keine Bröckli mehr bleiben. Nun schmelzt man in einer Casserole ein gutes Stück frische Butter, rührt die zerstoßenen Rüben darein, mit einem halben Löffel voll Mehl, verdünnt sie ein wenig mit Fleischbrühe, thut Salz und Muskatnuß darein und kocht sie nur etwa eine kleine Viertelstunde auf der Gluth.

### 19. Farçon.

Je nachdem man das Farçon größer oder kleiner haben will, nimmt man mehr oder weniger Spinat, schwellt denselben nur wenig, kühlt ihn und stößt ihn dann im Mörser ganz zart. Man kann ihn zuerst auch ein wenig hacken und dann im Mörser stoßen. Nun wird ein Stück frische Butter und ein wenig Schweineschmalz in einer Casserole auf gelindes Feuer gesetzt, und wenn dies geschmolzen ist, eine Handvoll gehackte Kräutli darein gethan, ein paar Mal umgerührt, dann der Spinat hineingerührt, ein halber Löffel voll Mehl, eine Prise Pfefferpulver, Salz und wenig Milch dazu gethan, dies zusammen bloß ein paar Minuten gekocht und dann angerichtet. Hierauf werden geschwellte und geschälte Kastanien nach Belieben darunter gethan; diese sollen aber so viel möglich ganz sein. Alsdann nimmt man schöne Kabisblätter, schwellt sie ein wenig und kühlt sie wieder ab, was aber beides mit großer Sorgfalt geschehen muß, indem sie nothwendig ganz bleiben sollen. Diese werden nun in ein Filet oder auf ein Stück Beuteltuch rangirt, die Farce darauf gethan und ein wenig Mehl und frische Butter gebröckelt dazwischen. Nun legt man die Blätter darüber, daß die Farce ganz davon eingehüllt wird, bindet das Filet oder Beuteltuch fest zu und kocht das Farçon in der Fleischsuppe, in welche man noch etwa eine Nuß groß Schmalz thun kann. Wenn die Storzen am Kabis weich sind, wird es angerichtet, das Filet aufgelöst, davon genommen und dann das Farçon sogleich aufgetragen.

### 20. Farçon auf andere Art.

Man schwellt den Spinat wie gewöhnlich zum Hacken; thut Kastanien darunter und macht eine Fülle von Kräutli mit Brodkrumen, in Milch eingeweicht, und mischt diese unter den Spinat, schwellt dann Kabisblätter ein wenig und rangirt die Fülle darein in eine Casserole oder einen Hafen und kocht es langsam mit ein wenig Wasser oder Fleischbrühe und einem Stück frischer Butter. Sie werden so besser gekocht, als in einem Filet.

### 21. Marktkürbis.

Nachdem man die Rinde ab- und das Kernhaus herausgeschnitten, zertheilt man den ganzen Kürbis in Stücke von der Länge und Dicke eines Fingers, kocht dieselben in Fleischbrühe bis sie lind sind, läßt sie dann gut vertropfen und macht mit der gleichen Fleischbrühe, frischer Butter, Mehl, Salz, und ein wenig Muskatnuß eine Sauce und läßt den Kürbis noch ein wenig damit kochen. Man kann auch, anstatt der Fleischbrühe, dünne Niblen oder Milch nehmen.

## Kartoffeln auf verschiedene Art.

### 1. Erdäpfel zu schwellen.

Sogar beim bloßen Schwellen der Kartoffeln sind kleine Vortheile zu beobachten. — Sind die Kartoffeln früher Art und frisch gegraben, so werden sie am besten in einem Dampfkessel; hat man keinen solchen, so werden sie mit sehr wenig kaltem Wasser über's Feuer gesetzt und wohl zugedeckt; fangen sie an zu kochen, so müssen sie nur auf schwachem Feuer weiter kochen, sonst zerspringen sie zu früh und sind dann inwendig noch roh; sobald sie anfangen zu spalten, werden sie abgenommen, das Wasser alles abgelassen und noch ein paar Minuten zum Trocknen über's Feuer gesetzt.

Wenn aber die Kartoffeln schon eine Zeit lang eingekellert sind, so ist es besser, sie gleich in siedendes Wasser überzusetzen und geschwind zu kochen.

### 2. Erdäpfel-Stock.

Die Erdäpfel werden roh geschält und mit Wasser und Salz über's Feuer gesetzt; wenn sie weich gesotten, so werden sie, nachdem das Wasser alles davon abgeschüttet, mit einem hölzernen Stößel ganz zerdrückt; dann mit guter Milch nach Belieben verdünnt, Brodbrosmen mit Butter schön gelb geröstet und, wenn die Erdäpfel angerichtet sind, darüber gestreut.

Wer die Zwiebeln liebt, kann, statt der Brodbrosmen, eine gute Speckschweize, in welcher Zwiebeln gelb gemacht werden, über die Erdäpfel schütten, wenn sie angerichtet sind.

### 3. Erdäpfel-Bitzli.

Die Erdäpfel werden, wie für den Stock, roh geschält und in 4 Theile geschnitten, mit Wasser und Salz über's Feuer gesetzt; wenn sie bald weich sind, wird das Wasser alles abgeschüttet und statt dessen ein wenig Fleischbrühe daran gethan, doch nicht mehr, als sie noch bedürfen, um weich zu werden, ohne zu verkochen; sobald sie eingekocht, werden sie angerichtet und entweder in Butter gelb geröstete Brodbrosmen darüber gestreut oder eine Speckschweize mit Zwiebeln darüber geschüttet.

### 4. Erdäpfel-Bitzli, anderer Art.

Man nimmt rohe Erdäpfel, schält sie und schneidet sie in 4 oder, wenn sie groß genug sind, in 6—8 Stücke, thut dann ziemlich viel gesottene Butter oder Schweinefett in eine Pfanne; ist das Fett heiß, so thut man die Erdäpfel darein, streut das nöthige Salz darüber, kein Wasser, deckt sie wohl zu und läßt sie auf nicht so starkem Feuer schön gelb werden; man muß sie von Zeit zu Zeit mit einem Schäufelchen umwenden.

### 5. Noch eine andere Art.

Man nimmt rohe Erdäpfel mittlerer Größe, schält und wascht sie, thut sie dann mit frischer Butter, Salz und ein wenig Bratenjüs, oder in Ermangelung dessen Fleischbrühe, in eine Kochplatte zugedeckt in's Bratöfeli und läßt sie schön gelb werden; man muß sie auch umwenden. Sie werden auf diese Weise sehr schmackhaft und saftig.

### 6. Ganze Erdäpfel auf holländische Art.

Man schält kleine rohe Erdäpfel von den sogenannten Holländern (in Ermangelung dieser sind auch andere, besonders weiße, gut), siedet sie in Fleischbrühe mit ein wenig Salz, bis sie weich sind, doch dürfen sie nicht zerfallen; sobald sie weich genug sind, so werden sie auf eine gewärmte Platte mit der Schaumkelle herausgezogen, ein gutes Stück recht süße Butter geschmolzen (sie darf aber ja nicht zum Sieden kommen, sondern bloß schmelzen), darüber gegossen, Muskatnuß darüber geschabt und sogleich auf einer Wärmeschüssel aufgetragen. Man kann auch, statt der zerlassenen Butter, eine gewöhnliche Sauce von Fleischbrühe mit einem Gelben vom Ei, etwas Petersilie und einem Löffel voll Essig daran thun.

Auch werden die Erdäpfel sehr gut, wenn sie statt in der Fleischbrühe gesotten, mit Speck oder Schweinefett in einer Pfanne oder einem ehernen Tüpfi schön gelb gebraten werden; sie brauchen aber dann, wenn sie nicht trocken sein sollen, ziemlich viel Fett und müssen zugedeckt sein, damit sie weich werden. So gebraten, wird eine Sauce von Fleischbrühe mit Kräntli daran gemacht.

### 7. Erdäpfel à la maître d'hôtel. sehr beliebt.

Man nimmt frisch geschwellte, warme Erdäpfel und schneidet sie in feine Scheiben; dann nimmt man zu einer ziemlich großen Portion 100 g. frische Butter, läßt sie zergehen, wirft die Erdäpfel darein, wendet sie ein paar Mal und streut Salz und fein geschnittene Kräutlein darauf, richtet sie an und servirt sie sogleich.

### 8. Gebackene Erdäpfel, sehr gut zu saurem und Schafbraten, Fricandeau ꝛc. zu serviren.

Man siedet gute Erdäpfel, die wenig größer als eine Baumnuß sind, schält sie sauber, kehrt sie in einem Eiweiß um, dann in geriebenem Brod, welches stark mit Salz und fein geriebener Petersilie vermischt sein muß, und backt sie in heiß gemachter Butter schön dunkelgelb.

### 9. Gebackene Kartoffeln.

Rohe, geschälte Kartoffeln werden in Stängeli geschnitten, gewaschen und mit einem Tuch abgetrocknet, dann in schwimmendem, heißem Fett oder Butter bräunlich gebacken. Nach dem Herausziehen werden sie schnell mit feinem Salz gesalzen.

## 10. Erdäpfel-Gemüse.

Die Erdäpfel werden, wie oben, geschält und verschnitten, mit Wasser, sehr wenig Salz und einem Stück Schweinefleisch übergesetzt; das Fleisch muß aber schon früher kochen, ehe die Erdäpfel dazu gethan werden; dann darf aber nicht mehr Wasser sein, als es bedarf um die Erdäpfel weich zu kochen; diese werden, sobald sie weich sind, ohne Schweize mit dem Fleisch aufgetragen.

## 11. Erdäpfel-Röste.

Man schält kalte gesottene Erdäpfel, scheibelt sie ganz dünn und zerläßt in einer eisernen Pfanne Speck oder Butter. Wenn er heiß ist, werden die Erdäpfel mit Salz und einigen Tropfen Milch oder Wasser darein gethan, wohl durcheinander gerührt und in der Pfanne flach und eben gedrückt, auf Gluth oder gelindem Feuer zugedeckt geprägelt, bis sie beim Rütteln der Pfanne sich schön ganz von derselben loslassen; dann wird eine Platte, die auf die Pfanne paßt, darauf gethan und umgekehrt, damit das Gelbe obenauf kommt.

## 12. Abgeschweizte Erdäpfel.

Die Erdäpfel werden, wie für Röste, geschält und gescheibelt, doch etwas dicker; dann klein geschnittene Zwiebeln mit Mehl vermischt und in Butter schön gelb geröstet, mit Wasser oder Fleischbrühe zart angerührt, und die Erdäpfel mit Salz und einer Prise Pfeffer darin gekocht, bis die Brühe nicht mehr ganz dünn ist. Sie werden noch besser von rohen Erdäpfeln, nur muß dann mehr Wasser beigefügt werden.

## 13. Erdäpfel mit Milch.

Man macht eine Sauce mit frischer Butter, Mehl und Milch, die man immer rührt, bis sie kocht. Sie muß nur dünn sein, weil sie durch's Kochen mit den Erdäpfeln dicker wird; wenn sie kocht, so thut man geschwellte, gescheibelte Erdäpfel darein, Salz, ein wenig Muskatnuß dazu, läßt sie ein wenig kochen auf gelindem Feuer oder Gluth, bis sie nach Belieben eingekocht sind.

## 14. Erdäpfel mit Kräutli-Sauce.

Man scheibelt geschwellte Erdäpfel nicht sehr dünn, nimmt ein großes Stück, ungefähr wie ein großes Ei, süße Butter, läßt sie in einer Casserole auf Gluth schmelzen, rührt eine Kelle voll Mehl zart damit an, gießt Wasser (oder besser Fleischbrühe) zu, bis genug Sauce ist, schneidet eine Handvoll Schnittlauch, Petersilie, Körbelkraut, Majoran und Pfefferkraut ganz fein, thut dies mit den Erdäpfeln in die Sauce und läßt sie eine kleine Viertelstunde langsam darin kochen. Wenn man sie anrichten will, so werden die Erdäpfel mit der Schaumkelle herausgezogen, 1 oder 2 Eiergelb in die Sauce gerührt, Muskatnuß darein geschabt und über die Erdäpfel geschüttet.

## 15. Erdäpfel-Köpfli.

Man reibt frisch geschwellte, mehlichte Erdäpfel im Mörser recht zart, gibt sie in einem Pfännchen oder einer Casserole auf die Gluth, rührt ein gutes Stück recht süße Butter und ein wenig Niblen darein, bis es ganz zart ist, formt davon ein Köpfli und thut eine Krebssauce oder Bratenjüs daran.

## 16. Erdäpfel-Knöpfli.

Die Erdäpfel werden roh geschält und im Wasser mit Salz gesotten; wenn sie weich sind, wird das Wasser davon abgegossen, die Erdäpfel wohl zerdrückt, mit Milch verdünnt, über dem Feuer Mehl darein gerührt bis der Teig sich von der Pfanne löst. Entweder klopft man 2 bis 3 Eier darein, sticht mit dem Löffel beliebige Stücklein ab und backt sie in Butter gelb, oder nimmt ihn sogleich aus der Pfanne, ohne Eier, löffelweise auf eine Platte und schüttet eine Schweize von Butter und darin gelb gerösteten Zwiebeln darüber und trägt sie sogleich auf.

## 17. Erdäpfel-Knödel.

Man schabt ungefähr eine Kachel voll kalte, geschwellte Erdäpfel; nimmt für 6 bis 7 Personen zwei Eier groß Nierenfett dazu, knetet dies mit den Händen wohl unter einander, reibt eine halbe Muskatnuß darein, thut hinlänglich Salz, 6 Löffel voll Mehl und ebenso viel Eier, eins nach dem andern mit den Händen gut hineingeknetet, dazu, bis der Teig feucht ist und sich von der Kachel löst. Dann läßt man Salzwasser siedend werden, formirt ziemlich große Kugeln von dem Teig und läßt sie darin kochen bis sie ganz luftig sind, wenn man zur Probe eine entzwei schneidet; sind sie genug gekocht, so zieht man sie auf eine Platte, röstet Brodbrosmen in heißer Butter schön gelb und schüttet sie darüber. Sie müssen gleich beim Anrichten servirt werden und sind zu saurem Fleische oder Sauerkabis besonders gut.

## 18. Erdäpfel-Höckli mit Jüs.

Die Erdäpfel werden roh geschält und ganz mit kaltem Wasser über's Feuer gesetzt, aber so, daß das Wasser ob den Erdäpfeln zusammen geht. Sind dieselben nun weich, so werden sie mit der Schaumkelle herausgezogen, auf ein Brett gethan und mit dem Trölholz ganz fein zerdrückt. Zu einer guten Schüssel werden 250 g. süße Butter und 8 dl. gute Niblen oder, in Ermanglung dieser letztern, Milch genommen; die Niblen wird erwellt und die Butter darein gethan und wenn dieselbe geschmolzen ist, so werden die Erdäpfel mit dem nöthigen Salz in der Pfanne und auf der Gluth mit dem Uebrigen wohl verrührt, bis es anfängt zu kochen. Dann werden sie löffelweise in die Schüssel gethan, in der man sie auftragen will, und heißes Bratenjüs daran geschüttet.

## 19. Erdäpfel-Kügelchen.

Man schält geschwellte kalte Erdäpfel, reibt sie am Käsjchaber, thut Salz und Muskatnuß dazu, feuchtet sie mit Niblen und, wenn man will, mit einem Eiweiß an, formirt Kügelchen daraus und prägelt sie in einer eisernen Schüssel mit ein wenig Butter auf gelindem Feuer. Es muß immer genugsam Butter sein, sodaß die Pfanne oder Schüssel nirgends trocken bleibt; man thut jedesmal wieder Butter dazu, wenn man frische Kügelchen darein thut; beim Prägeln werden sie mit einem Schäufelchen ein wenig platt gedrückt.

### 20. Andere Art.

Man stampft in einem Mörser frisch geschwellte, warme Erdäpfel ganz zart, thut ein paar Löffel voll geschabten Käs darunter, ein wenig Salz, klopft Eier darein, bis es ein eben recht dicker Teig ist, so daß man mit einem Löffel Kügelchen abstechen kann, und backt diese in Butter. Man kann sie auch ohne Käs machen und nur geschwungenes Eiweiß, statt des ganzen Ei's, darein thun.

### 21. Erdäpfel-Kügeli, sehr gut.

Es werden 4 bis 5 gesottene Erdäpfel (weiße, wenn man hat) kalt am Kässchaber gerieben, 3 dl. Milch, ein wenig Niblen oder ein Stück frische Butter darein gethan, in einer Pfanne auf's Feuer gesetzt, und wenn sie dem Aufwallen nahe ist, die Erdäpfel darein gerührt, mit zwei Löffel voll Mehl und Salz, so viel nöthig, zusammen verrührt, und tüchtig geklopft, bis sich der Teig von der Pfanne löst; dann in eine irdene Schüssel angerichtet, und wenn er beinahe kalt ist, 3 Eier darein geschlagen und geklopft bis der Teig zart ist, mit einem Löffel davon, einer Baumnuß groß, abgestochen und in heißer Butter langsam gebacken, so daß sie schön auflaufen. Man darf nicht zu viel auf einmal in die Pfanne thun, damit sie Raum haben.

Diese Portion gibt nur eine kleine Platte.

### 22. Erdäpfel-Pudding.

Man schält etwa 12 rohe Erdäpfel (sind sie gar groß weniger), stößt sie durch die Rübhechel in frisches Wasser, bestreicht eine Kochplatte oder eine eiserne Schale recht wohl

Kartoffeln.

mit frischer Butter, nimmt die Erdäpfel aus dem Wasser und läßt sie ein wenig vertropfen, thut sie in die bestrichene Schale, Lage um Lage, mit Salz und einigen Scheibchen frischer Butter (oben muß auch Butter kommen), schüttet 2 dl. Niblen oder Milch darüber und backt es dann zugedeckt im Oefelein, bis die Erdäpfel weich und obenüber schön gelb sind.

Auf gleiche Weise können auch geschwellte, ganz dünn gescheibelte Erdäpfel zubereitet werden.

### 23. Erdäpfel-Plattenmues.

Zu 6 geschwellten, nicht gar großen, am Käsſchaber geriebenen Erdäpfeln nimmt man 6 Eier und 5 dl. gute Niblen, nach Belieben Zucker oder Salz, klopft alles wohl durcheinander, bestreicht eine Kochplatte mit frischer Butter, schüttet es darein und thut es in's Oefelein, jedoch nicht zu lang, sonst wird es hart.

### 24. Erdäpfel-Auflauf.

Man nimmt kalte geschwellte Erdäpfel und reibt sie am Schaber (Reibeisen). Dann werden 100 g. frische Butter mit den Gelben von 7 Eiern wohl verrührt und geklopft, dazu 7 schwache Eßlöffel voll von den geriebenen Erdäpfeln, die Weißen der 7 Eier zu Schnee geschlagen und mit einem Trinkglas voll guter Niblen, Salz und Muskatnuß unter die Erdäpfel gerührt. Wer es liebt, kann auch etwas feingeschnittenen Schnittlauch dazu thun. Alsdann bestreicht man ein Model mit frischer Butter, thut diese Masse darein, läßt sie im Oefelein aufziehen und schön gelb backen. Statt Salz und Muskatnuß kann man Zucker und gehackte Citronenrinde darein thun.

### 25. Erdäpfel-Torte.

250 g. geschwellte und geschälte Erdäpfel werden, während sie noch heiß sind, in einem Mörser ganz fein gestoßen, bis gar keine Stücklein mehr sind. Dann wird

100 g. frische Butter beigefügt und mit den Erdäpfeln gestoßen, bis sie wohl damit vermischt ist. Alsdann werden von 6 Eiern die Gelben, immer nur eins um das andere, darein gethan, und nach jedem die Erdäpfel wieder gestoßen und gerieben, bis alle Gelben der Eier darin sind. Hierauf wird dieser Erdäpfelteig in eine Schüssel gethan und die feingehackte Rinde einer Citrone, eine Tasse voll gestoßenen Zuckers, eine kleine Prise Salz und eine Tasse voll Nideln darunter gerührt, und das Weiße von sechs Eiern, zu Schnee geschwungen, mit dem Obigen vermischt; dann wird eine Küchenschüssel mit frischer Butter bestrichen, und mit ganz dünn ausgetröltem Spanischbrodteig belegt, die Farce darauf gethan, mit Zucker bestreut und im Oefelein gebacken.

### 26. Erdäpfel mit Käs.

Zu einer Portion für 6—8 Personen nimmt man 4 große Löffel voll geschabten harten Käs, rührt ihn mit 2 dl. Milch zart an, klopft 3 frische Eier darein, verfährt mit den Erdäpfeln ganz wie für eine Röste; wenn die Butter heiß ist und die Erdäpfel in der Pfanne sind, wird das Kästeigli daran geschüttet, wohl durcheinander gerührt und wie die Erdäpfel-Röste auf Gluth oder gelindem Feuer geprägelt, bis sie von der Pfanne loslassen, und gleich auf die Platte umgekehrt wie bei der Röste.

### 27. Erdäpfel-Pudding mit Käs-Crême.

Man nimmt 6 oder 8 geschwellte Erdäpfel, die am Schaber gerieben werden, von 4 Eiern das Weiße und von 3 Eiern das Gelbe und 5 dl. Nidlen. Das Gelbe der 3 Eier wird zuerst mit der Nidlen unter die Erdäpfel gerührt, und dann von 4 Eiern das Weiße zu Schnee geschwungen und auch darein gerührt, mit ein wenig Salz. Dann wird ein Model mit frischer Butter wohl bestrichen und diese Fülle darein gethan und im Oefelein schön gelb gebacken. Während der Pudding nun gebacken wird, nimmt man noch von drei Eiern die Gelben, klopft sie wohl und setzt 2 dl. Niblen in einem gelben Pfännchen auf's Feuer, thut die geklopften Eier darein und rührt immer, bis die Crême anfängt zu kochen; rührt dann 3 gute Löffel voll geschabten Käs darein, läßt die Crême nur noch einen Augenblick unter beständigem Rühren auf dem Feuer und richtet sie an; wenn der Pudding gebacken ist, so wird die Crême darum geschüttet und warm servirt.

### 28. Erdäpfel=Plattenmues mit Käs.

Man nimmt 3 dl. Niblen, das Weiße von 5 Eiern, das zu Schnee geschwungen wird, 50 g. fetten Käs, am Kässchaber gerieben, oder im Mörser fein gestoßen, drei geschwellte, größere Erdäpfel, am Kässchaber gerieben, rührt und klopft alles wohl durcheinander, thut es in eine mit frischer Butter wohl bestrichene, tiefe Kochplatte, kocht es auf gelinder Gluth, bis es anfängt dick zu werden, deckt einen heißen Tourtiere=Deckel darüber, bis es schön gelb ist. Wenn man will, kann man noch geschabten Saanenkäs darüber streuen, ehe man den heißen Deckel darauf thut; es ent=steht dann eine schöne gelbe Kruste.

### 29. Erdäpfel=Kuchen.

Man zerschneidet ein weißes Brödchen in kleine Stücke und gießt 8 dl. Milch darüber, rührt es glatt an und läßt 50 g. Butter darin zergehen. Nachher nimmt man 5—6 große geschwellte Erdäpfel, reibt sie am Reibeisen ganz fein und rührt sie mit 6 Eiern und ein wenig Salz zu dem eingeweichten Brod; wenn der Teig etwas zu dick wird, kann man ihn mit Milch verdünnen. Dann läßt man in einer Schüssel Butter heiß werden und backt ihn auf Gluth mit dem Tourtieredeckel oder im Oefelein.

### 30. Andere Art.

Man nimmt 8 große mehlichte Erdäpfel, bratet sie in der Asche, schält sie und stößt sie in einem Mörser mit 150 g. frischer Butter, oder, in Ermanglung eines großen Mörsers, zerdrückt man sie mit dem Trölholz auf dem Wirkbrett; dann thut man sie in eine Schüssel, rührt nach und nach 7 Eier darein mit ein wenig Salz und 4 dl. guter Milch oder Niblen; in letzterm Fall wird nur 100 g. Butter genommen. Wer Käs liebt, kann auch 50 g. davon darein schneiden, dann backt man ihn wie die vorhergehenden.

### 31. Erdäpfel-Pfannkuchen.

4 große Erdäpfel werden am Käsſchaber gerieben, durch kaltes Wasser gezogen, abtropfen gelassen und in einer Schüssel mit 1 Tasse kochender Milch übergossen, Salz beigefügt, 3 Eigelb und 2 Löffel voll Mehl nach und nach hineingerührt, sowie zuletzt das zu Schnee geschlagene Eiweiß. In einer flachen Pfanne wird Butter heiß gemacht und löffelweise von diesem Teig hinein gelegt und auf beiden Seiten gebacken. Wird heiß aufgetragen.

# Salat und Eingemachtes zu Salat.

### 1. Kabis-Salat.

Man hobelt rothen oder weißen Kabis fein, läßt, verhältnißmäßig zur Portion Kabis, ordentlich Speckbröcklein zergehen, und wenn sie gelb sind und man es liebt, ein wenig fein geschnittene Zwiebeln nur kurz darin dämpfen, thut den Kabis darein, rührt ihn durcheinander und läßt ihn zugedeckt einige Zeit dämpfen, gießt dann Essig und, wenn er scharf ist, etwas Fleischbrühe dazu und läßt ihn kochen, bis er weich genug ist, und fügt zuletzt noch das nöthige Salz bei.

### 2. Kopf-Salat.

Wie der gewöhnliche junge und Kopfsalat zubereitet wird, weiß wohl Jedermann; dies wird daher übergangen und nur bemerkt, daß auch Lattich als Salat zubereitet sehr gut ist; man nimmt dazu aber nur die innern gelben und zarten Blätter von schönem, gewalletem Lattich. Auch größere Blätter sind gut zu Salat, wenn sie ziemlich fein geschnitten werden, wie die jungen Blätter der Cichorie.

### 3. Kräutli-Salat.

Man schneidet Schnittlauch, Petersilie, Körbelkraut, Estragon, Pimpernelle und einige Blättchen Münze ganz fein, zerdrückt das Gelbe von einem hartgesottenen Ei mit Pfeffer, Salz, Oel und Essig, schüttet es darüber und rührt es durcheinander.

### 4. Blumenkohl-Salat.

Er wird wie gewöhnlich gerüstet, die Rinde sauber abgezogen und geschwellt, doch nicht zu weich, damit die Blümlein nicht von den Storzen fallen; dann wird er, nachdem man ihn hat gut vertropfen lassen, mit Salz, Pfeffer, Oel und Essig angemacht.

### 5. Bohnen-Salat.

Man nimmt junge, zarte Bohnen, schwellt sie weich, läßt sie wohl vertropfen und macht sie mit Pfeffer, Salz, Oel und Essig an.

### 6. Eingemachte Bohnen.

Man nimmt ganz junge, zarte Böhnchen, schwellt sie nur wenig, kühlt sie und läßt sie wohl vertropfen, thut sie in ein Glas oder einen glasirten Hafen mit ganzen Pfefferkörnern und Nägeli, schüttet heißen Essig darüber, daß er darob zusammengeht und verbindet den Hafen mit einer Blatter. Sie können so lange an einem kühlen Orte aufbewahrt werden.

### 7. Sellerie-Salat.

Wenn die Wurzeln sauber geputzt und gewaschen sind, werden sie roh am Kässchaber gerieben, mit Salz, Pfeffer,

Oel und Essig angemacht und einige Stunden zugedeckt auf einem warmen Ofen stehen gelassen oder, man schwellt die Sellerie-Wurzeln beim Rindfleisch, auch 1 oder 2 Rübli dazu, scheibelt sie und macht sie mit Salz, Pfeffer, Oel und Essig an.

### 8. Meerrettig-Salat.

Man reinigt den Meerrettig von der Rinde, reibt ihn am Käsischaber, gießt ein paar Löffel heiße Fleischbrühe daran, läßt ihn einige Minuten zugedeckt stehen und macht ihn mit Pfeffer, Oel und Essig an. Oder man läßt in einem Tüpfi ein Stückchen frische Butter schmelzen, thut den geschabten Meerrettig mit ein paar Löffel Fleischbrühe darein, läßt ihn ein paar Minuten kochen und thut beim Anrichten ein paar Löffel Essig darunter, man kann aber auch den Essig weglassen.

### 9. Zwiebeln-Salat.

Man bäht 3—4 große Zwiebeln im Ofen oder in heißer Asche, sammt der Hülse; wenn sie weich sind, wird die Hülse sauber davon gethan, die Zwiebeln werden gehackt und mit Pfeffer, Salz, Oel und Essig angemacht.

### 10. Andere Art.

Man schneidet die Zwiebeln roh in Scheiben, dämpft sie in heißer Butter, bis sie weich sind, thut Pfeffer, Salz und Essig daran und richtet sie an.

### 11. Englischer Salat zum Rindfleisch.

Man scheibelt 2—3 geschwellte Erdäpfel, 2 ebenfalls geschwellte gelbe Rübli, 6—8 eingemachte Cornichons, 2 geschwellte Sellerie-Wurzeln, ein paar Scheibchen rothe Rettige aus dem Essig; thut, wenn man hat, einige Riemchen Häring oder Anchoix dazu und macht alles durcheinander mit Salz, Pfeffer, Oel und Essig.

## 12. Erdäpfel-Salat.

Man scheibelt frisch geschwellte Erdäpfel nicht gar dünn, thut, wenn man will, ein wenig Häring dazu, und macht sie mit Salz, Pfeffer, Oel, 2 Löffel heißem Wasser und 1—2 Löffel weißem Wein und Essig an. Hat man süßes Nußöl, so ist dieses das beste für diesen Salat.

## 13. Erdäpfel-Salat mit Speck.

Man scheibelt, wie oben, geschwellte Erdäpfel nicht gar dünn, läßt in einer Eisenpfanne Speckbröcklein heiß werden, dämpft ein wenig von einer Zwiebel, fein geschnitten darin, thut die Erdäpfel darein, Essig, Salz und ein wenig Pfeffer dazu, rührt sie um, läßt sie recht warm werden und richtet sie an.

## 14. Salat von Tomaten.

Schöne reife Tomaten werden mit kochendem Wasser begossen, die äußere Haut davon abgezogen, in Scheibchen geschnitten und dann ein wenig stehen gelassen. Nun wird eine Zwiebel fein geschnitten und in Butter weich gedämpft; von den Tomaten die Brühe abgeschüttet, sie mit Pfeffer und Salz bestreut, einige Löffel Essig und die noch warmen Zwiebeln mit der Butter darüber gegossen und alles gut vermischt. Wenn die Tomaten noch klein und zart sind, so kann das Brühen und Schälen unterbleiben. Auch kann, statt Zwiebeln mit Butter, bloß feines Oel zum Anmachen genommen werden.

## 15. Kukumern- (Gurken-) Salat.

Die Kukumern werden wohl geschält, so dünn als möglich gehobelt oder geschnitten, bis die Kernen sichtbar werden, mit Salz bestreut und 2—3 Stunden stehen gelassen, dann das Wasser recht ausgepreßt und die Kukumern mit Pfeffer, Oel und Essig angemacht.

### 16. Große Gurken einzumachen.

Man nimmt die Gurken (Kukumern), ehe sie völlig reif und ausgewachsen sind, schneidet die Schale (Rinde) davon ab, schneidet oder hobelt sie so dünn als möglich, bis die Kerne sichtbar werden, streut ziemlich viel Salz darüber, läßt sie zugedeckt eine bis zwei Stunden stehen und preßt sie dann wohl aus, thut sie in einen glasirten oder steinernen Topf, streut weißes Pfefferpulver dazwischen, drückt sie so fest als möglich zusammen, gießt scharfen Essig dazu, bis er oben zusammen geht, und zuletzt ein kleines Gläschen Cognac; verbindet den Topf mit einer Blatter und bewahrt ihn an einem kühlen Orte auf.

### 17. Andere Art.

Man nimmt große Gurken, schneidet die Rinde wohl davon und zerschneidet sie in dünne Scheiben, thut Salz darüber und läßt sie 24 Stunden in einem irdenen Topfe stehen, schüttet dann das Wasser, das es gegeben, ab und rangirt die Gurken in den Hafen, worin man sie aufbewahren will, Lage um Lage und zwischen jede geschabten Meerrettig, Salz und Pfeffer (vorzugsweise spanischen); sind auf diese Weise die Gurken alle im Hafen, wird guter Essig darüber gegossen, bis er darob zusammengeht, dann der Hafen mit einer Blase (Blatter) verbunden und einen Monat lang an einem trockenen Ort aufbewahrt, ehe man davon gebraucht.

### 18. Dänischer Salat.

Man nimmt Gurken, schneidet die Rinde wohl davon und verschneidet sie in zwei Theile, trocknet sie mit einem Tuch ab, nimmt dann eine Schüssel mit frischem Wasser, thut so viel Salz hinein, bis ein Ei, das im Wasser schwimmt, von seiner Oberfläche nur noch die Größe eines Zwanzig=Centimesstücks sehen läßt; alsdann schüttet man dieses Salzwasser über die Gurken in eine Schüssel, die wohl zugedeckt wird, wiederholt dieß drei Tage nacheinander, nimmt dann guten Essig, thut viele kleine Zwiebeln, die nicht größer als eine Baumnuß sein müssen, in den Essig, thut sie über's Feuer und läßt sie mit dem Essig nur einmal aufwallen, wiederholt dieß drei Tage nacheinander, einmal des Tages, achtet dabei wohl, daß sie auf dem Feuer und nachher, wenn man sie in eine irdene Schüssel anrichtet, immer wohl zugedeckt seien, damit der Essig die Kraft nicht verliere. Den dritten Tag, wenn man sie zum letzten Mal aufgewallt, nimmt man den irdenen Hafen, in welchem man diesen Salat aufbewahren will, rangirt die Gurken Lage um Lage darein, eine Lage Gurken (aus dem Salzwasser gezogen), eine Lage Zwiebeln, eine starke Lage von nachstehendem Gewürz und wieder eine Lage Gurken, und fährt so fort, bis alles in dem Hafen ist; dann wird der Essig heiß darüber gethan, daß er ob den Früchten zusammengehe, und der Hafen mit einer Blase wohl verbunden; nach Verlauf von 10 Tagen kann man diesen Salat serviren. Hier folgen die dazu gehörenden Gewürze: 500 g. guten Senf, für 15 Cts. Lorbeerblätter, für 30 Cts. spanischen Pfeffer, 60 Cts. weißen Pfeffer, 30 Cts. schwarzen Pfeffer und 60 Cts. Nägeli.

### 19. Cornichons (junge Gurken) einzumachen.

Man nimmt sie, wenn sie etwa in der Dicke eines Fingers sind, reibt ganz sanft mit einem Tuche die kleinen Dörnchen ab, so viel möglich ohne die Haut zu verletzen, streut Salz darüber und läßt sie 24 Stunden darin liegen, nimmt sie aus dem Salzwasser und legt sie in ein Zuckerglas oder einen glasirten Hafen mit ganzen Pfefferkörnern, Nägeli, Estragon und Rosmarin, gießt heißen Essig dazu, daß er darüber zusammengehe; man kann nach und nach, sowie die Cornichons reif werden, mehr dazu thun, bis das Glas oder der Hafen voll ist, muß aber jedesmal Essig zugießen, daß sie immer damit bedeckt seien; dann wird das Gefäß wohl vermacht und an einem kühlen Ort aufbewahrt.

Man servirt sie zum Rindfleisch.

## 20. Zwiebeln einzumachen.

Man nimmt kleine Zwiebeln (sogenannte Setzling-Zwiebeli), thut die äußere Schale davon ab und kocht sie mit halb Wasser und Essig, ganzen Nägeli und Pfefferkörnern, bis sie ordentlich weich sind, schüttet sie dann sammt dem Essig in den Topf, in dem man sie aufbewahren will, und vermacht das Gefäß erst, wenn sie ganz kalt sind.

## 21. Monatrettig-Samen in Essig.

Man nimmt Quellwasser und löst so viel Salz darin auf, bis ein Ei auf der Oberfläche des Wassers schwimmt; dann nimmt man Rettigsamen, der noch ganz grün sein muß, und die Schoten (Kiefeli) in der Größe von kleinen Böhnlein, an denen man die Schnäuzchen an beiden Enden abschneidet, um ihnen ein gefälligeres Ansehen zu geben. Sind diese Rettigschoten nun so gerüstet, so werden sie in das Salzwasser gelegt, das ob denselben zusammen gehen muß, und während zehn Tagen darin gelassen. Nach dieser Zeit nimmt man sie heraus und legt sie auf ein Tuch zum Abtrocknen. Dann nimmt man guten weißen Weinessig so viel es bedarf, um die Rettigschoten ganz damit zu decken. Diese werden nun in einen glasirten Hafen gethan, Ingwer, Macis, Nägeli und spanischer Pfeffer nach Belieben dazu, und der Essig ganz heiß darüber geschüttet. Nun wird der Hafen mit einem mehrfach zusammengelegten Tuch belegt, damit der Geist des Essigs nicht zu sehr verfliege. Man läßt sie so zugedeckt zwei Tage stehen, ohne etwas daran zu machen; nach zwei Tagen wird der Essig abgeschüttet, wieder heiß gemacht und wie oben damit verfahren und dieß auf gleiche Weise 3—4 mal wiederholt, bis die Rettigschoten eine schöne grüne Farbe bekommen. Sind sie dann gut, so wird der Hafen, wenn der Essig nicht mehr warm ist, mit einer Blatter verbunden. Man kann diesen Salat mehrere Jahre behalten, insofern man Acht gibt, daß immer genugsam Essig daran sei, und nachgießt, wenn er nicht ob den Schoten zusammen geht.

## 22. Englischer Salat zum Aufbewahren.

Man nimmt rothe Rettige, gelbe Rübli, junge Bohnen und Blumenkohl und rüstet jedes besonders roh; Rettige und Rübli werden in dünne Scheiben geschnitten, von jeder Art abwechselnd eine Lage in eine ganz neue irdene Casserole rangirt und Pfefferkörner und Nägeli dazwischen gestreut; dann gießt man, wenn alles aufgebraucht ist, guten Essig darüber, soviel, daß er oben darüber gehe, vermacht die Casserole recht gut und stellt sie mit dem Brod in den Ofen; ist das Brod gebacken, so wird auch die Casserole herausgenommen und erst, wenn sie ganz kalt geworden, abgedeckt, und wenn nicht mehr genug Essig ist, daß er darob zusammengeht, nachgeschüttet, wieder verbunden und so aufbehalten.

## 23. Salade de Chambéry.

Man nimmt 1 kg. 250 g. kleine junge Böhnlein, 1 kg. 250 g. kleine Kukumern (Cornichons) und kleine Melonen, reibt sie mit einem Tuch ab und durchsticht sie mit einer Nadel; die letztern, die allenfalls zu groß sind, werden in 4 Theile geschnitten, dann alle in einen irdenen Hafen gethan sammt den Böhnlein, 250 g. spanischer Pfeffer und 1 kg. 125 g. Salz dazu; nun gießt man frisches Wasser darüber, so daß es ob den Früchten zusammengehe, läßt sie 18 Tage in diesem Salzwasser stehen, nachher wird es abgeschüttet und wieder frisches Wasser darüber gethan, das alle Tage geändert wird, bis die Früchte nicht mehr salzig sind; dann kocht man sie im Wasser weich, zieht sie heraus und thut sie wieder in einen irdenen Hafen, fügt gebrochenen Zimmt und ganze Nägelein nach Belieben hinzu, thut dann 1 kg. Zucker und 8 dl. Wasser auf's Feuer, verschaumt es wohl und gießt 6 dl. guten Essig dazu, fährt fort zu verschaumen, bis nichts Unreines mehr sich zeigt, gießt dann diesen Syrup über die Früchte und läßt sie bis den folgenden Tag stehen, thut dann alles zusammen auf's Feuer, läßt es kochen, bis zwei Wälle darüber geschlagen, richtet Früchte und Syrup zusammen in den Hafen an, läßt es kalt werden und verbindet den Hafen mit dickem Papier.

## 24. Citronen-Salat.

Man nimmt feine, saftige Citronen, so viel man nöthig zu haben glaubt, schneidet an jeder so viel oben ab, bis man zum Saft kommt, und schneidet dann von der übrigen Citrone schöne Scheibchen, alle in gleicher Dicke, ungefähr wie ein Messerrücken; das unterste an jeder Citrone, wo sich kein Saft mehr findet, läßt man wie den ersten Abschnitt weg. Sind die Citronen nun alle verschnitten, so rangirt man sie in dem Saladier, in welchem man sie auftragen will, bestreut sie reichlich mit gesiebtem Zucker und gießt eine kleine Tasse voll frisches Wasser daran, deckt sie dann mit einem Teller zu, läßt sie wenigstens 4—5 Stunden stehen und begießt sie mit einem silbernen Löffel öfters mit dem Jüs, das daran ist. Kann man diesen Salat schon am Abend zuvor auf solche Weise zurüsten, so ist er noch besser; er muß an einem kühlen Orte stehen.

## 25. Bayonnaise.

Man nimmt 125 g. süße Butter, zerdrückt diese in einer Schüssel mit einem starken Löffel, rührt und klopft sie, bis sie wie dicke Nideln wird, thut dann 3 rohe Eier, ein wenig Senf, Salz und Essig und feines Olivenöl nach Belieben darein, setzt diesem noch von 4 hartgesottenen Eiern das Gelbe und zwei gehackte Anchois hinzu, rührt dieß alles wohl und lange durcheinander, bis es wie eine dicke Crème ist; dann nimmt man Reste von gebratenem Geflügel, schneidet sie in kleine Stücke, oder, in Ermanglung dessen, Scheiben von einem Kälberbraten, nicht zu dünn, legt das Fleisch ordentlich in eine Platte, thut die obige Sauce darüber und verstreicht sie mit einem Löffel schön eben; sie muß über dem Fleisch wohl zwei Finger breit Tiefe haben. Darüber werden nun abwechselnd hartgesottene Eier, in Viertel geschnitten, und fester Kopfsalat, auch in Viertel geschnitten, gelegt, ordentlich rangirt und so aufgetragen. Wenn man die Bayonnaise serviren will, wird sie vorerst umgerührt, wie ein Salat.

### 26. Mayonnaise ganz einfach.

In 1 oder 2 Eigelb rührt man feines Olivenöl ganz langsam, nur tropfenweise, bis die Mayonnaise dick ist wie eine Crème, sie muß tüchtig gerührt werden. Nachher wird noch ein wenig Salz und Essig und nach Belieben Senf beigefügt. Geht sehr gut zu kaltem Fleisch.

### 27. Sauce piquante.

Man nimmt zwei Löffel voll Capris, 50 g. Anchois, die geputzt werden müssen, eine kleine Handvoll Peterfilie, ein wenig Schnittlauch, wenn man ihn liebt, und von zwei hartgesottenen Eiern das Gelbe. Dieß wird zusammen sehr fein gehackt, mit ein wenig Fleischbrühe in einer kleinen Casserole auf's Feuer gesetzt und wohl verrührt; sobald es heiß ist, angerichtet und ein Löffel voll feines Olivenöl darein gerührt und zum Rindfleisch servirt.

### 28. Eingemachte Nüsse, zum Rindfleisch zu essen.

Man nimmt Nüsse, ehe sie die Schale haben (um Johannistag ist die rechte Zeit), schneidet die Rinde ab und legt sie dann in frisches Wasser mit einer Handvoll Salz, und wiederholt dieß täglich während 12—15 Tagen. Die zwei letzten Tage ändert man das Wasser 2—3 Mal täglich und läßt das Salz weg, dann kocht man sie in Essig mit einem Bündelchen Nägeli, Zimmt und einigen Scheibchen Meerrettig; kann man mit einem Strohhalm in die Nüsse stechen, so sind sie weich genug; man thut sie alsdann in einen irdenen Hafen, Essig darüber, der ob den Nüssen zusammen gehen muß; der Hafen muß erst zugedeckt werden, wenn die Nüsse kalt sind. Sollte nach einiger Zeit der Essig eingetrocknet sein, so wird frischer heiß gemacht und, wenn er kalt geworden, über die Nüsse geschüttet. Dieselben werden schwarz.

### 29. Eingemachte Nüsse, andere Art.

Sie werden, wie oben, um Johanni gepflückt, die Rinde ganz dünn abgeschnitten, in einer großen irdenen Schüssel in frisches Wasser gelegt, daß es ob den Nüssen zusammen geht; während acht Tagen läßt man sie an einem kühlen Ort und ändert das Wasser täglich zwei Mal; nach dieser Zeit werden sie in einer gelben Pfanne im Wasser gekocht und dasselbe auch mehrmals verändert, bis es nicht mehr schwarz wird. Sind die Nüsse so weich, daß man mit einem Strohhalm hinein stechen kann, so werden sie herausgezogen und wenn sie kalt sind, jede mit 1 bis 2 Nägeli, Zimmt und Citronat-Schnitzchen gespickt, gewogen und gleich schwer Zucker genommen als man Nüsse hat, der Zucker mit Wasser oder gutem rothem Wein in einer gelben Pfanne auf's Feuer gesetzt, wohl verschaumt und zu einem ziemlich dicken Syrup gekocht, in welchem die Nüsse noch ein wenig gekocht werden, in einen glacirten Hafen angerichtet, der Syrup darüber geschüttet und wenn sie ganz kalt sind, der Hafen zugebunden und an einem trockenen Ort aufbewahrt. Man kann ein Bündelchen mit Nägeli, Zimmt und Citronenschalen mit dem Syrup kochen.

### 30. Nuß à l'aigre-doux.

Man nimmt die Nüsse am Johannistag, sticht mit einem spitzigen hölzernen Spießchen in jede 3 bis 4 Mal, thut sie in eine große irdene Schüssel und frisches Wasser darüber, soviel, daß es ob den Nüssen zusammengehe, und stellt sie an einen kühlen Ort; das Wasser wird Morgens und Abends abgeschüttet und wieder frisches darüber gethan, und so während acht Tagen fortgefahren. Dann werden sie in Wasser gekocht, in dem man dasselbe mehrere Mal verändert, bis es nicht mehr schwarz wird, und bis sie so weich sind, daß man mit einem Strohhalm darein stechen kann, zieht es aus dem Wasser, läßt sie vertropfen und steckt in jede Nuß ein Nägeli, ganzen Zimmt und ein Schnitzchen Citronat, dann wiegt man die Nüsse und nimmt zu 500 g. 600 g. Zucker, der in einer gelben Pfanne mit ein wenig Wasser gekocht und verschaumt wird; nun werden die Nüsse darein gethan und mit dem Zucker gekocht. Der Syrup wird besonders angerichtet, und wenn er kalt ist, guter französischer Branntwein oder Kirschwasser unter denselben gethan, zu 2 Löffel Syrup immer 1 Löffel Branntwein oder Kirschwasser und über die Nüsse geschüttet, daß der Syrup ob denselben zusammen fließt. Der Hafen wird nun verbunden und an einem trockenen Ort aufbehalten.

### 31. Störzli à l'aigre-doux.

Man nimmt schöne, zarte Lattichstörzli, schneidet sie alle in gleicher Länge ungefähr eines kleinen Fingers lang, und zieht die Haut und die Fäden, so unter derselben sind, rein davon. Dann nimmt man 8 dl. Essig und 125 g. Zucker und läßt die wohlgeputzten Störzli darin kochen, aber nicht zu weich; dann zieht man sie heraus und läßt sie auf einer Platte erkalten, spickt sie mit ganzem Zimmet und mit Nägeli, läßt den gekochten Essig (der indessen in einem irdenen Hafen bei Seite gestellt wird) noch mit 125 g. Zucker eine Viertelstunde kochen und richtet ihn wieder an, thut die Störzli in ein Glas, und wenn der Essig kalt ist, gießt man ihn über die Störzli und verbindet das Glas mit einer Blatter.

### 32. Zucker-Gurken.

Man nimmt nicht zu große und nicht ganz reife Gurken, schält sie, macht die Kerne heraus und schneidet sie in länglich dicke Stücke; auf 500 g. Gurken nimmt man 250 g. Zucker und 2 dl. Essig; die Gurken werden in halb Essig und halb Wasser nicht ganz gar gekocht; alsdann läßt man sie in einem Passoir ablaufen, kocht den guten Essig mit klein geschnittenen Citronenschalen, Zucker, Zimmt und Gewürznelken und übergießt damit kochend die Gurken, welche man zuvor in eine tiefe Schüssel gelegt hat. Nach 24 Stunden werden die Gurken noch einmal damit aufgekocht, herausgezogen und der Essig zu einem nicht zu dicken Syrup eingekocht; dann werden die Gurken in einen wohl glasirten Topf gelegt, der Syrup darüber geschüttet und, wenn er kalt ist, zugebunden.

### 33. Melonen in Essig.

Eine beliebige Portion Melonen werden geschält, in vier Theile geschnitten und 24 Stunden in Essig, der darüber zusammengehen muß, eingeweicht; dann wird der Essig abgeschüttet, die Melonen gewogen und zu je 500 g. derselben 250 g. Zucker gerechnet, dieser Zucker mit dem

Essig aufkochen lassen, wohl verschäumt und die Melonen dazu gethan. Wenn sie weich sind, zieht man sie heraus, legt sie in einen Topf und gießt den Essig, sobald er zu einem mittelmäßig dicken Syrup eingekocht ist, darüber, verbindet den Topf, wenn die Melonen erkaltet sind, und bewahrt ihn an einem kühlen, trockenen Orte auf. Sie werden zum Rindfleisch servirt.

### 34. Eingemachte Melonen.

Man nimmt die Melonen, ehe sie völlig reif sind, schneidet sie der Länge nach in schöne Schnitze, Fingers breit, schneidet die Rinde ganz dünn davon und reinigt die Schnitze von den Kernen und ihrer Einhüllung; dann werden sie gewogen und zu 1 kg. 250 g. Melonen nimmt man 750 g. gestoßenen Zucker; die Melonen werden in eine große irdene Schüssel gelegt, der Zucker und ³/₄ l. guter weißer Essig siedend gemacht, darüber geschüttet, und zugedeckt an einen kühlen Ort gestellt. Nach vier Tagen steckt man in jeden Schnitz vier Gewürznägelein und einige Stücklein Zimmt und kocht sie mit dem geschmolzenen Zucker und dem Essig während zwei Stunden auf gelindem Feuer; bleibt nicht genug Syrup, um sie darin zu kochen, so wird ein wenig Essig nachgeschüttet, in einen irdenen Hafen gelegt und der Syrup darüber geschüttet, und sobald sie kalt sind, zugebunden und an einem trockenen Orte aufbewahrt.

### 35. Zwetschgen à l'aigre-doux.

Zu 2½ kg. nicht ganz reifen, großen Zwetschgen, wo möglich mit den Stielen, nur leicht abgewischt und an mehreren Stellen mit einer Stecknadel durchstochen, nimmt man 1½ kg. Zucker und kocht ihn mit ³/₄ l. Essig; sobald er geschmolzen und mit dem Essig siedend ist, wird er verschäumt und siedend über die Zwetschgen geschüttet, ohne dieselben zu kochen, die Schüssel zugedeckt an einen kühlen Ort gestellt. Den folgenden Tag wird der Syrup von den Zwetschgen abgeschüttet, wieder siedend gemacht und wie das erste Mal über die Zwetschgen geschüttet. Den dritten Tag werden die

Früchte mit dem Syrup auf schwachem Feuer gekocht, bis sie anfangen zu spalten; dann sind sie gut und werden sogleich in einen irdenen Hafen gethan, der Syrup darüber geschüttet und wenn sie kalt sind, verbunden und an einem trockenen Ort aufbewahrt. Man kocht gleich Anfangs in dem Syrup ein Bündel mit Nägeli und ganzem, feinem Zimmet, das man zu den Zwetschgen in den Hafen legt und darin läßt.

### 36. Preißelbeeren.

Zu 1 Kilo Preißelbeeren nimmt man 500 g. Zucker, 1 Glas Wein, 10 g. ganz feinen Zimmet und einige Nägeli, setzt alles mit einander auf's Feuer und kocht es, bis die Beeren runzlich sind; dann nimmt man diese mit einer Schaumkelle heraus und läßt den Saft noch ein klein wenig einkochen, gießt ihn dann heiß über die Beeren. Erst wenn sie kalt sind, werden sie in einen Topf gethan und mit einer Blatter verbunden. Zimmt und Nägeli werden in ein Tüchlein gebunden und so mitgekocht.

### 37. Tomates aufzubewahren.

Man schneidet die Tomates in Scheibchen, thut sie in eine Schüssel mit einer Handvoll Salz, ein wenig Pfeffer, Macis, Senfkörner, Ingwer und andern Spezereien, auch mehreren Zwiebeln, feuchtet sie mit Essig und läßt sie zwei Stunden so stehen. Thut dann alles in eine Casserole oder gelbe Pfanne und läßt es zugedeckt zu einem Brei verkochen, den man, wenn beinahe nichts Flüssiges mehr darin ist, durch's Tamis drückt und nachher in Fläschchen thut, die mit einem Zapfen vermacht und fest zugebunden werden; dieselben werden nun noch in kaltes Wasser übergesetzt und kochen gelassen, wie man's mit andern Früchten zum Aufbewahren thut. Auf diese Weise zubereitet halten sie sich gut und können im Winter zum Fleisch oder zu Maccaronis gebraucht werden.

# Ragouts und allerlei von Kalbfleisch.

## 1. Kügelchen.

Man nimmt 1—2 kg. Kalbermocken, schält die Knochen und Häute rein davon, zerschneidet ihn in kleine Stücke, welche man klopft und nachher sammt einem Stückchen Speck ganz fein hackt oder gnipet. Dann wird das Fleisch in eine Kachel gethan, mit ein wenig fein gehackter Citronenrinde, Salz, gestoßenen Nägeli, Pfeffer und Macis und ein wenig Majoran gewürzt (man kann auch Kapern darein thun, in diesem Fall aber die Citrone weglassen), mit 2—3 Eiweiß und ein paar Löffeln Nideln verdünnt und wohl durcheinander gerührt. Auch 1—2 alte Weggli oder Milchbrödli am Kässchaber gerieben, und mit heißem Wasser aufgeweicht, werden beigefügt. Die Knochen und Häute, sobald sie abgeschnitten, werden mit 3 l. Wasser und einer kleinen Handvoll Salz über's Feuer gesetzt; wenn sie ordentlich ausgekocht sind, daß die Brühe bis auf 1 1/2 l. ungefähr eingekocht ist, so wird diese durchgerichtet, ein gutes Glas Wein beigegossen, ein paar Scheibchen Citronen mit ein wenig ganzer Spezerei und einer ganzen Zwiebel dazu gethan, und dieß zusammen in einer Casserole oder einem ehernen Topf gekocht; dann werden die Kügelchen mit zwei runden Löffeln formirt, aber nicht gedrückt, in siedende Brühe gethan und anderthalb bis zwei Stunden auf gelindem Feuer gekocht; hierauf wird eines Ei's groß frische Butter in einem Pfäunchen zerlassen, eine Kelle voll Mehl darein gerührt und sogleich von der Brühe, welche an den Kügelchen ist, nach und nach darein geschüttet und zart verrührt, bis die Sauce die gehörige Dicke hat, und ein wenig gekocht, dann abgenommen und ein Gelbes vom Ei mit etwas geschnittener Petersilie geklopft in die Sauce gerührt. Die Kügelchen werden nun mit der Schaumkelle auf die Platte gethan, die Sauce darüber geschüttet und aufgetragen. Will man die Kügelchen extra gut haben, so koche man sie in Krebsbrühe, thue das Krebsjüs in die Sauce und garniere die Platte mit den Krebsstielen; dann darf aber keine Citrone darin sein.

## 2. Fricandeau im Netz.

Man nimmt gleich viel Kalbermocken wie zu Kügelchen und bereitet und würzt ihn auf gleiche Weise; auch ist es sehr gut, wenn ein wenig Anchois oder Häring mit dem Fleisch gehackt wird. Das Fleisch wird dann in ein Kalbernetz eingewickelt, mit Spießchen zusammen geheftet oder vernäht, in einer Casserole oder Cloche mit Butter oder Speck verdämpft, ringsum schön gelb glacirt und in einer beliebigen Sauce, entweder Krebssauce oder gewöhnlicher Sauce von frischer Butter und Fleischbrühe mit Kapern, welche auf die Platte rings um das Fricandeau geschüttet wird, aufgetragen. Kann auch ohne Sauce als Braten aufgetragen werden.

## 3. Spießli von Kalbfleisch.

Man nimmt Kalbfleisch-Mocken, schneidet alles Häutige wohl davon, dann werden dünne gevierte Plätzli davon geschnitten, so manches als man Spießli haben will, der übrige Theil des Mockens wird gehackt mit ein wenig Speck, wie für Kalbfleischkügelchen und gleich gewürzt und mit ein wenig Nideln und einem Ei wohl durcheinander gerührt; dann werden die Plätzli eines ums andere geklopft, auf jedes von dem gehackten Fleisch ein halber Löffel voll gethan, das Plätzli zusammengerollt und ein Spießchen hindurch gesteckt; sind auf diese Weise alle gemacht, so wird in einer weiten Casserole gesottene Butter auf gute Gluth gestellt, und wenn sie heiß ist, ein paar Scheibchen Speck darein gelegt, die Spießli darauf rangirt, ein Kaffeekacheli voll Wasser und ein wenig Salz dazu gethan, die Casserole zugedeckt, und nun läßt man die Spießli nur auf Gluth wohl verdämpfen und schön gelb glaciren. Man muß sie bisweilen umwenden und darauf achten, daß immer genug Jüs daran sei; in Ermangelung desselben kann ein wenig Fleischbrühe zugegossen werden; sie sollen nur im bloßen Jüs aufgetragen werden.

### 4. Kalbfleisch mit Speck.

Man läßt sich vom Metzger so dünne Schnitten als möglich vom Kalbermocken abschneiden, legt in die Mitte eines jeden ein kleines Würfeli Speck, ein wenig Salz, aber keinen Pfeffer und ein noch viel kleineres Stück Salbei und rollt's zusammen. Nun belegt man den Boden einer Kochplatte oder Casserole mit dünnen Speckschnitten, legt die Würstchen hinein und deckt sie gut zu bis sie gelb sind; dann werden sie herausgenommen und an der Wärme gehalten. Unterdessen wird der Speck mit saurem Rahm und etwas Fleischbrühe oder Wasser verrührt, was eine sehr gute Sauce gibt. Es braucht gut eine Stunde zu kochen.

### 5. Kalbfleisch-Pudding.

Ein paar Kalbermilchling werden nur ganz wenig geschwellt, die Häute und Röhren davon gethan, 1 kg. Kalbermocken, ebenfalls von dem Häutigen wohl gereinigt und tüchtig geklopft, dieses beides mit ein wenig Speck, 100 g. Rindermark oder Nierenfett, einem Büscheli Peterfilie, ganz wenig Schnittlauch und der Rinde einer Citrone recht fein gehackt, mit Pfeffer, Salz und Macis gewürzt und wohl unter einander gerührt; dann wird eine Serviette oder sonst ein sauberes Tuch in kaltes Wasser getunkt und fest ausgewunden und ausgebreitet, in die Mitte darauf wird ein Kreuz von dünn geschnittenen Speckscheibchen gelegt, in die leeren Räume des Kreuzes legt man, symmetrisch geordnet, einen ungefähr zwei Finger breiten Ring von krauser Peterfilie, Krebsschwänzen und schwarzen Trüffeln, dann kommt die Fleischfülle darauf in Form eines Köpfleins. die Serviette nun recht fest zugebunden und in einer tiefen Casserole in guter Fleischbrühe gekocht; es darf nicht länger als eine gute Viertelstunde kochen und die Fleischbrühe soll fast ganz damit einkochen; es darf also nicht zu viel daran gethan werden. Ist es gekocht, so wird das Köpflein sorgfältig aus der Serviette auf die Schüssel, in der man es auftragen will, umgekehrt, so daß die Krebsschwänze obenauf kommen, eine Krebssauce darum geschüttet und aufgetragen.

## 6. Kalbsbraten.

Nierenstück, der obere Mocken und Schloßstück sind die besten Stücke zum Braten; hat man Mocken oder Schloß=stück, so wird derselbe wohl geklopft, dann in die Bratschüssel gelegt, und zwar so, daß die Seite, die auf dem Tisch oben sein soll, in der Schüssel unten liege; dann legt man ein paar Scheibchen Speck und ein wenig frische Butter darauf, streut Salz darüber, gießt ungefähr ein Kaffeekacheli voll Wasser in die Bratpfanne, auch eine Zwiebel und ein gelbes Rübli und thut es in das Oefelein, läßt es eine Weile darin, ohne es zu begießen, bis das Fleisch anfängt zu dämpfen, dann wird es oft mit dem Jüs, das in der Schüssel ist, begossen; ist nun der Braten ein wenig gelb, so wird er umgewendet, noch ein wenig frische Butter dar= auf gelegt, und wenn das Jüs zu viel eingekocht ist, so wird ein wenig Wasser oder besser Wein hinzu gethan und fleißig begossen, bis der Braten und auch das Jüs schön gelb sind; dann wird er auf die Platte gelegt und das Jüs darüber gegossen. Hat man ein großes Stück Fleisch, so kann man eine halbe Stunde vor dem Essen etwas Jüs aus der Schüssel nehmen, das zu allem gut zu gebrauchen ist; dann wird aber ein wenig Wasser nachgegossen; der Braten muß 2 Stunden im Oefelein sein, wenn er groß ist, etwas weniger lang, wenn er nicht groß ist.

## 7. Fricandeau von ungehacktem Fleisch.

Man nimmt einen halben untern Kalbermocken, schneidet alle Häute wohl davon ab und klopft ihn ringsum, rollt und heftet ihn mit Spießchen zusammen und gibt ihm eine beliebige Form, spickt ihn fein mit Speck und nach Belieben mit ein wenig Anchois, thut ihn in eine Casserole mit einigen Scheibchen Speck oder Speckschwarten und mit etwas Butter, einem rohen gelben Rübli, Salz, Spezerei, einem Glas Wein und Fleischbrühe, daß es über dem Fleisch zu= sammen geht, läßt es etwas mehr als halb über dem Feuer einkochen, setzt es dann auf Gluth und läßt es ganz lang= sam kochen, bis der Fricandeau auf allen Seiten schön gelb und das Jüs ordentlich dick ist. Wenn man ihn recht schön glacirt haben will, so thue man, wenn man ihn auf die Gluth setzt, einen Löffel voll weißen Zucker dazu. Dieser Fricandeau kann nur in seinem eigenen Jüs servirt werden, oder man nimmt ihn sammt dem Jüs aus der Casserole, thut Blumkohl oder Zuckererbsen, oder gehackten Salat mit ein paar Löffel voll Fleischbrühe und eben so viel von dem Jüs darein, läßt es ein paar Minuten kochen und richtet es rings um den Fricandeau an, die Gemüse müssen aber vorher gebrüht sein; oder man macht auch eine Sauce daran von süßer Butter, Mehl, mit Nibeln zart angerührt, bis sie die gehörige Dicke hat, und thut einen Löffel voll Capern und ein wenig Macis darein. Auf diese Weise servirt, muß das Jüs am Fricandeau bis auf wenige Tropfen eingekocht sein und die Sauce auf der Schüssel ringsum geschüttet werden.

## 8. Fricandeau.

3—4 kg. Kalbermocken werden tüchtig geklopft und gut gespickt, dann thut man die Knochen in eine Casserole, auch Speckschwarten, 2 gelbe Rübli, 2 Zwiebeln mit Nägeli gespickt und Salz dazu, dieß thut man um 8 Uhr über und läßt es bei öfterm Umrühren gelb werden, dann füllt man die Casserole mit Wasser und läßt es einkochen. Das Fleisch wird um halb 10 Uhr in eine andere Casserole übergethan, mit Speck und Salz, wo man es gelb werden läßt; dann thut man von der Knochenbrühe dazu, läßt es einkochen und fährt fort mit Begießen; man kann noch einen Löffel voll Zucker hinzu thun, wenn man es schön glacirt haben will.

## 9. Fricandeau, andere Art.

Ein Stück Kalbfleisch, vom Mocken, wird stark geklopft, mit feingeschnittenem fettem Speck gespickt, mit Citronenrinde, Gewürznelken, einem Glas guten Wein, Salz und Fleischbrühe, die ob dem Fleisch zusammen gehen muß, in einer Casserole oder Kochhafen auf schwachem Feuer gut

Ragouts und allerlei von Kalbfleisch. 63

zugedeckt gekocht, bis das Jüs anfängt dick zu werden und Fäden zu ziehen; dann gießt man eine Tasse Fleischbrühe nach und wiederholt dieß fünf bis sechs Mal, glacirt ihn dann, indem man — auf hellem Feuer — von dem Jüs, welches recht dick sein muß, auf den Fricandeau gießt, bindet die Sauce mit einem Stück Butter in Mehl gewälzt, und läßt alles noch auf Gluth kochen, bis die Sauce gut ist. Vom Augenblick an, wo glacirt ist, deckt man den Topf nicht mehr, da der Dampf Wasser zieht.

## 10. Fricandeau mit Sauerampfer.

Man nimmt den untern Theil eines Kalbermockens, von dem man alles Häutige ablöst, schneidet ihn in nicht gar kleine Stücke, die auf der einen Seite recht geklopft, auf der andern mit Speck gespickt werden; dann wird der wo möglich flache Boden einer gut verzinnten oder ehernen Casserole mit einem Löffel voll gesiebtem Zucker bestreut, das Fleisch nun, ein Stück neben das andere, darein gelegt, die gespickte Seite nach oben, zugedeckt und ohne andere Flüssigkeit auf gelinder Gluth dämpfen gelassen, bis das Fleisch unten schön gelb ist; wendet nun die Fricandeaux um, so daß die gespickte Seite unten zu liegen kommt, gießt Fleischbrühe und ein Glas Wein hinzu, so daß die Flüssigkeit ob dem Fleisch zusammen geht, auch Salz und etwas Spezerei, und läßt es gelinde kochen, ohne darin zu rühren, bis die Brühe bis auf ganz wenig eingekocht ist und die Fricandeaux schön gelb sind. Unterdessen wird roher Sauerampfer ganz fein gehackt, in frischer Butter gedämpft, mit ein wenig Mehl, Salz und Fleischbrühe gar gekocht, angerichtet, die Fricandeaux darauf gelegt und heiß aufgetragen.

## 11. Fricandeau von marinirtem Kalbfleisch mit Estragon.

Man nimmt ein Stück Kalbsschlegel, oder wenn man eine große Portion will, den ganzen Schlegel, klopft ihn wohl und legt ihn, je nach der Größe, während 6—14 Tagen in Essig. Vor dem Kochen thut man mehrere Löffel voll Estragon-Essig dazu, mit welchem er gebraten wird;

man kann ihn mit Speck spicken oder bloß einige Speck=
schnittchen dazu legen; wenn das Fleisch weich gebraten ist,
nimmt man ein gutes Stück frische Butter, wälzt sie im
Mehl und verdünnt sie mit Niblen, bis die Sauce gut liirt
ist, alsdann fügt man das Jüs hinzu, das sich am Fleisch
vorfindet, und wenn sie nicht Geschmack genug hat, gießt
man noch ein wenig Essig dazu. Man kann auch, wenn
man will, einige gereinigte und fein gehackte Anchois hin=
zufügen, mit ein wenig Capern, aber dann muß man die
Sauce richten, bevor man sie mit dem Fleisch anrichtet.
Sie wird auf diese Weise sehr gut und kräftig.

### 12. Glacirter Kalbermocken.

Man nimmt vom Euter=Mocken das runde Stück schön
ausgeschnitten, schält die Knochen wohl davon und klopft
es tüchtig; dann werden alle Knochen mit genugsam kaltem
Wasser auf's Feuer gesetzt, der Mocken dazu gethan, und
wenn es kocht, wohl verschaumt. Nachher wird der Mocken
wieder herausgezogen, in's kalte Wasser gelegt, und wenn
er ganz kalt ist, gespickt.

In das Wasser, in dem die Knochen kochen, thut man
2 gute Gläser Wein, 2 ganze Zwiebeln, ganzer Macis,
Nägeli, Pfeffer, Salz und Kräutli, und kocht nun dies
alles 2 Stunden. Dann wird der Mocken wieder dazu
gethan und auf ganz gelindem Feuer gekocht, bis er weich
ist; hierauf wird das Jüs alles durch's Tamis passirt und
dasselbe bis auf 2 dl. in einem Pfännlein wieder auf's
Feuer gesetzt und immer gerührt, bis das Jüs dick und
braun ist. Dann wird der Mocken (der indessen an der
Wärme behalten wird) mit dem eingekochten Jüs glacirt,
von dem zurückbehaltenen Jüs wird eine Sauce mit frischer
Butter gemacht und mit ein wenig Wasser verdünnt, wenn
das Jüs zu stark ist, und an den Mocken geschüttet.

### 13. Kalbermocken mit Niblen.

Man nimmt einen halben Kalbermocken, schneidet die
Knochen und alles Häutige davon, klopft und spickt ihn auf

Ragouts und allerlei von Kalbfleisch.

der innern Seite (will man ihn gar schön machen, so spickt man ihn um und um); ist dieß geschehen, so streut man über den innern gespickten Theil des Mockens ein wenig Salz und rollt ihn dann so fest wie möglich zusammen, bindet ihn mit einem Faden fest, alsdann wird etwas gesottene Butter in einer Casserole auf Gluth oder schwaches Feuer gesetzt, und wenn die Butter heiß ist, wird der Mocken darein gethan, die Casserole zugedeckt und immer nur auf Gluth oder gelindem Feuer der Mocken wohl verdämpft und bisweilen umgewendet; ist er dann schön gelb, so gießt man Niblen daran (mehr oder weniger, je nachdem das Stück Fleisch größer oder kleiner ist) und läßt dies nun zusammen langsam kochen; die Niblen muß aber ziemlich lange vorher dazu gethan werden, ehe man den Mocken auftragen will, damit es eine schöne liirte Sauce gebe.

## 14. Kalbsschlegel.

Wenn der Kalbsschlegel wohl geklopft und sauber gewaschen ist, legt man ihn eine Stunde lang in Essig, reibt ihn dann mit Salz und ein wenig Pfeffer ein und spickt ihn, übergießt ihn mit einem Glas voll Olivenöl, wickelt ihn ganz in ein mit fein gehackter Petersilie, einigen Chalotten und Citronenrinden dick überstreutes Kalbsnetz; thut Salz dazu und legt ihn in eine Bratpfanne, gießt einen Schöpflöffel voll Fleischbrühe neben herum, stellt ihn in den Ofen und läßt ihn langsam braten, begießt ihn aber während dem Braten öfters mit dem Jüs, das in der Bratpfanne ist. In 2—3 Stunden kann ein Schlegel von 2½ bis 3 kg. fertig sein; dann legt man ihn auf eine Platte, entfernt das Netz davon, drückt ziemlich Citronensaft darüber und belegt ihn mit Citronenscheibchen.

## 15. Kalbfleisch mit Niblen.

Man nimmt ein Stück Kalbermocken, wie für ein Fricandeau, klopft ihn wohl und spickt ihn, dann thut man am Abend, bevor man ihn kochen will, ein Glas Wein und ein Glas heißen Essig darüber mit Pfeffer, Salz, Zwiebeln,

Lorbeer, Thymian, Majoran, Chalotten, Peterfilie und Schnittlauch (fämmtliche Kräuter der Jahreszeit). Am Morgen thut man ihn in eine Casserole, welche gut zugedeckt wird, und kocht ihn wenigstens 5 Stunden mit dieser Sauce ohne die kleinen Kräutli. Eine Stunde vor dem Essen fügt man dann noch 4 dl. gute Niblen hinzu, was zusammen eine sehr gute Sauce gibt.

### 16. Kalbfleisch nach polnischer Art.

Man nimmt den untern Theil eines Kalbermockens und klopft ihn so lange, bis er ganz platt ist; dann reinigt man mehrere Anchois, zerschneidet sie in kleine Riemchen und spickt das Fleisch damit so viel man kann, ebenso auch mit Speckschnittchen, Citronenrinde und Zwiebeln. Alsdann reibt man das Fleisch mit Pfeffer und Salz, rollt es so fest wie möglich zusammen und bindet es in Form von einer Wurst fest, legt es in eine Casserole mit Butter und ein wenig Wasser und läßt es, indem man es öfters begießt und umwendet, braten, bis es schön gelb und weich genug ist. Beim Anrichten nimmt man die Schnur, womit es zusammengebunden war, sorgfältig weg. Man kann diesen Braten warm serviren; kalt ist er ebenfalls sehr gut.

### 17. Saurer Mocken.

Man nimmt 2—3 kg. Eckstück-Mocken, klopft ihn stark und legt ihn 14 Tage in Essig, spickt ihn schön, thut ihn früh um 8 Uhr in die Casserole mit Speckschnitzel, gelben Rübli, Zwiebeln und Nägeli und läßt ihn zugedeckt schön gelb werden; dann streut man einen guten Löffel voll Mehl darüber, wälzt ihn recht darin um, fügt dann Fleischbrühe oder Wasser hinzu, bis es darüber geht, und läßt es einkochen.

### 18. Andere Art.

Vom Eckstück-Mocken nimmt man $1^{1}/_{2}$—2 kg., schneidet alles Häutige und die Knochen davon und klopft es auf beiden Seiten stark; erwellt dann in einer gelben Pfanne ein Glas guten Essig mit etwas Kölm, Majoran, Lorbeer, Rosmarin und Salz und läßt das Fleisch über Nacht darin beizen. Nun wird der Essig durch den Seiher gerichtet, so daß die Kräutlein entfernt werden, wieder über das Fleisch gegossen und dasselbe im heißen Oefeli gebraten und öfters begossen; unter das Fleisch und oben darauf legt man einige Speckscheiben. Sollte, bevor das Fleisch weich ist, kein Jüs mehr daran sein, so schüttet man einige Mal frisches Wasser rings herum; ist es nun weich und schön gelb, so gieße man unter mehreren Malen Niblen darüber, im Ganzen 4 dl., und lasse es ausbraten.

### 19. Verdämpfter Moden.

Das Häutige und der untere Knochen werden davon entfernt, das Fleisch wohl geklopft, in der Casserole mit Butter, Speckschwarte und einem ganzen gelben Rübli verdämpft. Wenn er ringsum schön gelb ist, werden etwa 1 l. Wasser, ein Glas voll Wein, einige kleine Zwiebeln oder Chalotten, Citronen-Scheibchen und einige ganze Nägeli und etwas Pfeffer daran gethan, alles zusammen gekocht, bis das Fleisch weich ist, dann die Sauce mit süßer Butter und Mehl gebunden.

### 20. Kalbfleisch-Köpfli, andere Art.

1½—2 kg. Kalbfleisch werden wie zu Kügeli gewürzt und zubereitet; von einem 500 g. runden weißen Brödchen wird ein Deckel abgeschnitten, dasselbe ausgehöhlt, mit der Fleischfülle zugefüllt und langsam in heißer Butter gebraten. Dann macht man folgende Sauce: man röstet einen Löffel Mehl in heißem Fett gelb, gießt Fleischbrühe und etwas Wein hinzu, würzt sie mit einigen kleinen Zwiebeln, Salz und Pfeffer, und wenn das Köpflein auf allen Seiten schön gebacken ist, so legt man es in die Sauce und läßt es eine halbe Stunde darin kochen. Ist von der Fleischfülle übrig geblieben, so backe man kleine Kügeli davon in Butter gelb und garnire das Köpfli ringsum auf der Platte damit und schütte die Sauce, durch den Seiher gerichtet, darüber.

### 21. Sächsischer Braten.

500 gr. Kalbfleisch, 500 gr. Schweinefleisch und 150 gr. Rindfleisch werden roh fein gehackt, 3 Weggli, von denen zuerst die Rinde am Reibeisen abgerieben, werden in Milch oder Wasser eingeweicht und gut verrührt; Kräutli und Gewürze nach Belieben beigefügt und alles mit 3 Eiern wohl untereinander gerührt. Dann wird die Masse wie ein Filet auf eine mit Butter bestrichene Kochplatte gethan, mit Speck gespickt, mit den Weggli-Brosmen bestreut und im Ofen eine Stunde bei guter Hitze gebraten und warm aufgetragen. Auch kalt ist er gut.

### 22. Gefüllte Kalbsbrust.

Man nimmt eine Brust von 2½—3 kg., dann nimmt man einen halben Kalbskopf, der geschwellt und gehackt wird mit zwei Weggli, Spezerei, Gemüse, Salz und drei Eiern, rührt dies zusammen, füllt die Brust damit, näht sie zusammen und bratet sie schön gelb.

### 23. Gebratener Gizi-Haas.

Derselbe wird troussirt wie ein anderer Haas und auch gespickt und 1½ Stunden, bevor man ihn essen will, in das Oefelein gethan und wie beim Kalbsbraten, was auf der Platte oben kommen soll, in der Bratschüssel unten gelegt, auch wird etwas frische Butter und Salz darauf gelegt, Wasser weniger als zum Kalbsbraten gegeben, übrigens gleich behandelt wie dieser; sollte der Haas jedoch zu weich werden, ehe er gelb ist, so öffne man das Schieberchen am Thürlein des Bratofens und nehme, wenn zu viel Jüs ist, ein wenig heraus, damit er schneller gelb werde.

### 24. Gebratene Kalbszungen.

Diese werden zuerst geschwellt, dann die Haut abgezogen; wenn sie beinahe kalt sind, werden sie gespickt, auf der Bratschüssel in's Oefelein gethan, ein Stücklein frische Butter und Salz auf jedes und so viel Wasser in die Bratschüssel gegeben, daß der Boden überdeckt sei, und behandelt wie die obigen Braten.

Ragouts und allerlei von Kalbfleisch.

### 25. Thon von Kalbfleisch.

Man nimmt einen Kalbermocken, schneidet Knochen, Haut und Fett rein davon ab, klopft ihn wohl, thut ihn in eine Casserole mit vier Lorbeerblättern, ein wenig Salz, zwei Aestchen Rosmarin, zwei Anchois, gießt ein kleines Glas feines Olivenöl, 2 dl. Essig und Wasser dazu, daß es über dem Fleisch zusammengehe, deckt die Casserole und läßt es auf der Gluth kochen, bis das Fleisch weich ist, zieht es dann heraus, thut es in ein Saladier und richtet das Jüs durch die Schaumkelle; sollte noch zu viel sein, so läßt man es vorher ein wenig einkochen, bis das Jüs etwas dicker wird, nimmt dann sechs Anchois, reinigt und löst sie von den Gräten und hackt sie fein, streicht sie über das Fleisch, wie man eine Butterschnitte streicht, streut dann noch gehackte Petersilie darüber und schüttet das Jüs nicht ganz warm ringsum. Man kann solchen Thon acht Tage gut behalten.

### 26. Kalbfleisch wie Thon gekocht.

Man nimmt den untern Theil vom Kalbsschlegel, 2—3 kg., klopft ihn tüchtig, spickt ihn durch und durch mit einem marinirten, in Riemen geschnittenen Häring oder mit Sardellen, thut ihn hierauf in eine Schüssel, beschwert ihn stark und stellt ihn in den Keller bis den folgenden Tag. Hernach läßt man das Fleisch in einem Hafen von Erz, mit dem gegebenen Jüs und dem Abfall des Härings in ein Tuch gebunden, drei Stunden lang auf schwachem Feuer kochen, ohne es umzukehren; dann richtet man es an, läßt es erkalten und gießt feines Oel darüber, so daß es davon bedeckt ist. So kann man es Wochen lang aufbehalten; will man davon serviren, so schneidet man schöne Tranches ab, ordnet sie auf eine Platte, streut Capern darüber und begießt sie mit Oel.

### 27. Thon mariné, sehr gut.

Man nimmt einen halben oder ganzen Kalbermocken, thut Knochen, Fett und alles Häutige davon, schneidet ihn in fingersdicke Schnitten, klopft diese, wenn es kleine sind, zwei miteinander und rollt sie zusammen, legt sie während einer Nacht in's Salz, nimmt dann diese Röllchen, ohne sie zu waschen, aus dem Salz, thut sie in eine Casserole oder in ein beliebiges Kochgeschirr, gießt Wasser daran, so daß es ob dem Fleisch zusammengeht; ist es abgeschäumt, so thut man ganzen Pfeffer und ein paar Lorbeerblätter dazu und kocht es während vier Stunden; es muß kochen, bis kein Wasser mehr daran ist. Reibt dann die Röllchen mit gehackten Anchois, thut dieselben ganz heiß in einen irdenen Hafen und gießt feines Olivenöl darüber. Man ißt sie kalt und kann sie lange aufbewahren.

### 28. Thon mariné, andere Art.

Man nimmt einen 4 kg. schweren Kalbfleisch=Stozen (Eckstück), von welchem alle Haut, Fett und Knochen ge=schnitten werden; dann wird er wohl geklopft und in dünne Tranches geschnitten, 6 bis 8 Anchois oder 2 kleine Häringe, von denen die Köpfe, Schuppen und Eingeweide in ein Säcklein gethan und unten in die Casserole gelegt werden, darauf, dann eine Lage Fleisch, über dieses einige Stücklein Anchois oder Häring, auch ein Büschelchen Rosmarin und verhältnißmäßig Spezerei, drei Nägeli, drei Pfefferkörner, Macis, und so bis alles auf einander geschichtet ist; dann ein Glas voll Olivenöl und zwei Gläser nicht starken Essig darüber gegossen und alles 6—8 Stunden auf einem kleinen Feuer wohl zugedeckt gekocht, bis der Thon weich und so zart ist, daß er sich mit einem Löffel zerdrücken läßt; während dem Zerdrücken liest man Rosmarin und Spezerei so viel möglich heraus; dann wird er in eine Schüssel an=gerichtet und recht aufgehäuft und gepreßt (beschwert); von diesem starken Pressen fließt Jüs davon, welches man braucht, um den Kopf, wenn er ganz kalt und umgestürzt ist, zu bestreichen; man garnirt ihn mit Petersilie.

### 29. Daube von Kalb= oder Rindfleisch.

Man nimmt einen Kalbermocken, schneidet die Knochen und Häute wohl davon, klopft denselben, daß er ordentlich mürbe wird und legt ihn 3—4 Tage in Essig, mit einigen Lorbeerblättern und etwas Pfeffer, nachher wird er mit

groben Speckriemen (die in Salz, Pfeffer und Mehl ge=
trölt werden) gespickt, legt noch eine Handvoll Speckge=
schnefel und die Lorbeerblätter aus der Beize auf das Fleisch
und bindet es in ein Zwecheli, thut es in eine Casserole
oder in einen Hafen mit halb Wasser und halb Wein,
aber genugsam, so daß es ob dem Fleisch zusammen gehe,
und läßt es auf gelindem Feuer 8—10 Stunden kochen.
Will man es kalt essen, so thut man es, sobald es gekocht
ist, in dem Zwecheli in eine irdene Kachel, die Brühe da=
rüber und läßt es so kalt werden; nimmt es alsdann aus
der Brühe und dem Zwecheli, und legt es auf die Platte,
auf der man es auftragen will. Will man es warm essen,
so nimmt man es, sobald es genugsam gekocht, aus dem
Zwecheli, läßt die Sauce, wenn noch zu viel ist, einkochen,
und bindet sie mit frischer Butter, in Mehl gewälzt, und
schüttet sie an die Daube. Will man Rindfleisch statt Kalb=
fleisch nehmen, so wird ein runder Mocken dazu genommen
und gleich damit verfahren.

## 30. Kalte Daube.

Ein halber, oder, je nachdem die Daube groß sein soll,
ein ganzer Kalbermocken wird tüchtig geklopft, mit einem
Kalberknoden, Salz, Spezerei, einigen Lorbeer= und Ros=
marinblättern, Wein, Wasser und etwas Essig in einem
gutschließenden Topf auf gelindes Feuer gestellt und vier
Stunden gekocht; wenn das Fleisch weich ist, wird es ab=
gestellt, und wenn es kalt ist, auf eine Platte herausgezogen,
das Fett von der Brühe rein abgeschöpft, dieselbe geläutert
wie der Gallerich und über das Fleisch gegossen. Diese
Daube wird kalt servirt.

## 31. Kalbskopf, sehr einfach und gut.

Man nimmt einen Kalbermocken von 1½—2 kg., ent=
fernt die Knochen davon, legt ihn in Essig mit ein wenig
Salbei oder Estragon, wenn man den Geschmack dieses
letztern vorzieht, und läßt ihn einen oder zwei Tage darin
liegen, bratet ihn dann mit den Salbeiblättern, ein wenig

Essig, Salz und einigen Speckschnittchen, bis er weich und schön gelb ist, richtet ihn in ein Saladier an, welches mit frischem Wasser gespühlt wurde, gießt das Jüs durch eine Schaumkelle darüber und beschwert ihn, bis er kalt und fest ist, dann kehrt man ihn auf eine Platte um und servirt ihn kalt. Er hat ein sehr gutes Aussehen und man kann ihn leicht selbst bei der Sommerhitze aufbewahren.

### 32. Oel-Mocken.

Man nimmt 1½—2 kg. Kalbermocken, schneidet alles Fettige, Häutige und die Knochen davon, klopft ihn mit Sorgfalt, daß er nirgends Risse bekomme, spickt ihn rings= um mit wenigstens 100 g. Anchois, thut ihn in eine irdene Schüssel, deckt ihn mit Lorbeerblättern und Rosmarin, wendet ihn Morgens und Abends, bis er mürbe ist, kocht ihn im Wasser mit ein wenig Salz wie Rindfleisch in einem Topf, der groß genug ist, daß das Wasser oben wohl darüber gehe, thut dazu noch 100 g. feines Olivenöl, läßt alles zusammen ziemlich stark kochen, bis das Fleisch weich genug ist, zieht es nun heraus und preßt es mit der Schaumkelle, legt es noch heiß in eine Schüssel mit Anchois oben und unten, läßt es kalt werden und garnirt es mit Olivenöl und einigen Lorbeerblättern. Mann kann Gallerich dazu serviren, auch einen Salat von gehackten Cornichons, Capern, Böhnlein aus dem Essig und Kräutli.

### 33. Kalbfleisch-Köpfli mit Gallerich.

Man nimmt 2½—3 kg. Kalbfleisch = Mocken und schneidet die Häute und Knochen davon. Das Fleisch wird nun mit einem Glas Essig und eben so viel feinem Oel gebeizt, auch ein wenig Rosmarin hinzu gethan und ein paar Tage darin gelassen; dann kocht man es mit der Beize und einem Glas Wein, drei rothen Rübli und etwas Spe= zerei recht weich; ist es recht zart, so wird es durch das Tamis gerichtet, das Fleisch in ein Saladier gethan, das zuvor mit kaltem Wasser gespühlt worden ist. Den Tag vorher kann man die Knochen und das Häutige mit einem

Glas Wein, einigen Rübli, Petersilie und Speckschwarten kochen, bis es ein rechtes Jüs gibt, das als Gallerich zu dem Fleisch in das Salabier geschüttet und leicht beschwert wird. Ist es kalt und fest, so wird es umgewälzt und kann mehrere Tage aufbewahrt werden.

### 34. Kalbfleisch-Köpfli im Gallerich.

Man nimmt einen halben Kalbermocken von 2—2½ kg., schneidet zuerst die Knochen und alles Häutige rein davon, zerschneidet ihn in Stücke und klopft ihn wohl; dann wird ein wenig fetter Speck (ein paar Scheibchen) dazu genommen und mit dem Fleisch fein gehackt, dasselbe in eine Schüssel gethan, 100 g. gereinigte Anchois und ein Löffel voll Capern, Salz, Pfeffer und Nägelipulver, auch ein wenig Macis und wenn man will, Kräutli darein, mit drei Weißen von Eiern und einer Tasse voll Niblen wohl durcheinander gerührt, bis es recht zart wird, dann ein dünnes Tuch in kaltes Wasser getunkt, wohl ausgewunden und in ein beliebiges Model ausgebreitet, das Fleisch mit einem Löffel so fest als möglich darein gethan, das Tuch oben zugebunden und im Model in Fleischbrühe oder Wasser, das oben übergehen muß, wenigstens anderthalb bis zwei Stunden auf gelindem Feuer gekocht; hat man nur Wasser, so thue man ein halbes Glas Wein dazu und in jedem Fall eine ganze Zwiebel, auch ein Büschelchen Petersilie geht gut. Ist es genugsam gekocht, so nimmt man es sammt dem Tuch und Model aus der Brühe, läßt es in beiden kalt werden und nimmt es dann heraus, wälzt es auf die Platte, worauf man es auftragen will, damit das, was unten im Model war, nun oben komme, garnirt es nach Belieben mit Krebsstielen, Anchois, Citronenscheibchen 2c., und thut kalten Gallerich ringsum und darüber; er muß aber beinahe stehen, d. h. kaum laufen mögen.

### 35. Marinirtes Kalbfleisch (veau mariné).

Man schneidet von einem Kalbermocken die Knochen und das Häutige weg, klopft ihn dann recht derb durch, reibt ihn mit 50 g. fein gehackten Anchois, legt ihn in eine tiefe Schüssel mit 4 dl. gutem Olivenöl, einigen Lorbeerblättern und einem Zweig Rosmarin, deckt die Schüssel zu, stellt sie während 24 Stunden in den Keller, dann nimmt man noch 50 g. Anchois, die man sauber putzt und in Riemchen geschnitten auf den Mocken legt, rollt ihn nun zusammen und thut ihn sammt dem Oel in eine Casserole, die man mit Wasser zufüllt, und läßt es kochen, bis das Fleisch weich genug ist, auch läßt man es in der Brühe kalt werden und servirt es kalt. Es kann mehrere Tage aufbewahrt bleiben.

### 36. Andere Art.

Man nimmt einen Kalbermocken, löst die Knochen und das Häutige davon, klopft ihn wohl, reibt ihn mit Pfeffer und Salz, spickt ihn mit Anchois und Speck recht dick, rollt ihn zusammen und bindet ihn mit starkem Faden fest, legt ihn nun mit Oel und Essig, daß es ob dem Fleisch zusammengeht, in eine tiefe Schüssel, läßt ihn 3—4 Tage darin liegen und kocht dann alles zusammen in einer Casserole auf gelindem Feuer, bis das Fleisch weich ist, servirt es kalt und streut fein gehackte Kräutli darüber.

### 37. Kalbfleisch à la Salmen.

2 kg. Kalbfleisch (der untere Theil vom Schlegel) wird mit Salpeter und Salz eingerieben und in einen Topf gethan, mit 4 Zwiebeln, $1/2$ Citrone in Rädchen geschnitten, 2 Lorbeerblättern, Petersilie, Basilikum, Estragon, Wachholderbeeren, Pfefferkörnern und einigen Nägeli. Die Hälfte dieser Gewürze kommt über die andere Hälfte unter das Fleisch, man gieße Essig (oder Wein) daran, wende es täglich um und koche es nach vier Tagen mit halb Essig (oder Wein) und halb Wasser und allem Gewürz langsam und nicht zu weich, und lasse es in der Brühe kalten. Hackt dann Sardellen, Petersilie und Chalotten ganz fein, schüttet feines Salatöl darüber und begießt das Fleisch damit.

Ragouts und allerlei von Kalbfleisch.

### 38. Kleine Fricandeaux.

Man schneidet einen halben Kalbermocken, nachdem alles Häutige davon gethan ist, in ganz dünne kleine Scheibchen, welche man mit einem Messerrücken recht wohl klopft, dann werden immer zwei solche geklopfte Scheibchen auf einander gelegt, ein wenig feingeschnittener Speck, eine kleine Prise Salz, Nägelipulver und Petersilie dazwischen gethan, in Form eines kleinen Würstchens in Kalbernetze gerollt, ganz leicht mit ein wenig Faden umwunden und in einer Casserole in Butter schön gelb geprägelt.

### 39. Andere Art.

Etwa 1½ kg. Kalbfleisch von einem schönen Nierenstück schneidet man in beliebige Stücke, klopft dieselben und hackt das Magere und das Fette zusammen ganz fein, mengt ein in Milch eingeweichtes Milchbrödchen darunter und drei Eier, würzt es mit Pfeffer, Salz, Muskatnuß und Macis und macht aus dieser Fülle kleine Fricandeaux, von der Größe und wo möglich in der Form kleiner Hühnchen, bestreicht sie mit Eigelb und Brosamen und backt sie in heißer Butter schön braun; dann schöpft man das Fett ab, gießt ein wenig Fleischbrühe dazu und läßt sie langsam weich kochen. Man läßt die Brühe dick einkochen und gießt sie beim Auftragen um die Fricandeaux.

### 40. Kalbfleisch-Plätzli.

Man nimmt Mocken zerschneidet ihn in fingerdicke Riemen, klopft sie und verfährt dann damit ganz wie mit dem verdämpften Mocken, Nr. 19. Im Sommer können ein paar Hände voll Zuckererbsen damit gekocht werden, auch in kleine Stücke geschnittener Spargel; beides ist sehr gut.

### 41. Gerollte Plätzlein.

Man schneidet Mocken, nachdem er von den Häuten gereinigt, in fingersdicke Plätzlein, klopft sie vorsichtig, reibt sie mit Salz, Kräutern und Gewürz, schneidet lange Riemchen Speck oder Schinkenfett, wickelt sie in die Plätzlein und bindet sie fest, bestreut sie wohl mit Mehl und prägelt sie in Butter; hernach nimmt man Fleischbrühe, Capris oder Anchois dazu und läßt es langsam kochen; man kann auch eine Sauce mit dem Gelben von Eiern, Fleischbrühe und Citronensaft dazu machen.

### 42. Kalbfleisch-Roulade.

Man schneidet lange dünne Schnitten von einem Kalbermocken, klopft sie recht wie bei den Plätzli, legt dann ein beinahe eben so großes Schnittchen Speck darauf, überstreicht den Speck mit einer Fülle von gehackten Fleischresten, oder Brodbrosmen, mit Spezerei und Salz je nach Belieben gewürzt, und wenn man will, mit etwas Niblen angefeuchtet, und rollt sie fest zusammen, bindet sie mit einem Faden oder steckt ein Spießli darein, wälzt sie in einem wohl geklopften Ei und prägelt sie, wie die Coteletten, in Butter. Man kann entweder eine braune Sauce dazu machen oder Jüs daran thun.

### 43. Coteletten.

Man zerschneidet einen Hohrücken den Knochen nach in Stücke, klopft das Fleisch sorgfältig, thut Brosamen mit Essig befeuchtet und etwas Gewürz dazu, wenn man will; bestreicht die Coteletten mit Eiweiß, wendet sie in den Brosamen wohl um und bratet sie schön gelb mit ordentlich Butter. Man kann sie nach Belieben nur in ihrem eigenen Jüs serviren, oder dann in einer Sauce von frischer Butter, Mehl, Fleischbrühe, 2—3 Gelben von Eiern und einem Löffel Essig.

Man kann die Coteletten auch auf folgende Weise machen, wobei sie noch besser werden. Man läßt nur das krumme Bein mit dem breiten Stück Fleisch daran, schneidet sorgfältig alles Häutige davon und klopft sie tüchtig mit einem Messerrücken; es ist gut, wenn man sie 1 oder 2 Stunden vorher so zurüstet, dann schön auf einander legt, zwischen jede eine kleine Prise Salz gibt und sie ein wenig beschwert.

Will man sie dann backen, was früh genug ist, wenn man zur Suppe geht, so wird ein Weißes oder auch ein ganzes Ei geklopft, die Coteletten darein getunkt oder damit bestrichen und in bloßen Brosamen umgewälzt und schnell in einer Tourtiere mit gesottener Butter schön gelb gebacken; auf gleiche Weise werden die Plätzchen gemacht.

### 44. Coteletten an der Niblen.

Man nimmt Coteletten, so viel man bedarf, schneidet die Haut davon und schabt die Knochen, klopft sie ein wenig und spickt sie mit Speck, der zu beiden Seiten hervorstehen muß, thut sie alsdann in eine Casserole mit einem gelben Rübli, einer ganzen mit Nägeli gespickten Zwiebel, ein wenig geschabter Muskatnuß, einem Glas weißen Wein und Fleischbrühe, so daß die Casserole wohl zur Hälfte voll ist, läßt dieß zusammen auf gelindem Feuer kochen, bis die Sauce so viel eingekocht ist, daß nicht mehr als ein Kaffeekacheli voll übrig bleibt, richtet sie durch das Tamis und thut sie wieder mit ein wenig Niblen vermischt auf das Feuer, läßt sie gelb werden, glacirt die Coteletten damit und trägt sie auf. Zwei Stunden sind hinreichend, um sie zu kochen. Man kann auf diese Weise auch Fricandeau zurichten, zu dem man den Knochen thut und länger kocht.

### 45. Côtelettes en papillotes.

Die Coteletten werden auf gewöhnliche Weise zugerüstet, indem man das Hautige vom Knochen ablöst und denselben mit dem Messer sauber abschabt; dann wird ein Rest Kalbsbraten, Huhn oder Hähneli genommen, dasselbe gehackt und gedörrtes und gestoßenes Brod darunter gethan, auch gestoßener Pfeffer, Salz und Kräutli damit vermengt, die Cotelettes ganz in feines Olivenöl getunkt und in der Farce gewälzt. Dann wird ein halber Bogen gewöhnliches Schreibpapier genommen, derselbe in Quart gelegt, länglich abgerundet, die Cotelettes darein gethan und zwar so, daß der Knochen gegen die geschlossene Seite des Papiers zu liegen kommt. Dann wird das Papier überschlagen und, soweit dasselbe offen ist, ein fest umgeschlagenes Bord gemacht; nur das Knöchlein darf heraus schauen. Nun thut man frische Butter in eine Casserole oder in ein Tüpfi, das jedoch weit sein sollte, legt die Papiere mit den Cotelettes darein, deckt sie zu und läßt sie während drei Viertelstunden auf Kohlen braten; sollten sie zu trocken sein, so darf man ein wenig Wasser daran thun. Sie werden in den Papieren aufgetragen.

### 46. Gebackene Leber.

Die Leber wird in fingersdicke Schnitten geschnitten, jede derselben in Mehl, mit Salz vermischt, gewälzt und in Butter gebacken, oder nur in einer Schüssel (Omeletten-Pfanne) mit Butter auf beiden Seiten schnell geprägelt.

### 47. Pudding von Leber.

Man nimmt 500 g. Kalbsleber, die gehäutelt und mit 100 g. Speck fein gehackt wird; dann wird eine Prise Nägelipulver, Macis, ein wenig fein gehackte Citronenrinde, Majoran und ein paar Löffel Niblen mit einem Weißen vom Ei darunter gerührt und dieß alles in ein oder zwei Kalbernetze gethan, rund formirt und mit einem Faden gebunden. Dann setzt man Speckscheibchen in einer Casserole auf Gluth, thut den Pudding darein, deckt ihn zu und läßt ihn langsam fricassiren; wenn das Netz schön gelb ist, wird der Pudding auf eine Platte angerichtet, der Faden fortgethan und das Jüs darum geschüttet. Man kann eine Sauce mit Anchois dazu serviren.

### 48. Verdämpfte Kalberleber.

Von der Leber wird die Haut abgezogen und die Röhren so gut als möglich weggeschnitten, an 3 bis 4 Stellen mit dem Messer tiefe Einschnitte gemacht und Stängelchen Speck in der Dicke eines Fingers hineingestoßen, in einer Casserole zugedeckt, mit Butter und einer Speckschwarte über schwache Gluth gesetzt, die Leber öfters umgewendet, damit sie ja nicht ansitze; wenn sie auf beiden

Seiten ordentlich gedämpft ist, wird Fleischbrühe mit einem guten Glas Wein, einigen kleinen Zwiebeln oder Chalotten, fein geschnittene Citronenrinde, Nägeli, Pfeffer und Majoran dazu gethan, alles zusammen etwa eine halbe Stunde bis drei Viertelstunden langsam gekocht, dann süße Butter in einem kleinen Pfännlein geschmolzen, eine gute Kelle (oder zwei kleine) Mehl darein gerührt, die Brühe, die an der Leber ist, langsam hinzugeschüttet und zart angerührt, dann über die Leber angerichtet.

### 49. Leber auf andere Art.

Wenn die Haut von der Leber gezogen, wird letztere in kleine Riemen geschnitten, eine Casserole mit frischer Butter bestrichen, eine Lage Leber, eine Lage fein geschnittener Zwiebeln oder Chalotten mit Majoran, Kölm, Pfeffer und Nägelipulver, Salz und ein wenig Mehl über alles gestreut, dann eine Lage süßer Butterscheibchen, und wie oben fortgefahren, bis die Leber alle angewendet ist, auf schwacher Gluth zugedeckt, eine halbe Stunde ganz langsam gekocht, ohne darin zu rühren, dann ein paar Löffel voll Fleischbrühe und nach Belieben ein Löffel voll Essig darüber geschüttet, umgerührt und angerichtet.

### 50. Saure Leber.

Die Leber wird wie oben in kleine Riemen geschnitten, nach Belieben mehr oder weniger Zwiebeln in Scheibchen geschnitten, in heißer Butter geröstet, dann die Leber hineingethan, bis dieselbe durchzogen ist, Pfeffer, Nägelipulver, Salz und ein wenig Mehl darüber gestreut, ein paar Löffel Essig und eben so viel Fleischbrühe daran geschüttet, und sobald sie kocht, angerichtet.

### 51. Leberkügelchen.

Eine halbe Kalberleber wird mit Schnittlauch, Petersilie, Majoran und Kölm ganz klein gehackt, ein Löffel voll Mehl, 3 Eier, ein paar Löffel voll gute Nidlen und Salz damit vermengt und löffelweise in der Tourtiere, in welcher Butter heiß gemacht wird, auf beiden Seiten schön gelb geprägelt.

## 52. Leber-Omelette.

Ein Stück rohe Leber wird mit ein wenig Speck oder anderem Fett klein gehackt, Kräutli, ein wenig Nägeli und Muskatnuß, Salz, 2—3 Eier, 3 dl. Niblen damit vermengt, dann eine Küchen-Schüssel mit süßer Butter bestrichen, die Fülle darein gethan, noch ein wenig süße Butter oben darauf und im Oefelein gebacken.

## 53. Andere Art.

Ein Stück Kalberleber wird, nachdem die Haut und Röhren davon gethan, in dünne Riemchen geschnitten, dann in Butter gedämpft, wie für die saure Leber, Salz und Pfeffer, auch ein klein wenig Mehl darüber gestreut, umgerührt und noch etwas Jüs oder ein Tröpfchen gute Fleischbrühe beigefügt, kochen gelassen und an der Wärme behalten. Nun macht man gewöhnliche Omeletten, die Leber wird darauf gethan, zusammengerollt und aufgetragen.

## 54. Kalbsfüße mit Kräutlisauce.

Die Füße werden ganz weich gekocht, die Knochen davon gethan, jedes Stück, während sie noch warm und klebricht sind, in Brodbrosmen, die mit Essig gefeuchtet sind, gewälzt, oder wenn sie kalt sind, mit Eierweiß bestrichen, ehe man sie in den Brodbrosmen wälzt, in der Tourtiere schön gelb geprägelt, eine Sauce von süßer Butter, Mehl und Fleischbrühe gemacht, geschnittene Petersilie, Schnittlauch, Kölm und Majoran beigefügt und beim Anrichten ein Eigelb mit einem Löffel voll Essig hinein gerührt und erst auf der Schüssel an die Füße geschüttet. Auf gleiche Weise kann auch der Kalbskopf zubereitet werden, nur mit dem Unterschied, daß der Kopf ganz gelassen wird.

## 55. Pieds de St. Menoud.

Man nimmt frische Kalbs- oder Schweinsfüße und kocht diese mit Wasser, Fleischbrühe, einem Glas Wein, Salz und Gewürz recht weich. Dann werden sie in vier oder auch nur in zwei Theile verschnitten und heiß in feinen Brodkrummen, mit gehackten Kräutli vermischt, umgewälzt und auf dem Rost auf Papier, das mit frischer Butter wohl bestrichen wird, gebacken. Man kann heißes Jüs oder fein gehackte Kräutli, mit Senf, Oel und Essig angemacht, dazu serviren.

### 56. Milchling mit Krebssauce.

Die Milchling werden so weich gekocht, daß die Haut und die darin befindlichen Röhren davon abgezogen werden können, mit süßer Butter, Mehl und Krebsbrühe eine Sauce gemacht, mit Macis und einigen ganzen Nägeli gewürzt und die Milchling noch ein wenig darin gekocht. Beim Anrichten läßt man Krebsbutter (oder Krebsjüs) in der Sauce schmelzen, richtet sie an und garnirt die Schüssel mit Krebsstielen. Will man statt der Krebssauce nur eine gewöhnliche Sauce, so nehme man frische Butter, Mehl und gute Fleischbrühe, ein halbes Glas Wein, Citronenscheibchen und, wenn man will, Morcheln oder Trüffeln, und lasse die Milchling ein wenig kochen.

### 57. Hirn.

Das Hirn wird in laues Wasser gelegt und von allen daran befindlichen Häuten und Adern gereinigt; dann wird eine Kelle voll Mehl und eine kleine fein geschnittene Zwiebel in Butter schön gelb geröstet, Fleischbrühe, ein kleines Glas Wein, Citrone, Nägeli und Pfefferpulver und, wer es liebt, eine Messerspitze voll Safran darein gethan; wenn die Sauce kocht, werden die Hirne einige Minuten darin gekocht, dann der Boden der Schüssel mit gebähten Brodschnitten belegt und die Hirne darauf angerichtet. Auch können sie, statt in einer gerösteten Sauce, in einer gewöhnlichen Sauce mit frischer Butter, Mehl, Fleischbrühe und ein wenig Wein, mit ganzen Zwiebelchen, ohne Safran, gekocht werden.

### 58. Krös.

Das Krös wird, nachdem es in kaltem Wasser wohl gewaschen, in einer Eisenpfanne mit einer guten Handvoll Salz über das Feuer gesetzt, beständig umgerührt und das Schleimige abgeschüttet, wieder eine Handvoll Salz und so drei bis vier Mal, bis das Krös trocken ist und kraus wird, dann wie Rindfleisch mit kaltem Wasser auf's Feuer gethan, verschaumt und drei bis vier Stunden gekocht; wenn man will, kann man es, nachdem es gekocht, noch prägeln, es ist aber ohne das auch gut. Hat man Reste von Krös, so wird es fein gehackt, eine Sauce von süßer Butter, Mehl und Niblen gemacht, Salz, Nägeli, Muskaten und 1 Löffel voll Capris zugesetzt, das gehackte Krös darein gethan und langsam eine Viertelstunde gekocht. So zubereitet kann es auch zur Fülle von kleinen Pastetchen dienen.

### 59. Ragout von Kalbszungen.

Drei bis vier Kalbszungen werden $1\frac{1}{2}$ bis 2 Stunden geschwellt, so daß man die Haut davon abziehen kann, der Länge nach in zwei Theile geschnitten, eine Sauce gemacht mit süßer Butter, Mehl, Fleischbrühe, einem Glas Wein, Salz, Nägeli, Pfeffer, ein paar Citronenscheibchen (auch Morcheln gehen gut; und wenn man will statt der Citrone Capern); die Zungen werden nun in der Sauce noch $\frac{1}{2}$ bis $\frac{3}{4}$ Stunden gekocht.

### 60. Kalbskopf.

Ein Kalbskopf wird weich geschwellt, wohl verschäumt und in's kalte Wasser gelegt, dann eine Sauce gemacht von geröstetem Mehl und einer Zwiebel, mit Fleischbrühe und einem Glas Wein, mit einigen Lorbeerblättern, einem Stücklein bitterer Pomeranze und Salz gewürzt; man läßt den Kalbskopf einige Zeit darin kochen, legt vor dem Anrichten einige auf Gluth gebähte Brodschnitten unten in die Platte, rangirt den Kopf darauf und gießt die durch einen Seiher gerichtete Sauce dazu.

## 61. Kalbfleisch-Spießli mit Morcheln.

Man nimmt Kalber-Mocken, vorzugsweise untern, schält alles Hautige davon, schneidet ihn in fingersdicke Scheiben, die wohl geklopft werden, streut auf jede ein wenig Salz und Spezerei, belegt sie mit einer dünnen Scheibe Speck, rollt sie dann zusammen, den Speck inwendig, bindet jede besonders mit einem Faden fest und thut sie in eine gut verzinnte Casserole oder in ein ehernes Tüpfi, womöglich mit flachem Boden, mit Butter und Schweineschmalz, und bratet sie auf beiden Seiten schön gelb, nimmt sie nun heraus und röstet im übrig gebliebenen Fett einen Kochlöffel voll Mehl schön gelb, gießt ein kleines Glas Wein und Fleischbrühe dazu, daß es eine gute Sauce gibt, rührt dieselbe immer, bis sie kocht, thut nun die Spießli sammt Morcheln und Trüffeln, Salz und Spezerei in die Sauce und läßt alles langsam kochen, bis das Fleisch weich ist. Sie werden warm aufgetragen.

## 62. Kalbfleisch-Fricassé oder Voressen.

Man zerschneidet einen halben Kalbermocken oder Hohrücken in Stücke, setzt diese mit ungefähr 2½ l. Wasser und gehörig Salz über's Feuer. Wenn es verschaumt ist, wird ein gutes Glas voll Wein, eine oder mehrere kleine Zwiebeln, zwei bis drei Citronenscheibchen, einige ganze Nägeli oder eine Prise Pulver und etwas Pfefferpulver dazu gethan und auf gelindem Feuer gekocht. Ist das Fleisch weich genug, wird die Sauce mit süßer Butter und Mehl gebunden; beim Anrichten wird ein Gelbes vom Ei, nach Belieben mit einem Löffel voll Essig und geschnittene Petersilie darein gerührt.

## 63. Morcheln en ragoût.

Man nimmt grüne Morcheln von mittlerer Größe, schneidet die Hälse ab und schwellt sie im Wasser wohl eine Stunde, dann werden sie herausgezogen, im kalten Wasser abgekühlt und in einer Schüssel wohl vertropfen gelassen. Alsdann wird eine Sauce von frischer Butter, Mehl und Fleischbrühe gemacht, dieselbe muß aber nicht zu dick sein, etwas Gewürz, Macis und ganze Nägeli, nebst 5—6 Scheibchen von einer sehr saftigen Citrone darein gethan, ein kleines Glas guten weißen Wein dazu und gehörig Salz, dann die Morcheln darein gethan und in der Sauce noch eine halbe Stunde auf Gluth gekocht.

### 64. Ragouts von Trüffeln und Morcheln.

Man nimmt Morcheln, dürre oder grüne, und Trüffeln (die Portion wird nach Belieben genommen), die Morcheln werden gespalten, dann mit den Trüffeln in heißes Wasser gelegt und eine halbe Stunde darin gelassen, das Wasser jedoch ein paar Mal geändert. Dann wird ein wenig Speck ausgelassen, die Morcheln und Trüffeln darin fricassirt und nachher Fleischbrühe hinzugegossen und auf der Gluth gekocht, bis sie weich sind, dann die Sauce mit ein wenig frischer, in Mehl gewälzter Butter gebunden und ein wenig feine Kräutli gegnippet darein gethan.

### 65. Ragout von Kalberbraten.

Hat man einen Rest Braten, so zerschneidet man denselben in Stücke, macht entweder eine Kräutlisauce mit Eigelb und einem Löffel Essig, oder eine gewöhnliche Sauce von frischer Butter, Mehl, ein wenig Wein und ein paar Scheibchen Citrone oder kleinen Zwiebeln, und läßt das Fleisch in der Sauce ¼ Stunde kochen.

### 66. Gebackenes Kalbfleisch.

Man schneidet von kaltem Braten Schnitten in der Dicke eines Fünffrankenstückes, klopft ein Gelbes vom Ei oder auch das Weiße dazu, wenn man will, und tunkt das Fleisch darin, trölt es dann in Brobbrosmen, Pfeffer, anderer Spezerei und Kräutli, ein wenig gehackte Citronenrinde geht auch gut dazu, und backt es in Butter, wie die Coteletten. Nach Belieben kann man eine Sauce mit Fleischbrühe oder Jüs dazu machen, ein wenig Citronensaft geht gut dazu, und gießt sie dann über das Fleisch.

## 67. Andere Art.

Von einem Stück Kalbfleischmocken werden eines Messerrückens dünne Stücke geschnitten, und von diesen fingerlange Riemen; wenn sie geklopft sind, würzt man sie mit Salz, Muskatnuß, gehackten Kräutlein, tunkt sie in Eigelb und dann in Brosamen und läßt sie in heißer Butter gelb werden. Die Knochen, Häute und das Fett, das sorgfältig vom Mocken weggeschnitten worden, werden mit kaltem Wasser, Salz und Spezerei gekocht, bis es eine kräftige Brühe gibt; von dieser gießt man an das Fleisch, wenn es gelb ist, und läßt es darin weich werden.

## 68. Hasen-Köpfli.

Allerlei Resten von Rindfleisch, Kalbfleisch, Geflügel ꝛc. werden gehackt und im Mörser gestoßen; ist das Fleisch mager, so muß ein Stück Nierenfett oder Speck dazu gehackt werden, mit etwas Capris, fein gehackter Citronenrinde, Pfeffer, Salz, Essig und einem Ei vermischt, auf dem Feuer erwärmt und wohl untereinander gerührt, dann in ein Saladier oder eine Form angerichtet und fest aufeinander gepreßt. Will man das Köpfli auftragen, so wendet man es auf eine Platte um und schüttet Gallerich oder eine Krebssauce daran. Sollte es sich nicht leicht von der Form losmachen, so darf man dieselbe nur einen Augenblick in warmes Wasser stellen.

## 69. Croquettes (Fleischkügelchen).

Man nimmt ein gutes Stück frische Butter in eine Casserole und schmelzt sie, dann werden zwei Löffel voll Mehl darein gethan und mit 5 dl. Niblen zart angerührt; man muß die Sauce rühren, bis sie kocht und die Dicke einer dicken Crème hat, thut Salz und ein wenig Pfeffer darein. Alsdann wird sie vom Feuer genommen, fein gehackter Kalberbraten oder Geflügel darunter gethan, auch ein Gelbes vom Ei, mengt alles wohl durcheinander, thut es in eine Kachel und läßt es kalt werden; dann wird

Butter auf's Feuer gethan, ist sie heiß, so nimmt man mit einem Löffel von dieser Farce und formt lange oder runde Krügeli, klopft 2—3 ganze Eier wohl durcheinander, zieht die Krügeli dadurch, trölt sie in fein geriebenen trockenen Brodkrumen und backt sie. Es geht sehr gut, wenn man schöne Branches von Petersilienblättern mitbackt und die Kügelchen damit garnirt.

### 70. Fleischwürstchen.

Fleischreste werden mit einer Zwiebel und einem Stück Speck gehackt, 2 Wecken in Wasser eingeweicht und ausgedrückt, mit Pfeffer und Salz und 2—4 Eiern recht untereinander gerührt und unter das Fleisch geknetet; dann mit Mehl kleine Würstlein daraus geformt und in Butter schön gelb gebacken.

### 71. Nierenschnitten.

Hat man Reste von Nierenbraten, so wird das Fleisch sammt den Nieren und dem Fett mit Citronenrinden, etwas Majoran und Petersilie ganz fein gehackt, mit Salz, Nägeli, Pfeffer und Muskatnuß gewürzt, mit 2—3 Eiern und ein paar Löffeln voll Niblen gefeuchtet. Brodschnitten, die vorher mit Eierweiß bestrichen, werden mit dieser Fülle in der Dicke eines Fingers belegt, oben über wieder mit Eierweiß bestrichen und in Butter schön gelb gebacken.

### 72. Plattenring.

Hat man Reste von Kalbsbraten, so werden die Knochen davon entfernt, das Fleisch wird nun mit etwas Fett (auch Citronenrinden, wenn man will), Petersilie, Schnittlauch und Majoran fein gehackt, Salz und ein wenig Nägeli- und Pfefferpulver darein gethan, mit 2—3 Eiern und Nibeln befeuchtet, eine Kochplatte mit süßer Butter bestrichen, das Fleisch darein gelegt, zu einem Ring formirt (man kann in die Mitte eine Tasse mit Wasser stellen, damit der Ring nicht zusammenläuft) und im Oefelein schön gelb gebacken, eine Sauce gemacht und in die Mitte und ringsum geschüttet und sogleich aufgetragen.

Ragouts und allerlei von Kalbfleisch.

### 73. G'häck.

Allerlei Resten Braten, auch Rindfleisch, werden fein gehackt, eine kleine fein geschnittene Zwiebel mit einer Kelle voll Mehl mit Butter schön gelb geschweizt, das gehackte Fleisch darein gethan, mit Fleischbrühe und einem Glas Wein verdünnt, Salz, Pfeffer und Nägelipulver und eine Handvoll Rosinen dazu, und nach Belieben ein wenig Essig, nur langsam und nicht zu lange gekocht, Brodschnittchen in Butter gelb gemacht, unten in die Platte rangirt und das G'häck darauf angerichtet.

### 74. Gefüllte Ohren.

Man nimmt Kalbs- und Schweinsohren, schabt und reinigt sie wohl im heißen Wasser, thut sie mit halb Fleischbrühe und halb Wasser auf das Feuer und läßt sie gelinde kochen, bis sie weich sind, zieht sie aus der Brühe und läßt sie kalt werden, nimmt dann Resten weißes Fleisch, als: Kalbsbraten, Huhn 2c., auch Milchling dazu, hackt dieses zusammen fein, würzt es mit Kräutli, Gewürz und ein wenig Salz, netzt diese Fülle mit 1 oder 2 Eierweiß, um sie zusammen zu halten, füllt die Ohren mit dieser Fülle, bindet oder heftet sie mit Bindfaden, damit dieselbe nicht herausfalle, und kocht sie mit einer beliebigen Sauce als Krebssauce, Spargelsauce mit Kräutli oder Capris, oder richtet die Ohren zu wie Cotelettes und servirt eine Jüssauce dazu.

### 75. Gefüllte Zwiebeln.

Man nimmt schöne große Zwiebeln und schwellt sie ein wenig im Wasser, doch dürfen sie nicht weich sein. Dann wird von jeder Zwiebel oben ein Deckelchen abgeschnitten und die Zwiebel mit einem kleinen blechernen Löffel ausgehöhlt, doch nicht zu viel, damit sie schön ganz bleiben. Alsdann nimmt man kalten Braten, sei es Kalbfleisch oder etwas anderes, hackt diesen fein mit Kräutli, und thut dann 1 oder 2 ganze Eier, je nachdem man Fleisch hat, darunter, ein paar Löffel voll Nidlen, Salz und etwas Gewürz dazu, rührt alles wohl durcheinander und füllt mit dieser Farce die Zwiebeln, legt, wenn das Fleisch etwas mager war, oben in jede Zwiebel noch ein kleines Bröcklein frische Butter, thut das Deckelchen wieder darauf und bindet es mit einem Faden fest, daß es nicht abfällt. Hierauf werden diese Zwiebeln in einer Bratenschüssel rangirt, ein Stück Butter dazu gethan und im Oefelein schön gelb geprägelt. Wenn man sie aufträgt, wird der Faden mit Sorgfalt davon gelöst.

## 76. Gefüllte Erdäpfel.

Man schält schöne rohe Erdäpfel (so viel möglich alle von gleicher Größe), höhlt sie mit einem blechernen Löffel aus, hackt Reste von Kalbsbraten oder rohes Kalbfleisch mit ein wenig Speck ganz fein, würzt es mit Spezerei, etwas Schnittlauch, Petersilie und Majoran, thut 1–2 Eier und Nidlen darein, und füllt die Erdäpfel mit dieser Fülle, thut oben auf jeden ein wenig süße Butter, bratet sie im Oefelein oder in der Omelettenpfanne mit Speck oder Butter schön gelb und servirt eine Sauce mit Kräutern oder Bratenjüs dazu.

## 77. Gefüllte Gurken.

Einige zarte Gurken von gleicher Größe werden geschält, der Länge nach ein Deckel abgeschnitten, diese ausgehöhlt, mit einer beliebigen Fülle von rohem oder gekochtem, gehacktem Fleisch gefüllt; der Deckel wird dann mit Spießli auf der Gurke befestigt und jede besonders in ein dünnes Tüchlein gewickelt, in einer weiten Casserole mit frischer Butter langsam auf schwachem Feuer gekocht; nach 2 Stunden sollen sie gut sein. Dann werden die Gurken herausgenommen, Tüchli und Spießli weggethan, das Jüs mit Mehl, etwas Fleischbrühe und Eigelb zart angerührt, mit Pfeffer und Salz und nach Belieben einem Löffel Essig gewürzt und wenn es zusammen unter beständigem Rühren einen Augenblick gekocht hat, über die Gurken gegossen.

### 78. Tomaten-Sauce auf französische Art.

Man thut in eine Casserole 6 oder 8 große Tomaten (das gibt eine große Portion) mit frischer Butter, 2 Zwiebeln in Scheibchen geschnitten, ein Glas voll Fleischbrühe, Petersilie, ein Lorbeerblatt, Gewürznelken, Pfeffer und Salz, läßt es auf Gluth kochen, rührt es fleißig auf, damit es nicht anbrenne; nachdem es zwei Stunden gekocht, wird es durch ein Passoir gerichtet, fein genug, daß die Körner nicht durchgehen, aber doch nicht zu fein, sonst bleibt das Beste in den Hülsen. — Wenn diese Sauce so durchgerichtet zu dünn ist, so kann man ein Stückchen frische Butter im Mehl herumwälzen und in die Sauce thun, indem man sie umrührt und kochen läßt, bis sie die gehörige Dicke hat.

---

# Allerlei Knöpflein (Kügelchen) zu Suppen und Ragouts.

### 1. Leber-Knöpflein.

Man nimmt 250 g. Kalbsleber, hackt sie mit Speck, ein wenig Rindermark und, wenn man will, auch Zwiebeln. Dann röstet man einen Löffel voll Mehl in Butter schön gelb; wenn es kalt ist, rührt man noch einen Löffel voll Mehl dazu, rührt dann die Leber mit Milch an, vermischt sie mit dem Mehl, schlägt 2 Eier darein, thut Pfeffer und Salz dazu und rührt alles wohl untereinander; der Teig darf nicht zu fest sein. Nun läßt man Fleischbrühe oder Wasser siedend werden, formirt Knöpflein aus dem Teig und läßt sie ein paar Minuten aufkochen. Diese Knöpflein, so wie die folgenden, eignen sich vorzüglich zu Suppen.

### 2. Hirn-Knöpflein.

Man nimmt ein halbes Kalbshirn, wascht und häutet es; nun läßt man 30 g. Butter zergehen, doch ja nicht heiß werden, und rührt sie so lange, bis sie anfängt zu stehen, dann rührt man sie unter das Hirn, schlägt 2 Eier dazu, gießt eine Tasse Milch daran, fügt noch Salz, ein wenig Macis (Muskatblüthe) und Petersilie, fein geschnitten, hinzu, macht alles wohl untereinander, rührt Mehl dazu, bis es die gehörige Dicke hat, formirt Knöpflein oder Kügelchen davon und läßt sie eine Viertelstunde in Fleischbrühe oder Wasser kochen.

### 3. Kalbfleisch-Knöpflein.

Man nimmt 250 g. Kalbermocken (Unterstück), thut alles Hautige und Faserige davon, backt es mit ein wenig Rindermark und zwei Chalotten fein und stößt es dann noch in einem Mörser, gießt siedende Milch über ein halbes Semmel- oder Milchbrod und läßt es weich werden, dann drückt man es aus und rührt es unter das Fleisch, thut ein Ei, ein wenig Pfeffer und Salz, fein geschnittene Petersilie und gehackte Citronenrinde dazu, rührt alles wohl untereinander, streut Mehl darüber, vermischt es mit dem Uebrigen und verfährt damit wie mit dem Vorhergehenden.

### 4. Erdäpfel-Knöpflein.

Man nimmt 4 große oder 6 kleine geschwellte Erdäpfel, schält sie, und wenn sie kalt sind, reibt man sie fein, läßt 100 g. frische Butter vergehen, rührt sie dazu, 2 ganze Eier und zwei Gelbe, in Milch geweichtes und wieder ausgedrücktes Semmel- oder Milchbrod, 2 Löffel voll Niblen, ein wenig Salz, Pfeffer und Muskatnuß, rührt alles wohl untereinander und verfährt wie oben.

### 5. Krebs-Knöpflein.

Zwölf kleine Krebse werden in Salzwasser gesotten, die Schwänze herausgenommen; aus den Schalen, welche gestoßen werden, macht man Krebsjüs und verfährt damit wie bei der Krebssuppe Seite 7 angegeben ist; dann werden die Schwänze gehackt, zwei Drittheile der Krebsbutter mit einer Handvoll Mehl dazu gethan und wohl verrührt, zwei ganze Eier darunter geklopft, Salz und Macis dazu; der Teig darf nicht zu dünn sein; dann läßt man die Fleisch=brühe, mit welcher man das Jüs machte, siebend werden, formirt mit einem Löffel kleine Kügelchen, thut sie in die Brühe und läßt sie kochen, bis sie in der Pfanne obenauf kommen (man darf nicht zuviel auf einmal darein thun) und zieht sie mit einer Schaumkelle auf die Platte; sind die Knöpflein fertig, so nimmt man von der Brühe und macht eine Sauce, ist sie genug gekocht, so thut man die übrig gelassene Krebsbutter darein und gießt sie über die Knöpflein.

### 6. Gries=Knöpflein.

Man nehme 250 g. Butter, rühre sie, klopfe drei Eier eines nach dem andern darein, ein wenig Salz und Gries, aber nicht zu viel, daß der Teig flüssig bleibe, und lasse denselben eine Viertelstunde stehen. Wenn die Fleisch=brühe oder das Wasser siebend ist, lege man ein Knöpflein darein, um zu sehen, ob es nicht auseinander gehe; wäre dieß der Fall, so müßte man noch mehr Gries hinzufügen.

### 7. Butter=Knöpflein.

Man nehme 100 g. Butter, rührt sie bis sie schaumt, klopfe zwei Eier eines nach dem andern hinein, rühre es noch gehörig, thue Salz, Pfeffer und Muskatnuß dazu, ge=stoßenes Weißbrod und Mehl zu gleichen Theilen, aber der Teig muß zart bleiben; alsdann lasse man ihn eine Viertel=stunde stehen, formire nachher kleine Kügelchen davon und koche sie einige Minuten in Fleischbrühe.

### 8. Knöpfli von Weißbrod.

Man nehme das Weiche von einem Weißbrödchen, welches in Fleischbrühe oder Wasser angefeuchtet wurde, lasse 50 g. Butter zergehen, rühre sie mit dem Brod um, nehme noch zwei Eier, ein wenig Salz und Citrone, rühre alles gut durcheinander und lasse es kochen wie oben.

## Rindfleisch auf verschiedene Art zuzurüsten.

Wie dasselbe gekocht wird, weiß wohl Jedermann. Ich bemerke daher nur, daß alles Fleisch, vorzüglich aber das Rindfleisch, viel zarter wird, wenn es roh recht wohl geklopft wird; auch wird es kräftiger, wenn man es gleich in kochendes statt in kaltes Wasser thut. Man muß es aber nie stark kochen lassen, daher aber länger; es sollte immer 4 Stunden kochen. Das Fleisch wird schmackhaft, besonders aber die Suppe, wenn man, nachdem es verschaumt ist, allerlei dabei kocht: ein paar gelbe Rübli, Lauchstengel oder eine Zwiebel, Petersilienwurzeln, Sellerieblätter, oder eine oder zwei Wurzeln. Blumkohlblätter und Storzen gehen auch sehr gut.

### 1. Rindfleisch im Jüs.

Das Rindfleisch wird ganz gewöhnlich gekocht; eine Stunde, ehe man auftragen will, schüttet man die Fleischbrühe ab und läßt nur ganz wenig in der Casserole, thut ein wenig Butter oder Rinderfett und Pfeffer dazu, läßt es dann so auf Gluth oder schwachem Feuer langsam kochen, wendet es fleißig um, damit es nicht anbrenne; es muß auch, wenn man es auftragen will, noch Jüs daran sein.

### 2. Gesalzenes Rindfleisch.

Man nimmt mageres Fleisch, am liebsten Mocken, klopft es wohl und läßt es mehrere Tage mit Salz und ein wenig Salpeter beizen (es ist besser, wenn das Fleisch beschwert ist); dann wird es ein paar Tage in den Rauch gehängt und wie anderes Rindfleisch gekocht; man kann es warm oder kalt essen. Auf gleiche Weise verfährt man mit der Zunge, wenn man sie salzen will; diese wird dann gewöhnlich mit Gallerich servirt; wenn sie weich gekocht — sie muß lange gekocht werden, wohl 5 Stunden — so wird die Haut davon abgezogen, dann in der Mitte der Länge nach von einander geschnitten und so auf die Platte gelegt, daß das Zerschnittene oben kömmt.

### 3. Andere Art.

Man nimmt ein schönes Stück Rindfleisch und reibt es mit gestoßenem Salpetersalz. Zu einem Stück Fleisch von 7½ kg. nimmt man 50 g. Salpeter und 1 kg. gewöhnliches Salz, thut es dann in einer Schüssel mit dem Salz in den Keller, wendet es alle Tage um und reibt es immer; man läßt es zwei Wochen, und wenn es nöthig ist, noch länger in dem Salzwasser, hängt es dann in den Rauch, ungefähr 14 Tage lang, und bevor man es kochen will, wird es 6 Stunden in kaltes Wasser gelegt und dann wie Schinken gekocht.

### 4. Andere Art.

Für 3 kg. runden Mocken, der stark geklopft wird, nimmt man 250 g. Salz und 10 g. Salpeter, reibt damit das Fleisch ein, legt es in eine tiefe Schüssel mit Lorbeerblättern, einer mit Gewürznelken besteckten Zwiebel, läßt es darin neun Tage zugedeckt und wendet es jeden Tag einmal um. Am neunten Tage kocht man es im Wasser weich, sammt der Beize, 4 dl. Wein, einigen gelben Rübli und feinen Kräutli.

### 5. Frisches Aloyau, nicht gebeizt.

Ein schönes Stück Aloyau wird gewaschen und geklopft, dann thut man es in einen Topf mit einem gelben Rübli, einigen Lorbeerblättern, einer großen Zwiebel mit einigen Nägeli gespickt, ganzem Pfeffer und Salz, zwei Gläsern Wein, einem Glas Essig und Wasser, bis es ob dem Fleisch zusammengeht, kocht es nun auf gelindem Feuer wie Rindfleisch, bis die Flüssigkeit beinahe ganz eingekocht ist, gießt noch ein kleines Glas Essig und ein Glas Wein dazu und läßt es nun abgedeckt auf gelindem Feuer braten, bis es überall schön gelb ist; es bedarf im Ganzen fünf Stunden, um es gehörig zu bereiten.

### 6. Rostbeef.

Man nimmt ein schönes Stück Rindfleisch vom Hohrücken, klopft es so gut man kann, ohne daß das Stück zerfalle, dann thut man es in die Bratpfanne, in welche ein gutes Kaffeekacheli voll Wasser geschüttet wird. Auf das Fleisch legt man ein paar Scheibchen Speck und bestreut es mit Salz so viel nöthig, und ein wenig Pfeffer; dann wird es in den Ofen gestellt und fleißig mit dem Wasser oder Jüs, das in der Bratpfanne ist, begossen. Ist das Fleisch fett, so wird von dem Fett, das ausläuft, oben ab dem Jüs genommen, doch nicht alles, und ein wenig Wasser nachgegossen, daß immer genugsam Jüs zum Begießen bleibe. Das Fleisch muß vier gute Stunden im Oefelein sein. Eine kleine Stunde vor dem Essen werden rohe geschälte, mittlere Erdäpfel in die Bratpfanne rings um das Fleisch gelegt und mit dem Jüs begossen, weßhalb eben genugsam Jüs vorhanden sein muß. Ist nun das Fleisch, das immer fleißig begossen wird, weich und schön braun, und die Erdäpfel gelb, so wird es auf die Platte gethan, die Erdäpfel rings darum und gehörig Jüs dazu und sogleich aufgetragen.

### 7. Rindfleisch auf italienische Manier.

Man nimmt ein schönes Stück runden Mocken, spickt denselben auf der einen Seite wie gewöhnlich mit Speck, auf der untern Seite macht man mit einem Messer Einschnitte und thut in dieselben allerlei Kräutli, als Petersilie, Majoran, Schnittlauch, alles fein geschnitten und mit gutem Olivenöl vermischt. Alsdann wird dieser Mocken in eine irdene Schüssel gelegt und über Nacht an einem kühlen Orte aufbewahrt. Den Tag darauf wird er im Oefelein gebraten und während dem Braten mit frischer Butter oder Olivenöl fleißig begossen. Wenn er nun bald genug gebraten ist, so bestreut man den Braten oben über mit Brodkrumen, die mit Kräutli vermengt werden, und läßt diese auf dem Fleisch schön gelb werden, richtet dann den Braten an und gießt das Jüs, das in der Bratpfanne ist, darüber. Man kann, wenn man will, mit Kräutli und dem Oel einige Anchois in die Einschnitte stecken, wenn man Tags zuvor den Mocken zurüstet.

## 8. Rindfleisch auf polnische Art.

Man nimmt ein Stück Rindermocken, wo möglich runden, 2—2½ kg.; derselbe wird tüchtig geklopft, aber nicht der Breite nach wie es gewöhnlich geschieht; das Stück wird aufgestellt und so aufrecht geklopft, dann umgewendet, aber wieder aufrecht gestellt und auch geklopft, dann werden der Breite nach einige Einschnitte in der Mitte desselben gemacht, die durch und durch gehen müssen, aber auf beiden Seiten muß das Fleisch unverletzt bleiben. Alsdann wird eine Tasse voll fein geriebenes Brod oder Zwieback, einige Chalotten fein gehackt, Salz, Pfeffer und fein geschnittene Kräutli mit 100 g. süßer Butter schaumig verrührt, bis es wohl vermischt ist, diese Fülle wird nun in die Einschnitte des Fleisches gestrichen, deren wenigstens vier sein müssen; man stoßt es dann fest zusammen, thut es mit einer Tasse Wasser in eine Casserole und läßt es 3—4 Stunden langsam dämpfen.

## 9. Gebratenes Aloyau.

Ein Stück Aloyau (Hohrücken), nachdem es einige Tage in Essig gebeizt, fleißig gewendet, Wachholderbeeren und Pfeffer dazu gethan worden, wird im Ofen gebraten, in die Bratpfanne wird von der Beize geschüttet, und ist sie nicht mehr gut, frischer Essig mit ein wenig Wasser und Salz und Speckscheibchen auf das Fleisch gethan, das mit dem Essig aus der Bratpfanne fleißig begossen und hie und da, nachdem es begossen, mit ein wenig Mehl bestäubt wird, daß es eine schöne Kruste erhält. Es muß wenigstens 3—4 Stunden im Ofen sein, damit es weich und schön gelb werde; nach Belieben kann man eine Stunde vor dem Essen einige rohe Erdäpfel in die Bratpfanne legen, dann aber muß beachtet werden, daß genugsam Jüs bleibe; die Erdäpfel werden auf der Schüssel rings um das Fleisch gethan und das Jüs dazu.

## 10. Daube im Essig.

Man nimmt ein Stück von 2—2½ kg. Eckmocken, klopft ihn wohl, spickt ihn, wenn man will, mit grobem

Speck und beizt ihn einige Tage in Essig mit Wachholder=
beeren, einem Lorbeerblatt und etwas Pfeffer, legt ihn dann
mit gesottener Butter, Speckschwarten, einem Rübli, ganzen
Zwiebelchen, einem Büschel Petersilie, einigen ganzen Nägeli
und Salz in die Casserole und läßt ihn auf schwacher
Gluth etwa zwei Stunden dämpfen, daß er recht durchzogen
werde, nimmt dann sorgfältig das Fett ab dem Jüs, aber
ja nur das Fett, gießt ein Glas Wein und zwei Glas
Fleischbrühe daran und läßt ihn noch 3 bis 4 Stunden
auf Gluth etwas stärker kochen. Ist das Jüs bis an wenig
eingekocht, wird er angerichtet und warm aufgetragen. Auch
kalt ist er gut.

### 11. Andere Art.

Man nimmt 2—2½ kg. Eckmocken, klopft ihn tüchtig
und legt ihn 14 Tage in Essig, dann spickt man ihn gut
mit Speck und thut ihn Morgens um 8 Uhr in einer
Casserole auf das Feuer, mit einigen Speckschnitten, ein
paar Rübli und einer Zwiebel mit Nägeli gespickt, läßt ihn
zugedeckt kochen, bis er weich und schön gelb ist, nun fügt
man einen Löffel voll Mehl hinzu, wendet das Fleisch
darin um, gießt Fleischbrühe darüber, bis es davon bedeckt
ist und läßt es wieder kochen; wenn die Sauce genug ein=
gekocht ist, wird es angerichtet.

### 12. Runder Mocken mit Citronen gebeizt.

Man klopft ein schönes Stück runden Mocken, läßt
ihn mit einer Tasse Citronensaft, so viel Zucker, einem
Löffel voll Nägelipulver drei Tage beizen und kocht ihn
im Wasser langsam etwa 4 Stunden, legt ihn auf ein
Brett und beschwert ihn wohl, bis er ganz kalt ist. Er
wird kalt aufgetragen und mit Gallerich garnirt, oder nach
Belieben kann eine Sauce dazu servirt werden von fein ge=
hackten Cornichons, Böhnli aus dem Essig und Capern,
alles gehackt und wohl vermengt, mit Oel und Essig und
starker Fleischbrühe angemacht und gehörig verdünnt.

### 13. Runder Mocken als Hass gebraten.

Ein schönes Stück runder Mocken wird wohl geklopft und 8—10 Tage in Essig mit Pfeffer, Lorbeerblättern und Wachholderbeeren gebeizt und alle Tage gewendet. Wenn man ihn braten will, wird er ringsum recht gut mit Speck gespickt, in die Bratpfanne gelegt, von der Beize, wenn sie noch gut ist, zugeschüttet, sonst aber frischer Essig und die Hälfte Wasser dazu, Salz und ein gutes Stück frische Butter auf das Fleisch gelegt und im Ofen gebraten. Er muß oft mit dem Essig aus der Bratpfanne begossen werden und ringsum schön gelb sein. Ist er fast gar gebraten, so wird er nach und nach mit 2 dl. guter saurer Niblen begossen, darf aber dann nicht mehr zu lang im Ofen bleiben, damit die Sauce nicht gerinne (scheide); sie muß aber schön gelb sein.

### 14. Verdämpfter saurer Mocken.

Man nimmt ein Stück runden Mocken, klopft ihn wohl, legt ihn einige Tage in Essig mit Wachholderbeeren, einem Lorbeerblatt und etwas Pfeffer, wendet ihn alle Tage um, legt ihn dann in eine Casserole oder Bratpfanne mit gesottener Butter, Speckschwarten, ganzen Zwiebelchen und einem gelben Rübli, und läßt ihn auf guter Gluth wohl zugedeckt dämpfen und ringsum schön gelb werden, gießt dann 1 l. Wasser und ein Glas Wein dazu, thut einige ganze Nägeli, Pfeffer und Salz und ein paar Citronenscheibchen daran, und kocht alles zusammen wenigstens drei bis vier Stunden. Ist das Fleisch weich und die Sauce gehörig eingekocht, so wird sie mit süßer Butter und Mehl gebunden; wenn man will, so kann man auch eine Handvoll Morcheln und Zuckererbsen damit kochen.

### 15. Filet mit Madeira=Wein=Sauce.

Das Filet wird von Fett und häutigen Theilen gereinigt, die obere Seite der Länge nach mit Speckriemchen gespickt, mit etwas Fett, 1—2 gelben Rübli und Zwiebeln, Salz und Pfeffer auf nicht zu starkem Feuer, gut zugedeckt,

gedämpft; ist das Jüs schön gelb, so wird etwas Fleisch=
brühe oder Wasser zugegossen. So läßt man es $^1/_2-^3/_4$
Stunden kochen, nimmt dann Rübli und Zwiebeln heraus,
röstet einen Löffel voll Mehl in Butter gelb, löscht es mit
einem Glas Madeira=Wein ab und gießt es zum Filet,
sammt einer Handvoll Champignons und einigen Scheiben
Trüffeln und läßt alles noch $^1/_4$ Stunde kochen. Beim An=
richten wird das Filet mit den Champignons und Trüffeln
ringsum garnirt.

### 16. Gedämpftes Rindfleisch.

Es wird hiezu ein Stück Mocken genommen, dasselbe
wohl geklopft und gespickt, dann einige mit Gewürznelken
besteckte Zwiebeln, eine Speckschwarte, ein gelbes Rübli,
zwei Lorbeerblätter, Petersilie, Salz und Pfeffer und 4 dl.
Wasser, mit dem Fleisch in eine Bratschüssel oder in einen
Topf im Bratofen oder auf schwachem Feuer zum Kochen
gebracht. Nach einer halben Stunde wird ein Glas Essig,
Wasser und eine Flasche weißer Wein daran gegossen und
langsam drei bis vier Stunden gedämpft. Dann wird das
Fleisch auf die gehörige Platte angerichtet, das Fett von
der Sauce abgenommen, diese mit zwei in Fett braun ge=
rösteten Löffel Mehl aufgekocht, durch den Seiher gegossen
und zum Fleisch servirt. Gewöhnlich gibt man ganze Erd=
äpfel dazu, die vorher gesotten und in heiß gemachtem
Speck oder Fett gelb geröstet sind.

### 17. Andere Art.

Ein Stück Eckmocken wird geklopft, mit einer Flasche
Wein, einem Glas Wasser, einer Speckschwarte, Salz,
Zwiebeln, Pfeffer, Gewürznelken, Ingwer und einem Rübli
zugedeckt langsam weich gedämpft, dann das Jüs durch=
geseihet und das Fett davon abgeschöpft; ein kleines Stück
frische Butter und ein Löffel Mehl mit wenig kaltem Wasser
angerührt und wenn es kocht sammt dem Jüs wieder zu
dem Fleisch gegossen und mit demselben vollends fertig
gekocht.

## 18. Bœuf à la mode.

Zu diesem nimmt man ein Stück vom Stotzen oder noch besser von der sogenannten Schale, klopft und spickt es und legt es während 3—4 Tagen in Essig. Dann wird es mit einer Handvoll feingeschnittenen Zwiebeln, halb so viel geschnittenem Speck, Salz und Pfeffer, Petersilie und Schnittlauch bestreut, mit ³/₄ l. Wasser und ebenso viel von der Beize in den Bratofen gethan, läßt es 3 bis 4 Stunden dämpfen und begießt es öfters mit dem Jüs. Eine halbe Stunde vor dem Anrichten werden 2 Löffel Mehl, 2 Löffel geriebenes Brod und 1 Löffel Zucker in heißem Fett gelb geröstet, Fleischbrühe daran gegossen, mit Pfeffer und Salz gewürzt und wenn der Braten auf der Platte angerichtet ist, darüber gegossen.

## 19. Königs-Mocken.

In ein Stück Rindsmocken von 2—3 kg. werden, nachdem er wohl geklopft, einige mit Spezerei bestreute Riemchen Speck hineingestoßen, mit einer ½ Flasche Wein, einem Glas voll gutem Essig, ein paar Citronenscheibchen, einigen Lorbeerblättern und Rosmarin, ganzem Pfeffer, Nägeli, Muscatenblüthe, Chalotten, Salz und einer guten Handvoll Speckbröckli in einen irdenen Hafen wohl zugedeckt über ganz gelindes Feuer gesetzt und einen ganzen Tag immer nur ganz langsam kochen gelassen; es darf nur noch ganz wenig Brühe übrig bleiben, in welcher man das Fleisch kalt werden läßt und es wie gesalzene Zunge servirt.

## 20. Gerollter Preßkopf von Rindfleisch.

Man nimmt 2 kg. ganz dünnes Bauchstück, reibt es mit 30 g. Salpeter und einer guten Handvoll Salz stark ein, dann läßt man es 4—5 Tage in einer Schüssel liegen und wendet es alle Tage; alsdann wird es auf einem Brett flach gelegt und wohl geklopft, gestoßener Pfeffer und Nägeli darüber gestreut und nach Belieben mehr oder weniger klein geschnittene Zwiebeln, dann wird das Fleisch so fest als möglich zusammengerollt, mit einem Bindfaden stark umwunden und in einem Topf mit kaltem Wasser auf's Feuer gesetzt; wenn es verschäumt ist, so thut man einen Büschel Petersilie, Majoran, einige Lorbeerblätter, eine ganze Zwiebel, ein gelbes Rübli und Salz nebst 4 dl. Essig dazu und kocht es nun auf gelindem Feuer, bis das Fleisch weich ist; dann wird es herausgenommen, zwischen zwei Bretter gelegt und mit Steinen recht beschwert, ist das Fleisch dann ganz kalt, wird der Faden abgenommen und das Fleisch mit Essig und Oel servirt.

## 21. Rindfleisch auf indische Art.

Ein beliebiges Stück Rindfleisch wird mit Salz und Pfeffer eingerieben, mit Ingwer, Nägeli, Muskatnuß, Wachholderbeeren und Lorbeerblättern, Rübli und Zwiebeln in eine Schüssel gelegt und Branntwein darüber gegossen. Während 8—14 Tagen wendet man es jeden Tag um und wenn man es kochen will, wird es in Brodteig eingewickelt, in dem ein Stück Butter gewirkt worden, so daß das Fleisch überall mit Teig bedeckt ist, legt es in ein Filet oder Tuch, bindet dasselbe zu und kocht es während einigen Stunden im Wasser auf gelindem Feuer, bis man glaubt, daß es weich sei; dann läßt man es kalt werden, nimmt es aus dem Teig heraus und schneidet es in dünne Schnitten.

## 22. Fleischköpfli.

1½ kg. Rindfleisch, 750 g. Bratwurstfleisch, 6 Sardellen, ein in Milch oder Wasser geweichtes und ausgedrücktes Milchbrödchen, Chalotte und eine große Zwiebel werden fein gehackt und nach und nach unter einander gerührt, mit Pfeffer und Salz gewürzt, dann vier ganze Eier und so viel geriebenes Brod hineingewirkt, bis die Masse fest genug wird, daß sie zusammenhält; von diesem Teig wird nun ein länglich rundes Stück geformt, und zugedeckt, mit Zwiebelscheibchen und Pfefferkörnern in 1½ l. Wasser wohl zwei Stunden langsam gekocht; dann nimmt man es heraus und seihet die Brühe durch. In die Pfanne legt man ein großes Stück Butter und macht das Köpfli darin braun, rührt die Brühe mit einem Theelöffel Mehl und ein bis zwei Eßlöffeln Essig zu einer schönen Sauce an, bis sie anfängt zu kochen, gießt sie darüber und trägt es warm auf.

### 23. Fleischköpfli von gekochtem Fleisch.

Zu ½ kg. gekochtem Rindfleischmocken, der überaus fein gehackt werden muß, hackt man 500 g. fetten Speck, 100 g. Anchois und 20 g. Capern, beides ebenfalls fein gehackt; während dem Hacken näßt man das Fleisch öfters mit Essig, mengt nun alles wohl durcheinander, thut es in eine beliebige Form, preßt es recht gut und läßt es über Nacht an einem kühlen Ort stehen; den folgenden Tag wälzt man das Köpflein auf eine beliebige Schüssel um und gießt kalten aber noch flüssigen Gallerich darüber.

### 24. Rinderzunge mit einer Fülle.

Wenn die Zunge beim Rindfleisch weich gekocht ist, wird die Haut abgezogen, das Fleisch am Schlund mit einem Stück Nierenfett fein gehackt, dann mit einem 10 Centimes werthen, in heißer Fleischbrühe oder Milch geweichten Milchbröbchen, einigen Zwiebeln, die in heißer Butter weich gedämpft sind, Salz, Pfeffer, Citronenrinde und zwei Eiern unter einander verrührt, die Zunge in der Länge gespalten, die Fülle auf die inwendige Seite gestrichen und mit dem Messer eben gemacht. Nun streut man fein geriebenes Brod auf dieselbe und backt sie im Oefelein in einer Kuchenschüssel mit Butter schön gelb. Es wird Bratenjus oder eine beliebige Sauce dazu servirt.

### 25. Gebratene Zunge.

Die Zunge wird geschwellt und die Haut davon abgezogen, sie wird ganz gelassen, mit fein geschnittenem Speck gespickt, oder mit Speckscheibchen belegt, mit einem

Stück frischer Butter und einem Glas Fleischbrühe in die Bratpfanne gethan und im Ofen gebraten; sie muß oft begossen werden.

### 26. Rinderzunge am Gallerich.

Hat man eine ganz frische Rinderzunge, wird sie mit Salz und ein wenig Salpeter wohl gerieben, in eine Kachel gelegt und noch mit ein wenig Salz bestreut, 10 bis 14 Tage im Salz gelassen, und alle Tage umgewendet, dann einige Tage in Rauch gehängt und nachher im Wasser recht weich gekocht; sie muß 5—6 Stunden kochen, dann zieht man die Haut ab, läßt die Zunge kalt werden und schneidet nachher dieselbe der Länge nach in der Mitte schön von einander, thut sie so von einander gelegt auf die Platte, schüttet kalten Gallerich darüber, bis die Zunge soviel möglich damit bedeckt ist und garnirt sie nach Belieben.

### 27. Rinderzunge en ragoût.

Die Zunge wird geschwellt, bis sie weich ist und die Haut gut davon abgezogen werden kann, dann der Länge nach in der Mitte von einander geschnitten, in einer Casserole eine Sauce gemacht von frischer Butter, zwei Löffel voll Mehl, Fleischbrühe und einem Glas Wein, einige Scheibchen Citronen oder ein Löffel voll Capern, einige Handvoll Morcheln, Salz, Nägeli, Pfeffer und Macis dazu gethan und die Zunge etwa eine Stunde in der Sauce gekocht. Will man die Sauce von Krebsjus machen, so läßt man Citronen und Capern weg und garnirt die Zunge auf der Schüssel mit Krebsschwänzen. Auch Kräutlisaucen gehen gut.

### 28. Roulade von Rind- oder Kalbfleisch.

Man nimmt ein mageres Stück vom Mocken, schneidet es in fingergroße Stücke und klopft sie mit einem hölzernen Hammer dünn; von den abgeschnittenen Knochen und Sehnen schabt man das Fleisch ab, hackt es mit etwas Brod und Zwiebeln und würzt es mit Pfeffer und Salz, bestreicht

Rindfleisch auf verschiedene Art.

damit die einzelnen Stücke Fleisch, legt ein Scheibchen Speck darauf und wickelt sie länglicht zusammen, und damit sie halten, bindet man jedes mit einem Faden fest. Dann legt man diese Roulade dicht neben einander in eine breite (flache) Pfanne, darauf und darunter genügend Butter, einige Zwiebelscheiben, Pfeffer und Salz. So läßt man dieß zugedeckt langsam braten, das Rindfleisch eine gute Stunde und das Kalbfleisch eine halbe, schüttelt die Pfanne öfters; da es leicht anbrennt, gießt man von Zeit zu Zeit, wenn es nöthig ist, ein wenig Wasser dazu, damit die Sauce zusammenhaltend und dick werde, und zuletzt ein Glas Wein oder einen Eßlöffel voll Rhum. Einige geschwellte und geschälte Kastanien in der Sauce mitgekocht, machen dieß zu einem delikaten Gericht.

### 29. Rindfleisch im Saft.

Aus einem schönen Stück Mocken werden einer halben Hand große Schnitten gemacht, Fett und Haut davon entfernt und geklopft bis sie mürbe sind. Dann legt man kleine Stücke Butter in einen Topf und klein geschnittene Zwiebeln, streut ziemlich viel Pfeffer und Salz darüber und legt eine Schicht Fleisch, dann wieder Butter, Zwiebeln, Pfeffer und Salz, und so Lage um Lage, bis alles Fleisch verbraucht ist. Die oberste Lage muß Butter sein. Dieß läßt man nun langsam, gut zugedeckt, etwa 2 Stunden kochen, gießt nur von Zeit zu Zeit, wenn es nöthig ist, etwas Wasser nach und rüttelt den Topf. Die Brühe muß schön dick sein.

### 30. Plätzchen von Rindfleisch.

Man schneidet am liebsten runden Mocken in fingersdicke Schnitten, klopft sie wohl, spickt sie mit Speck, läßt sie in einer Casserole mit gesottener Butter, Speckschwarte, ganzen Zwiebeln oder Chalotten und einem gelben Rübli dämpfen und auf beiden Seiten schön gelb werden, schüttet das Fett davon ab, thut 4 dl. Fleischbrühe oder Wasser, ein Glas Wein, einige ganze Nägeli, Pfeffer und Salz und wenn man will, eine Handvoll Morcheln daran, läßt es zusammen zwei Stunden kochen und bindet die Sauce mit süßer Butter und Mehl.

### 31. Andere Art.

Man nimmt Mocken und zerschneidet ihn in Schnitten (doch nicht allzudick), klopft sie mit dem Messerrücken und bestreut sie mit einer Mischung von gestoßenem weißem Pfeffer, Salz und Mehl, dann wird der Boden einer Casserole mit Speckschnitten belegt, auf die Gluth oder schwaches Feuer gesetzt, und wenn der Speck heiß wird, thut man die Plätzchen darein und läßt sie auf beiden Seiten schön gelb werden, dann wird ein Glas kaltes Wasser darein gethan, eine ganze Zwiebel, einige Lorbeerblätter und ein Glas Wein, die Casserole zugedeckt und die Plätzchen zwei Stunden lang auf Gluth gekocht; sollte das Jus zu viel einkochen, so kann etwas Fleischbrühe zugegossen werden.

### 32. Beefsteak.

Man nimmt wo möglich von schönem Ochsenfleisch ein Stück Filet, verschneidet dasselbe zu fingersdicken Tranches (Scheiben), thut das Fett davon und klopft jede Tranche besonders mit dem Rücken eines großen Messers, bis sie durch und durch mürbe ist, ohne jedoch verschnitten zu werden. Dann wird jede dieser Tranches mit ein wenig Salz und Pfefferpulver bestreut, hierauf eine auf die andere gelegt und so in einer Schüssel ein paar Stunden lang ein wenig beschwert, dann wird 5 Minuten vor dem Essen eine breite eiserne Schüssel mit einem guten Stück gesottener Butter auf starkes Feuer gesetzt, und wenn die Butter heiß ist, so werden von den Tranches so viel darein gelegt, als neben einander Raum haben; sie dürfen aber nicht über einander liegen und werden fleißig umgewendet, damit sie nicht etwa anbrennen. Wenn man nun glaubt, sie seien wohl durchgezogen, so macht man einen kleinen Einschnitt in die Tranches, und wenn das Fleisch nicht mehr roth ist beim Einschnitt, so sind sie recht und werden sogleich auf eine warme Platte gelegt und an der Wärme behalten bis alle gut sind. Dann schüttet man das Jus, das in der Schüssel ist, dazu und trägt sie schnell auf. Sie dürfen gar nicht lang ab dem Feuer sein, ehe sie servirt werden, sonst bleiben sie nicht saftig.

### 33. Beefsteak mit Kräutli.

Man nimmt das gleiche Fleisch, verschneidet und behandelt es überhaupt ganz gleich wie das obige, nur daß man die Tranches, wenn sie geklopft sind, mit einigen Tropfen Olivenöl bestreicht; dann streut man Salz und Pfeffer darüber wie oben und legt ebenso auch eine auf die andere, und läßt sie ein wenig belastet ein paar Stunden stehen; beim Prägeln werden sie auch ganz gleich behandelt, nur daß man ein Stück ganz frische Butter in die Platte legt, in der man das Beefsteak auftragen will; dieselbe wird nun an die Wärme gestellt, daß die Butter schmilzt, dann streut man feingeschnittene Kräutlein darein, legt nun die geprägelten Tranches ganz heiß darauf und servirt sie schnell.

### 34. Noch andere Art.

Man nimmt das gleiche Fleisch, Filet wo möglich, verschneidet es in Schnitten und thut alles Hautige und Fette davon, klopft es jedoch gar nicht, und erst wenn man es in die Pfanne legen will, streut man viel Salz darüber, schüttelt's dann ein wenig ab und backt es recht schnell auf starkem Feuer. Wird sogleich aufgetragen. Es geht auch gut, wenn feingeschnittene Kräutli darüber gestreut werden.

### 35. Beefsteak von gehacktem Rindfleisch.

Dazu ist der Mocken das beste Stück, Häute und Knochen werden entfernt und eine beliebige Portion Fleisch gehackt, mit Salz und Pfeffer gewürzt, zu Plätzchen formirt und in Butter gelb geprägelt.

### 36. Andere Art.

Man hackt, wie oben, rohes Fleisch mit eben soviel eingeweichtem Brod wie man Fleisch hat, streut Salz, Pfeffer und Muscatnuß darüber, rührt 1—2 Eier mit etwas Mehl darein, formirt Kügeli daraus, die etwas breit gedrückt werden und prägelt sie wie oben in heißer Butter auf beiden Seiten. Man kann eine beliebige Sauce dazu serviren.

### 37. Rindfleisch mit Linsen.

Man nimmt ein Stück vom runden Mocken, schneidet dünne Scheibchen davon und klopft jede Scheibe einzeln mit dem Rücken eines starken Messers recht mürbe, doch mit Sorgfalt, damit die Scheibe nicht zerfalle. Dann setzt man sie mit ein paar Speckscheiben, einer ganzen Zwiebel, einer Petersilienwurzel und einem gelben Rübli in einer breiten Casserole auf gelindes Feuer und läßt sie schön gelb dämpfen, doch nicht zu weich werden. Nun treibt man weich gekochte Linsen durch ein Haarsieb, läßt in einer Casserole gesottene Butter heiß werden und dämpft darin ein wenig fein geschnittene Zwiebeln hellgelb, thut die durchgetriebenen Linsen dazu, salzt und würzt sie mit Muskaten und gießt gute Fleischbrühe dazu, jedoch vorsichtig, damit die Linsen nicht flüssig werden; dann richtet man das Rindfleisch auf die Platte und rangirt die Linsen im Ring herum.

### 38. Rindermaul.

Wenn das Maul wohl gereinigt ist, so wird es im Wasser recht weich gekocht (es muß wenigstens 4—5 Stunden kochen), dann in Riemchen geschnitten, eine Sauce von frischer Butter, Mehl und Fleischbrühe gemacht, allerlei Kräutli (oder Capris) oder Citronenscheibchen darein gethan und das Maul in der Sauce langsam eine Weile gekocht; man kann es auch kalt oder warm mit Oel und Essig, Pfeffer und Salz auftragen oder auch prägeln mit Zwiebeln wie das Rindfleisch Nr. 40.

### 39. Ragouts von Rindfleisch.

Man zerschneidet gekochtes Rindfleisch, schweizt je nach Belieben eine ganze oder halbe fein geschnittene Zwiebel mit zwei Kellen voll Mehl in gesottener Butter schön braun (die Zwiebeln müssen ein wenig später als das Mehl hinein gethan werden, weil sie geschwinder braun sind), gießt Fleischbrühe und ein Glas Wein dazu, bis die Sauce die gehörige Dicke hat, nebst Salz, Pfeffer und einer Prise Nägelipulver, dann das Fleisch, und läßt es zusammen eine halbe Stunde langsam kochen; man kann auch nach Belieben einen Löffel voll Essig in die Sauce thun, und hat man gebratene Kastanien, so ist es recht gut, wenn man sie damit kochen läßt, sie müssen aber so viel möglich ganz bleiben.

### 40. Geprägeltes Rindfleisch.

Man schneidet gekochtes Rindfleisch so gut möglich in schöne Schnitten, läßt in der Tourtiere gesottene Butter schmelzen, legt die Fleischschnitten hinein, eine in dünne Scheibchen geschnittene Zwiebel dazu, schüttet einen oder zwei Löffel voll Fleischbrühe und Essig daran und läßt es zugedeckt auf Gluth langsam prägeln, bis es auf beiden Seiten schön gelb ist. Man kann auch die Fleischschnitten mit Eiweiß bestreichen und in mit Essig gefeuchteten Brosamen wälzen; dann aber wird erst, wenn sie schön gelb geprägelt sind, ein Löffel voll Fleischbrühe und ebensoviel Essig daran geschüttet, damit warm gemacht und angerichtet. Nach Belieben kann man auch Kräutli daran thun.

### 41. Rindfleisch-Schnitten.

Man schneidet schöne Schnitten von gekochtem Rindfleisch, feuchtet sie mit Essig und ganz wenig Oel an, und prägelt sie wie Beefsteak; es muß auch ein wenig Pfeffer und Salz dazu gethan werden.

### 42. Fleischschnitten mit Reis.

Resten von Rind-, Kalb- oder Schaffleisch werden in Scheiben geschnitten; eine Tasse voll Reis mit Wasser oder besser Fleischbrühe ziemlich dick gekocht, ein Löffel voll davon auf jede Schnitte gelegt und fest und eben gedrückt, mit geschabtem Käs bestreut und in Butter gebacken; während dem Backen schöpft man immer mit einem Löffel von der Butter und begießt die Schnitten damit; das Fleisch muß unten schön gelb werden.

### 43. Rindfleisch à la ménagère.

Man läßt in einem großen Stück Butter ein Dutzend mittelgroße Zwiebeln verdämpfen, und wenn sie schön gelb sind, streut man einen kleinen Löffel Mehl oder Brosamen darüber, rührt sie während fünf Minuten, doch sorgfältig, daß sie nicht zerfallen, gießt eine große Tasse Fleischbrühe dazu und legt das gekochte Stück Rindfleisch ganz hinein, mit Salz, Pfeffer, Muskatnuß, läßt es langsam zusammen eine Viertelstunde kochen und richtet es auf die Mitte der Platte an, mit den Zwiebeln ringsum.

### 44. Rindfleisch mit geröstetem Brod.

Man legt etwas Fett, am schmackhaftesten ist Fett von Geflügel, in eine Casserole und geschabtes Brod darauf, dann das in dünne Scheiben geschnittene, gekochte Rindfleisch mit kleinen Stückchen Fett oder Butter, gehackter Petersilie, Salz und etwas Fleischbrühe und läßt es einige Minuten mit Gluth unten und oben dämpfen.

### 45. Rindfleisch-Roulade.

Man schneidet von gebratenem Rindfleisch, welches nicht ganz weich ist, fingersdicke Schnitten in der Größe von etwa 12 cm. in's Gevierte oder je nachdem man das Fleisch hat, macht dann eine Fülle von Brodbrosmen, Zwiebeln oder Chalotten, Pfeffer, Salz und etwas Fett, legt davon auf die Schnitten, rollt sie fest und bindet sie mit einem Faden, legt sie dann in eine Casserole mit ein wenig Wasser und Jus und kocht sie so, bis sie weich sind. Man kann sie auch von rohem Fleisch machen, dann müssen aber die Schnitten wie beim Beefsteak tüchtig geklopft und länger gekocht werden, was dann auch mehr Wasser und Fett erfordert.

## 46. Gehacktes Rindfleisch.

Gekochtes oder gebratenes Rindfleisch wird fein gehackt; eine feingeschnittene Zwiebel in Butter gelb gedämpft, ein Eßlöffel Mehl und eine Tasse Fleischbrühe dazu nebst Salz, Pfeffer und ein wenig gehackte Petersilie. Wenn die Sauce genug eingekocht ist, so fügt man das Fleisch bei, ist es von gebratenem, so darf es in der Sauce nicht mehr kochen; einen Augenblick vor dem Anrichten rührt man ein Stück frische Butter darein und garnirt die Platte mit gerösteten Brodschnittchen oder Stierenaugen.

## 47. Beefsteak von gekochtem Rindfleisch oder anderem Fleisch.

Man hackt Kräutli, als Petersilie, Schnittlauch, Pimpernelle, Majoran ꝛc., mit einigen Chalotten und einem Stück Speck ganz fein, würzt sie mit Salz und etwas Pfeffer, bestreut mit einem Theil derselben den Boden einer Casserole, legt darüber eine Lage ganz dünn geschnittener Fleischscheiben und fährt so fort, Lage um Lage, bis Fleisch und Kräutli aufgebraucht sind, gießt dann ein Glas voll gute Fleischbrühe darüber und läßt es auf gelindem Feuer langsam kochen, bis die Brühe fast ganz eingekocht ist. Beim Anrichten kann nach Belieben ein wenig Capern mit einem Löffel voll Essig darüber gegossen werden.

## 48. Gallerich.

Wenn man ohne einen Preßkopf zu machen, also ohne Schweinefleisch Gallerich machen will, so nimmt man 3 bis 4 kg. Rindfleisch (Schlüsselmocken ist am besten, oder wenigstens muß es nicht ein fettes Stück sein), ½ bis 1 kg. Kalbsknoden und ein Stück Rinderleber dazu, thut alles zusammen mit genugsam Wasser, daß es ob dem Fleisch wohl zusammen gehe, und ein wenig Salz in einen großen Eisenhafen und setzt ihn über ein gelindes Feuer. Wenn das Fleisch anfängt zu kochen, muß es rein verschäumt werden, dann wird eine Flasche weißer Wein darein gethan, mit einigen Scheibchen Citronen, Pfefferkörnern und ganzen Nägeli, einer kleinen ganzen Zwiebel und einem Büschelchen Peterfilie, der Hafen zugedeckt und alles zusammen wohl 6 Stunden langsam gekocht. Ist er so viel eingekocht, daß er klebricht wird und stehen will, wenn man einen Löffel voll auf einen Teller an die Kühle stellt, so ziehe man das Fleisch alles heraus, richte den Gallerich in eine irdene Kachel oder Schüssel, stelle denselben an einen kühlen Ort und lasse ihn über Nacht stehen; dann wird das Fett obenauf rein abgenommen und nachher ganz gleich damit verfahren wie beim Preßkopf-Gallerich. Von der angeführten Portion Fleisch soll es 1 bis 1½ l. Gallerich geben.

### 49. Jus, das man eine Zeitlang aufbehalten kann.

Man nimmt 2 kg. Rindfleisch, wo möglich vom Schenkel, und 1 kg. Kalbsknoden, schneidet das Fleisch in kleine Stücke und thut es sammt den Knoden, ein paar Speckschwarten und einem Stück gesottener Butter mit einigen ganzen Zwiebeln auf gelindes Feuer und verdämpft es, bis es ganz braun ist; es muß aber öfters umgekehrt werden, damit es nicht anbrenne. Ist es nun braun, so wird ein Glas Wein daran geschüttet und noch ein wenig damit gekocht, dann 9 l. Wasser und noch 4 dl. guter Wein und 1 l. frische Fleischbrühe daran geschüttet und Salz dazu gethan, doch nicht zu viel. Sobald es anfängt zu kochen, wird es wohl verschäumt und einige ganze Rübli, Nägeli, Pfefferkörner und Macis darein gethan und alles zusammen auf gelindem Feuer 5 Stunden gekocht, dann durch ein Zwecheli gerichtet, und wenn das Jus kalt ist, das Fett rein davon abgenommen.

Je dicker das Jus ist, je länger kann es aufbewahrt werden. Zum Gebrauch wird es dann mit Wasser verdünnt. Viel einfacher ist es, man nehme von den Ryß-Bouillon-

Täfelchen, die für jede Suppe oder Sauce gebraucht werden können und sich Jahre lang aufbewahren lassen. Besonders gut sind sie für Kranke.

# Schaffleisch auf verschiedene Art zuzurüsten.

### 1. Schaffleisch mit weißer Sauce, oder Voressen.

Man nimmt dazu Hohrücken, Nierenstück oder Brust, zerschneidet es wie für Coteletten, setzt es mit so viel Wasser, daß es darüber zusammengeht, über's Feuer, verschaumt es, thut nachher ein Glas Wein, ein paar Scheibchen Citronen, einige kleine Zwiebeln, nach Belieben eine Handvoll Weinbeeren, einige ganze Nägeli und ein wenig Pfeffer dazu, läßt es langsam kochen, bis das Fleisch weich ist, und bindet dann die Sauce mit einem Stückchen süßer Butter, in Mehl gewälzt, nachdem man vorher das Fett oben ab der Brühe genommen hat. Beim Anrichten wird ein Gelbes vom Ei mit ein wenig fein geschnittener Petersilie und einem Löffel voll Essig in die Sauce gerührt. Hat man ziemlich viel Fleisch, so kann man Suppe davon anrichten, nachdem es eine bis zwei Stunden gekocht, dann aber wird Wein, Citronen und alles Uebrige erst nachher darein gethan.

### 2. Schafschlegel verdämpft.

Das Fäustlein wird recht gut geklopft, mit gesottener Butter, einer Speckschwarte, 1 bis 2 Rübli, einigen kleinen Zwiebeln in einer Casserole wohl zugedeckt gedämpft und öfters umgewendet. Ist es auf beiden Seiten schön gelb, wird das Fett abgegossen, 1½ l. Wasser, ein Glas Wein, einige Scheibchen Citronen, ganze Nägeli, Salz und eine

Handvoll Morcheln dazu gethan und 2 Stunden langsam gekocht. Ist das Fleisch weich, läßt man ein kleines Stück frische Butter in einem Pfännchen schmelzen, rührt eine gute Kelle Mehl darein, gießt von der Brühe, die am Fleisch ist, unter beständigem Rühren dazu, bis die Sauce die gehörige Dicke hat, läßt sie ein paar Minuten kochen, richtet das Fleisch an und schüttet die Sauce daran. Ein Löffel voll gehackte Häringe in der Sauce gekocht, geht sehr gut, auch gebratene Kastanien beim Fleisch gekocht, sind gut, und wer sie liebt, Chalotten, dann aber werden die Zwiebeln weggelassen und die Chalotten erst, nachdem das Fleisch eine Stunde gekocht, hinzu gethan, damit sie ganz bleiben; Kastanien und Häringe werden dann aber weggelassen.

### 3. Schafschlegel à la Daube.

Man nimmt einen Schafschlegel, der wohl geklopft wird, spickt ihn mit ganzen Nägeli, und wenn das Fleisch nicht fett ist, mit Speck, thut ihn in eine Casserole, die wohl verschließt, mit einem halben Glas sauern Wein über ein gelindes Feuer und kocht ihn während 4 Stunden oder noch länger, wenn er von einem alten Schaf ist, und trägt Sorge, daß der Dampf wohl dabei bleibe; nimmt alsdann alles Fett von der Sauce ab, in welche man weich geschwellte weiße Böhnli (oder Concombres in 4 Theile geschnitten und in Fleischbrühe gekocht, oder Zwiebeln in frischer Butter gelb gemacht) thut. Man kann auf diese Art alle Dauben zurichten.

### 4. Schafbraten.

Er wird wie jeder andere Braten behandelt; nur wird bemerkt, daß, wenn es ein Fäustlein ist, dasselbe wohl geklopft werden muß (die übrigen Stücke, als Nierenbraten, Brust ꝛc. können wegen den Knochen nicht geklopft werden). Ein Fäustlein muß immer 3 bis 4 Stunden im Oefelein sein und oft begossen werden; es wird auch gar kein Fett dazu gesetzt, da das Schaffleisch Fett genug hat: im Gegentheil muß, wenn das Fleisch ziemlich fett ist, davon abge=

Schaffleisch auf verschiedene Art. 113

nommen werden, wenn es bald gebraten ist; man muß aber dabei Sorge tragen, daß man nur das Fett oben ab dem eigentlichen Jüs nehme, und dann wird etwas Wasser nachgeschüttet, wenn zu wenig Jüs in der Bratpfanne ist. Ist das Fäustlein bald gebraten, stellt man Salbei=Schöß= lein hinein, nach Belieben kann man auch eine halbe Stunde vor dem Essen rohe beschnittene Erdäpfel in die Bratpfanne legen und sie schön gelb werden lassen, und mit dem Fleisch auftragen, es muß alsdann aber mehr Jüs an dem Fleisch sein, weil die Erdäpfel dasselbe auftrocknen. Noch ist zu bemerken, daß besonders beim Schafbraten eine gute Viertel= stunde vor dem Essen das Schieberlein, das sich an der Thüre des Ofens befindet, geöffnet werden muß, damit der Dampf hinaus könne und der Braten röst werde.

### 5. Schafschlegel gebeizt.

Das Fäustchen wird recht stark geklopft, in gutem Essig, mit einem Lorbeerblatt, Wachholderbeeren und etwas Pfeffer 8 bis 10 Tage gebeizt; wenn man es braten will mit Häring oder Anchois, und sollte es nicht fett sein, mit Speck gespickt und im Ofen gebraten; in die Bratpfanne wird Wasser, und je nachdem er scharf, mehr oder weniger Essig gethan und der Braten fleißig damit begossen und gewendet, daß er überall schön gelb werde. Man kann, wenn man will, wenn das Fleisch etwas mehr als halb gebraten, 4 bis 6 kleine rohe Zwiebeln und 8 bis 10 rohe beschnittene Erdäpfel in die Bratpfanne legen, sie gelb werden lassen und zum Fleisch auf die Schüssel ringsum thun.

### 6. Andere Art.

Man nimmt ein schönes Schaffäustchen, schneidet das Fett und die Haut rein davon, klopft es wohl, daß es mürbe wird; dann nimmt man ein paar Lorbeerblätter, Salbei, Petersilie, Majoran, hackt diese Kräuter fein und reibt das Fäustchen überall damit, thut es dann in Essig, die Kräuter darauf und beschwert es mit einem großen Stein, wendet es Morgens und Abends um und reibt es jedesmal wieder mit Kräutli; es muß wenigstens 3 Tage in der Beize liegen. Wenn man es braten will, so muß es mit Speck gespickt, nur langsam gebraten und fleißig mit dem Jüs in der Bratpfanne begossen werden.

### 7. Schafschlegel wie Wildpret.

Wenn der Schlegel sauber gewaschen ist, häutelt man ihn ab, klopft ihn stark, reibt ihn mit Salz ein, gießt heiß gemachten Essig darüber, läßt ihn über Nacht liegen, überstreicht ihn dann mit einem frischen Stück Kalbsleber oder Lammsblut, hält ihn ein wenig an's Feuer, damit es trocknet, legt ihn wieder 5 bis 6 Tage in Essig, wascht ihn dann aus diesem heraus, reibt ihn stark mit Salz ein und spickt ihn recht schön mit Speck, legt ihn in eine Bratpfanne, thut ein halbes Trinkglas voll Essig, etliche zerdrückte Wachholderbeeren, eine mit Nägeli gespickte Zwiebel, ein Lorbeerblatt, einen Citronenschnitz, gelbe Rüben, Petersilie, etwas Majoran und einen Schöpflöffel voll Fleischbrühe dazu, stellt ihn in den Ofen, läßt ihn recht schön gelb braten und begießt ihn während dem Braten sehr fleißig mit der Brühe. Wenn er bald ausgebraten ist, verrührt man zwei Eßlöffel voll sauern Rahms und gießt ihn über den Schlegel, läßt diesen noch eine starke halbe Stunde lang fortbraten, begießt ihn aber fleißig, nimmt ihn dann heraus, legt ihn auf eine Platte, gießt ein wenig Citronensaft darauf, schüttet die Sauce durch einen Schaumlöffel darüber und belegt ihn mit Citronenscheiben.

### 8. Schafschlegel als Reh zubereitet.

Man nimmt von einem jungen Schaf einen Schlegel, schneidet das Fett und die Haut davon, klopft ihn wohl und lange, thut ihn auf einem Rost auf die Gluth und läßt ihn ringsum gelb werden, legt ihn dann in guten Essig mit einer starken Prise Pfeffer und Salz, 2 Lorbeerblättern und zwei Zwiebeln, läßt ihn einige Tage darin beizen, nicht weniger als 3 Tage und nicht länger als 8 Tage, bratet ihn dann im Ofen oder am Spieß, begießt ihn fleißig mit der Beize und zuletzt mit süßer Butter.

Schaffleisch auf verschiedene Art.

### 9. Schafschlegel mit Nidlen.

Man nimmt ein Schaffäustchen, wo möglich mit dem Schwänzchen, und läßt das Bein ein wenig vorstehen, damit wenn es fertig gebraten ist, man es mit einem geschnittenen Papier garniren kann. Nun wird vorerst alles Fett sauber weggeschnitten, das Fäustchen dann mit etwas weniger als 8 dl. Wasser, einer Flasche Wein und Salz in einer gutschließenden Casserole über gelindes Feuer gesetzt, dann läßt man das Fleisch im Ganzen 4 Stunden verdämpfen. Eine Viertelstunde, bevor man es anrichten will, wird alles Fett rein abgeschöpft, dann 4 dl. Nidlen daran gegossen und zusammen noch eine Viertelstunde langsam gekocht.

### 10. Schafschlegel mit rothem Wein.

Man muß alle Haut sorgfältig abschneiden, schlitzt auf der untern Seite das Fleisch auf, um das Bein bis zum Gelenk herauszuschneiden, man läßt nun das Bein wie bei einem Schinken, klopft es wohl, thut ein wenig Koriander, einige Scheibchen Citronen, Zwiebeln und Speck hinein, bindet es fest zusammen, indem man ihm eine schöne runde Form gibt, legt es dann in eine Schüssel und gießt rothen Wein darüber, läßt es wenigstens 8 Tage darin und wendet es alle Tage um; wenn man will, so kann man es spicken, es geht gut und gibt ihm ein hübscheres Ansehen, alsbann wird es sammt dem Wein in die Bratpfanne gethan und unter fleißigem Begießen gebraten. Man kann auch Koriander, Citronen und Zwiebeln nur in den Wein thun und dann beim Braten weglassen.

### 11. Schafschlegel auf englische Art.

Nachdem alles Fett, Haut und Sehnen weggeschnitten ist, wird das Fäustlein wohl geklopft und mit 3 l. Wasser, ein wenig Estragon, Petersilie, einem gelben Rübli, einer Zwiebel, Pfeffer und Salz 4 Stunden gut zugedeckt in einem Hafen gekocht; das Wasser muß bis auf die Hälfte eingekocht sein; dann wird die Brühe durch den Seiher ge=

richtet, das Fleisch wieder darein gelegt mit kleinen weißen Rüben, die geschält und geschwellt sind, und läßt es zusammen kochen, bis nur noch wenig von der Sauce übrig ist und bindet dann dieselbe mit einem Stück frischer Butter, einem halben Löffel Mehl, das mit einem geklopften Eigelb, ein wenig Wasser und Essig zart angerührt wird, legt das Fäustchen auf eine große Platte, die Rüben um dasselbe herum und gießt die Sauce darüber.

## 12. Schafschlegel gesalzen.

Es wird wie oben geklopft, mit einer guten Hand voll Salz und einer Prise feingestoßenem Salpeter recht gerieben, etwa 8—10 Tage im Salz liegen gelassen, täglich umgewendet. 2—3 Tage in Rauch gehängt, im Wasser weich gekocht und kalt aufgetragen.

## 13. Schafrücken glacirt.

Man nimmt einen ganzen Schafrücken, löst den Knochen mit Sorgfalt heraus und klopft ihn recht gut, thut ihn in eine Casserole mit einem Stück Speck, 2—3 ganzen gelben Rübli, 4 dl. guter Fleischbrühe, eben so viel Wasser mit Salz, läßt es nun auf gutem Feuer kochen, bis es anfängt gelb zu werden, dann läßt man es nur auf ganz gelinder Gluth oder heißer Asche völlig gar werden; ehe man es anrichten will, hackt man 100 g. Capern mit etwas Petersilie ganz fein, stellt das Fleisch auf der Schüssel, in der man es auftragen will, an die Wärme, thut die Capern mit ein wenig Fleischbrühe in die Casserole, läßt sie zwei Minuten darein dämpfen, schüttet nun die Sauce an das Fleisch und trägt es gleich auf; es muß heiß genossen werden.

## 14. Schafbrust geprägelt.

Sie wird in einer Casserole mit einem Glas Wasser, einem halben Glas Wein und Salz gedämpft, bis das Jüs ganz eingekocht und die Brust weich, aber noch weiß ist; dann wird sie mit Eierweiß bestrichen, in Brosamen, die mit Essig befeuchtet sind, gewälzt, in der Tourtiere mit Butter geprägelt, eine Sauce von süßer Butter, Mehl und Fleischbrühe gemacht, 2 Gelbe vom Ei, ein Löffel voll Essig und Muskatnuß darein gerührt und dazu servirt.

## 15. Schafbrust gefüllt.

Man nimmt allerlei Kräutli, als Petersilie, Schnittlauch, Majoran, schneidet sie fein und mischt sie mit ein wenig Pfefferpulver, Muskaten und Salz unter eine kleine Tasse voll Brodkrumen. Dann werden vier ganze wohl geklopfte Eier und eine kleine Tasse voll gute Nidlen darunter gerührt, dieß zusammen auf's Feuer gesetzt und wie eine Crème immer gerührt, daß es nicht scheide. Sobald es dick wird, richtet man die Farce an; dann wird von einer Schafbrust die obere Haut gelöst und mit dieser Farce gefüllt, die Haut zugenäht und die Brust im Wasser mit einer ganzen Zwiebel und einem Glas Wein gekocht, bis sie weich genug ist, daß man die langen Knochen oder Rippen daraus ziehen kann. Nun wird die Brust über Gluth auf den Rost gelegt, mit frischer Butter bestrichen, und wenn sie röst ist und ein wenig gelb, aufgetragen und eine Capernsauce dazu servirt.

## 16. Schaffleisch mit Rüben.

Ein beliebiges Stück Schaffleisch (am besten ist Hohrücken, Spalen oder Brust) wird mit Wasser und Salz über's Feuer gesetzt, verschaumt und, wenn das Fleisch nicht jung ist, wenigstens eine Stunde gekocht, ehe man die Rüben dazu thut; hat man ein großes Stück Fleisch, so thut man um so mehr Wasser dazu und kann dann Suppe davon anrichten und nur so viel Brühe beim Fleisch lassen, als nöthig ist, um die Rüben weich zu kochen. Diese werden wie gewöhnlich in Stäbchen geschnitten, zu dem Fleisch gelegt und damit gekocht bis sie weich nnd eingekocht sind, das Fleisch alsdann heraus genommen und ein halber Löffel voll Mehl, mit kaltem Wasser zart angerührt, an die Rüben geschüttet und nur einmal umgerührt, dann mit dem Fleisch aufgetragen.

### 17. Schaffleisch mit Reis.

Ein Schaffäustlein wird wohl geklopft, mit 3—4½ l. Wasser und Salz über's Feuer gesetzt, wenn es verschaumt ist, wird 250 g. Reis, ein Glas Wein, ein paar ganze Nägeli und nach Belieben ein Lauchstengel dazu gethan und gekocht, bis das Fleisch weich ist; dann angerichtet, mit der Schaumkelle Reis herausgenommen und auf der Schüssel um das Fleisch herum gelegt und das Uebrige als Suppe gebraucht. Man kann auch Haberkernen oder Linsen statt Reis dazu thun.

### 18. Coteletten.

Coteletten von Schaffleisch werden ganz gleich wie die vom Kalbfleisch zugerüstet; nur thut man gut, wenn das Fleisch nicht von einem jungen Lamm ist, wenn man sie mit einem halben Glas Wasser und eben so viel Wein in einer wohl verschlossenen Casserole eine Stunde dämpfen läßt und erst nachher in den Brosamen wälzt und prägelt.

### 19. Andere Art.

Zu einer guten Portion nimmt man 1 kg. Coteletten, klopft sie recht gut und legt eine neben die andere in eine Tourtiere ohne anderes Fett, da das Schaffleisch fett genug ist, dann wird Petersilie, Schnittlauch, Majoran, Citronenrinde und Brodkrumen alles durcheinander feingehackt, ein wenig Salz dazu und mit einem Löffel voll Essig angefeuchtet, wohl vermengt, die in der Tourtiere liegenden Coteletten damit bedeckt und Sorge getragen, daß nichts davon auf den Boden der Tourtiere falle, dann wird sorgfältig ein wenig Wasser zwischen die Coteletten gegossen, aber ja nicht zu viel, damit die Oberfläche des Fleisches nicht davon benetzt werde, nun im Bratofen oder mit gelindem Feuer unten und auf der Tourtiere während 2—3 Stunden braten gelassen, von Zeit zu Zeit werden die

Coteletten mit dem in der Bratpfanne befindlichen Jüs begossen; wenn sie schön gelb sind, werden sie mit einem Schäufelein sorgfältig eine nach der andern auf die zum Auftragen vorher gewärmte Schüssel gelegt und das in der Pfanne übrige Jüs darüber gegossen.

## 20. Fleischschnitten.

Ein Stück nicht zu fettes Schaffleisch und eben so viel Schweinefleisch wird in fingersdicke Scheiben geschnitten, geklopft, auf beiden Seiten mit Salz und Pfeffer bestreut und mit Gewürz und Zwiebelscheiben schichtweise in einen Topf gelegt, dann gießt man rothen Wein daran, daß das Fleisch damit bedeckt sei, deckt den Topf zu und läßt es auf starkem Feuer kochen, doch nicht allzuweich. Sollte die Brühe sehr einkochen, so muß noch Wein nachgegossen werden. Zuletzt rührt man einen Löffel Mehl mit kaltem Wasser zart an, gießt es dazu und läßt es noch einmal aufkochen.

## 21. Cassole.

Man nimmt Reis und Linsen, jeder Art ungefähr gleich viel, schwellt sie besonders im Wasser, nur wenig, legt unten in eine irdene Casserole eine Lage Linsen mit ein wenig Salz, eine Lage Reis und Salz, dann rangirt man Schaf-Coteletten, die wohl geklopft sein müssen, ordentlich auf das Reis, thut wieder etwas Salz und eine Lage Reis und eine Lage Linsen, wie zuerst, und soviel Fleischbrühe dazu, als man nöthig glaubt, daß Reis und Linsen weich werden, deckt es zu und stellt es mit dem Brod in den Ofen, und läßt es zugedeckt so lange als das Brod darin, deckt es dann ab und läßt es noch so lange im Ofen, bis oben über eine starke Kruste ist.

## 22. Cassole anderer Art.

Hat man allerlei Reste von Fleisch, Schaf-, Kalb-Schweinefleisch, Geflügel, Wildpret, so schneidet man sie in dünne Schnittchen, schwellt Reis in Fleischbrühe mit Salz nur wenig, bestreicht eine Kochplatte mit frischer Butter, thut eine Lage Reis darein, rangirt dann das Fleisch wohl, bedeckt es wieder mit Reis und legt Butter oben darauf, setzt ein paar Löffel Fleischbrühe bei und backt es im Ofen.

### 23. Cassole en ragoût.

Man kocht Reis in Fleischbrühe ziemlich weich, bestreicht eine tiefe Schüssel mit süßer Butter, würzt das Reis mit Muskatnuß und Salz, belegt damit den Boden und die Wände der Schüssel etwas mehr als fingersdick, füllt sie dann mit fricassirten Hähnlein oder Tauben, Milchling oder anderm beliebigem gekochtem Fleisch, bedeckt es wieder mit Reis, bindet die Schüssel in ein Tuch recht fest und kocht es so eine halbe Stunde in Fleischbrühe, die darob zusammengehen muß, läßt es kalt werden und wendet es auf eine Schüssel um, garnirt es mit Krebsstielen und macht eine Krebssauce daran.

### 24. Schafpudris.

Hat man Reste von Schafbraten, so schneidet man denselben in Stücke, macht eine gute Zwiebelnschweize mit einer guten Kelle Mehl, röstet sie schön gelb, gießt Fleischbrühe und ein Glas Wein darein, setzt etwas Gewürz oder Kräutli hinzu, wenn es beliebt, und läßt das Fleisch langsam darin kochen.

# Geflügel en ragoût.

### 1. Enten, gedämpft.

Die Enten werden sorgfältig trocken gerupft und Sorge getragen, daß die Haut nicht verletzt werde; sind die Federn alle rein davon, so werden sie einige Mal über starke Flammen gehalten, damit das Flaumichte, welches man nicht rein ausziehen kann, abbrenne; dieß muß aber geschwind gethan werden, damit mit den kleinen Federchen nicht auch die Haut anbrenne. Dann wird die Ente mit trockenem Krüsch (Kleie) abgerieben, nachher in heißem Wasser gewaschen und die allenfalls noch daran befindlichen Federwurzeln ausgezogen, der Kopf von der Ente abgeschnitten, die Füße desgleichen, dann unter dem einen Schenkel ein Schnitt gemacht, so wenig groß wie möglich, das Eingeweide da heraus genommen und nachher die Ente mit kaltem Wasser innen und außen gewaschen und troussirt (das Eingeweide wird nicht gebraucht). Dann werden die Enten mit Butter, Speckschwarten, Salz und 1—2 gelben Rübli in eine Casserole gethan, auf der Gluth gedämpft und schön gelb gemacht, hierauf gießt man Fleischbrühe oder Wasser, ein Glas rothen oder weißen Wein dazu, nebst einigen ganzen Nägeli, ein paar Blättchen Macis, Citronen- oder bittern Pomeranzenscheibchen, einigen kleinen Zwiebeln und einer Handvoll Morcheln, und läßt sie langsam zwei Stunden kochen. Ein Löffel voll gehackte Häring und Anchois dazu geht vorzüglich gut, dieselben müssen aber erst eine halbe Stunde vor dem Essen hinzu gethan werden. Sind die Enten weich, so wird die Sauce mit süßer Butter und Mehl gebunden; es muß Sorge getragen werden, daß genugsam Sauce sei, und ist sie etwas zu stark eingekocht, so wird zu rechter Zeit Wasser nachgegossen.

### 2. Enten-Ragout.

Nachdem die Enten ein bis zwei Tage in den Federn gehangen, werden sie gerupft und ausgenommen wie oben: Magen, Herz und Leber legt man wieder hinein, kocht sie dann beim Rindfleisch weich und macht eine Morchel- oder Fischsauce daran.

### 3. Andere Art.

Zwei junge Enten werden mit groben Speckriemchen gespickt, in eine Casserole auf eine Hammenschnitte gelegt, nebst einigen kleinen Zwiebeln, Salz, Pfeffer, Lorbeerblatt und einem Glas Fleischbrühe und gut zugedeckt auf schwachem Feuer gedämpft, man servirt sie im Jüs, oder fügt nach Belieben Morcheln, Capris oder Artischoken bei, welche vorher in Bouillon und Bratenjüs gekocht worden sind.

### 4. Enten mit Zuckererbsen.

Wenn die Ente troussirt ist, läßt man sie in zerlassenem, in Würfel geschnittenem Speck gelb braten, mit etwas Mehl bestreuen und mit Fleischbrühe anfeuchten, legt die Erbsen roh und gewaschen dazu mit Salz, Pfeffer, feinen Kräutlein und ein wenig Zucker und dämpft sie auf schwachem Feuer, bis die Ente weich ist; es soll immer genug Jüs sein; sollte es zu sehr einkochen, so gießt man ein wenig Wasser nach.

### 5. Wilde Enten.

Wenn die Enten gerupft, gewaschen und troussirt sind, legt man sie mit ein paar Scheibchen Speck, einer ganzen Zwiebel, Petersilie, ein paar gelben Rübli, zwei Citronenscheibchen und einem Lorbeerblatt in eine Casserole, thut ein halbes Glas voll Wein, einige Eßlöffel voll Essig und ein wenig Fleischbrühe dazu, setzt dieß zusammen auf Gluth und läßt die Enten dämpfen und schön gelb braten. Dann röstet man zwei Eßlöffel voll Mehl in heiß gemachtem Schmalz schön dunkelgelb, gießt Fleischbrühe oder Wasser daran, schüttet es mit einem Glas voll rothen Wein an die Enten und läßt sie noch eine halbe Stunde langsam fortkochen. Vor dem Anrichten drückt man noch den Saft einer kleinen Citrone daran, auch kann man einen Eßlöffel voll Capern an die Sauce thun. Wenn die Wildenten nicht jung sind, müssen sie gut anderthalb Stunden kochen.

### 6. Kapaun gedämpft.

Wenn der Kapaun gerupft, ausgenommen und troussirt ist, so wickelt man ihn in ein Tuch, mit Salz und Spezerei, wie Nägeli, Macis, Muskatnuß und läßt ihn auf schwachem Feuer in 8 dl. Fleischbrühe dämpfen bis er weich ist; damit er weiß bleibe, wendet man ihn öfters um, nimmt ihn dann heraus, rührt die fein geriebenen Brosamen eines kleinen Milchbrödchens in die Brühe, läßt sie ein wenig einkochen und gießt sie über den Kapaun.

## 7. Schnepfen-Salmi.

Die Schnepfen werden an einem kühlen Orte aufgehangen und so lange in den Federn gelassen, bis sie reif sind, d. h. die Augen müssen trüb werden und der Schnepf nahe daran sein, Geruch zu bekommen. Dann werden sie trocken gerupft und jedes kleine Federchen rein davon gethan, mit kaltem Wasser sorgfältig abgewaschen, Kopf und Füße werden daran gelassen, das Eingeweide auch nicht herausgenommen und der Schnepf troussirt. Dann wird zu jedem Schnepf eine Brodschnitte (nicht zu dick) genommen, dieselben mit süßer Butter bestrichen und unter jeden Schnepf eine solche Schnitte in die Bratschüssel gelegt, Salz darauf gestreut und in den Ofen gethan, in die Bratschüssel wird höchstens 2—3 Löffel voll Wasser geschüttet, die Schnepfen mit der geschmolzenen Butter fleißig begossen und so lange im Ofen gelassen bis das Eingeweide wenigstens zum Theil auf die Schnitten läuft und die Schnepfen anfangen auseinander zu fallen. Dann werden sie herausgenommen, in vier Theile zerschnitten, doch so, daß Hals und Schnabel an dem einen Flügel bleiben; das Eingeweide, das noch hinausfällt, wird mit dem auf den Schnitten, das dazu genommen wird, sorgfältig aufbehalten. Dann wird in einer Casserole mit gesottener Butter, fein geschnittenen Zwiebeln und einer Kelle voll Mehl eine schöne gelbe Schweize gemacht, Fleischbrühe darein gegossen, zart damit angerührt und verdünnt, dann ein Glas rothen Wein beigefügt sammt Pfeffer, Nägelipulver und Muskatnuß, auch 2—3 kleine ganze Zwiebeln, und endlich die zerschnittenen Schnepfen darein gelegt. Nun wird das zurückbehaltene Eingeweide im Mörser zerstoßen und nachher noch gehackt mit einem Löffel voll Capern und etwas mehr Anchois, bis alles recht fein ist, zu den Schnepfen gethan und zusammen gekocht bis dieselben weich sind; wenn die Sauce zu stark eingekocht oder zu dick ist, wird Wasser nachgegossen. Will man sie auftragen, so nimmt man die Brodschnitten, die unter den Schnepfen waren, macht sie in der Bratschüssel gelb (wenn sie es nicht schon sind), legt sie unten in die Platte und richtet das Salmi darauf an.

## 8. Andere Art.

Drei Stunden bevor man speisen will, setzt man ein Stück frische Butter in einer Casserole auf gelindes Feuer oder auf Gluth, und wenn die Butter geschmolzen ist, so legt man die Schnepfen, die sauber gerupft, aber nicht ausgenommen werden, ganz darein, deckt sie zu und wendet sie bisweilen um, damit sie nicht anbrennen. Wenn sie sich dann öffnen, so nimmt man sie heraus und entfernt alles Eingeweide 2c., legt sie wieder in die Butter und läßt sie langsam kochen; eine Stunde nachdem man die Schnepfen zu kochen angefangen hat, thut man eine Kelle voll Mehl, ein wenig gehackte Zwiebeln und Citronen in die Butter, zu zwei Schnepfen 4 dl. rothen Wein und Fleischbrühe, und kocht sie nun bis sie weich sind. Etwa eine halbe Viertelstunde vor dem Anrichten thut man auch die Eingeweide fein gehackt dazu, schneidet die Schnepfen in vier Theile und legt sie wieder in die Sauce. Man richtet sie über geröstete Brodschnitten an, deckt sie noch ein wenig zu und trägt sie auf.

## 9. Hähneli-Fricassé.

Die Hähneli sollen, wie alles Geflügel, 24 Stunden in den Federn liegen; erlaubt die Zeit dieß nicht, so lasse man sie wenigstens in den Federn kalt werden. Dann werden sie sauber gerupft, trocken, oder wenn man will, durch nicht ganz kochendes Wasser gezogen, das aber nicht zu heiß sein darf, weil sich sonst die Haut sammt den Federn ablöst. Sind sie sauber gerupft, so werden sie ausgenommen, in vier Theile zerschnitten, mit frischer

Butter in eine Casserole gethan, zugedeckt, auf guter Gluth etwa eine halbe Stunde gedämpft, bisweilen gewendet, dann ungefähr 4 dl. Fleischbrühe, ein Glas Wein, einige Scheibchen Citronen, ganze Nägeli, ein paar Blättchen Macis, und wenn man will, eine Hand voll Morcheln oder Trüffeln dazu gethan, alles eine Stunde langsam gekocht, die Sauce mit frischer Butter und Mehl gebunden und beim Anrichten ein Gelbes vom Ei mit etwas Petersilie in die Sauce gerührt; man kann auch eine Krebssauce daran machen.

## 10. Hähneli mit Zuckererbsen.

Wenn die Hähneli gerupft und ausgenommen sind, werden sie in vier Theile zerschnitten, mit Zuckererbsen, frischer Butter (eines Ei's groß), guter Fleischbrühe und einem Büschel feiner Kräuter auf die Gluth gethan und gelinde gekocht, bis Hähneli und Erbsen weich genug und die Brühe bis auf Weniges eingekocht ist, die dann mit frischer Butter und dem Gelben von zwei Eiern gebunden wird; beim Anrichten thut man noch Zucker hinzu, will man aber nicht Zucker, so fügt man schon beim Kochen Salz bei.

## 11. Gefüllte Hähneli am Blumkohl.

Man nimmt den Magen, Herz und Leber der Hähneli, Kalbsmilchling und etwas Rindermark dazu, hackt dieß zusammen mit Kräutlein recht fein und dämpft diese Fülle ein wenig mit frischer Butter, füllt die Hähneli damit, umwickelt sie mit Speckscheibchen und Papier und bratet sie in einem heißen Ofen schnell und servirt sie auf Blumkohl, der am Jüs und frischer Butter gekocht ist. Es versteht sich, daß Speck und Papier von den Hähneli abgelöst wird, ehe man sie aufträgt.

## 12. Huhn mit Zuckererbsen.

Man kocht ein Huhn mit halb Wasser und halb Fleischbrühe, nimmt eine ordentliche Portion Zuckererbsen, die man in zwei Theile theilt, läßt den einen Theil mit Petersilie und einer Zwiebel schwellen, bis sie weich sind, richtet sie durch ein Tamis, so auch weiße Brodkrumen, in Fleischbrühe geweicht, und vermengt sie mit den durchgerichteten Erbsen, nimmt dann die andere Hälfte der Erbsen und dämpft sie mit zerlassenem Speck, läßt sie mit Fleischbrühe, geschnittener Petersilie, etwas Muskatnuß, Zucker und Salz (wenn die Fleischbrühe nicht genugsam gesalzen ist) kochen bis sie weich sind, und thut ein wenig vorher, ehe man sie anrichten will, die durch's Tamis gerichteten dazu, mit einem Stück frischer Butter im Mehl gewälzt, und servirt das Huhn auf den Erbsen.

### 13. Junge Hühner mit Jüs.

Diese werden, nachdem sie in den Federn erkaltet, ausgenommen, gewaschen und troussirt, der Magen gereinigt, die Galle an der Leber weggeschnitten und Magen, Herz und Leber auf die Seite gethan; dann wird ein Eßlöffel voll Rindermark in einer Casserole auf Gluth geschmolzen, ein Eßlöffel voll Mehl darein gethan und schön dunkelgelb geröstet, gießt dann Jüs, so viel man zur Sauce nöthig hat, daran, thut eine mit Nägeli besteckte Zwiebel und etwas Citronenschale dazu; nun läßt man die Sauce so lange kochen, bis sie den Mehlgeschmack verloren hat. Die Hühnchen werden in guter Fleischbrühe langsam gekocht, damit sie schön weiß bleiben. Inzwischen wird Magen, Herz und Leber fein gehackt, Salz und ein wenig Gewürz darunter gemischt und dieß auf dünne Brodschnitten gethan, die mit frischer Butter bestrichen sind, dann werden sie in heiße Butter gelegt, zugedeckt und auf Gluth gedämpft, bis die Schnitten gelb sind, die nun auf eine Platte gelegt werden und die Hühnchen darauf, auf welche man ein wenig Citronensaft gießt, und dann die Sauce (die nicht zu dick sein darf) mit Sorgfalt rings um dieselben geschüttet, damit die Hühnchen schön weiß in der braunen Sauce liegen.

Geflügel en ragoût.

## 14. Huhn im Dampf.

Ein altes Huhn wird gestochen und im Keller 24 Stunden in die Erde gelegt, damit es recht mürbe werde; dann brüht man es mit siedendem Wasser, nimmt das Eingeweide heraus, wascht es etliche Mal aus frischem Wasser, troussirt es und reibt es mit Salz ein, thut ein paar Scheibchen Speck in einen Topf, legt das Huhn darauf sammt einer mit Nägeli besteckten Zwiebel, einem Lorbeerblatt, einem gelben Rübli und einem Büschel zusammengebundener Petersilie, gießt so viel kaltes Wasser daran, daß es über dem Huhn zusammengeht, deckt den Topf zu und läßt das Huhn auf gelindem Feuer so lange kochen, bis das Wasser eingekocht und das Huhn weich ist; dann schwellt man Nudeln in gesalzenem Wasser und läßt dasselbe davon ablaufen; wenn dann das Huhn schön gelb ist, legt man die Nudeln neben herum in den Topf, läßt sie sammt dem Huhn langsam dämpfen, schüttelt die Nudeln aber öfters auf, damit sie nicht knollig werden. Dann werden noch etliche Löffel voll heiße Fleischbrühe daran gegossen, man richtet das Huhn auf eine Platte an und die Nudeln neben herum, thut aber Wurzeln und Zwiebeln davon.

## 15. Hühner im Gallerich.

Wenn das Huhn sauber gerupft und ausgenommen ist, so zerschneidet man es in einige Stücke, die Brust, Flügel u. s. w. und läßt sie einige Zeit in frischem Wasser liegen, damit sie weiß werden; ebenso einige frische Kalbfüße, zu je einem Huhn einen; wenn sie gereinigt und gewässert sind, kocht man sie ziemlich weich, fügt Salz, Macis, Muskatnuß, Citronenrinde, Lorbeerblätter, Nelken, Pfeffer, Zwiebeln, einen Löffel Essig, die zerschnittenen Hühner und ein kleines Stück Hausenblase hinzu und läßt dies zusammen gut zugedeckt kochen. Nach einiger Zeit gießt man 4 dl. Wein dazu, und läßt nun die Hühner vollends weich werden. Dann schöpft man alles Fett rein ab, nimmt die Stücke vom Huhn sorgfältig heraus, läßt die Brühe davon ablaufen und legt sie auf die Schüssel, garnirt diese mit

ausgezackten Citronenscheibchen und Petersilie, gießt das
Uebrige durch ein leinenes Tuch darüber, so daß die Brühe
ganz klar wird, und stellt sie an einen kühlen Ort, bis
der Gallerich fest ist.

### 16. Tauben en Ragoût.

Wenn die Tauben gerupft, ausgenommen und troussirt
sind, werden sie in einer Casserole auf Gluth mit Butter
und Speckschwarten gedämpft und ein wenig gelb gemacht,
dann wird Fleischbrühe und ein Glas Wein dazu gegossen,
einige Scheibchen Citronen, Nägeli und Pfeffer, ganz oder
in Pulver, Salz und eine Hand voll Morcheln dazu gethan, alles zusammen langsam gekocht, bis die Tauben
weich sind, und die Sauce kurz vor dem Auftragen mit
frischer Butter und Mehl gebunden. Man kann sie auch
gleich zubereiten, wie die verdämpften Enten; sind es aber
Wildtauben, so müssen sie vorher 2—3 Tage in Essig
gebeizt werden.

### 17. Gefüllte Tauben.

Wenn die Tauben gerupft, gewaschen und ausgenommen sind, so löset man den Kopf ab und füllt den
Kropf sorgfältig, daß er nicht zerreiße, mit folgender Fülle:
ein Stück Butter, einige Eier, Rosinen, ein wenig Zucker
und Salz, und so viel geriebenes Brod von einem Milchbrödchen werden zusammen verrührt, daß es einen Teig
gibt wie für Knöpfli. Dann läßt man die Tauben in
Butter schön braun braten, gießt etwas Wasser, oder besser
Fleischbrühe daran und läßt sie langsam kochen, bis sie
weich sind. Zuletzt rührt man einen Theelöffel Mehl mit
kalter Fleischbrühe zart an und fügt dies hinzu, damit die
Brühe etwas dick werde. Herz, Leber und Magen werden,
wenn sie geputzt und gewaschen sind, mit ein wenig Salz
wieder in die Taube gelegt und mitgebraten.

### 18. Krägli-Mägli von Gans.

So nennt man die Flügel, Hals, Füße und Eingeweide, als Magen, Leber und Herz der Gans (der

Magen muß von einander geschnitten und die dicke lederartige Haut abgezogen werden. Dieses alles wird mit Wasser und Salz über's Feuer gesetzt (nur die Leber wird ausgelassen und erst eine halbe Stunde vor dem Anrichten dazu gethan) und wenn es kocht, abgeschaumt, ein Glas Wein, 2 kleine Zwiebeln, 2 Citronen- oder Pomeranzenscheibchen, Nägeli- oder Pfefferpulver dazu gethan, und etwa zwei Stunden auf gutem Feuer gekocht, dann zwei Hände voll in Butter braun geröstete Brodbröcklein und gebratene Kastanien darein gethan, die Sauce mit süßer Butter und Mehl gebunden und noch eine Viertelstunde langsam gekocht und dann aufgetragen.

### 19. Capilotade von gebratener Gans.

Man nimmt alle Reste einer gebratenen Gans, zerschneidet die Carcasse in Stücke, macht eine Sauce von süßer Butter, zwei kleinen Löffeln voll Mehl, Fleischbrühe, einem Glas Wein, Nägeli, Pfefferpulver, Salz, Citronen- oder Pomeranzenscheibchen, gebratenen Kastanien (wenn man hat), legt die Gans darein und läßt alles zusammen eine halbe Stunde kochen, kurz vor dem Auftragen fügt man noch geröstete Brodbröcklein bei.

### 20. Gans mit Kastanien.

Man läßt die Gans, wenn sie ausgenommen und gewaschen ist, in einer Cloche oder Casserole in frischer Butter heiß werden, streut ein wenig Mehl darüber, thut zwei Zwiebeln, ein paar Lorbeerblätter, Pfeffer, Nägeli und Salz, nebst einem Glas Wein, Fleischbrühe und Wasser daran, daß es ob der Gans zusammengehe, deckt sie dann zu und kocht sie auf gelindem Feuer oder Gluth, bis sie weich und die Sauce gehörig eingekocht ist; das Fett muß fleißig abgenommen werden. Die Kastanien schwellt man, löst die Haut rein ab und thut sie eine Viertelstunde, bevor man die Gans anrichten will, daran. Hat man keine Kastanien, so kann man die Leber fein gehackt dazu geben, auch Trüffeln gehen gut.

### 21. Ragout von Truthahn.

Schneidet die Reste eines gebratenen Truthahns in schöne Stücke, läßt sie in zerlassenen Speckbröcklein gelb braten, bestreut sie mit etwas Mehl, fügt Bouillon hinzu und rührt sorgfältig, damit es keine Knollen gebe, und legt dann Zwiebeln oder Erdäpfel, beschnitten, roh dazu und läßt alles zusammen kochen; man kann auch kleine, weiße Rüben, die in Butter etwas gelb gemacht sind, statt des obigen, eine halbe Stunde vor dem Anrichten dazu thun.

### 22. Rebhuhn mit Erbsen.

Wenn das Rebhuhn zubereitet und gespickt ist wie zum Braten, so legt man es in die Casserole mit weißem Wein und Bouillon, Salz, Pfeffer, kleinen Zwiebeln, gelben Rübli, feinen Kräutchen oder Spezerei, läßt es langsam dämpfen, bis es weich genug ist und servirt es mit dem Jüs auf weich gekochten durchgeschlagenen Erbsen oder Linsen.

### 23. Kapaun am Reis.

Wenn der Kapaun in einer guten Brühe, mit einer Tranche Speck weich genug gekocht ist, so läßt man denselben vertropfen, richtet ihn an und hält ihn an der Wärme, kocht eine beliebige Portion Reis, etwa 250 g. in Fleischbrühe weich, legt ihn rings um den Kapaun und gießt klares, etwas dünnes Bratenjüs darüber; den Speck legt man beim Anrichten bei Seite.

# Gebratenes Geflügel.

### 1. Gebratene Gans.

Mit der Gans wird gleich verfahren wie beim Rupfen und Reinigen der Enten, nur mit dem Unterschied, daß der Gans die Flügel ganz nahe am Körper abgeschlagen werden. Das Ausnehmen des Eingeweides geschieht auf gleiche Weise wie bei den Enten; das Fett, so an den Därmen ist, wird sorgfältig abgelöst, die Gans rein in- und auswendig mit kaltem Wasser gewaschen, in die Bratpfanne gelegt, Salz darauf gestreut, ordentlich Wasser in die Bratpfanne gegossen, in die man zugleich das Fett von den Därmen legen kann, das aber auch durch's Wasser gezogen wird, dann in den Ofen gestellt, fleißig begossen, das ausgebratene Fett nach und nach ab dem Wasser genommen und aufbewahrt, da es das beste Fett ist zu Sauerkabis, Erdäpfelrösti und Kalbsbraten. Wenn die Gans halb gebraten ist, wird sie über der Brust mit Nägeli und kleinen Stücklein ganzem Zimmet gespickt und mit fleißigem Begießen fortgefahren. Beim Abnehmen des Fettes wird hin und wieder Wasser in die Bratpfanne nachgegossen; eine halbe Stunde vor dem Auftragen wird das Schieberlein am Ofenthürlein geöffnet, damit die Haut schön röst werde; die Gans muß immer zwei volle Stunden im Ofen sein und ringsum schön gelb werden. Glaubt man eine alte Gans zu haben, so lege man ihr, ehe man sie in den Ofen thut, ein Trinkglas in den Leib.

Nach Beblieben kann man die Gans vor dem Braten mit Kastanien füllen, was gut ist, aber dann verliert man beinahe alles Fett.

## 2. Sauce zu gebratener Gans.

Man macht eine Crême von dünner Niblen, Zucker und Eiern und einer Hand voll gestoßenen Mandeln, bäht dünne Brodschnitten von weißem Brod auf Gluth schön gelb, tunkt sie in das heiße Gansfett, legt sie oben auf die Crême, bestreut sie mit Zucker und Zimmet und servirt sie zur Gans.

## 3. Gans auf englische Art.

Wenn die Gans schön gebraten ist, wird eine Sauce auf folgende Art dazu gemacht: Man stößt zwei Hände voll gewaschener Sauerampfer-Blätter in einem Mörser, preßt den Saft durch ein Tuch, thut ein Stücklein frische Butter und ein wenig Zucker darein, rührt dieses zusammen in einer Casserole auf Gluth zu einer Sauce und servirt sie besonders zur Gans.

Diese Sauce ist auch gut zu gebratenen Tauben und Hähneli.

### 4. Gebratene Enten.

Diese werden ganz den Gänsen gleich behandelt, nur werden die Flügel nicht abgeschnitten, auch dürfen sie weniger lang braten und sind selten so fett, daß von denselben abgenommen werden kann.

### 5. Gebratene Hähneli.

Dieselben sollten, wie früher bemerkt, nachdem sie getödtet, 24 Stunden in den Federn hängen, wenigstens so lange bis sie ganz kalt geworden. Dann rupft man sie sorgfältig trocken, oder nachdem sie einige Male durch heißes Wasser gezogen, das jedoch nicht ganz siedend sein darf, damit die Haut nicht blöde werde und beim Rupfen Risse bekomme. Sind sie gerupft, so werden sie ausgenommen und troussirt, und sind die Hähneli nicht ganz klein und jung, ist es sehr gut, wenn man sie in siedender Fleisch- oder Schinkenbrühe ein wenig überschwellt, es dürfen aber nicht mehr als 2 bis 3 Wälle darüber gehen, dann läßt man sie kalten und spickt sie reichlich mit fein geschnittenem Speck, legt sie auf einen kleinen Rost in die Bratschüssel, streut Salz darüber, gießt ein wenig Wasser in die Bratpfanne, und bratet sie im Ofen. Sie müssen fleißig begossen werden, und nachdem dies ein paar Mal geschehen, lege man noch ein Stück frische Butter dazu und fahre mit fleißigem Begießen fort. Sie müssen schön gelb sein und nicht in allzu starker Hitze braten, damit sie nicht Blattern werfen; eine Stunde im Ofen ist für Hähneli hinlänglich, auch etwas weniger, wenn sie ganz jung und klein sind.

## 6. Gebratene Tauben.

Die Tauben werden trocken gerupft, der noch zurückgebliebene Flaum über helle Flammen einige Male durchgezogen, daß er abbrenne (doch darf die Haut an der Taube nicht anbrennen), dann mit trockenem Krüsch gerieben, in kaltem Wasser gewaschen, ausgenommen und troussirt und das Eingeweide, als Magen, Leber und Herz, bei Seite gelegt. Die Tauben werden über die Brust mit fein geschnittenem Speck gespickt, oder dünne Schnittchen Speck, die gehickt werden, über die Brust gelegt, mit Salz bestreut, und nachdem ein wenig Wasser in die Bratpfanne gethan worden, im Ofen gebraten, wie jeder Braten, fleißig begossen und nicht länger als eine Stunde gebraten. Das Eingeweide wird fein gehackt, mit Majoran, Kölm und ein wenig Nägelipulver gewürzt, eine Prise Salz und eine Messerspitze voll Mehl damit vermengt und die Farce eines Messerrückens dick auf dünne, mit süßer Butter bestrichene Brodschnitten gestrichen, die Schnitten in der Tourtiere geprägelt und auf die Schüssel unter die Tauben gelegt.

## 7. Gefüllte Tauben.

Wenn die Tauben gerupft und ausgenommen sind, hackt man Leber, Herz und Magen mit kaltem Braten und Speck, würzt es mit Salz, Spezerei und feinen Kräutern (Kölm, Majoran), netzt es mit einem Ei, füllt die Tauben damit und verbindet sie. Dann macht man in einer gelben Pfanne Fleischbrühe und ein Glas Wein siedend, daß es ob den Tauben zusammengehe, legt sie hinein und schwellt sie weich, streicht sie dann mit Eigelb an und backt sie in Butter langsam schön gelb.

## 8. Gebratener welscher Hahn.

Welschhahn oder Huhn müssen immer trocken gerupft werden, und zwar mit großer Sorgfalt, daß die Haut nicht Risse bekomme. Ist er gerupft, so wird unter dem einen Schenkel ein Schnitt gemacht, nicht größer als nöthig, um das Eingeweide auszunehmen, was sorgfältig geschehen muß, um die Oeffnung nicht zu vergrößern. Ist alles rein heraus, so wird auf der einen Seite am Kropf auch ein Schnitt gemacht, doch so viel möglich nur durch die obere Haut; der Kropf kann dann auf diese Weise mit seiner Haut ganz herausgeschält werden, die obere Haut darf aber nicht weiter verletzt werden, als was durch den Schnitt geschehen; nebst dem Kropf soll auch der Schluck und Kroffen ausgezogen werden. Ist dieß alles geschehen, wird der Hahn mit kaltem Wasser innen und außen sauber gewaschen und die leere Haut am Hals, worin der Kropf gelegen, mit überschwellten und von der Schale und Haut gereinigten Kastanien ausgefüllt, so viel als die Haut fassen kann; oder aber es wird Leber, Herz und Magen (welch letzterer aufgeschnitten, von der dicken, lederartigen Haut und was darin ist, gereinigt und ein wenig geschwellt wird) mit einem Milchling oder einem Stück kalten Braten fein gehackt, oder auch mit in Milch geweichter Semmel vermengt, Kräutli, etwas Gewürz und ein Ei dazu gethan, dieß alles durcheinander gerührt und die Haut, wo der Kropf war, mit der Fülle angefüllt und zusammengenäht. Dann wird der Hahn troussirt (die Schenkel mit einem Spießli oder Faden zusammen gehalten, daß die Oeffnung des Ausnehmens nicht sichtbar wird), in die Bratschüssel gelegt, Wasser darein gethan, Salz darüber gestreut und im Ofen gebraten, nicht in allzu starker Hitze, damit die Haut nicht Blattern werfe; er muß fleißig begossen werden und wohl zwei Stunden im Ofen sein. Man kann ihn auf der Platte mit Brunnkresse garniren, die nur einen Augenblick in der heißen Bratschüssel durch's Jüs gezogen wird, und auch Jüs dazu auf die Platte thun.

### 9. Welscher Hahn mit Gallerich.

Denselben kann man wie Nr. 8 braten, kalt werden lassen und ohne Jüs oder Fett in Gallerich legen, die Platte nach Belieben mit Krebsstielen garniren und so auftragen. Will man aber den Hahn lieber ganz weiß haben, so wird er wie zum Braten zugerüstet, der Kropf mit Kastanien gefüllt, aber statt daß er gebraten wird, wie Rindfleisch in einem großen Hafen im Wasser mit 2 dl. Wein, ganzem Gewürz und einem zusammengebundenen Büschel Petersilie langsam gekocht bis er weich genug ist; nun läßt man ihn in der Brühe kalt werden, nimmt dann alles Fett sorgfältig davon und servirt ihn am Gallerich. Die Brühe, in der er gekocht wurde, ist sehr gut und kann zum Gallerich dienen, wenn etwa 1½—2 kg. Rinderknoben und Rinderleber dazu gekocht wird, aber in einem besondern Hafen, weil der Hahn sonst nicht schön weiß bleibt. Zu diesem Fleisch werden 4½ l. Wasser gethan, verschaumt, dann 4 dl. Wein und ganzes Gewürz dazu und langsam wohl vier Stunden gekocht, bis es auf 1½ l. eingekocht ist, in eine große Schüssel angerichtet und wenn es kalt ist, alles Fett rein davon abgenommen, so auch von dem Welsch=hahn=Gallerich, zusammen dann in einer Pfanne von Messing wieder über's Feuer gethan, ein paar Scheibchen Citronen dazu, und wenn er anfängt warm zu werden, von 3—4 Eiern das Weiße und die Schale zerbröckelt, unter einander geklopft und darein gethan; nun rührt man ihn 1—2 Mal um, läßt ihn zusammen aufwallen und setzt ihn ab dem Feuer, nimmt den Schaum ab und läßt ihn langsam durch ein dickes, über einen großen Hafen gelegtes Tuch laufen und kalt werden; alsdann wird er um den Hahn gethan, mit Krebsstielen oder wie man will garnirt.

### 10. Welschhahn=Leber en robe de chambre.

Man hackt die Leber eines welschen Hahnes fein, mengt Muskatnuß und ein paar Körnchen Salz darunter, dann ordentlich Anchois, aber nicht gehackt, sondern nur in Stück=lein damit vermischt, macht dann kleine Zuckerbrodpapier=chen, rangirt sie neben einander auf einer eisernen Schüssel, thut in jedes Papierchen ein Bröcklein süße Butter, einen halben Löffel voll von der Leber darauf, wieder ein Bröck=lein Butter und ein paar Tropfen Citronenjüs und stellt sie nun ein paar Minuten in den Ofen, bis sie ganz in Schaum ist und servirt sie sogleich.

## 11. Gebratene Schnepfen.

Die Schnepfen müssen zum Braten nicht so reif sein wie zum Salmi; doch aber immer einige Tage in den Federn hangen; dann werden sie trocken gerupft und troussirt, aber nicht ausgenommen, in die Bratpfanne auf den Rost gelegt, unter jede Schnepfe eine mit frischer Butter bestrichene Brodschnitte gethan, die Schnepfen mit Salz bestreut und auf jede ein dünnes Speckschnittchen gelegt oder sie mit Speck gespickt; in die Bratpfanne thut man nur sehr wenig Wasser und begießt sie fleißig damit. Sind sie halb gebraten, so läßt man das Eingeweide heraustropfen, zerstoßt es wohl im Mörser, streicht es auf die Brodschnitten und läßt sie mit den Schnitten gar braten; sie müssen immer 1½ oder 2 Stunden im Ofen sein, aber nicht in allzu starker Hitze.

## 12. Gebratene Wachteln.

Die Wachteln werden trocken gerupft, ausgenommen und troussirt, dann jede in frische Rebblätter eingebunden, in der Tourtiere neben einander rangirt, ein Stück frische Butter, einige Speckscheibchen, ein Löffel voll Wasser dazu gethan, Salz darüber gestreut und schön gelb gebraten; der Tourtieredeckel muß mit schwacher Gluth belegt werden.

## 13. Lerchen.

Die Lerchen müssen ganz frisch gerupft werden, troussirt, aber nicht ausgenommen, in der Tourtiere mit Butter, Salz, dünnen Speckscheibchen, einigen Brotschnittchen und einem Löffel voll Wasser schön gelb gebraten. Die Brod- und Speckschnittchen werden wie die Lerchen fleißig gewendet, so daß die Schnitten bald ob den Lerchen, bald unter denselben zu liegen kommen; eine Stunde ist zum Braten genug, sie dürfen ja nicht zu stark gebraten sein.

## 14. Auerhahn.

Man rupft den Auerhahn recht sauber bis an den Kopf, dann wird er gewaschen, ausgenommen, mit Essig ausgewaschen und mit gestoßenem Pfeffer, Nägeli und Salz inwendig eingerieben; wenn er alt oder zähe ist, so wird scharfer Weinessig darüber gegossen, womit man ihn 24 Stunden in ein Geschirr legt und fleißig umwendet, damit er recht durchgebeizt wird. Hierauf wascht man den Hahn sauber heraus, Herz, Leber und Magen werden mit 50 g. frischem Speck, Kräutli und Citronenschale fein gehackt, mit einer Hand voll geriebenem Brod, einigen Eiern, Salz und ein wenig Muskatnuß angerührt, der Auerhahn damit gefüllt; dann wird er gespickt und mit Speck eingebunden, unten zugenäht und der Kopf mit Papier umwickelt. Nun legt man den Hahn in eine Casserole oder eine Bratschüssel, thut ein paar Scheibchen Speck, ein Lorbeerblatt, eine mit Nägeli besteckte Zwiebel und einen Citronenschnitz dazu, läßt ihn im Ofen oder auf der Gluth langsam braten, begießt ihn fleißig, wendet ihn öfters um und begießt ihn noch von Zeit zu Zeit mit Essig oder Citronensaft. Beim Zusetzen muß auch schon ein wenig Essig und Fleischbrühe in die Casserole gegossen werden. Wenn er genug gebraten ist und angerichtet wird, gießt man noch heiß gemachte Butter, worein Citronensaft gedrückt ist, darauf; das Papier wird weggenommen und wenn man will, mit Citronenscheibchen belegt.

### 15. Feld- und Rebhühner.

Diese werden bis auf den Kopf gerupft und der Kropf und das Eingeweide rein ausgenommen; dann wascht man sie mit Wein aus, biegt die Füße um und legt sie ein paar Tage in Wein oder schwachen Essig; wenn man sie braten will, wascht man sie aus diesem heraus, reibt sie in- und auswendig mit Salz, Pfeffer und Nägeli, spickt sie mit feingeschnittenem Speck und bindet sie in Rebblätter besonders über die Brust ein, steckt eine kleine ganze Zwiebel hinein, bindet den Kopf in Papier und legt die Hühner in eine Casserole oder Bratschüssel, steckt eine Scheibe Speck dazu, gießt ein wenig Fleischbrühe daran, legt eine mit Nägeli besteckte Zwiebel, ein Lorbeerblatt und etwas Citronenschale dazu, stellt sie in den Ofen oder auf Gluth und läßt sie unter öfterem Begießen langsam aber nicht stark braten; wenn sie genugsam gebraten sind, legt man sie auf eine Platte, löst die Rebblätter davon, drückt ein wenig Citronensaft in die Sauce, worin sie gebraten wurden, und schüttet sie auf die Platte. Es darf aber nicht zu viel Jüs sein.

### 16. Gallerich für Kranke.

Ein Huhn, gleichviel ob ein altes oder junges, wird, nachdem es gerupft, ausgenommen und gehörig gereinigt worden, in drei oder vier Theile zerschnitten und sammt dem Herz, Magen und Leber, ganz wenig Salz, einem Glas Wasser, wenn man will einigen Petersilienästchen in ein Zuckerglas gelegt, mit einer Blatter bedeckt und verbunden; nun umwickelt man das Glas mit Stroh oder Heu, stellt es sorgfältig in einen Kochtopf, der mit Stroh oder Heu belegt ist, damit das Glas nirgends den Topf berühre, da es sonst zerspringen würde, füllt den Topf mit kaltem Wasser und läßt es auf gleichmäßigem Feuer zwanzig Stunden kochen; stellt dann den Topf ab dem Feuer und wenn das Wasser beinahe kalt ist, nimmt man das Glas heraus, gießt das Bouillon, welches wie Syrup oder Oel aussieht, in eine Schüssel, läßt es kalt werden, schöpft das Fett rein ab und gießt es zum Gebrauch wieder in das Zuckerglas oder in eine Flasche.

### 17. Gebackenes Geflügel.

Schneidet die Resten von gedämpftem oder gebratenem Geflügel in beliebige Stücke, tunkt sie in einen Omelette-Teig und backt sie in Butter schön gelb.

---

## Fische, Schnecken, Frösche.

### 1. Gebratener Hecht.

Beim Kaufen todter Fische muß wohl Acht genommen werden, daß sie frisch seien, die Ohren müssen unter ihrem Deckel, den man aufheben muß, schön dunkelroth sein und keinen übeln Geruch haben, der Fisch beim Anrühren nicht schleimicht sein und nicht zu blaß und steif.

Ein schöner großer Hecht wird, nachdem er von den Schuppen, die mit dem Messer abgeschabt werden, gereinigt ist, ausgenommen, und innen und außen in einem großen Kessel mit kaltem Wasser wohl gewaschen. Dann wird er auf beiden Seiten der Breite nach gehickt, von vier zu vier Fingerbreiten auseinander, die Hicke beider Seiten dürfen sich aber nicht begegnen, sonst zerfällt er beim Braten; dann wird er mit Salz gerieben, auf dem Rost im Ofen gebraten und mehrmals mit frischer Butter bestrichen. Man kann eine Sauce dazu geben von frischer Butter, Mehl und Niblen, einem Löffel Capern, Muskatnuß, ein wenig Salz dazu, sie muß nicht lange kochen. Statt einer Sauce kann man auch einen Salat von Kräutli dazu serviren.

## 2. Hecht am Wein.

Derselbe wird wie oben gereinigt und ausgenommen und ist er groß, ebenfalls einige Male gehickt. Hat man einen langen Fischkessel, so kann man den Fisch seiner ganzen Länge nach lassen; hat man nur eine gewöhnliche Pfanne, so wird er gekrümmt, d. h. der Schwanz ihm in den Mund gegeben, so daß er mit den Zähnen gehalten wird. Dann wird er in eine Messingpfanne gelegt, eine Handvoll Salz, drei Scheibchen Citronen, ein Büschelchen ganze Nägeli, ebensoviel Pfeffer, einige Blättchen Macis, 6—8 ganz kleine Zwiebeln, eine Handvoll Petersilie, eine gebähte Brodschnitte, eine Flasche Wein, Fleischbrühe und Wasser, daß es über dem Hecht zusammen gehe, ein Stück frische Butter dazu gethan, und alles zusammen auf lebhaftem Feuer zugedeckt gekocht, bis der Fisch durchkocht ist, nicht mehr blutet und das Fleisch sich vom Grat lösen will, was am sichersten gerade unter den Ohren bemerkt wird. Dann wird die Sauce mit Butter und Mehl gebunden, was auf folgende Weise geschieht: Man läßt während dem Kochen des Fisches in einem Messingpfännchen oder einer Casserole ein Stück frische Butter schmelzen, rührt zwei Kellen voll Mehl darein (die Butter darf nicht heiß sein), gießt unter beständigem Rühren von der siedenden Fleischbrühe nur sachte dazu, bis die Sauce die gehörige Dicke hat, schön zart und ohne Knollen ist; die Citronenscheibchen und Zwiebeln werden in die Sauce gethan und noch ein wenig damit gekocht. Den Hecht legt man mit Sorgfalt auf die Platte, daß er schön ganz bleibe, die Sauce wird dazu geschüttet, Zwiebeln und Citronen darum und heiß aufgetragen. Die übrige Fischbrühe in welcher der Fisch gekocht, wird gerichtet und aufbehalten; sie ist gut zu gebrauchen zu Sauce an Fleischreste, Erdäpfel ꝛc.

Auf gleiche Weise werden Forellen, Salmen, Brandäsche und Egli zubereitet, nur mit dem Unterschied, daß diese Fische nicht so lange kochen dürfen, wie ein großer Hecht und kleine Fische auch nicht gehickt werden.

### 3. Hecht an einer Pomeranzen-Sauce.

Der Hecht wird im Wasser mit Salz und Petersilienästchen geschwellt; ist er weich genug, so nimmt man ihn aus demselben, läßt das Wasser davon ablaufen, behält ihn aber zugedeckt an der Wärme, und macht folgende Sauce; einige Pomeranzen, je nach der Größe des Fisches, werden in Scheiben geschnitten und im Wasser geschwellt, ein Löffel Mehl mit frischer Butter und ¼ dl. Niblen zart gerührt, mit weißem Pfeffer und Salz gewürzt, wenn sie kocht ein Eigelb, zwei Löffel Capris und die Pomeranzen dazu, zusammen einige Minuten gekocht und über den Hecht angerichtet.

### 4. Salm marinirt.

Schneidet den Fisch in beliebige Stücke, legt ihn auf ein Tuch und trocknet ihn ab, backt ihn in heißem Olivenöl, streut Salz darüber, und wenn er gebacken und erkaltet ist, so legt man die Stücke schichtenweise in einen irdenen Hafen, mit ganzem weißem Pfeffer, gestoßenen Gewürznelken, Lorbeerblättern, Citronenscheibchen, einer kleinen Galgantwurzel und Essig, das den Fisch ganz bedecken muß; zuletzt, damit der Essig nicht verraucht, gießt man Oel darauf.

### 5. Salm in Coteletten.

Wenn der Salm mit Wein, wie in Nr. 2 angegeben, gekocht worden ist, so zerschneidet man ihn in Schnitten, legt sie in die Tourtiere mit frischer Butter, geriebenem Brod und Anchois und läßt ihn einige Zeit dämpfen. Man gibt eine Anchois- oder Capern-Sauce dazu.

### 6. Fische am Wasser.

Forellen und Aesche sind die besten Fische, um am Wasser gekocht zu werden, auch der Hecht; sie sollten aber nicht ganz klein sein. Wenn die Fische geputzt, ausgenommen und troussirt, d. h. gekrümmt sind, legt man sie in eine Messingpfanne, thut eine starke Handvoll Salz, einen Büschel zusammengebundener Petersilie, einen kleinen Löffel voll ganzen Pfeffer, frisches Wasser, daß es ob den Fischen zusammengehe, dazu, und läßt sie dann zugedeckt auf starkem Feuer kochen, bis dieselben beim Kopf spalten und nicht mehr bluten, zieht sie sodann gleich aus dem Wasser, thut sie auf die Platte und trägt sie heiß auf. Man servirt dazu frische Butter, oder auch eine Macis-Sauce, die auf folgende Weise gemacht wird: Man nimmt zu einer schönen Platte Fisch 100 g. extrasüße Butter, läßt sie in einem Messingpfännchen auf schwacher Gluth schmelzen, rührt eine Kelle voll Mehl darein, gießt gute Fleischbrühe unter beständigem Rühren dazu, bis die Sauce die gehörige Dicke hat (sie darf nicht zu dick sein), legt ziemlich viel gestoßenen Macis darein und Salz, und läßt sie auf schwacher Gluth nicht lange kochen; sie wird in einer Sauciere zu den Fischen servirt.

### 7. Fische mit Capris-Sauce.

Die Fische werden im Wasser mit Salz, Petersilie, Zwiebeln, Pfeffer und Citronenscheibchen weich gekocht und folgende Sauce dazu gegeben: Ein Stück frische Butter und ein Löffel voll Mehl wird mit Nidlen angerührt und einige Minuten gekocht; beim Anrichten legt man Capern und die Citronenscheibchen, die mit den Fischen gekocht waren, in die Sauce, sie sollen aber nicht darin kochen, weil die Sauce gerinnen würde.

### 8. Forellen nach Genfer Art.

Wenn die Fische geputzt und troussirt sind, werden sie in eine Pfanne von Messing gethan, mit einer ganzen Zwiebel, einer gebähten Brodrinde, Salz und genugsam gutem rothem Wein. Dann thut man sie auf ein starkes Feuer und will der Wein zu kochen anfangen, so zündet man denselben an und läßt ihn ausbrennen, legt dann Gewürz dazu und läßt die Fische kochen, bis nur noch so viel Wein übrig bleibt, als für die Sauce nothwendig ist; rangirt dieselben mit Sorgfalt auf die Platte, in der man sie auftragen will, richtet die Sauce durch das Tamis und bindet sie mit vieler frischer Butter, rührt sie fortwährend bis sie kocht, und schüttet sie über die Fische.

### 9. Forellen zu mariniren.

Die Forellen müssen sauber geputzt, gewaschen und abgetropft sein, dann werden sie in beliebige Stücke geschnitten und in feinem Olivenöl gebacken und in einer Platte verlegt, bis sie kalt sind; hernach werden sie in eine irdene glasirte Schüssel rangirt, Pfeffer, Salz, Lorbeerblättchen und Rosmarin darüber gestreut, dann das Oel, in dem sie gebacken worden, lau darüber geschüttet und zwei Gläser guten Essig dazu gethan; das Oel soll ob den Fischen schwimmen.

### 10. Gebackene Fische.

Zum Backen werden gewöhnlich kleine Fische genommen, z. B. kleine Bachforellen, Egli, Alböck, Balken oder sogenannte Surseefische, Heurlinge u. dgl. Sind sie geputzt, ausgenommen, gewaschen und wohl abgetropft, so werden die größern in der Mitte gespalten und der Kopf durch die Oeffnung gesteckt, so daß die Haut nach innen gekehrt ist; auch schneidet man die ordentlich großen in drei Stücke. Dann mischt man auf einem Teller Mehl und Salz durcheinander, wälzt die Fische darin wohl um und backt sie in heißer Butter schön gelb.

### 11. Gebackene Häringe.

Die Häringe werden zwölf Stunden lang in frisches Wasser gelegt, aus diesem und noch aus mehreren frischen Wassern sauber herausgewaschen, mit einem Tuche getrocknet, ausgenommen, die Haut abgezogen und die Gräte, so viel man kann, davon gelöst. Dann schneidet man die Häringe der Breite nach in zollbreite Stückchen, kehrt sie in Ei und dann in geriebenem Brod um und backt sie in heißem Schmalz schnell.

Man kann die Häringe, auf diese Weise gewaschen und geputzt, statt durch Ei und Brodkrummen gezogen, in einen guten Pastetenteig wickeln, dann aber läßt man den Häring der Länge nach ganz, spaltet also den Fisch nur in zwei Theile von einander, wickelt ihn in Teig und backt ihn in heißer Butter, backt Petersilie dazu und legt diese auf der Platte um die Fische herum.

### 12. Stockfisch.

Der Stockfisch wird, wenn man ihn trocken kauft, mit einem schweren Hammer tüchtig geklopft, mehrere Tage im frischen Wasser geweicht, mit Wasser, einem Glas Wein und einer ganzen Zwiebel gekocht, bis er weich ist, von den Gräten der Haut und dem Fett gereinigt, dann in einer Casserole mit ungefähr 5 dl. Fleischbrühe, etwas Nägeli- und Pfefferpulver, Salz und einem Löffel Capern auf Gluth gekocht, bis die Fleischbrühe eingekocht ist, dann eine Sauce von frischer Butter, Mehl und Nidlen gemacht, Muskatnuß dazu und an den Stockfisch gethan und noch einige Minuten zusammen gekocht. Statt einer Sauce, kann man auch in Butter geröstete Zwiebeln über den gekochten Stockfisch thun, mit ziemlich viel Butter.

### 13. Krügeli von Stockfisch.

Resten von gekochtem Stockfisch hackt man sehr fein mit ein wenig weichem Brod und Speck, würzt es mit gehackter Petersilie, Salz, Pfeffer und Muskatnuß, rührt zwei bis drei Eier darunter, formt Krügeli daraus und prägelt sie in heißer Butter schön gelb. Eine Senfsauce wird dazu servirt.

### 14. Anchois=Sauce.

Man reinigt vier Anchois, löst die Gräte davon und hackt sie fein, stellt sie mit einem Glas Wasser, einem guten Stück frischer Butter, ein wenig Mehl und Muskatnuß in einer Casserole auf die Gluth, rührt immer bis die Sauce kochen will, und gießt ein wenig Citronenjüs oder Essig darein. Man kann diese Sauce zu allen Arten gebratenen Fischen serviren.

### 15. Butter=Sauce zu Fisch und Kartoffeln.

Ein Kaffelöffel voll Mehl wird mit 100 gr. ganz frischer süßer Butter vermengt; ehe man sie übers Feuer stellt, gießt man 3 bis 4 Suppenlöffel voll Wasser oder Milch darein und kocht sie eine Minute lang auf gutem Feuer unter beständigem Rühren.

### 16. Senf=Sauce.

Eine Tasse voll feingehacktes Brod wird mit einem Stück frischer Butter, Pfeffer, Salz, Essig und Wasser und ein wenig Chalotten gut durchgerührt, in einer gelben Pfanne aufwallen lassen und zuletzt Senf beigefügt nach Belieben.

### 17. Zimmet=Sauce.

Ein Löffel voll Mehl wird in Butter gelb geröstet, mit Wein, Zucker und Zimmet gewürzt und einige Zeit ge= kocht, dann ein Stück frische Butter und ein wenig Essig dazu gefügt. Man gibt sie zu gebratenen Zungen, Enten, Wildpret und gebackenen Fischen.

### 18. Schnecken.

Man kocht sie in Wasser, in dem eine halbe Schaufel voll Asche aufgelöst wird, bis die Deckel sich lösen und man die Schnecken leicht aus den Häuschen herausziehen kann, was mit Sorgfalt geschehen muß, damit sie nicht zerreißen, wascht sie dann in warmem Wasser. Hat man Gelegenheit, sich von Jemand weisen zu lassen wie die

Schnecken geputzt werden müssen, so versäume man es nicht, sonst aber diene folgende Anleitung: Zuerst wird der Bündel und die obere schwarze Haut der Schnecke abgezogen, dann der Leib aufgeschnitten, das Eingeweide herausgenommen, der Kopf hart hinter den Hörnern abgeschnitten, auch die äußerste Spitze des Schwanzes, dann thut man sie wieder in warmes Wasser und sind sie alle geputzt, werden sie wieder gewaschen; hierauf thut man sie in eine Casserole mit Fleischbrühe, einem Glas Wein, feingeschnittener Citronenrinde, zwei Scheiben von der geschälten Citrone, Nägeli, Pfeffer, Salz und eines halben Ei's groß frischer Butter, läßt sie wenigstens 2 Stunden auf Gluth kochen und bindet die Sauce mit einem Stück frischer Butter im Mehl gewälzt und rührt sie, bis die Butter geschmolzen. Man kann die Schnecken nach Belieben hacken, versteht sich, ehe man sie mit der Fleischbrühe ꝛc. kocht.

## 19. Frösche, fricassirt.

Man kauft die Frösche geputzt, streut eine kleine Handvoll Salz darüber, läßt sie ein wenig stehen und wascht sie in frischem Wasser, dann wird in einer Casserole ein Stück frische Butter geschmolzen, legt die Frösche darein, läßt sie zugedeckt eine Viertelstunde dämpfen und wendet sie einige Mal um, gießt Fleischbrühe und ein Glas Wein dazu, mit etwas feingeschnittener Citronenrinde, Nägeli, Pfeffer und Salz, läßt sie noch eine Viertelstunde kochen und bindet die Sauce mit einem Stück frischer Butter in Mehl gewälzt, rührt sie bis die Butter geschmolzen und keine Knolle mehr ist. Beim Anrichten wird ein Gelbes vom Ei mit ein wenig feingeschnittener Petersilie unter die Sauce geklopft.

## 20. Gebackene Frösche.

Wenn die Frösche mit Salz bestreut und gewaschen sind, läßt man sie vertropfen, macht einen Teig von weißem Mehl mit lauer Milch zart angerührt, klopft drei ganze Eier darunter, ein wenig Salz, tunkt die Frösche darein und backt sie in heißer Butter schön gelb.

### 21. Gesottene Krebse.

Die Krebse werden mit einer starken Handvoll Salz, einem Glas Wein, einer Prise Pfeffer und einem Büschel Petersilie in nicht ganz siedendes Wasser gelegt, auf starkem Feuer gekocht bis sie roth und einige Wälle darüber gegangen sind, dann auf die Schüssel rangirt, mit einer Serviette bedeckt und heiß aufgetragen.

### 22. Gebackene Krebse.

Dazu nimmt man von den kleinsten Suppenkrebsen, welchen man den Darm aus dem Schwanze zieht, nachdem sie in kochendem Wasser getödtet worden; man macht einen Teig wie für die gebackenen Frösche, tunkt die Krebse darein und backt sie in sehr heißer Butter.

---

# Schweinefleisch und Wildpret.

### 1. Gebratenes Spanferkel.

Wenn das Ferkel geputzt und ausgenommen ist, so legt man es auf ein trockenes Tuch auf den Rücken, gießt ein wenig Essig in den hohlen Leib, streut auch etwas Pfefferpulver darein und läßt es etwa 1—2 Tage so liegen. Wenn man es braten will, so schüttet man den Essig aus, trocknet die Haut wenn sie feucht ist, sauber ab, troussirt es und thut es mit Salz und Wasser in die Bratschüssel in den Ofen; es darf nicht in gar zu starke Hitze kommen, doch muß der Ofen wohl durchgeheizt sein. Während dem Braten muß es öfters mit feinem Baumöl bestrichen werden. damit die Haut ja nicht Blattern werfe; wenn es bald gar gebraten, so wird der Ofen ein wenig geöffnet, um den Dampf herauszulassen, und damit sich oben darüber eine Kruste bilde. Ehe man es in den Ofen stellt, umwickelt man die Ohren mit in Oel getunktem Papier. Ist es schön gelb gebraten, so muß es schnell

Schweinefleisch und Wildpret.

aufgetragen werden; auf der Schüssel wird ihm ein Apfel oder eine Citrone in den Mund gesteckt, und sobald es auf dem Tisch steht, wird oben auf dem Nacken ein Einschnitt gemacht, damit der Dampf heraus kann.

### 2. Gebratenes Schweinefleisch.

Man nimmt ein beliebiges Stück, als Schinken, Rippen, Laffe oder Halsrückenstück (am Schinken wird die Haut carreauweise gehickt), läßt es 10 bis 15 Tage in Essig mit Wachholderbeeren, Lorbeerblättern und Pfefferpulver beizen und bratet es im Ofen. So wie das Fett ausbratet, wird nach und nach davon abgeschüttet und ein wenig Wasser oder Essig hinzugethan; versäumt man von dem Fett abzuschütten, so kocht es nach und nach ein und geht verloren.

### 3. Schweins-Coteletten.

Damit die Coteletten nicht trocken oder faserig werden, gießt man gleich Anfangs einige Tropfen Wasser in die Pfanne, in der man sie mit ziemlich viel Fett braten will, und wiederholt dieses noch einige Mal bis sie weich und schön braun gebraten sind. Sie müssen etwas länger kochen als die Kalbscoteletten, doch auch nicht zu lang.

### 4. Schweinsrippchen mit Wein.

Drei Lorbeerblätter, 3 Scheiben einer Citrone, ein wenig Petersilie, Muskatnuß und Gewürznelken werden in die heiße Butter gelegt, dazu ein Glas weißen Wein und die Schweinsrippchen. Wenn sie, gut zugedeckt, zu zwei Drittel weich gekocht sind, werden sie herausgenommen, um sie, wohl vertropft, in's Eigelb zu tauchen und nachher in fein gestoßenem Brod zu rollen. Auf diese Weise werden sie rasch gebraten und mit der Sauce servirt, in welcher sie weich gekocht worden sind, nachdem dieselbe mit ein wenig Mehl und Butter gebunden wurde. Nach Belieben kann man ganz zuletzt auch noch ein bischen Senf beifügen, doch mit Vorsicht, damit er nicht scheide.

## 5. Gesalzenes und geräuchertes Schweinefleisch.

Wenn das Schwein zerschnitten ist, so wird das Fleisch, jedes Stück wo möglich während es noch warm ist, mit warmgemachtem Salz und ein wenig Salpeter gerieben (bei den hintern Schinken wird eine kleine Hand voll Salz mit ein wenig Salpeter und Pfefferpulver beim Knochen hineingestoßen) und dann in eine hölzerne Bütte gelegt. Gewöhnlich legt man auf den Boden die Speckseiten, bestreut sie mit Salz und ein wenig Salpeter, das übrige Fleisch wird ordentlich darauf gelegt; die Bütte muß etwas schief stehen, damit sich das Salzwasser sammeln kann; sobald solches vorhanden ist, wird das Fleisch täglich zwei Mal damit begossen. Nach vier bis fünf Tagen werden die Speckseiten in den Rauch gehangen, das Uebrige noch in der Bütte gelassen und fleißig begossen; kleinere Stücke und die vordern Schinken werden 8—10 Tage, die hintern Schinken, wenn sie groß sind, 14 Tage bis 3 Wochen im Salz gelassen, ehe man sie in den Rauch hängt; die kleinern Stücke sind in 10—14 Tagen genug geräuchert, größere Stücke aber, als Schinken, Kinnbacken u. dgl., dürfen nicht eher aus dem Rauch genommen werden, bis das magere Fleisch ganz trocken ist. Kann man das Fleisch nicht in einer Küche, wo es raucht, aufhängen, so ist es nöthig, daß man täglich zweimal Rauch von Wachholdergesträuch macht. Ist das Fleisch genug geräuchert, so verwahrt man es an einem trockenen Ort, wo weder die Sonne hinscheint, noch Fliegen dazu kommen können. Die Speckseiten bleiben am längsten im Rauch, und zwar bis sie schön trocken sind, sie dürfen aber ja nicht tropfen.

## 6. Schweinefleisch ungeräuchert gut aufbehalten, oder petit-salé.

Man nimmt dazu Kinnbacken, Speck dem Hals nach und da, wo er am meisten durchspickt ist, auch Rippchen und Halsrippstückchen. Dieß alles wird in so große Stücke zerschnitten, als man zum Kochen gebrauchen will, jedes derselben mit Salz und etwas Salpeter gerieben, dann in einen hölzernen Kübel, der oben und unten gleich weit sein muß, wohl rangirt, daß keine Lücken seien. Ist eine Lage gelegt, wird noch Salz und ein wenig Salpeter darübergestreut, dann wieder eine Lage Fleisch und Salz darüber, und so Lage auf Lage, bis die Stücke, welche man dazu bestimmt hat, alle darin sind. Kann man das Fleisch während es noch warm ist, das heißt, sobald das Schwein zerschnitten ist, in den Kübel rangiren, so ist es um so besser. Dann wird ein hölzerner Deckel, der in den Kübel passen muß (er darf nicht am Rand aufliegen, sondern muß hinein passen und nicht einmal enge anschließen), auf das Fleisch gedeckt, der Kübel in den Keller gestellt und mit Steinen beschwert; es soll Salzwasser geben, daß es ob dem Deckel zusammen läuft. So kann man es ein Jahr lang gut behalten; nimmt man daraus, so wird Sorge getragen, daß immer nur dasjenige Stück berührt werde, welches man nehmen will.

### 7. Gebeizte Hamme.

Wenn die Hamme beim Schlachten des Schweines herausgeschnitten, die Haut und das meiste Fett davon entfernt worden ist, so reibt man sie stark mit Salz ein und läßt sie 2—3 Tage liegen; dann wird 4 dl. Essig mit ein paar Lorbeer- und Salbeiblättern, Pfefferkörnern, Wachholderbeeren und Gewürznelken siedend gemacht, über die Hamme gegossen und diese 6—8 Tage in der Beize behalten und öfters umgewendet. Will man nun die Hamme braten, so wird die Beize durch den Seiher gerichtet, diese während dem Braten öfters damit begossen, das Fett abgeschöpft und wenn es nöthig ist, etwas frisches Wasser nachgegossen. Eine große Hamme muß wohl drei bis vier Stunden in einem gut geheizten Ofen braten, bis sie durch und durch weich ist.

### 8. Blutwürste.

Das Blut wird in einer Eisenpfanne gefaßt und während dem Fassen mit einer hölzernen Kelle gerührt, bis es nicht mehr stockt, dann in einem wohl überzinnten kupfernen oder sturzenen Kessel an gelinde Wärme gestellt (nicht auf den Ofen, nur in ein warmes Zimmer) bis man es zubereiten kann. Alsdann richtet man das Blut durch eine fein gelöcherte Schaumkelle, nimmt gleich viel süße Niblen, als man Blut hat, vermengt beides mit einander, nimmt dann zu 6 l. Blut und Nibeln eine Hand voll Salz, ebenso viel feingeriebenen Majoran, eine kleine Hand voll Nägelipulver und etwas wenig Pfeffer, rührt dies alles mit ein wenig Blut zart an, und schüttet es darunter, nimmt zu obiger Portion 8 di. frisch ausgelassenes Schweinefett, schweizt darin einen kleinen Teller voll ganz fein geschnittenen Lauch, bis er weich ist, mengt es unter das Blut und füllt damit die weiten fetten Därme, doch nur etwas mehr als die Hälfte, verbindet sie gut und legt sie in laues Wasser, bis sie alle gemacht sind. Dann werden sie in einem Kessel oder großen Hafen mit Sorgfalt geschwellt, daß sie nicht platzen; das Wasser darf nicht siebend sein, wenn man die Würste hinein legt, nur gut warm und nie starkes Feuer darunter, sie dürfen auch nie ganz sieben, und sobald sie zu sieben anfangen, schütte man ein wenig kaltes Wasser nach; spürt man, daß das Blut in den Därmen anfängt dick zu werden, so sind sie genug geschwellt und müssen schnell herausgezogen werden (die kleinsten immer zuerst), in Körbe auf Tücher gelegt, mit Tüchern zugedeckt und an einen kühlen Ort gestellt, doch nicht so, daß sie gefrieren mögen. Will man sie zum Essen zurüsten, werden sie eine halbe Stunde vorher in heißes Wasser gelegt, damit das Blut durch und durch warm werde, und dann mit ein wenig Butter auf gelinder Gluth auf beiden Seiten geprägelt.

## 9. Leberwürste.

Die Leber wird fein gehackt, mit Salz, Pfeffer, Nägelipulver, Majoran und Kölm gewürzt, in Milch geweichte Semmeln, gehackter weißer Kabis (der mit der Leber ein wenig geschwellt sein muß), Rosinen und Weinbeeren damit vermengt, mit Nibeln verdünnt und eine Schweize von Schweinefett mit Lauch oder Zwiebeln darein, und die

Schweinefleisch und Wildpret.

kleinen fetten Därme nur lose damit gefüllt, wie die Blutwürste geschwellt und zum Auftragen gleich geprägelt wie diese.

## 10. Andere Art.

Die Leber wird einige Minuten in Wurstbrühe oder kochendem Wasser getunkt, nachher geklopft und von allen Röhrchen gereinigt, dann fügt man etwas gekochten, fein geschnittenen Speck, Salz, Majoran, Pfeffer, Nägelipulver und eine fein geschnittene Zwiebel bei und knetet die Masse gut durch einander, füllt sie in Rinderdärme und kocht sie 2 Minuten in siedendem Wasser.

## 11. Geräucherte Leberwürste.

Die Leber wird roh recht fein gehackt, nachdem man zuvor das Hautige weggeschnitten hat, dann so viel fetter Grümpelwurstteig darunter gemengt, als man Leber hat, mit Salz, Pfeffer, Majoran, Kölm und Nägeli gewürzt, und wenn man will auch mit Macis und Muskatnuß. Nun werden krumme Rinderdärme mit diesem Teig nicht ganz gefüllt, die Würste etwa 8 Tage in Rauch gehängt und nicht länger als eine Stunde gekocht, sonst werden sie hart; sie lassen sich nicht lange aufbewahren.

## 12. Bratwürste.

Zu den Bratwürsten nimmt man vom zartesten fettesten Fleisch, schneidet alles Hautige weg, thut, wenn es nicht fett genug wird, noch Fett dazu, auch Rindermark ist sehr gut, klopft und hackt es fein, würzt es mit Salz, Nägeli, Pfefferpulver, Macis, fein geriebenem Majoran, Kölm und gehackter Citronenrinde, verdünnt diesen Teig mit frischem Wasser, knetet ihn wohl durcheinander und füllt die Bratwurstdärme damit, die in beliebige Länge zerschnitten werden, und prägelt sie mit Butter auf gelindem Feuer oder Gluth schön gelb. Man kann sie auch an einer Senfsauce zurüsten; dazu wird eine feingeschnittene Zwiebel mit einer Kelle voll Mehl mit Butter gelb geröstet, Fleisch=

brühe oder Wasser darein gethan und zart angerührt, ein Löffel voll Senf dazu und ein wenig Salz; die Würste werden nun darin gekocht, bis die Sauce nach Belieben eingekocht ist; sie muß nicht dünn sein.

### 13. Attriaux.

Man schneidet Leber und Lunge jedes besonders in kleine Bröcklein, würzt beides wie die Bratwürste, in die Leber drückt man den Saft einer Citrone, breitet dann das Schweinsnetz auf einem Brett aus, legt einige Bröcklein Schmeer, einige kleine Blättchen Peterfilie und ein Salbinenblatt darauf, einen Löffel voll Leber, einen kleinen Löffel voll Lunge und eben so viel Bratwurstteig neben einander darauf, oben wieder ein Salbinenblättchen und einige Schmeerbröcklein und schneidet so viel vom Netz ab, als es bedarf, um es gut einzuwickeln, daß die Fülle nirgends heraus komme, und fährt so fort, bis man fertig ist; sie werden wie die Bratwürste geprägelt.

### 14. Magenwürste.

Zu Magenwürsten nimmt man vom magersten Fleisch, klopft und hackt es nicht gar fein mit ziemlich viel Speck oder Schmeer, würzt es mit Pfeffer, Nägeli und Salz und je nach der Quantität Fleisch, die man hat, 1—3 Gläser rothen Wein, knetet den Teig recht durcheinander und läßt ihn über Nacht stehen, schüttet dann den ausgelaufenen Wein ab und knetet ihn wieder, wiederholt dies noch 2—3 Tage und füllt dann diesen Teig in gerade weite Rinderdärme, so fest als möglich zusammen, und wo Luft ist, wird mit einer Nadel hineingestochen, sonst werden sie nicht fest, schneidet den Darm in beliebiger Länge ab, bindet die Wurst mit starkem Bindfaden zu und läßt auf der einen Seite den Bindfaden lang, um die Wurst daran aufzuhängen. Sind die Würste alle gemacht, werden sie in Rauch gehängt, nach einigen Tagen wieder herabgenommen, noch einmal so fest wie möglich zusammen gepreßt, dann wieder in den Rauch gehängt und noch ein paar

Stecknadel und legt sie in frisches Wasser, wo sie 10 bis 12 Tage liegen bleiben, gießt aber alle Tage anderes Wasser daran; dann schneidet man die Nüsse in kleine Stücke, füllt sie in eine Flasche mit 2 l. Kirschwasser, ein wenig Citronenschale, 1 Stückchen Pomeranzenschale, ganzen Zimmet und 2 bis 3 Nägelein dazu, macht die Flasche gut zu, läßt sie sechs Wochen an der Sonne oder sonst an einem mäßig warmen Ort und schüttelt sie alle Tage; dann läutert man 400 g. Zucker, gießt den Liqueur dazu und filtrirt ihn.

### 25. Andere Art.

Auf 500 g. Nüsse, welche nicht größer als eine große Haselnuß sein dürfen, kommen 6 dl. gutes Kirschwasser; die Nüsse werden klein verschnitten und sogleich in das Kirschwasser gelegt, damit sie nicht schwarz werden, verschließt die Flasche gut und stellt sie vierzehn Tage an die Sonne. Nach dieser Zeit läßt man das Kirschwasser ablaufen und nimmt auf 1½ l. 500 g. dunkeln Zuckerkandis dazu, fein gestoßen, oder noch besser, zu einem dicken Syrup eingekocht, 5 g. ganzen Zimmt und 5 g. Nägelein, rührt es unter einander, gießt es in Flaschen und stellt es noch 14 Tage an die Sonne oder an einen trockenen, warmen Ort.

### 26. Klaret.

Eine Flasche weißer und eine Flasche rother Wein, 10 g. Zimmt, vierzehn Gewürznelken und 250 g. Zucker. Der weiße Wein wird mit dem Zucker und den Gewürzen aufgekocht, bis der Zucker geschmolzen ist, dann in den rothen Wein geschüttet. Sobald er kalt ist, kann man ihn trinken.

### 27. Andere Art.

Zu 18 l. gutem rothen Neuenburgerwein nimmt man 200 g. feinen Zimmt, 10 g. weißen Ingwer, beides in kleine Stücke zerschnitten, 15 g. Gewürznelken und 4 kg. Zucker, füllt alles in Flaschen, läßt es drei bis vier Tage an der Kühle stehen und schüttelt die Flaschen alle Tage einige Male, hernach filtrirt man den nun fertigen Klaret durch einen wollenen Sack, bis er hell und rein ist. Einen solchen Sack kann man bei einem Apotheker leihen.

Tage geräuchert. Am besten lassen sie sich in einem irdenen Topf in ausgelassenem Schmeer oder in Oel aufbewahren, bleiben auch an einem trockenen kühlen Ort aufgehangen, einige Zeit gut.

## 15. Andere Art.

5 kg. mageres, dunkelrothes Schweinefleisch von allen Häuten gereinigt, werden mit 2½ kg. Speck fein gehackt; 5 g. Pfefferpulver, nach Verhältniß Nägelipulver, gestoßener Macis, 250 g. Salz und etwas Salpeter wohl vermischt und diese Spezerei Lage um Lage auf das Fleisch gestreut, zugedeckt und 24 Stunden stehen gelassen. Nach dieser Zeit knetet man das Fleisch mit 4 dl. rothem Wein wohl eine Stunde lang, füllt dann frische Rinderbärme fest damit an, bindet sie stark zu und hängt sie in den Rauch; man kann sie beim Rindfleisch oder in einem Mues kochen, sie jedoch vorher sauber abwaschen; sie schmecken besser und werden zarter, wenn sie in der Brühe erkalten können, als wenn sie aus derselben, während sie noch heiß ist, herausgezogen und sogleich aufgetragen werden.

## 16. Grümpelwürste.

Zu diesen nimmt man das fette und magere hautige Fleisch, hackt und würzt es wie für die Magenwürste und thut eine Messerspitze Salpeter dazu. Ist das Fleisch nicht fett genug, so wird etwas Speck oder Schmeer darunter gehackt; der Wein wird weggelassen, im Uebrigen aber damit verfahren wie mit den Magenwürsten. Gewöhnlich werden zu den Grümpelwürsten nur krumme Rinderbärme gebraucht; auch ist es nicht durchaus nöthig, sie noch einmal zu binden, nachdem sie im Rauch gehangen.

## 17. Andere Art.

Dazu nimmt man den Rest der Lunge, Nieren, Herz, Magen, der ein wenig geschwellt sein muß, das ganze Hautige vom Fleisch, das man für die bessern Grümpelwürste nicht nimmt, auch der Rest der fetten Därme kann dazu verwendet werden, hackt alles zusammen nicht gar fein, würzt es mit Pfeffer, Salz und Kümmel, knetet es wohl durcheinander und füllt es in krumme Rinderbärme, man läßt sie sechs bis acht Tage im Rauch hängen. Sie lassen sich nicht aufbehalten.

### 18. Zungenwurst.

Man schneidet zwei bis drei Schweinszungen in Bröcklein, nachdem die Haut davon abgezogen, nimmt ungefähr gleichviel vom zartesten Fleisch, eben so gebröckelt, schneidet zwei Ohren in lange schmale Streifen, mischt es durcheinander und würzt es mit Salz, wenig Pfeffer, Nägeli und einer ganz kleinen Messerspitze Salpeter, macht dann Speckbröcklein, mischt sie, nachdem das Fleisch recht geknetet ist, darunter und füllt damit eine Kalbsblatter, so fest als möglich, steckt ein Spießchen oben hinein und bindet sie unter demselben mit Bindfaden, legt die Wurst einige Tage zum andern Fleisch in die Beize und hängt sie in den Rauch. Sie muß einige Tage länger in dem Rauch hängen als die kleinern Würste und wird gleich aufbewahrt wie die Magenwürste.

### 19. Hammenwurst.

Schält von einer vordern Hamme den Knochen heraus, schneidet den Speck und das Fleisch sorgfältig, daß die Haut nicht verletzt werde, davon, hackt, knetet und würzt es wie Bratwurstteig; näht dann die Haut in Form einer Wurst zusammen, füllt das Fleisch so fest wie möglich hinein und verfährt damit gleich wie mit der Zungenwurst.

### 20. Boulogner-Würste.

Vom zartesten, magern Schweinefleisch nimmt man zwei Theile und einen Theil Rindermocken, hackt alles fein, sammt einem Stück Fett, würzt es mit Salz und Pfeffer, knetet es gut durcheinander und füllt Rinderbärme damit an, bindet sie sehr fest zu, legt sie sogleich in Salzwasser, worin sie einige Tage liegen bleiben und läßt sie dann lange im Rauch hängen.

## 21. Preßkopf (Tête marbrée).

Man nimmt einen halben Schweinskopf, ein Rindermaul, 1 oder 2 Ohren, 1 oder 2 Zungen, 3 bis 4 Füße, reibt alles wohl mit Salz und ein wenig Salpeter, läßt es 10—14 Tage im Salz liegen und begießt es alle Tage mit dem Salzwasser; wenn es gut besorgt wird, kann man es auch weit länger im Salz aufbehalten. Wenn man es kochen will, wird alles zuerst in frischem, nachher in lauem Wasser wohl gewaschen, und ist das Fleisch lange im Salz gelegen, sogar einige Stunden in frischem Wasser liegen gelassen, dann sammt einem Huhn oder einem halben Kalbermocken, oder beiden, wenn man den Kopf groß will, auch einem Stück Rinderleber dazu (diese wird aber nur genommen, um dem Gallerich Farbe zu geben), in einem großen Hafen mit 7½ l. Wasser übers Feuer gesetzt, und wenn es anfängt zu kochen, wohl verschaumt, bis gar nichts Unreines mehr oben schwimmt, dann eine Flasche Wein, ein Bündelchen ganze Nägeli und Pfefferkörner, eine ganze Zwiebel, ein Rübli, eine Petersilienwurzel und ein paar Scheibchen Citronen dazu und langsam gekocht, bis das Fleisch so weich ist, daß es sich von den Knochen löst, alles zusammen in eine große irdene Schüssel, die Brühe in eine besondere, angerichtet und an einen kühlen Ort gestellt, dann ein Tuch in kaltes Wasser getunkt, ausgewunden und über eine tiefe Schüssel oder Saladier ausgebreitet. Nun löst man die Knochen rein von dem Fleisch und legt dasselbe in die Schüssel auf das Tuch, daß weißes und rothes schön durch einander komme, die Zünglein schneidet man der Länge nach in zwei Theile und legt gewöhnlich eins auf den Boden der Schüssel und achtet darauf, daß vom Schweinefleisch die Haut immer nach außen auf das Tuch zu liegen komme, und das schönste Fleisch rings um die erste Lage, bis das Fleisch alles in der Schüssel ist. Dasselbe muß fest auf einander liegen und jede kleine Lücke ausgefüllt und so heiß als möglich auf einander ge=

legt werden, damit es schön zusammen halte, während dem spritzt man es mehrmal mit Essig, doch nur wenig, und streut bei jeder Lage Fleisch etwas Pfeffer darüber. Ist die Schüssel voll, so wird das Tuch fest zusammengebunden und der Kopf in der Schüssel beschwert, über Nacht darin stehen gelassen, dann herausgenommen und auf der Platte, worin man es auftragen will, umgewälzt, daß das Untere nach oben komme. Vom Gallerich wird alles Fett abgenommen und derselbe mit einigen Scheibchen Citronen in einer Messingpfanne übers Feuer gesetzt; wenn er anfängt warm zu werden, thut man 4 Eiweiß sammt der Schaale, die man zerbröckelt und mit dem Weißen ein wenig klopft, darein, rührt es einige mal im Gallerich um und läßt denselben aufwallen, setzt ihn ab und nimmt mit der Schaumkelle Schaum und Eierschalen oben ab und richtet den Gallerich noch ganz heiß durch ein dickes Tuch, läßt ihn kalt werden und schüttet davon, während er noch läuft, in eine Platte; wenn er dick ist, stellt man den Preßkopf darauf, kalten Gallerich darüber und rings um denselben, so viel als beliebt, läßt ihn wieder stehen und garnirt ihn mit Krebsstielen, Anchois und Petersilie.

## 22. Andere Art.

In ein Saladier oder Model gießt man eines Messerrückens dick geläuterten Gallerich und läßt ihn stehen; dann wird allerlei Fleisch durcheinander hübsch darauf gelegt, Magenwurst, gesalzene Rinderzunge, Schinken von einem Huhn oder welschen Hahn oder von einem schönen Kalbfleischmocken, alles nachdem es zuerst gekocht und wieder kalt geworden, in größere und kleinere Scheiben geschnitten. Das Fleisch darf nicht fest aufeinander gelegt werden und zwischen jede Lage wird ein wenig Gallerich geschüttet, dann wieder stehen gelassen und mit dem Fleisch wie oben fortgefahren, bis die Schüssel voll ist, und mit Gallerich zugefüllt, der nicht warm aber flüssig sein muß. Nun läßt man sie über Nacht stehen und wendet sie auf eine Platte um, daß das Untere oben kommt, und garnirt sie nach Belieben.

Schweinefleisch und Wildpret.

## 23. Preßkopf oder Roulade von Schweinskopf.

Man spaltet einen mittelmäßig großen Schweinskopf, der nicht zu fett ist, in der Mitte von einander und schneidet die Ohren davon ab; hernach wascht man ihn sauber und kocht ihn im Salzwasser weich, bis sich die Knochen lösen, zieht ihn dann heraus und nimmt alle Knochen sorgfältig davon, daß der Kopf ganz bleibt. Alsbann bestreut man das Innere desselben, während er noch warm ist, mit Salz, Nägelipulver, Pfeffer, Macis, gehackter Citronenrinde, feinen Kräutli und 1—3 hartgesottenen, in Riemen geschnittenen Eiern, legt den Kopf so zusammen, daß das spitzige Ende gegen das dickere zu liegen kommt, und umbindet ihn mit einer breiten Schnur, damit er nicht in die weiche Masse einschneide, schlägt ihn dann in ein Tuch, beschwert ihn stark und legt ihn in eine starke Salzlauge oder in Essig, worin er sich einige Zeit aufbehalten läßt. Will man ihn serviren, so schneidet man Tranches davon und gibt eine Sauce von Essig, Oel, Pfeffer, Salz und Kräutli dazu, auch ein hart gesottenes gehacktes Ei und ein wenig Senf geht gut dazu.

## 24. Gebratener Has.

Einem Hasen, den man braten will, wird das Eingeweide zuerst herausgenommen, derselbe im Balg einige Tage an einem kühlen Orte aufgehangen; dann erst wird der Balg abgezogen, was man sich durch Jemand muß zeigen lassen, wenn man es nicht selbst gut versteht; der Hals, die vordern Schenkel und die Rippen werden davon geschnitten und zum Hasenpfeffer gebraucht; am Hasen werden die Häute, deren oft mehrere sind, mit einem scharfen Messer gelöst; es darf jedoch kein Fleisch mitgenommen werden, derselbe dann mit Lorbeerblättern, etwa 24 Wachholderbeeren und Pfeffer in scharfem Essig gebeizt, alle Tage gewendet und 6—8 Tage darin gelassen. Wenn man ihn braten will, wird er mit Speck reichlich gespickt; die hintern Pfötchen, die bem Hasen gelassen werden und an denen der Pelz nicht abgezogen wird, werden zusammen=

gebunden und in dickes Papier gewickelt, daß die Haare im Ofen nicht abbrennen; dann legt man ihn in die Bratpfanne, daß die innere Seite, die nicht gespickt ist, zuerst nach unten kommt, bestreut ihn mit Salz, gießt Wasser in die Bratpfanne und noch etwas Essig dazu, thut ihn in den Ofen und begießt ihn fleißig; ist die nach oben gekehrte Seite ein wenig gebraten, wird er umgekehrt, ein Stück frische Butter darauf gelegt und mit fleißigem Begießen fortgefahren; nach einer kleinen halben Stunde wird er wieder umgewendet, daß die gespickte Seite wieder oben liege, die dann bis zu Ende oben bleibt; ist er bald gebraten, wird er unter 2—3 Mal mit fetter saurer Niblen begossen, 3 dl. im Ganzen ist nicht zu viel, er darf aber nicht lange mehr im Ofen bleiben, damit die Niblen mit dem Jüs nicht gerinne, sie muß mit dem Jüs gebunden bleiben, zart und hellbraun sein. Ist es ein alter Has, muß er wohl zwei Stunden im Ofen sein, ein junger eine halbe Stunde weniger.

## 25. Hasenpfeffer.

Das Vordertheil des Hasen wird, wenn er gebeizt ist, mit Wasser übers Feuer gesetzt und verschaumt; ist dies geschehen, so wird ein Glas Wein, Salz, einige ganze Nägeli, Pfeffer und zwei Löffel voll kleiner Speckbröckli dazu gethan, zugedeckt und gekocht, bis der Hals bald weich ist; dann röstet man eine geschnittene Zwiebel mit 2 Kellen voll Mehl in Butter schön braun, gießt von der Hasenbrühe unter beständigem Rühren dazu, bis die Sauce die gehörige Dicke hat, fügt einen Teller voll gerösteter Brodbröcklein dazu und läßt den Hasen in der Sauce noch ein wenig kochen.

## 26. Hasenpfeffer, andere Art.

Man läßt kleine Speckbröckli zergehen, thut Butter hinzu wie für einen großen Braten und dämpft dann den Hasen darin mit Salz; wenn es Jüs gibt und ein wenig gelb geworden, streut man unter zweien Malen ziemlich Mehl darüber und sobald dasselbe gut mit dem Jüs vermischt ist, deckt man ihn einige Minuten zu, dann fügt man gleich viel Wein wie Fleischbrühe bei, daß es den Hasen beinahe bedeckt, auch zwei mit Nägeli gespickte Zwiebeln, ein Lorbeerblatt, Senf und ein Stück frische Butter und läßt es noch einige Zeit auf gelindem Feuer kochen. Das Blut thut man erst einige Minuten, ehe man ihn aufträgt, dazu. Man kann auch Citronensaft oder ein wenig Essig beifügen, auch ein paar Löffel Nidlen, ehe man ihn anrichtet. Sollte man den Hasen nicht gleich kochen können, so muß er in Essig gelegt und alle Tage umgewendet werden.

### 27. Hasen-Köpflein.

Hat man Reste von gebratenen Hasen, auch von Hasenpfeffer, so löse man das Fleisch rein von den Knochen und hacke es fein mit etwas Speck, würze es mit Pfeffer, Nägeli, Macis, Salz und einem Löffel voll gehackten Capern, auch Kräutli, wer sie liebt; thut je nach der Portion Fleisch 1 bis 2 Eiweiß darunter, verdünnt es nur wenig mit einem Löffel voll Nidlen, einem Löffel Essig und einigen Löffeln guter Fleischbrühe und mengt dies alles durcheinander. Dann legt man in ein irdenes Model oder Saladier, strichweise, oder wie es beliebt, gereinigte Anchois, thut diese Hasenfülle darauf und füllt das Model damit, soweit es reichen mag und so fest wie möglich, stellt es in heißes Wasser und läßt es eine Weile darin stehen, ändert das Wasser einige Male oder stellt es mit dem Model an die Wärme, daß das Fleisch warm werde, das Wasser muß aber nicht hineinfließen. Ist es warm, so nimmt man es aus dem Wasser und läßt es im Model, beschwert, erkalten, gießt dem Rand des Models nach kalten, noch fließenden Gallerich, doch nur langsam, daß er bis auf den Boden bringe. Dann läßt man es an einem kühlen Ort stehen und schlägt das Model auf die Schüssel um, worauf man es auftragen will, thut Gallerich ringsum und garnirt es nach Belieben.

### 28. Andere Art.

Zu Ueberresten von gebratenen Hasen, auch Hasenpfeffer, macht man eine Sauce wie zum Hasenpfeffer und kocht sie nur ein wenig darin; man kann Capris oder Citronenrinde dazu thun; auch dürfen einige Speckscheibchen und Gewürz nicht ausgelassen werden. Hat nun dieser Hasenpfeffer eine Weile gekocht, so wird das Fleisch aus der Sauce genommen, dasselbe rein von den Knochen abgeschält und mit den Speckscheibchen, den Capris oder der Citronenrinde fein gehackt, und wenn man will, einige Anchois darunter gethan; dann wird von der Sauce so viel darunter gerührt, als es nöthig ist, es darf aber nicht zu dünn sein, weil es sonst nicht zusammen hält; ein wenig Gallerich darunter geht sehr gut. Man thut nun das Fleisch in ein Saladier oder Schüssel, das voll werden muß, preßt es wohl zusammen, beschwert es und läßt es an einem kühlen Ort über Nacht stehen. Am Morgen wird die Schüssel umgewälzt, das Köpflein mit Gallerich garnirt, oder fein gehackte Kräutli, mit Oel und Essig angemacht, dazu servirt.

## 29. Hasenbrod.

Das Fleisch von einem gebeizten und gebratenen Hasen wird mit einigen Hammenschnitten, und wenn diese mager sind, etwas Nierenfett und ein paar Anchois ganz fein gehackt, mit Salz und Pfeffer gewürzt, wohl untereinander gemengt und mit Gallerich angefeuchtet. Dann belegt man ein tiefes Model dick mit dünnen Speckscheiben, füllt es mit dem Fleisch, läßt es im Bratofen während drei Viertelstunden braten und dann im Model erkalten, wälzt es um, nimmt die Speckscheiben davon und gibt es mit Gallerich zu Tisch.

In Ermangelung eines gebratenen Hasen kann auch ein gebeiztes Schaffäustchen dazu verwendet werden.

## 30. Gebratener Has en sauce.

Der Has wird, wenn er ausgezogen und gehäutelt ist, in ein in Essig getunktes Tuch eingewickelt und 2—4 Tage darin gelassen und das Tuch täglich mit Essig frisch gefeuchtet, dann mit Speck gespickt und halb gebraten, mit einer Flasche rothem Wein, einer Hand voll kleiner Zwiebeln, einigen Pfefferkörnern und Macis übers Feuer gesetzt und langsam gekocht bis er weich genug ist: dann wird er herausgenommen und an der Wärme behalten, die Sauce mit einem Stück frischer Butter und Mehl gebunden, zuletzt ein wenig gebröckelter Häring darein gethan, über den Hasen geschüttet und aufgetragen.

### 30. Rehbraten.

Die Hauptbedingung eines gelungenen Rehbraten ist die, daß, wie bei einem Hasen, alle Häute sorgfältig abgezogen werden; es wird zu demselben ein Stück Rücken oder Schlägel genommen, derselbe in Essig mit Pfeffer und Wachholderbeeren zwei bis drei Tage gebeizt, dann gespickt, mit Salz bestreut und gebraten, und während dem Braten fleißig begossen. Ist er bald gar, so gießt man saure Nideln daran, etwa 4 dl., die aber nicht lange kochen darf, sonst gerinnt die Sauce; sobald sie anfängt dick zu werden, wird der Braten aufgetragen.

### 31. Kopf von Geflügel wie Hasenkopf.

Man kocht ein Huhn recht weich mit Wasser, einem Glas Wein, gelben Rübli, kleinen Zwiebeln und Salz, thut nicht zu viel Wasser dazu, damit die Brühe kräftig werde; nun läßt man es auf schwachem Feuer wohl zugedeckt kochen, bis es recht weich ist, es darf aber nicht gelb werden. Haut und Knochen werden entfernt, das Fleisch ganz fein gehackt und zuletzt noch im Mörser zerdrückt; man kann auch ein wenig Milchling dazu nehmen, was sehr gut ist, dieser muß ebenfalls geschwellt, von Häutchen und Röhrchen gereinigt und wie das Fleisch gehackt oder zerstoßen werden, vermengt dann beides mit ein wenig Gallerich, thut fein gehackte Capern und Anchois darunter; wer es liebt, kann auch ein wenig Essig dazu thun, es darf aber nicht zu dünn werden; thut es in ein durch kaltes Wasser gezogenes Model, wälzt es dann auf einer Platte um und garnirt es mit Gallerich.

# Pasteten.

### 1. Bereitung des Teiges.

Zu einem eigentlichen Spanischbrotteig nimmt man gewöhnlich ein gleiches Gewicht Butter wie Mehl, für Pasteten wird er aber so zu fett. Man nehme daher zu 1 kg. Semmelmehl 600 g. recht süße Butter, eine Prise fein geriebenes Salz, mache vom Mehl auf dem Würkbrett einen Ring, thue dann das Salz darein und den vierten Theil der Butter, und schütte in den Ring nicht mehr Wasser als nöthig ist, um das Mehl mit der Butter zu einem recht festen Teig kneten zu können. Sobald alles wohl mit einander vermengt ist, wird der Teig mit dem Trölholz breit gerölt, die übrige Butter in drei Theile vertheilt und nun der erste Drittel in dünne Scheiben geschnitten und auf den Teig zerlegt, derselbe aufgerollt oder überlegt und wieder ausgetrölt, so auch mit dem zweiten und dritten Theil der Butter; dann wird der Teig zusammengelegt, zugedeckt und über Nacht an einen kühlen Ort gestellt. Dieser Teig kann zu allen Arten von Pasteten gebraucht werden.

Zu großen Pasteten wird der Teig für den Boden zur Dicke eines Messerrückens ausgetrölt, wozu ungefähr die Hälfte des gemachten Teiges genommen wird. Das Blech oder Model, in welchem man die Pasteten backen will, wird mit süßer Butter wohl bestrichen, der Teig schön darein ausgebreitet, daß er nirgends Falten gebe, und muß ringsum fast drei Finger breit über das Model kommen, damit man genug habe, um das Bord zu machen.

### 2. Andere Art.

Zu 500 g. Mehl werden 350 g. frische Butter genommen, das Mehl auf dem Würkbrett in einen Ring formirt, in die Mitte desselben eines Ei groß Butter gethan, eine Prise fein geriebenes Salz, ein Löffel voll Kirschwasser, dies zusammen mit frischem Wasser oder Milch zu einem zarten Teig gemacht, der gewürket werden muß, bis er Blattern wirft, dann ausgetrölt und mit der übrigen Butter belegt, wieder dreifach überlegt und nochmals ausgetrölt und so, nachdem die Butter darin ist, fünf Mal wiederholt, und wenn man Zeit hat, den Teig einige Stunden ruhen gelassen, ehe man ihn zu beliebigem Gebrauch austrält; auch kömmt besonders viel darauf an, daß die aus diesem Teig gemachten Kuchen oder Pasteten in einem gut geheizten Ofen in ziemlich starker Hitze gebacken werden.

### 3. Andere Art.

Zu 1½ kg. Weißmehl wird 1 kg. frische Butter genommen, diese wird gebröckelt und mit dem Mehl und einer kleinen Hand voll feingeriebenem Salz mit der Hand recht zerrieben, dann zwei kleine Eßlöffel voll Kirschwasser und nach und nach so viel frisches Wasser genommen, um den Teig gehörig zusammenwürken zu können; ist er nun gut gewürkt, so wird er etwa dreimal ausgetrölt und überlegt, über Nacht an einem kühlen Ort zugedeckt stehen gelassen, am Morgen zu beliebigem Gebrauch ausgetrölt und in guter Hitze gebacken; für Kuchen darf er etwas dünner getrölt werden als zu Pasteten. Dieser Teig ist sehr mürbe, eignet sich zu kalten Pasteten und läßt sich an einem kühlen Ort zugedeckt mehrere Tage aufbehalten.

### 4. Pasteten.

Zu der Fülle der Pasteten nimmt man entweder Kalbfleischkügelchen, die wie früher angezeigt gemacht werden, nur nicht so lange gekocht und die Sauce weggelassen; oder man nimmt Kalbfleisch nur in Stücke zerschnitten, oder auch Schaf-Coteletten, beides muß aber vorher in Fleischbrühe oder Wasser mit einem Glas Wein, Gewürz, einigen kleinen ganzen Zwiebeln, Citronenscheibchen und Weinbeeren gekocht werden, nur nicht zu lange, denn es darf nicht zu weich sein, da es in der Pastete auch noch weicher wird. Was man aber auch für Fleisch zur Fülle nehmen mag, seien es Kügelchen oder anderes Fleisch, so muß dasselbe kalt werden, ehe man die Pasteten damit füllt; dann wird das Fleisch trocken, d. h. ohne Brühe auf den Teig rangirt, und ist eine

Lage gelegt, so streut man von den Weinbeeren, die mit dem Fleische gekocht worden, darüber, auch ein paar Scheibchen Citronen und wenn man will, Morcheln, ein paar Stäubchen Mehl, Salz und ein wenig Gewürz, legt dann das übrige Fleisch noch darüber, und ist alles darin, so verfährt man wie bei der ersten Lage und thut dann noch ein Stück süße Butter zerbröckelt darüber. Hat man Kügelchen, so thut man nach Belieben Krebsstiele dazu, auch Morcheln und Citronen, Weinbeeren aber keine, sonst das gleiche wie oben. Bei der letzten Lage Fleisch muß man Sorge tragen, daß man dasselbe nicht zu nahe an das Bord lege, damit man den Deckel anschließen kann. Zu demselben wird mehr als die Hälfte des noch übrigen Teiges genommen, etwas dünner als für den Boden ausgetrölt, dann das Bord des Bodens mit Eiweiß bestrichen, der Deckel mit Sorgfalt über die Pasteten gelegt und ja nicht gespannt, denn er muß Raum genug haben, der Rand wird alsdann nur leicht an das Bord des Bodens, wo es mit Eiweiß bestrichen ist, angedrückt; es muß jedoch ein Fingersbreit des Bodenrandes vorstehen; ist zu viel, so schneidet man ein wenig ab, bestreicht den Rand des Deckels wieder mit Eiweiß und überlegt den fingerbreiten Rand des Bodens einfach über den des Deckels und drückt ihn ringsum ordentlich an. Dann wird der Rest des Teiges so dünn wie möglich ausgetrölt und darf im Umfang nicht größer werden, als daß er den Deckel der Pastete bis zum Bord decke. Ehe man denselben darauf legt, werden mit der Spitze eines scharfen Messers überall kleine Einschnitte gemacht, in der Form eines Halbmondes oder sonst einer gefälligen Form, dann der Deckel dem Bord nach mit Eiweiß bestrichen und der durchschnittene obere Deckel darauf gelegt, nicht angedrückt, er darf auch ringsum nicht über das Bord gehen, dann wird die Pastete mit dem Gelben vom Ei angestrichen und im Ofen gebacken; sie muß wohl eine Stunde im Ofen sein, damit sie wohl durchbacke. Nun wird eine Sauce gemacht, zu Krügelchen-Pastete eine Sauce von Krebsjus, zur andern nur eine gewöhnliche von frischer Butter, Fleischbrühe und Muskatnuß, und wenn sie genug gekocht, ein Gelbes vom Ei darein geklopft. Ist die Pastete gebacken, so schneidet man oben im Deckel eine runde Oeffnung in der Größe eines Eies heraus, schüttet die Sauce da hinein und trägt die Pastete sogleich auf. Man kann auch statt des angezeigten Fleisches die Pastete mit Geflügel, als Hähneli, Tauben u. dgl. füllen, auch mit Kälber-Milchling oder Wildpret.

### 5. Kleine Ragout-Pastetchen.

Man macht einen recht guten festen Teig, wie oben, trölt ihn für den Boden in der Dicke eines Messerrückens aus (eher etwas dünner als dicker) und belegt damit die Möbeli, welche vorher mit süßer Butter wohl bestrichen werden; der Teig darf nicht hohl im Möbeli liegen und eben so wenig fest mit dem Finger angedrückt werden. Sind die Möbeli alle mit Teig belegt, so wird auf den Boden eines jeden eine kleine Prise Mehl, Salz und durcheinander vermischtes Nägelipulver, Pfeffer, Macis und Muskatnuß gestreut, dann verbröckelt man geschwellte und von den Häuten gereinigte Milchling in nicht gar zu kleine Stücke, füllt damit die Pastetchen, rangirt dazwischen und oben darüber 1 oder 2 Stücklein von einem in vier Theile zerschnittenen Citronenscheibchen, kleine Morcheln, 1, 2 oder 3 Krebsstiele, und je nach der Jahreszeit klein geschnittene Spargeln, Zuckererbsen oder Blumkohl und einer Haselnuß groß süße Butter, streut oben darüber wie unten ein wenig Mehl, Salz und Gewürz, trölt dann den Teig für die Deckel etwas dünner als für den Boden, bestreicht den Rand des Pastetchens mit Eiweiß, legt den Deckel, der in der Größe eines Pastetchens vorher ausgeschnitten wird, darüber, nicht zu knapp, damit es Raum zum Aufgehen habe, und drückt es ringsum mit einem Finger fest auf, gibt aber Obacht, daß es nirgends Risse gebe oder an der Fülle auflebe, bestreicht hierauf die Pastetchen mit Eigelb, mit einigen Tropfen Nidlen verdünnt, und backt sie in einem recht warmen Ofen; in einer halben Stunde sollen sie gebacken sein; dann nimmt man sie mit Sorgfalt aus dem Möbeli, macht mit einem spitzen Messer oben in jeden Deckel eine kleine Oeffnung und füllt sie mit Krebssauce, was am besten mit einem kleinen Trichter gemacht wird. Sie müssen ganz heiß aufgetragen werden.

Man kann auch in jedes Pastetchen statt der Milchling ein Kalbfleisch-Kügelchen thun und ebenfalls eine Krebssauce dazu.

### 6. Stockfisch-Pastetchen.

Der Stockfisch wird gleich zugerüstet und gekocht wie in Nr. 12, Art. Fische ꝛc., angezeigt ist. Teig und Pastetchen werden gleich gemacht wie die Ragout-Pastetchen oben, nur daß man statt der Milchling und der übrigen Zuthaten nichts anders in die Pastete thut als von dem gekochten Stockfisch, ohne Sauce, hingegen einer großen Haselnuß groß süße Butter. Die Sauce wird erst in die Pastetchen gegossen, wenn diese gebacken sind und zwar auf gleiche Weise wie in Nr. 5 angezeigt ist; es versteht sich, daß sie unterdessen warm behalten werden müssen.

### 7. Fisch-Pastetchen.

Man hackt Reste von Fisch mit Chalotte und Petersilie, mischt Gewürz, Salz und Nideln darunter und füllt die Pastetchen damit.

### 8. Kleine Pastetchen.

Man nimmt 300 g. Semmelmehl, verhältnißmäßig Salz, fein zerrieben, 1 dl. frisches Wasser, 100 g. frische Butter und macht nun den Teig an wie einen andern Pastetenteig, trölt ihn Messerrückens dick aus, legt ihn in Mödeli und läßt ihn auf oder in einem nicht gar zu heißen Ofen trocknen; diese Portion soll wenigstens vier Dutzend geben.

Fülle dazu. Man nimmt 500 g. Rindermocken, klopft denselben wohl und hackt ihn fein mit 100 g. Rinderfett, würzt dieses mit Nägeli, Muskatnuß, Macis und Salz, setzt einen Löffel voll Essig, nach Belieben Citronenrinde oder Capern bei und verdünnt es mit frischem Wasser oder frischer Fleischbrühe, bis das Gehäck dünn ist. Wenn die Häfeli trocken genug sind, so thut man in jedes einen Löffel voll von dieser Fülle sammt einer Haselnuß groß frischer Butter, macht von gewöhnlichem Pastetenteig Deckel darauf und backt sie im Ofen.

### 9. Tauben-Pasteten.

Man macht ein gutes Ragout von Tauben, mit Trüffeln und Morcheln, hackt Magen, Leber und Herz der Tauben mit etwas Speck, Milchling, ein wenig Züpfli in guter Milch geweicht, einer kleinen Zwiebel und Kräutli und dämpft dieses Gehäck in frischer Butter. Dann bestreicht man ein Model mit frischer Butter, bestreut es mit Brodbrosmen, legt einen guten Teig darein, das Gehäck darauf, die Tauben, Morcheln ꝛc. auf das Gehäck, mit einigen Stücken frischer Butter, streut Mehl darüber, legt einen Deckel von Teig darauf und backt sie im Ofen. Wenn sie genugsam gebacken ist, wird sie auf der Schüssel, auf welcher man sie auftragen will, sorgfältig umgekehrt, damit was unten ist, oben kommt, macht in der Mitte eine Oeffnung und gießt die Sauce vom Ragout darein.

### 10. Gehäck-Pasteten.

Man belegt eine Kuchenschüssel oder ein Blech mit gutem Teig, von gleicher Dicke wie für andere Pasteten, die Schüssel muß jedoch vorher mit Butter bestrichen werden, hackt Reste von Kalbsbraten oder Rindfleisch ganz fein, würzt es, wenn es gehackt ist, mit Salz, Pfeffer und Nägelipulver, Citronenrinden, geriebenem Majoran und Kölm, Weinbeeren und Rosinen nach Belieben, verdünnt es mit Nidlen und einigen Löffeln voll Essig, belegt damit eines Fingers dick den Teig, thut einige Stücklein süße Butter darauf, macht einen Deckel von Teig oder Riemchen, kreuzweise darüber gelegt, bestreicht sie mit Eigelb und backt sie im Ofen.

### 11. Süße Gehäck-Pasteten.

Reste von Kalbsbraten werden mit ein wenig Speck oder Nierenfett fein gehackt, mit Salz, Nägeli, Muskatnuß, ein wenig Pfeffer und gehackter Citronenrinde gewürzt, eine Hand voll gestoßener Zucker und nach Belieben Weinbeeren und Rosinen dazu und mit Essig und Fleischbrühe verdünnt, diese Fülle eines Fingers dick auf den Teig gethan und süße Butter darauf, Stäbchen von Teig darüber gemacht, mit Eigelb angestrichen und gebacken.

### 12. Kräpflein.

Man hackt und würzt Fleisch wie oben für die Pasteten ohne Zucker, trölt den Teig aus wie oben, legt von der Fülle einen Löffel voll darauf, bestreicht den Teig rings um das Fleisch mit Eiweiß, überschlägt den Teig und drückt ihn in ovaler Form zusammen, schneidet ihn nicht zu knapp um das Kräpfchen herum ab und drückt ihn am Rand noch einmal fest zusammen, macht ein kleines überlegtes Bördchen und backt sie in Butter oder auch im Ofen, dann aber müssen sie mit Eigelb bestrichen sein.

### 13. Cardinal-Pasteten.

Hackt 500 g. nur wenig geschwellten Kalbermocken mit 500 g. Nierenfett fein, mischt dann Pfeffer-, Nägeli- und Macispulver, von jedem eine Prise, eine halbe Muskatnuß, ein Büschelchen Zimmet, 100 g. Zucker, geschälte und gestoßene Mandeln, Weinbeeren, Rosinen und Citronat nach Belieben darunter, verdünnt es mit Wasser und Essig oder besser noch mit Fleischbrühe und thut diese Fülle wie bei Gehäckpasteten auf den Teig, süße Butter in kleine Stücke zerschnitten darauf, einen Deckel oder Stäbchen mit Eigelb angestrichen darüber, und backt sie im Ofen.

### 14. Gallerich-Pasteten.

Man nimmt einen Kalbermocken, schneidet die Häute und Knochen wohl davon ab, legt ihn ein paar Tage in Essig, hackt ihn dann fein mit ein paar Scheibchen Speck, würzt das Fleisch mit Salz, Capern oder Citronenrinden, Pfeffer, Nägeli und Macis, thut 2—3 Eiweiß und ein paar Löffel voll Niblen darunter und vermengt alles wohl, macht einen recht festen, nicht gar fetten Teig, trölt ihn aus wie für andere Pasteten, legt die Fülle etwa zwei

Finger dick darauf, bestreicht den Rand mit Eiweiß, überlegt den übrigen Theil als Deckel darüber, drückt die Ränder fest zusammen, überlegt sie einmal zu einem kleinen Bord oder schneidet sie gerade ab, nimmt noch ein Stück Teig, trölt ihn so dünn wie möglich aus, schneidet mit einem scharfen Messer allerlei Figuren oder nur symmetrische Einschnitte, legt diesen zweiten Deckel, der an der untern Seite an einigen Stellen mit Eiweiß bestrichen wird, noch über die Pastete, bestreicht sie mit Eigelb und backt sie in einem recht warmen, gut durchheizten Ofen. Wenn sie ganz kalt ist, macht man in den Deckel an zwei Stellen kleine Oeffnungen und schüttet kalten Gallerich, der aber noch fließen mag, darein, und läßt sie an einem kühlen Orte stehen, bis der Gallerich fest ist.

## 15. Kalte Pasteten.

Man macht einen kurzen (d. h. nicht fetten) und festen Teig, trölt ihn aus und belegt ein beliebiges Model damit, der Teig muß nirgends Falten haben, alsdann macht man eine Farce von einigen Scheibchen fettem Speck, über den man im heißen Wasser 1 bis 2 Wälle gehen läßt, hackt ihn fein mit 12 gereinigten Anchois, einer kleinen Zwiebel, grünen Trüffeln, Morcheln und feinen Kräutli, mischt alles wohl durcheinander und belegt den Boden des Teiges mit dieser Farce; auf dieselben werden einige dünne Scheibchen von einem Kalbermocken gelegt, diese müssen vorher wohl geklopft und mit zerstoßenem Gewürz und Salz gerieben werden; nachher wird das gebeizte Fleisch, als Hase oder anderes Wildpret, welches man dazu bestimmt hat, genommen, in Stücke zerschnitten, mit Speck gespickt und mit Gewürz, Salz und feinen Kräutli bestreut, auf das Kalbfleisch gelegt und dünn geschnittene Citronenscheibchen, ordentlich frische Butter und ein wenig Mehl darüber, dann der Deckel von Teig darauf gethan, mit Eigelb angestrichen und im Ofen gebacken; wenn sie kalt ist, wird oben im Deckel eine Oeffnung gemacht und kalter aber noch fließender Gallerich darein geschüttet.

### 16. Andere Art.

Der Teig dazu. Zu 500 g. Mehl wird 250 g. frische Butter, zerschnitten und in einer Schüssel zerrieben, genommen, das Mehl auf's Brett gethan, in der Mitte eine Höhlung gemacht, die Butter darein nebst einer kleinen Prise zerriebenem Salz; dies zusammen mit kaltem Wasser zu einem festen Teig gewirkt und in der Dicke eines kleinen Fingers ausgetrölt.

Die Fülle dazu. 250 g. Speck wird zu Würfeln zerschnitten; gewaschene und zerschnittene Morcheln und Anchois, fein gehackte Zwiebeln und Petersilie wird, mit Ausnahme des Specks, mit Brodbrosmen vermischt, Salz und Gewürz darunter gethan, dann ein Model oder eine Casserole mit frischer Butter wohl angestrichen, mit Brodbrosmen bestreut und mit dem ausgetrölten Teig belegt. Jetzt wird auf dem Boden zuerst eine Lage von stark geklopftem und gebeiztem Rind- und Kalbfleisch oder Wildpret und Speckbröckli dazwischen gemacht, dann eine Lage von obiger Fülle, und so abgewechselt und abgetheilt, daß zu oberst Fleisch kommt; dann werden Citronenscheibchen, aus denen die Kerne entfernt werden, auf das Fleisch gelegt, ein Deckel von ausgetröltem Teig darauf gethan, der mit dem Seitendeckel fest zugedrückt und ein wenig überschlagen wird, dann die Pastete mit Eigelb, das mit ganz wenig kaltem Wasser verdünnt wird, angestrichen und wenigstens zwei Stunden lang im Ofen gebacken; alsdann wird sie mit großer Sorgfalt auf eine Platte umgewälzt und das Model abgenommen. Will man Gallerich dazu, so wird oben in die Pastete ein kleines rundes Loch gemacht, ein Trichter darein gesteckt und der Gallerich darein gegossen.

### 17. Kalte Pasteten von Kalbfleisch.

Der Teig dazu. 1 kg. weißes Mehl, 600 g. frische und 100 g. ausgelassene oder gesottene Butter und verhältnißmäßig Salz, dies alles wird mit lauem Wasser angeteiget, wohl gearbeitet und eine Stunde ruhen gelassen, nachher nicht allzu dünn ausgetrölt; bestreicht dann ein

Model wohl mit frischer Butter und thut den Teig schön glatt darein, daß er keine Falten habe und rings um das Model etwas vorstehe.

Die Fülle dazu. Man nimmt 3 kg. Kalbfleisch (Mocken), von diesem wird alles Häutige rein weggeschnitten und dann tüchtig geklopft, nachher werden zwei Drittel davon in fingersdicke Tranches geschnitten und während 48 Stunden in Essig gelegt mit etwas Salz, Pfeffer, Nägeli und Lorbeerblättern; der übrig gelassene Drittheil wird mit etwas Salz ein wenig im Wasser geschwellt, damit das Fleisch nicht anlaufe, während das andere in der Beize ist. Nach zwei Tagen wird dann das überschwellte Fleisch mit 4 Schnitten Schinken (wenn man hat), 50 g. Anchois, 1 Löffel Capern, Spezerei und Citronenrinden gehackt; die Anchois werden geputzt und Grat und Kopf davon gethan. Dann wird zuerst eine Lage von dem gehackten Fleisch in das mit Teig belegte Model gethan, nachher eine Lage Speckbröckli und eine Lage von den gebeizten Tranches, und so fortgefahren bis das Fleisch zu Ende und die Pastete voll ist. Alsdann wird ein Deckel von Teig (nicht allzu dünn ausgeirölt) darüber gethan, der ringsum an den untern Teig dem Rand nach angedrückt und ein wenig überlegt wird, dann wird die Pastete in einem nicht allzu heißen Ofen während 3–4 Stunden gebacken.

Ist sie nicht mehr heiß, so wird sie mit Sorgfalt auf eine Platte umgewälzt; wenn sie ganz kalt ist, wird oben ein kleines rundes Loch gemacht, ein Trichter darein gesteckt und der Gallerich kalt, aber so daß er noch laufen mag, hineingeschüttet.

## 18. Andere Art.

Man braucht hiezu ziemlich viel und festen Teig und ein rundes hohes Model, dessen Ring abgelöst werden kann. Man macht von Teig einen doppelten Boden, da die Pastete sehr saftig ist, dann nimmt man Kalbfleischmocken und Schaffleisch, welche vorher gebeizt worden sind, schneidet davon ganz dünne Tranches, klopft sie tüchtig, macht von jedem eine Lage, dann eine Lage eben so dünne

Schnitten Schinken, zwischen jede Lage dünne Speckscheib=
chen, Salz, Gewürz und ein wenig Mehl gestreut. Die
Lücken werden mit Leber und Speck, zusammen fein ge=
hackt, ausgefüllt, ein Deckel von Teig darauf gelegt,
noch ein ausgeschnittener dünner Deckel darauf mit Eigelb
angestrichen, in der Mitte eine Oeffnung gemacht, welche
mit Papier zugestopft wird; dann wird diese Pastete andert=
halb Stunden in einem nicht zu heißen Ofen gebacken, am
besten nach dem Brod im Backofen.

### 19. Hasen=Pasteten.

Auf dem Lande, wo man den Gallerich nicht leicht zu
kaufen findet und auch selbst nicht immer das nöthige
Fleisch hat, um solchen zu kochen, kann man den Hasenpfeffer
sammt den Häuten und $^1/_2$—1 kg Kalb= oder Rinder=
mocken nebst dem nöthigen Gewürz und Wein dazu nehmen,
was einen guten Gallerich gibt. Sonst aber, wenn man
den Hasenpfeffer zur Pastete nehmen will, muß er ge=
waschen, drei Tage gebeizt und mit 250 g. Speck fein ge=
hackt werden. Dann thut man 1 oder 2 Löffel grob ge=
hackte Capris, Pfeffer und Salz darunter und rührt alles
wohl durcheinander; dies gibt die Fülle. Nun schneidet man
500 g. Kalbermocken in Würfel (alles roh) und legt sie
beiseits. Für den Teig nimmt man zur Hälfte frische Butter
und zur Hälfte Schweineschmalz, das nöthige Mehl, Salz
und laues Wasser und macht ihn recht mürbe. Man trölt
ihn ziemlich dick aus und legt ihn in eine wohlverzinnte, mit
frischer Butter bestrichene kupferne Casserole oder Tüpfi;
das Bord des Teiges muß etwas über das des Gefässes
reichen, und ein Stück Teig muß man zum Deckel behalten.
Nun legt man die Hälfte der Fülle unten in die Pastete,
den gewürfelten Mocken darauf und die andere Hälfte der
Fülle zu oberst. Den Deckel klebt man stark an's Bord des
Teiges, das ein wenig mit Eiweiß bestrichen und nur schmal
überlegt wird. Dann wird die Pastete im Oefelein oder
Backofen gebacken; die Hitze darf aber nicht größer sein
als zu Zuckerbrod, und nach zwei oder drei Stunden soll
sie genugsam gebacken sein. Nun wälzt man sie um und

wenn sie beinahe ganz kalt ist, so macht man oben ein kleines rundes Loch und schüttet den Gallerich hinein, der auch kalt aber noch flüssig sein muß, und stellt sie an einen kühlen Ort, bis der Gallerich gestanden ist, dann kann man sie serviren.

Will man den Hasen selbst an die Pastete wagen, so wird sie noch besser. Man schneidet dann von dem rohen, etwas gebeizten Hasen schöne große Stücke, legt sie am Platz des Kalbfleisches in die Mitte und macht die Fülle für unten und oben aus 350 g. Speck, 250 g. Kalbermocken nebst obigem Gewürz, und beobachtet übrigens beim Backen ganz das, was oben gesagt worden ist. Die Pastete muß nicht zu voll Fleisch sein, sonst kocht der Saft gerne heraus, also das Gefäß groß genug, damit auch Raum genug für den Gallerich bleibt. Man kann nach Belieben ein wenig Chalotten oder Zwiebeln unter die Fülle hacken; auch kann man statt des Schmalzes gesottene Butter zu dem Teig nehmen, das Schmalz ist aber besser.

## 20. Andere Art.

Der Has wird ausgebeint, mit Speck gespickt, in halb Wein und halb Essig mit Spezerei, Salz und Lorbeerblättern 2—3 Tage gebeizt; der Teig, halb von gesottener und halb von frischer Butter bereitet, wird gut gearbeitet, ziemlich dick ausgetrölt und ein beliebiges Model damit belegt, das Hasenfleisch darauf gethan, sowie ziemlich viel frische Butter, mit der Beize angefeuchtet, ein Deckel von Teig darüber, derselbe ringsum an den Teig vom Boden festgedrückt, mit Gelbem vom Ei, mit einigen Tropfen Nidlen oder Milch verdünnt, angestrichen und im Ofen gebacken; wenn die Pastete kalt ist, wird oben in den Deckel eine Oeffnung gemacht und kalter, aber noch flüssiger Gallerich hineingeschüttet und an einen kühlen Ort gestellt bis der Gallerich dick ist und man sie auftragen will.

## 21. Hasen=Pasteten mit Gallerich.

Man nimmt das Fleisch eines ganzen Hasen, schneidet die Häute wohl davon, legt es 2 bis 3 Tage in Essig mit Lorbeerblättern, Rosmarin und Pfeffer, hackt es dann sammt einigen Scheibchen Speck recht fein, würzt es mit Pfeffer, Nägeli, Macis, Salz und zwei Löffeln voll Capern, zwei Eiweiß und verdünnt es mit ein wenig Fleischbrühe, zwei Löffeln voll Niblen und ein paar Löffeln voll Essig, macht eine Pastete wie oben, legt diese Fülle darein und verfährt im Uebrigen ganz gleich wie bei der Gallerich=Pastete. Man kann auch nach Belieben Chalotten unter das Fleisch hacken.

### 22. Pasteten mit Hasenresten.

Hat man Reste von gebratenem Has oder Hasenpfeffer, so macht man einen Teig von geschwellten, am Käsjchaber geriebenen Erdäpfeln, thut 2—3 Eiweiß, ein wenig Niblen oder Milch und Salz darein und rührt alles wohl durch= einander; der Teig darf nicht zu dünn sein. Dann bestreicht man eine tiefe Schale oder ein beliebiges Model mit frischer Butter, macht von dem Teig einen Boden darein, eines kleinen Fingers dick, legt das Hasenfleisch darauf, sowie Salz, etwas Gewürz und frische Butter und einen Deckel von gleichem Teig darüber, legt auf denselben wieder etwas frische Butter und backt die Pastete im Ofen, bis sie oben und unten schön gelb ist. Wenn dieselbe aufgetragen wird, muß sie auf die Schüssel umgekehrt und eine saure Sauce mit Kräutli oder gehackten Capern und Anchois dazu servirt werden.

### 23. Pâté de Terre.

Kalbfleisch und Schweinefleisch wird in lange Riemen geschnitten, mit Zwiebeln, Lorbeerblättern, Gewürz und einigen Löffeln Wein mehrere Tage gebeizt, dann mit gehackter Petersilie, Zwiebeln und Speck in einem wohl verschließenden irdenen Gefäß locker auf einander geschichtet, anderthalb Glas weißen Wein dazu, auch ein wenig Salz, deckt das Gefäß zu und vermacht jeden Spalt desselben mit einem Teig von Kleie und Wasser und läßt es zwei Stunden lang im Ofen kochen.

### 24. Agnolettes.

Man nimmt zwei Eier, ein Stück frische Butter in der Größe eines Eies, Salz und Mehl, was nöthig ist, um einen festen Teig daraus zu machen, sonst darf nichts anderes Flüssiges dazu genommen werden; ist der Teig genugsam gearbeitet, so wird er so dünn als möglich ausgetrölt. Dann hackt man gebratenes, kaltes Kalbfleisch, thut Gewürz und nach Belieben ein wenig Kräutli, ein Löffel Niblen oder ein Ei darein, um es zusammen zu halten. Diese Fülle muß bereit sein, ehe der Teig ausgetrölt wird. Man schneidet nun kleine gevierte Stücklein von dem ausgetrölten Teig ab, wie für Kräpflein, nur viel kleiner, legt von der Fülle darauf, doch nicht zu viel, überlegt den Teig, drückt ihn zusammen und schneidet mit dem Rädchen ab, was zuweit vorsteht. Alsdann wird Fleischbrühe, die nicht fett sein darf, in einer großen Casserole auf starke Gluth oder Feuer gesetzt, und wenn dieselbe stark kocht, legt man die Agnolettes darein und läßt sie während zwölf Minuten darin kochen, sie dürfen nicht zu dicht in einander sein, zieht sie mit dem Schaum=löffel heraus und ordnet sie in eine silberne oder andere Kochplatte, immer eine Lage Agnolettes und eine Lage Jus und kleine Stücklein frische Butter; so läßt man sie langsam auf der Gluth, nicht allzu lang, kochen und trägt dieselben in der gleichen Platte auf.

## 25. Krebs=Torte oder Pastete.

Man nimmt 3 Milch= oder Semmelbrödchen, weicht sie Tags vorher in warmer Milch ein, und verreibt sie, nachdem sie vertropft sind, im Mörser ganz zart, rührt einige Eigelb darunter, sammt dem zu Schnee geschlagenen Weißen, und eine kleine Tasse voll Krebs=Jus. Alsdann wird eine Kochplatte mit frischer Butter wohl bestrichen, die Hälfte dieses Teiges darein gethan, darauf eine Fülle von Morcheln, die in Fleischbrühe und Wein gekocht wor=den, sammt geschwellten Milchling und Krebsstielen, Salz und ein wenig Gewürz, die andere Hälfte des Teiges darüber und im Ofen gebacken; sie wird in der Kochplatte aufgetragen.

## 26. Timbale.

Man belegt ein beliebiges Model oder eine tiefe Koch=platte mit nicht allzu dünn ausgetröltem Pastetenteig, belegt

diesen Boden mit einer Lage in Fleischbrühe aufgekochter
italienischer Maccaroni, darauf eine Lage gesottener und von
den Häuten gereinigter Milchling mit Krebsschwänzen, Trüf=
feln, Morcheln und Krebsbutter belegt und mit etwas Salz
bestreut, nun wieder eine Lage Maccaroni und so fort, bis
das Model voll ist; nach Belieben können den Maccaroni
einige Löffel voll geschabtem Parmesankäse zugegeben werden;
ist das Model voll, so wird ein Deckel von Teig wie der
Boden darüber gelegt, im Ofen gebacken und heiß aufgetragen.

## Saures Gemüse einzumachen.

### 1. Kabis.

Man muß, wenn der Sauer=Kabis schön und gut
werden soll, sämmtliche grüne Blätter davon thun, er wird
aber nicht gewaschen. Während dem Hobeln streut man
unter verschiedenen Malen eine Hand voll Salz (zu einem
Vierling Kabis, d. h. 25 Kabisköpfen, rechnet man 500 g.)
und nach Belieben Wachholderbeeren oder Senfkörner über
den gehobelten Kabis. Ist der Kabis gehobelt, läßt man
denselben 1—2 Stunden ruhen, stellt die Stande im Keller
an die Stelle, wo sie bleiben soll, nimmt den gehobelten
Kabis, Züber um Züber, aus der Bütte, thut ihn, schön
eben ausgebreitet, in die Stande und knetet ihn mit den
flachen Händen so lange, bis man das Wasser unter den
Händen fühlt, dann wieder eine Lage Kabis, wieder fest=
geknetet, bis aller Kabis in der Stande und so fest wie
möglich auf einander ist. Dann wird ein Tuch oder zuerst
einige große Kabisblätter darüber gebreitet und dem Rand
nach wohl hinzugedrückt, daß der Kabis überall gedeckt sei,
die Bretter oder der Deckel, der in die Stande paßt, darauf
gelegt und mit großen Kieselsteinen schwer belastet; nach
mehreren Stunden soll der Kabis, wenn er gehörig einge=
knetet worden ist, schon Wasser genug gegeben haben, daß
es ob dem Deckel zusammenläuft; sollte dies nicht der Fall

sein und den folgenden Tag, nachdem er eingemacht worden, noch kein Wasser ob dem Deckel sich zeigen, so gieße man alsdann so viel frisches Wasser darüber, bis es ob dem Deckel stehen bleibt, es ist aber weit besser, wenn der Kabis von selbst genug Wasser gibt. Man macht nun weiter nichts daran, als daß man 1—2 Mal den Schaum oder die Decke, die nach einiger Zeit sich oben auf dem Wasser setzt, mit einer Schaumkelle abnimmt. Nach sechs Wochen kann man anfangen, von diesem Kabis zu gebrauchen; alsdann nehme man die Steine ab, schöpfe das Wasser in ein reines Geschirr und nehme so viel Kabis als man bedarf, doch so, daß man nirgends Lücken mache, sondern überall gleich ablöse. Dann wird das Tuch und der Deckel in kaltem Wasser gewaschen und alles wieder in gehöriger Ordnung darauf gethan, das abgeschöpfte Wasser durch ein Tuch gerichtet und wieder darüber geschüttet, und so das gleiche Wasser beibehalten, so lange genugsam und dasselbe nicht unrein ist, in diesem Falle aber wird es durch frisches ersetzt oder nur frisches beigefügt.

## 2. Kohl.

Von schönem Kopfkohl thut man die äußern zähen Blätter weg, behaltet die grünen zarten und löst sie nur vom Kopfe ab; diesen schneidet man in zwei Theile, wascht die Blätter und die zerschnittenen Köpfe rein, läßt dann ein Kessi voll Wasser siedend werden, thut zuerst die Köpfe darein und erst nachher die grünen Blätter, die länger gebrüht werden müssen, auch sollte man frisches Wasser beifügen. Man muß mit einer großen Kelle den Kohl immer unter das Wasser tauchen, sonst wird der untere eher weich als der obere; er muß aber gar nicht weich geschwellt werden, und damit man wisse, wann er weich genug sei, ziehe man oft einen Kopf heraus und versuche an der groben Storze der äußern Blätter, ob sie beim Druck derselben noch ganz hart seien oder aber anfangen weicher zu werden; sobald dies der Fall ist, gieße man sogleich kaltes Wasser in das Kessi, daß der Kohl nicht mehr koche, und ziehe denselben ohne Verzug in große, bereitgehaltene und mit kaltem Wasser angefüllte Züber heraus, wende ihn mit den Händen wohl um, daß er durch und durch kalt werde, und ist es nöthig, so gieße man immer kaltes Wasser darüber, bis er völlig kalt ist, ziehe ihn dann in Körbe und lasse ihn ein wenig abtropfen, nehme ihn auf einen Tisch, schneide die großen Storzen heraus, verschneide den Kohl nach Belieben größer oder kleiner und menge den grünen und den weißen wohl durcheinander, thue ihn dann in die Stande, die gewaschen und bereit gehalten, knete ihn mit den flachen Händen so fest wie möglich und gebe Acht, daß er überall schön eben liege. Es ist gut, dem Rand der Stande nach ein wenig Pfeffer zu streuen, Salz hingegen wird gar keines dazu gethan. Ist aller Kohl in der Stande, so wird er gleich wie der Kabis mit einem Tuche bedeckt, der Deckel, der gut in die Stande passen muß, darauf gethan, mit großen Steinen schwer belastet und sogleich frisches Wasser darüber geschüttet, daß es über dem Deckel zusammengehe. Nach 14 Tagen wird dieses Wasser abgeschöpft, Deckel und Tuch gereinigt und nachgesehen, ob rings dem Rand der Stande nach kein weicher, verdorbener Kohl sich befinde, der davon genommen würde, dann alles wieder in gehörige Ordnung gebracht und genug frisches Wasser darüber gegossen. Nach ungefähr drei Wochen, wird dieses Verfahren noch einmal wiederholt, wenn es nöthig ist, nachher macht man aber nichts weiter daran und kann nach zwei Monaten davon gebrauchen. Beim Kohl gießt man jedesmal frisches Wasser darüber, wenn man davon nimmt, es sei denn, daß man alle acht Tage nehmen würde, wo man nur je das andere oder dritte Mal frisches Wasser darüber thun könnte.

### 3. Mangoldkraut.

Man nimmt die schönsten Blätter, ausgenommen das Herzblatt, das man davon thut, weil es leicht verdirbt und schlecht wird. An den Storzen zieht man die Fäden ab, sonst wird nichts von dem Blatt gethan. Ist das Kraut gewaschen, so legt man es in einen Kessel siedendes Wasser und taucht es mit einer großen Kelle immer unter, weil es sonst roth wird, es darf nicht zu weich geschwellt werden, daher muß man auch, sobald die Storzen beim Druck der=

selben anfangen nachzugeben, sogleich kaltes Wasser in den Kessel gießen, damit es nicht mehr koche, und das Kraut ohne Verzug in große bereit gehaltene und mit kaltem Wasser angefüllte Züber herausziehen, immer noch frisches Wasser darüber gießen und es fleißig umwenden, daß es recht kalt werde, indem es nie zu viel gekühlt werden kann. Ist es durch und durch kalt, so zieht man es in mehrere Körbe, daß es nicht zu dick aufeinander liege, läßt es abtropfen und zerlegt es, ohne es zu zerschneiden, schön eben in die Stande, streut hie und da, besonders dem Rand der Stande nach, ein wenig Pfeffer, kein Salz, und knetet es mit den flachen Händen so fest wie möglich ein. Ist dieß geschehen, so wird gleich verfahren wie beim Kohl, auch nach Verlauf der gleichen Zeit das Wasser geändert, ebenfalls in gleicher Zeit kann man davon nehmen.

### 4. Bohnen.

Junge Bohnen werden gerüstet und der Länge nach in 2—3 Theile geschnitten, schwellt sie nur wenig in genugsam Wasser und taucht sie fleißig darin unter, zieht sie nachher durch zwei kalte Wasser, damit sie wohl gekühlt werden, und läßt sie in Körben abtropfen. Dann belegt man den Boden der bereit gehaltenen Stande mit Rebblättern, thut eine Lage Bohnen darauf und knetet sie mit den flachen Händen fest, streut eine kleine Handvoll Salz und eine Prise Pfeffer darüber, wieder eine Lage Bohnen, wenig Salz und Pfeffer, und fährt so fort bis die Bohnen alle in der Stande sind; dann deckt man sie mit Rebblättern zu, legt den Deckel darauf, beschwert ihn mit Steinen und gießt sogleich frisches Wasser darüber, daß es ob dem Deckel zusammen gehe. Nach einiger Zeit sehe man nach, ob das Wasser eine starke Decke habe; ist dieß der Fall, so nehme man dieselbe mit der Schaumkelle ab, ohne etwas an den Bohnen zu machen. Sollte nach einiger Zeit das Wasser wieder sehr unrein sein, so schöpfe man es ganz auf, reinige den Deckel und die Rebblätter und bringe alles wieder in gehörige Ordnung und frisches Wasser darüber. Nachher macht man nichts mehr daran und kann in 8—10 Wochen davon nehmen; dann zeigt sich von selbst, ob man frisches Wasser darüber thun muß, was nur in dem Fall geschieht, wenn das darauf befindliche unrein ist, sonst wird das gleiche wieder gebraucht. Auf gleiche Weise, aber ohne Salz, können die Bohnen auch eingemacht werden und sind recht gut.

### 5. Bohnen im Salz einzumachen.

Man zieht kleinen zarten Bohnen die Fäden ab und schwellt sie; das Wasser muß kochend sein, wenn man sie darein legt, auch thut man nur wenig auf einmal in den Hafen, läßt einen einzigen Wall darüber gehen und zieht sie heraus, legt sie auf ein Tuch und trocknet sie ab und wenn sie ganz kalt sind, werden sie schön eben in einen irdenen Hafen gethan. Alsdann werden 500 g. Salz mit ungefähr 6 dl. Wasser gekocht und verschäumt, und wenn es kalt ist, über die Bohnen gegossen, die dann wohl beschwert sein müssen.

Auf diese Weise eingemachte Bohnen, auch die ohne Salz, können gleich gekocht werden wie die grünen Bohnen; nur muß man sie über Nacht in kaltes Wasser thun, auch an einer Sauce von frischer Butter und Niblen sind sie sehr gut, aber dann müssen sie noch einmal und zwar ziemlich weich gebrüht werden, da sie in der Sauce nicht länger als eine kleine halbe Stunde kochen sollen.

### 6. Bohnen in Essig.

Die Bohnen werden sehr klein genommen, die Fäden abgezogen und in siedendem Wasser mit Rebblättern geschwellt, man läßt einen, höchstens zwei Wälle darüber gehen und zieht sie wieder heraus, läßt sie vertropfen und schwellt sie noch einmal in Essig und Rebblättern. Wenn sie dann weich genug sind, so zieht man sie heraus, läßt sie erkalten und thut sie in ein Glas mit ganzem Pfeffer, die Rebblätter darüber und frischer Essig, daß er über denselben zusammen gehe.

### 7. Rüben.

Die Rüben müssen geschält und dann gehobelt werden; sobald dieß geschehen, werden sie sogleich Züber um Züber in die Stande gethan, und jedesmal mit den flachen Händen fest geknetet, ohne Salz oder irgend etwas hinzu zu thun. Sind die Rüben alle so fest wie möglich eingeknetet, deckt man sie sogleich mit einem Tuch und Deckel wie beim andern sauern Gemüse, belastet sie schwer und gießt ein wenig frisches Wasser darüber. Den Tag nachher sollen die Rüben selbst genug Wasser gegeben haben, so daß es ordentlich über dem Deckel zusammenläuft. Dieses Wasser ändert man nicht und macht nichts daran, als daß man nach einiger Zeit die Decke, die sich obenauf setzt, mit einer Schaumkelle abnimmt. Nach zwei Monaten kann man auch davon nehmen; alsdann wird frisches Wasser darüber gethan, im Uebrigen alles wieder in gehörige Ordnung gebracht; das Wasser wird jedesmal geändert, wenn man davon nimmt.

### 8. Trüffeln aufzubehalten.

Nachdem die Trüffeln gewaschen sind, so kocht man sie in weißem Wein, der über den Trüffeln zusammengehen muß, thut verhältnißmäßig Salz und ganzen Pfeffer dazu und läßt sie kochen, bis der Wein eingekocht ist, legt sie alsdann in einen irdenen Hafen und Olivenöl dazu, bis es ob den Trüffeln zusammen geht; man kann sie so zwei Jahre aufbehalten. Eine irdene Casserole ist am besten, um sie darin zu schwellen.

### 9. Zuckererbsen aufzubewahren.

Man muß die Erbsen in einer Kachel mit Salz vermischen und recht untereinander rühren. Dann fülle man damit Champagner-Flaschen und schüttle sie recht zusammen, vermache die Flasche mit einem Zapfen, der kreuzweise festgebunden werden muß, umwickle sie mit Stroh und setze sie in einem Hafen mit kaltem Wasser über's Feuer und lasse sie vom Augenblick an, wo das Wasser kocht, 12 Minuten langsam kochen, dann stellt man den Hafen vom Feuer und läßt die Flaschen im Wasser kalten. Ehe man die Erbsen kocht, müssen sie in frisches Wasser gelegt werden, das 2—3 Mal gewechselt wird. Dann kocht man sie wie die frischen, mit süßer Butter u. s. w.

## Verschiedene Arten von Breien.

### 1. Mehl-Brei.

Zu 1½ l. guter Milch nimmt man vier kleine oder drei große Kellen voll Semmelmehl (oder Mütschlimehl) und rührt dasselbe mit kalter Milch in einem Topf von Erz zart an, daß es keine Knollen gibt; dann die übrige Milch dazu und auf schwachem Feuer immer gerührt, bis der Brei kocht. Nun wird das Feuer weggenommen, Gluth unter das Tüpfi gethan und der Brei eine Stunde langsam gekocht. Sollte er zu dick werden, so kann man zu rechter Zeit ein wenig Milch nachgießen.

### 2. Gries-Brei.

Man nimmt so viel Milch, als man Brei haben will, setzt sie in einem Topf von Erz über das Feuer und, wenn sie ringsum anfängt Blasen zu werfen, streut man nach und nach unter beständigem Rühren das Gries darein, bis der Brei kocht und die beliebige Dicke hat. Mit dem Rühren wird fortgefahren, bis er nicht mehr aufwallt; dann wird er auf gelinder Gluth drei Viertel Stunden gekocht. Man rechnet zu 1½ l. Milch eine Tasse Gries.

### 3. Reis-Brei.

Zu einer Tasse voll Reis nimmt man 1½ bis 2 l. Milch. Der Reis wird, nachdem er erlesen ist, mit der Milch und einem kleinen Stück frischer Butter auf nicht zu starkes Feuer gesetzt und zwei Stunden auf Gluth oder schwachem Feuer langsam gekocht. Sollte der Brei zu dick werden, so kann man ein wenig Milch nachgießen; aber da, wie bei jedem andern Brei, wo Milch nachgegossen wird, muß der Brei nachher noch ein wenig kochen.

### 4. Erdäpfel-Brei.

Man schält geschwellte Erdäpfel, zerdrückt sie oder reibt sie mit dem Reibeisen. Dann thut man gute Milch mit einem Stücklein frischer Butter auf's Feuer, und wenn sie zu kochen anfängt, rührt man so viel Erdäpfel darein,

bis der Brei die gehörige Dicke hat, und läßt ihn eine
Stunde auf gelindem Feuer kochen; wenn der Brei nicht
dick genug ist, kann man eine Viertelstunde vor dem Essen
eine Kelle voll Mehl mit Milch zart anrühren und darein
thun; gesalzen wird er erst ganz kurz vor dem Essen. Von
gedörrten Erdäpfeln wird der Brei noch weit besser; dieser
wird dann wie der Reisbrei gekocht. Die Erdäpfel werden
erst mit abgenommener Milch und einem Stück süßer Butter
aufgekocht und, wenn sie dick sind, die gute Milch nachge=
gossen; er muß auch länger gekocht werden als von frischen
Erdäpfeln.

### 5. Kürbis=Brei.

Der Kürbis wird zuerst in Stücke geschnitten, diese
geschält und noch in Brocken geschnitten, im Wasser weich
geschwellt, dann herausgezogen und in einem Tuch wohl
ausgewunden, daß gar kein Wasser mehr darin bleibt.
Dann wird in einem Topf ein Stück gesottene Butter heiß
gemacht und die Hälfte einer kleinen fein geschnittenen
Zwiebel in der Butter gedämpft, der ausgewundene Kürbis
darin umgerührt und sogleich mit ein wenig guter Milch
verdünnt, um das Mehl darein rühren zu können; dieses
wird trocken, eine Kelle um die andere, hineingerührt und
stark geklopft, daß keine Knollen seien, dann gute Milch
unter beständigem Rühren nachgegossen, bis der Brei die
gehörige Dicke hat; dann wird noch ein wenig Niblen, ein
Stücklein frische Butter, eine Messerspitze Nägelipulver und
Salz darein gethan und der Brei auf gelindem Feuer so
lange gekocht, bis er nicht mehr nach Mehl riecht. Zu einem
ordentlich großen Kürbis muß man wenigstens 2—2$^{1}/_{4}$ l.
gute Milch und 5 bis 6 Kellen Mehl nehmen.

### 6. Brei von Habergrütz.

Zu der Portion Brei, die man haben will, röstet man
verhältnißmäßig Habergrütze ein wenig in gesottener Butter,
gießt ziemlich viel Wasser dazu, daß das Habergrütz wohl
aufkoche und weich werde, thut Salz darein und kocht es
auf gelindem Feuer zu einem ordentlich dicken Brei; er
muß wenigstens eine halbe Stunde kochen. Man kann

diesen Brei nur so gekocht essen; aber noch besser wird er, wenn man, nachdem er gehörig eingekocht ist, Gänsefett oder gesottene Butter in einer Kuchenschüssel heiß macht und dann den Brei in der Dicke von zwei Finger darauf thut und ihn im Ofen prägelt.

### 7. Aepfel-Brei.

Man schält und schneidet saure Aepfel, am besten Mailänder, die sich gut verkochen lassen, in Schnitze oder halb, sticht das Herz aus und kocht sie in einem Hafen von Erz mit einem kleinen Stück frischer Butter und sehr wenig Wasser ganz weich, daß man sie zart verrühren kann und keine Bröcklein mehr bleiben, läßt sie dann auf gelindem Feuer völlig einkochen und unter öfterm Aufrühren ein wenig gelb werden. Alsdann rührt man, je nach der Portion Aepfel, die man hat, 2, 3 bis 4 Kellen voll Mehl trocken darein und verdünnt sie mit guter Milch, bis der Brei die gehörige Dicke hat, und läßt ihn auf gelinder Gluth noch ein wenig kochen, bis der Mehlgeruch sich verloren. Wenn er angerichtet ist, kann man nach Belieben Brodkrumen (Brosmen), in Butter gelb geröstet, über den Brei streuen.

### 8. Zwetschgen-Brei.

Die Zwetschgen wie die Pflaumen werden aufgeschnitten und die Steine herausgenommen, dann mit einem Stück frischer Butter und ein wenig Zucker ohne Wasser verdämpft und in ihrem eigenen Jüs weich gekocht, daß man sie ganz verrühren kann, dann auf gelinder Gluth ganz eingekocht und wie oben einige Kellen voll Mehl trocken darein gerührt, mit guter Milch verdünnt, bis der Brei die gehörige Dicke hat, und noch ein wenig gekocht. Wie diesen Brei, kocht man auch den Brombeeren-, Himbeeren- und Heidelbeeren-Brei.

### 9. Brei von Saft der Brombeeren und Himbeeren.

Man verdämpft Brombeeren oder Himbeeren ein wenig, ohne irgend etwas dazu zu thun. Sobald man sie verrühren kann, werden sie durch das Tamis (Haarsieb) gedrückt, daß aller Saft wohl durchlaufe; was im Tamis bleibt, wird weggeworfen. Alsdann macht man einen guten, ordentlich dicken Mehlbrei, läßt ihn eine halbe Stunde kochen und rührt den Brombeeren= oder Himbeerensaft in den Brei und läßt ihn auf gelinder Gluth noch ein wenig kochen.

### 10. Brei von Kanne= (Würg=)Birnen.

Die Kannebirnen müssen eine Zeit lang liegen und ein wenig teig werden; dann schält man sie, schneidet sie in halbe Theile und sticht das Herz aus, stellt sie mit einem Stückchen frischer Butter und ordentlich Wasser über das Feuer, deckt sie zu und kocht sie ganz weich, so daß man sie zart verrühren kann, läßt sie unter öfterm Aufrühren völlig einkochen und ein wenig gelb werden, rührt ein paar Kellen Mehl trocken darein und gießt gute Milch hinzu, bis der Brei die gehörige Dicke hat, und läßt ihn dann auf Gluth noch eine Weile kochen. Man kann auch von andern Birnen Brei kochen, sie sollten aber immer teig sein.

### 11. Brei von gedörrten Aepfeln und Zwetschgen.

Man nimmt saure, geschälte, dürre Aepfelschnitze, wascht sie in warmem Wasser und kocht sie mit ein wenig frischer Butter und viel Wasser ganz weich, daß man sie verrühren kann, läßt sie auf gelindem Feuer völlig einkochen, und, wenn kein Wasser mehr daran ist, verfährt man wie bei jedem anderen Brei von Früchten. So kann auch Zwetschgen= brei gemacht werden; es müssen aber Zwetschgen ohne Steine sein. Für beide muß ein wenig Zucker mitgekocht werden, den man aber erst hinein streut, wenn Aepfel oder Zwetschgen recht aufgekocht sind.

NB. Der Grund, warum ich anrathe, in alle Frucht= breie das Mehl trocken einzurühren, ist, weil sie auf diese Weise schmackhafter und weniger wässerig werden.

### 12. Kartoffel=Gries.

Eine beliebige Portion Kartoffeln werden gesotten und geschält, und wenn sie kalt sind, am Reibeisen gerieben, man nimmt auch bloß das geriebene zum Gries; nun wird es auf einem Kuchenblech dünn ausgebreitet und im Ofen getrocknet. Nachdem alles gut getrocknet ist, zerdrückt man die Masse mit dem Trölholz und siebt sie durch ein Sieb. Was nun im Sieb zurückbleibt, wird so lange wieder zerdrückt, bis alles durch das Sieb gegangen ist. Auf diese Art bekommt man, je nachdem das Sieb feiner oder gröber ist, ein schönes gelbes Gries, das zu Suppen oder Brei gebraucht werden kann, gleich wie anderes Gries gekocht wird, und sich lange aufbewahren läßt.

# Fasten=, Mehl= und Eierspeisen.

### 1. Knöpfli.

Eine beliebige Portion Mehl thut man in eine Schüsse mit einer Prise Salz, rührt sie mit kaltem Wasser zu einem zarten, dicken Teig, den man mit 2—3 ganzen Eiern verdünnt und tüchtig klopft und dann auf ein Brett legt. Unterdessen wird eine Pfanne mit Wasser auf's Feuer gesetzt; wenn es siedet, wird der Teig mit einem Messer darein geschabt, doch nicht zu viel auf einmal, damit die Knöpfli Raum im Wasser haben. Man läßt sie nun einige Mal aufkochen und zieht sie mit einer Schaumkelle aus dem Wasser, das man abtropfen läßt, und legt sie auf eine Platte, macht gesottene Butter heiß, in der man fein geschnittene Zwiebeln gelb macht und über die Knöpfli schüttet. Man kann sie auch, wenn man will, in einer Pfanne mit Butter prägeln.

### 2. Weißmehl=Knöpfli (Wasserspatzen).

Nehmet für 6 Personen 750 g. Mehl und ein wenig Salz, rührt es mit kaltem Wasser zart an und klopft es tüchtig, ist gut, wenn 1—2 Eier hineingeklopft werden, schüttet von diesem Teig auf einen hölzernen Teller und schneidet mit einem Messer davon in eine Pfanne siedendes Wasser, aber in so kleinen Portionen als möglich ist, laßt die Knöpfli kochen, bis sie auf die Oberfläche des Wassers kommen, zieht sie mit dem Schaumlöffel heraus auf eine gewärmte Platte, und fahret so fort, bis sie fertig sind. Hernach röstet man Brodbrosmen oder Zwiebeln in Butter schön gelb und schüttet sie darüber. Wer es liebt, kann zwischen jede Lage Knöpflife in geriebenen Schabzieger auf die Platte streuen.

### 3. Wasserstrüblein.

Für 6 Personen nimmt man 500 g. Mehl, rührt es mit kalter Milch glatt an, 3 Eier dazu und ein wenig Salz; der Teig darf nicht zu dick sein, damit er durch den Trichter läuft. Nun läßt man Wasser siedend werden, füllt den Trichter mit Teig und läßt ihn darein laufen; sobald die Strüblein auf die Oberfläche kommen, werden sie angerichtet. Sind auf diese Weise alle nach einander gekocht, werden Brodbrosmen oder Zwiebeln in Butter geröstet und darüber geschüttet.

### 4. Andere Art.

Statt Milch nimmt man Wasser zum Anrühren des Mehles und 30 g. frische Butter, welche mit ein wenig heißem Wasser abgebrüht wird, bis sie vergeht. Im Uebrigen verfährt man wie oben.

### 5. Wasserschnitten.

Man macht einen Teig wie zu Wasserstrüblein, nur etwas dünner, schneidet weißes Brod in dünne Schnitten wie zum Bähen, tunkt sie in den Teig und läßt sie in siedendem Salzwasser ein paar Mal aufkochen, zieht sie mit einem Schaumlöffel heraus, läßt sie vertropfen und legt sie auf ein Brett, um zu erkalten. Nachher läßt man in einer weiten Pfanne oder Schüssel Butter heiß werden, legt die

Schnitten, so viel neben einander Raum haben, hinein und läßt sie auf beiden Seiten schön gelb prägeln.

### 6. Andere Art Knöpfli oder Fluten.

Man thut Wasser oder Milch in eine Pfanne über's Feuer, und, wenn sie bald kochen will, rührt man über dem Feuer Mehl darein, bis der Teig sich trocken von der Pfanne löst, stellt dieselbe ab dem Feuer und legt einen Löffel voll um den andern von diesem Teig auf eine Platte; man muß den Löffel jedes Mal in frisches Wasser tunken, damit der Teig nicht anklebe und sich schön glatt vom Löffel löse. Sind die Knöpfli nun alle auf der Platte, so wird eine kleine fein geschnittene Zwiebel in ein paar Löffel voll heißer Butter gelb gemacht, mit der Butter über die Knöpfli geschüttet und die Platte ein paar Minuten in einen warmen Ofen gestellt, damit sie ein wenig trocken werden.

### 7. Geprägelte Knöpfli.

1 1/8 l. gute Milch werden mit einer Prise Salz in einer Pfanne über's Feuer gesetzt und wenn die Milch anfängt zu kochen, wird über dem Feuer Mehl darein gerührt, bis der Teig sich trocken von der Pfanne löst; dann wird die Pfanne ab dem Feuer gestellt, und 2, 3 bis 4 Eier in den Teig geschlagen und tüchtig geklopft, bis es Blattern wirft; dann ein hölzernes Brett mit Mehl überstreut, der Teig darauf gelegt, Mehl oben darüber gestreut, und mit einem Trölholz den Teig breit gemacht, bis er überall die Dicke eines Fingers hat. Dann läßt man ihn kalt werden und schneidet beliebige Stücke, carreaux oder wie man will, und prägelt sie in einer Schüssel auf gelindem Feuer mit Butter auf beiden Seiten schön gelb; man muß immer Butter zusetzen, so oft man geprägelte Knöpfli aus der Schüssel nimmt.

### 8. Andere Art.

Man thut 4—8 dl. Wasser mit einem Stücklein frischer Butter und einer Prise Salz in einer Pfanne über's Feuer, und wenn es zu kochen anfangen will, so rührt man über dem Feuer Mehl darein, bis der Teig sich trocken von der Pfanne löst. Dann wird die Pfanne ab dem Feuer gestellt und eine Schüssel mit einem Stück gesottener Butter auf gelindes Feuer gesetzt, und wenn die Butter heiß ist, ein Löffel voll nach dem andern von dem Teig abgestochen und in die Schüssel gelegt und auf beiden Seiten schön gelb geprägelt. Man muß, sowie die Schüssel trocken wird, Butter zusetzen und nicht zu viel Knöpfli auf einmal in die Schüssel thun, damit sie einander nicht berühren. Man kann sie auch ganz in Butter backen, auf welche Art sie noch besser werden. Auf gleiche Weise kann man auch Knöpfli von Gries statt Mehl machen.

## 9. Krautknöpfli.

Hackt einige Hände voll Spinatkraut, ein wenig Körbelkraut, Schnittzwiebeln und ein Stengelchen Krausemünze zusammen fein und drückt den Saft in einer Schaumkelle wohl aus. Dann wird ein wenig gesottene Butter in einer Pfanne heiß gemacht, das Kraut darin geschweizt, eine Kelle voll Mehl und eine Prise Salz dazu gethan, noch ein paar Mal umgerührt, und dann mit 2 bis 3 wohlgeklopften Eiern und ein paar Löffeln von Niblen verdünnt und nur noch so lange auf dem Feuer gelassen, bis es am Rande der Pfanne kocht. Nun wird diese Fülle angerichtet und große ganze Spinatblätter genommen, über die man siedendes Wasser gießt und sogleich wieder mit Sorgfalt herauszieht und zum Vertropfen auf ein Brett legt. Von diesen Blättern nehme man nur eines, und wenn es zu klein ist, zwei und legt sie breit auf den Teller (man muß Sorge tragen, daß sie ganz bleiben), thut einen Löffel voll von der Krautfülle darauf und wickelt das Blatt darum, macht so ein Knöpflein um das andere, bis die Fülle aufgebraucht ist, prägelt sie in Butter auf beiden Seiten schön gelb und macht eine Sauce von süßer Butter, ein wenig Mehl und Niblen oder Milch und Muskatnuß, und schüttet sie rings um die Knöpfli.

### 10. Andere Art.

Hackt eine Handvoll Petersilie, Schnittlauch, etwas Münze und andere feine Kräuter, eine Handvoll Spinat und eine Zwiebel fein, schweizt es in frischer Butter, richtet es in eine Schüssel an, rührt zwei Eier dazu, etwas Salz, Gewürz, in Milch oder Freischbrühe geweichtes und ausgedrücktes Semmelbrod und Mehl, bis es die gehörige Dicke hat. Hat man Resten von Fleisch, so kann man es fein gehackt dazu nehmen, rührt alles wohl untereinander, läßt Fleischbrühe oder Salzwasser sieden, legt löffelweise von dem Teig hinein und läßt die Knöpfli kochen. Sobald sie auf die Oberfläche kommen, zieht man sie heraus auf eine Platte; wenn sie zerfallen, so rührt man noch Mehl in den Teig. Sind sie fertig, so röstet man Brodbrosmen in Butter schön gelb und schüttet sie darüber.

### 11. Reiskrügeli.

Eine Tasse voll erlesener und gewaschener Reis wird in Wasser einige Minuten geschwellt, dann durchgeseihet und in Fleischbrühe langsam gekocht, bis er sich leicht mit einem Löffel zerdrücken läßt. Ist die Brühe zu sehr eingekocht, bevor der Reis weich ist, so fügt man noch Fleischbrühe hinzu, Salz, Pfeffer und zwei Löffel voll Parmesankäs und wenn er die gehörige Festigkeit hat, so nimmt man einen Löffel voll in die Hand, formt ihn zu hohlen Krügeli wie eine Tasse, die mit gehacktem und gewürztem Wildpret, Geflügel oder Milchling gefüllt werden, die Oeffnung wird mit Reis zugefüllt, dieselben in der Hand zu Kugeln geformt, mit Parmesankäse, dann mit geriebenem Brod bestreut, in Eigelb gewälzt und in heißem Speck oder Butter schön gelb gebacken. Dieses Gericht erfordert viel Sorgfalt, ist aber vortrefflich.

### 12. Andere Art.

Man kocht 250 g. Reis in kräftiger Fleischbrühe ziemlich dick, röstet fein geriebene Brodbrosmen in Butter schön gelb, rührt sie in den Reis sammt einer Handvoll Mehl und 4 Eiern eines nach dem andern, formirt Knöpfli davon, welche in Fleischbrühe oder Salzwasser aufgekocht werden, richtet sie auf eine Platte an und gießt heiße Butter darüber.

### 13. Gries-Knöpfli.

1⅛ l. Milch läßt man mit 30 gr. Butter sieden, streut unter fortwährendem Rühren Gries darein, bis es ein dicker Brei ist, läßt ihn kochen, bis er sich von der Pfanne löst, rührt 2 Eier hinein und stellt ihn vom Feuer, thut Salz dazu und rührt, bis er anfängt zu erkalten. Nachher streut man Mehl auf ein Brett, nimmt löffelweise von dem Teig darauf, wie runde Knöpfli und backt sie auf beiden Seiten in einer Schüssel mit heißer Butter. In Ermangelung von Milch kann man auch Wasser dazu nehmen.

### 14. Andere Art.

Man macht den Teig wie bei den vorhergehenden; wenn er ab dem Feuer gestellt ist, rührt man 6 große oder 7 kleine Eier eins nach dem andern dazu, nachdem man sie in warmes Wasser gelegt hatte. Wenn die Butter in der Pfanne heiß ist, stellt man sie ab dem Feuer, thut löffelweise von dem Teig darein, doch nicht zuviel auf einmal damit sie besser aufgehen, und läßt sie unter beständigem Umkehren schön backen, richtet sie an und servirt sie heiß. — Man kann auch die nämlichen Knöpfli im Bratofen backen, nur fügt man dann zum Teig 50 g. Butter und bestreicht die Schüssel auch stark mit Butter.

### 15. Gebackene Gries-Knöpfli in Milch.

Rührt 100 g. Butter, bis sie ganz schaumig wird, schlägt drei Eier eins nach den andern hinzu, zwei bis drei Löffel Niblen und ein wenig Salz; dann ein Glas voll Gries, formirt Knöpfli wie ein Hünerei davon und backt sie in heißer Butter; legt sie dann in eine Casserole oder Kochplatte, schüttet siedende Milch oder Niblen darüber und läßt sie noch eine halbe Stunde zugedeckt kochen.

### 16. Gerührte Eier.

Die Größe der Portion, welche man von diesem Gericht haben will, muß auch die Zahl der Eier bestimmen, die man nimmt. Diese werden tüchtig geklopft, eine Prise Salz und 2 bis 4 Löffel voll Fleischbrühe oder Niblen dazu und in eine mit Butter bestrichene Kochplatte geschüttet, dieselbe auf schwache Gluth oder über siedendes Wasser gesetzt und die Eier beständig gerührt, bis sie anfangen dick zu werden, dann sogleich aufgetragen.

### 17. Eierkutteln.

Hart gesottene, noch warme Eier werden auf einer Platte in Scheibchen geschnitten, eine dünne Sauce von frischer Butter, ganz wenig Mehl, Fleischbrühe, feinen Kräutli, Salz und einem Löffel Essig gemacht und über die Eier geschüttet, oder auch nur Kräutli mit Oel und Essig, Salz und Pfeffer angemacht.

### 18. Eier mit Fleischbrühe.

Von 6 dl. guter kalter Fleischbrühe nimmt man alles Fett ab, klopft 7 Gelbe und ein Weißes von Eiern wohl darunter, mit fein gehackten Kräutli und Salz, bestreicht einige Tassen mit frischer Butter und füllt sie mit dieser Masse, doch nicht zu sehr, stellt dann die Tassen in eine Taternpfanne, in die man siedendes Wasser gießt, aber wohl Acht gibt, daß dasselbe nicht in die Tassen komme, stellt die Pfanne auf Gluth und läßt sie so lange darin, bis die Eier dick werden; statt der Kräutli kann Muskatnuß darüber gerieben werden. Diese Eier werden in den Tassen ganz heiß aufgetragen.

### 19. Eier au jus.

Man läßt Wasser in einer Pfanne siedend werden, thut ein wenig Salz darein und schlägt frische Eier in das

Wasser, so viel man haben will, doch nicht zu viel auf einmal, damit sie Raum genug haben. Man läßt sie nun unberührt im Wasser über dem Feuer, bis sie obenauf kommen und das Weiße das Gelbe schön umhüllt hat und anfängt dick zu werden. Dann wird eins nach dem andern mit der Schaumkelle sorgfältig heraus genommen, daß sie nicht platzen, auf eine Platte neben einander gelegt und heißes Bratenjüs daran geschüttet. Man kann auch eine dünne Fischsauce daran thun; sie müssen heiß aufgetragen werden.

## 20. Eierröste.

Dünn geschnittenes Brod, wie man es zu Suppen braucht, wird in Butter schön gelb geröstet, dann die Butter abgeschüttet, und einige wohl geklopfte Eier mit Nidlen oder Milch und Salz über das Brod geschüttet, noch ein wenig über das Feuer gesetzt und beständig gerührt, bis die Eier anfangen dick zu werden, dann sogleich aufgetragen. Man kann auch, ehe man die Eier in die Pfanne thut, siedendes Wasser über das gebackene Brod schütten, das dann aber gleich wieder abgeschüttet werden muß.

## 21. Andere Art.

Man schneidet ein weißes Brödchen fein wie zu Suppen und röstet es schön in heißer Butter, verrührt 4 ganze Eier mit 7 Löffeln voll kaltem Wasser, thut Salz dazu und schüttet es über das geröstete Brod, rührt es noch einige Augenblicke in der Pfanne um, richtet es an und servirt es sogleich.

## 22. Fricassirte Eier.

Man röstet Brodbrosmen (Brodkrumen) in Butter schön gelb, so viel, daß der Boden der Pfanne ganz bedeckt werde. Sind sie gelb, so schlägt man Eier darauf, eines neben das andere, soviel man will oder Platz in der Pfanne ist, thut ein wenig Salz und Muskatnuß darauf und läßt sie ohne zu rühren so lange auf dem Feuer, bis das Weiße von den Eiern anfängt dick zu werden, nimmt dann eines nach dem andern mit einem kleinen Bratenschäufelchen sammt den darunter liegenden Brodbrosmen heraus und legt sie neben einander auf die Platte; man muß Acht geben, sie nicht zu verletzen, sonst verlaufen sie.

### 23. Brod-Eierkuchen.

6 Eier, 6 dl. Milch und ein wenig Salz verrührt man zusammen, schneidet ein weißes Brödchen zu Schnitten, legt sie eine neben die andere in heiße Butter und läßt sie schön gelb werden. Nachher gießt man den Teig darüber, backt den Eierkuchen schön gelb, kehrt ihn um und läßt ihn auf der andern Seite auch gelb werden.

### 24. Anchois-Schnitten.

Man macht dünne Brodschnitten in Butter gelb, hackt dann von Haut und Gräten gereinigte Anchois und bestreicht die Schnitten damit, wie eine Butterschnitte, und legt sie auf eine Platte, macht fein geschnittene Petersilie und ein wenig Schnittlauch mit Oel und Essig an und schüttet dieß über die Schnitten, daß jede damit gefeuchtet werde.

### 25. Eier mit Anchois.

Man nehme 2 dl. Niblen, in welcher man ungefähr 100 g. gereinigte Anchois kocht und verrührt; wenn sie geschmolzen sind, so richtet man diese Niblen durch's Tamis (Haarsieb) und rührt fünf wohl geklopfte Eier darunter. Dann bestreicht man einige Tassen oder ein Model mit frischer Butter, füllt die Masse hinein und kocht sie eine Stunde im Wasser, bis sie dick wird, stürzt dann die Tassen oder das Model auf eine Platte um und gießt heißes Jüs daran.

### 26. Eier in Papier.

Man macht von weißem Papier Kapseln in beliebiger Form, thut in jede ein kleines Stücklein frische Butter und einen von Haut und Gräten gereinigten Anchois, schlägt in jede noch ein frisches Ei und rangirt diese Papierkapseln alle in eine Taternpfanne, stellt sie auf Gluth und setzt den Deckel mit Gluth darauf; oder thut sie auf eine Schüssel in den Ofen, bis das Weiße vom Ei anfängt dick zu werden, dann werden sie sogleich aufgetragen.

## 27. Andere Art.

Einige Anchois werden von Haut und Gräten gereinigt. Die Portion derselben muß die Zahl der Papierkapseln bestimmen, die man haben will, dann werden sie mit feinen Kräutli und Brodbrosmen gehackt und mit frischer Butter ein wenig fricassirt, doch nicht, daß sie gelb werden. Dann nimmt man Zuckerbrodpapierchen, so viel man haben will, bestreicht sie mit frischer Butter und legt in jedes von dieser Fülle, schlägt in jedes Papier ein ganz frisches Ei auf diese Fülle und auf jedes Ei ein kleines Bröcklein frische Butter, stellt dann diese gefüllten Papierkapseln ein paar Minuten auf einen Rost oder in eine Taternpfanne auf Gluth, und sobald das Weiße vom Ei anfängt dick zu werden, trägt man sie sogleich auf.

## 28. Fleisch=Eierkuchen.

Wenn man Reste von gebratenem oder gesottenem Fleisch hat, so wird es fein gehackt, und wenn es mager ist, etwas Fett oder Rindermark dazu genommen, auch ein wenig Schnittlauch und Petersilie oder Zwiebeln, wenn man es liebt; weicht Semmel oder Weißbrod in Milch ein, drückt es wieder aus, rührt es unter das Fleisch, schlägt noch 5 bis 6 Eier dazu und backt es in heißer Butter.

## 29. Andere Art.

Man rührt einen gewöhnlichen Omeletten=Teig an, hackt Reste von Kalbfleisch oder Rindfleisch mit Zwiebeln und ein wenig Citronenrinde, kocht Weiß= oder Semmelbrod mit Fleischbrühe und rührt es unter das Fleisch. Dann läßt man in einer Schüssel Butter heiß werden, gießt ein wenig Teig darauf, daß der Boden bedeckt wird, dann das Fleisch und den übrigen Teig darüber, daß er Rand und Deckel bilde, noch ein wenig heiße Butter darüber und läßt alles im Bratofen backen.

### 30. Schinken-Omeletten.

Hat man einen Rest Schinken, so hackt man ihn fein mit allerlei Kräutli, als Schnittlauch, Petersilie, Körbelkraut und Majoran, und rührt, nachdem dieß gehackt ist, einen halben Löffel voll Mehl, 4—5 Eier und 2 dl. Milch darunter und backt die Omelette in einer Schüssel mit heißer Butter im Ofen.

### 31. Eierkuchen mit Gans- oder Kalbsleber.

Man hackt eine Gansleber oder 250 g. Kalbsleber und eine Handvoll Chalotten und Petersilie fein, dämpft die Chalotten in einem Stückchen frischer Butter, thut dann die Petersilie und hernach die Leber dazu und rührt es wohl untereinander, bis es anfängt zu kochen; dann wird Citronensaft, die feingehackte Rinde einer Citrone, Pfeffer und Salz, gestoßene Nägeli und 2 Löffel Fleischbrühe beigefügt und unter einander gerührt. Nachher rührt man einen Löffel voll Mehl und ein wenig Salz mit Milch glatt an, schlägt 5 Eier eins nach dem andern dazu, läßt in einer flachen Pfanne oder Tourtiere Butter heiß werden, schüttet die Hälfte von dem Teig hinein, läßt ihn an der Wärme ein wenig dick werden, legt die Leber darauf und den übrigen Teig darüber, und läßt es im Bratofen oder auf Gluth unten und oben schön gelb backen.

### 32. Gebrühter Eierkuchen.

Rührt 250 g. schönes Mehl und ein wenig Salz mit ungefähr 5 dl. siedendem Wasser, in welchem 30 g. Butter geschmolzen, glatt an, schlägt 8—9 Eier hinzu, macht in einer Kuchenschüssel Butter heiß, legt den Teig hinein und läßt ihn bei gelinder Wärme backen.

### 33. Eiertätsch oder Eierkuchen.

Für 6 bis 8 Personen nimmt man 5 bis 6 Eier, 5 dl. gute Milch und zwei Löffel voll Mehl. Das Mehl wird zuerst mit ein wenig Milch zart angerührt, dann die Eier darein geschlagen und recht geklopft und die übrige Milch und Salz oder Zucker darein gerührt. Nun wird in einer breiten Eisenpfanne oder Taternpfanne wohl eines halben Eies groß gesottene Butter heiß gemacht und der Boden der Pfanne mit dünnen Brodschnittchen belegt, die man umwendet und auf beiden Seiten nur wenig gelb macht; dann wird die Hälfte des Eierteiges über die Schnitten geschüttet, die Pfanne auf Gluth gestellt und nicht darin gerührt, bis der Teig anfängt dick zu werden. Jetzt wird er mit einem Schäufelchen dem Rande nach gelöst und das noch Flüssige läßt man nach und nach ringsum darunter rinnen und läßt den Kuchen völlig backen, bis er unten schön gelb und oben nicht mehr flüssig ist. Dann wird er auf eine Platte umgewendet, in der gleichen Pfanne wieder Butter heiß gemacht, der Rest des Teiges darein geschüttet und nichts daran gemacht, bis er dick wird, dann wieder dem Rand nach gelöst und die erste Hälfte des Kuchens, der schon gebacken ist, mit Sorgfalt auf diesen geschoben, daß das Brod in die Mitte kommt und das Gelbgebackene oben, dann wird der Kuchen noch völlig gebacken, bis er unten auch gelb ist, wieder auf eine Platte umgewendet und sogleich aufgetragen. Man kann nach Belieben die Brodschnittchen weglassen und Wasser statt der Milch nehmen, dann nimmt man aber 2 Eier mehr und etwas mehr Butter zum Backen.

### 34. Dünne Pfannkuchen.

4 bis 5 Löffel voll Mehl rührt man mit ein wenig Milch zart an, schlägt dann so manches Ei, als man Löffel Mehl genommen, darein, klopft dieß tüchtig zusammen und rührt 5 dl. Milch und Salz darunter. Dann läßt man in einer kleinen Eisenpfanne ein wenig gesottene Butter heiß werden, thut eine halbe Tasse voll von dem Teig darein, läßt ihn in der Pfanne überall verlaufen, daß der Boden ganz davon bedeckt werde, und läßt ihn auf gelindem Feuer backen, bis er unten schön gelb ist. Nun wird der Kuchen mit einem kleinen Schäufelchen umgewendet, und ist die Pfanne trocken, ein wenig Butter zugesetzt, die man nur dem Rand

der Pfanne nach herunterrinnen läßt. Ist der Kuchen auf der andern Seite auch gelb, so wendet man ihn auf eine Platte um, thut wieder ein wenig Butter in die Pfanne und die gleiche Portion Teig wie oben und verfährt damit wie oben. So wird auf gleiche Weise fortgefahren, bis aller Teig gebacken ist. Die Kuchen werden immer einer auf den andern gelegt und an der Wärme behalten, bis alle fertig sind, und dann sogleich aufgetragen.

### 35. Pfannkuchen mit Brodbrosmen (Brodkrummen).

Man klopft 5 bis 6 Eier mit 2 starken Löffeln voll Zucker, einem Kaffeelöffel voll Zimmt, einer Tasse voll Brodbrosmen und 3 dl. Milch wohl durcheinander und bestreicht eine Kuchenschüssel mit frischer Butter, oder läßt ein Stück gesottene Butter darin heiß werden, gießt die Fülle darein und backt sie im Ofen.

### 36. Süße Pfannkuchen.

Man röstet ein Kaffeekacheli voll Brobbrosmen in Butter schön gelb, klopft 2 ganze Eier wohl, rührt eine halbe Tasse voll gestoßenen Zucker, ein wenig Rosinen und Zimmt dazu, und die gerösteten Brobbrosmen und verdünnt dieß mit 3 dl. Milch, macht Butter in einer Kuchenschüssel heiß, gießt die Fülle darein und backt sie im Ofen schön gelb.

### 37. Andere Art.

Schneidet 4 Milchbröbchen in Bröcklein, legt sie in ein Kuchenblech, das mit Butter bestrichen ist und gießt einen Pfannkuchenteig darüber von sechs Eiern, Milch und Salz oder Zucker, der gehörig geklopft sei, läßt ihn im Ofen eine halbe Stunde backen, stürzt ihn auf eine Platte und trägt ihn sogleich auf.

### 38. Süße Flädli.

Zwei Eier werden mit drei Löffel Mehl und Milch zu einem dünnen Teig geklopft, gesalzen und ein Löffel Zucker beigefügt und dünne Pfannkuchen daraus gebacken, die Pfanne darf nur mit Speckschwarte angestrichen werden, die Kuchen werden zusammen gerollt und in einer Kochplatte mit Milch aufgekocht; oder man macht von Milch, einem Ei, einem Löffel Mehl, Zucker und Zimmt ein Teigli und gießt es darüber.

### 39. Schildbrod= (Semmelbrod=) Kuchen.

Vier Semmelbrode werden in Milch geweicht und ganz leicht ausgedrückt, 5 Eier, Zucker und Zimmt dazu gerührt und in einer mit Butter bestrichenen Schüssel im Ofen oder auf Gluth mit dem Tourtierendeckel gebacken.

### 40. Brodschnitten.

Man schneidet ein Weiß= oder Semmelbrod in vier Theile, weicht sie in Milch oder Wein, kehrt sie in gerührten Eiern um, backt sie in heißer Butter und bestreut sie mit Zucker und Zimmt.

Zu den zwei obigen Backwerken kann eine gewöhnliche Weinsauce, oder folgende gemacht werden: Man röstet eine Kelle voll Mehl in frischer Butter, gießt eine Flasche Wein dazu, rührt Zucker, Zimmt, eine Tasse voll geschälte und fein gestoßene Mandeln und 2 bis 3 Löffel voll Kirschmues dazu, läßt es einen Augenblick kochen und richtet es darüber an, oder servirt es zu dem Backwerk.

### 41. Kirschwasser=Kuchen.

Weicht drei Milch= oder Semmelbrödchen in Milch ein und verrührt sie zart; rührt 5 Eier, 2 Löffel voll Zucker und eine Tasse erlesene Rosinen darunter und backt sie in einer mit Butter bestrichenen Schüssel im Ofen. Hernach wird eine Platte reichlich mit Zucker bestreut, der Kuchen darauf gelegt, derselbe wieder stark mit Zucker bestreut und ein Gläs=chen Kirschwasser darüber geschüttet.

### 42. Fasttag=Pudding.

Schneidet drei Milch= oder Semmelbrode in kleine Würfel, feuchtet sie mit Niblen an, rührt 100 g. Butter schaumig und schlägt 7 Eier mit daran; das Brod, eine Hand voll

Weinbeeren, eine Hand voll Rosinen und ebenso viel geschälte und gestoßene Mandeln, ein wenig Citronat, ein wenig Salz und Zucker, dieß alles wird unter einander gerührt. Dann wird ein Model mit frischer Butter stark bestrichen, mit fein geriebenem Brod oder Zwieback bestreut, die Fülle darein gethan und gebacken. Hiezu kann eine beliebige Sauce gegeben werden.

### 43. Gute Mark-Omelette.

Zu 100 g. Rindermark, welches man zerdrückt, nimmt man 4 Eier, 5 dl. Niblen, eine Tasse voll Zucker und eben so viel Weinbeeren und Rosinen, zwei Löffel Mehl und die gehackte Rinde einer Citrone, rührt dieß wohl unter einander, bestreicht die Schüssel mit Butter, thut die Fülle hinein und läßt sie backen. Man kann auch statt Weinbeeren ausgesteinte Kirschen hinein thun, was sehr gut geht.

### 44. Eier-Omeletten.

Man nimmt 5 bis 6 Eier, einen Löffel voll Mehl Salz und 5 dl. Milch, das Mehl wird mit ein wenig Milch zart angerührt, dann die Eier darein geschlagen, zusammen recht tüchtig geklopft und nachher die übrige Milch dazu. Dann wird in einer Kuchenschüssel gesottene Butter heiß gemacht, der Teig darein geschüttet und im Ofen bei guter Hitze gebacken.

### 45. Reis- oder Gries-Omelette.

Hat man Restchen Reis- oder Griesbrei, so klopft man einige Eier darunter, Salz oder Zucker und Zimmt darein und backt es in einer mit frischer Butter wohl bestrichenen Schüssel im Ofen.

### 46. Luft-Omeletten.

Zu einer Omelette für sechs Personen nimmt man 7 Eier. Die Gelben werden mit einem Löffel voll gestoßenem Zucker tüchtig geklopft und entweder Zimmt, oder fein gehackte Citronenrinde, oder Vanille, oder fleur d'orange beigefügt, um ihr Geschmack zu geben. Dann werden die 7 Weißen der Eier zu Schnee geschwungen mit dem Gelben vermischt und in eine mit frischer Butter bestrichene Kochplatte gethan und sogleich in den Ofen gestellt, der ziemlich warm sein muß, damit sie schnell aufgehe. Sobald diese Omelette hoch und blaßgelb ist, wird sie schnell servirt, sonst fällt sie ein.

### 47. Omelette am Punsch.

Man macht eine gute Omelette ohne Salz, beim Anrichten überwirft man sie, daß sie doppelt auf der Platte liegt, bestreut sie stark mit Zucker, gießt ein Gläschen Rhum darüber, zündet sie an und gibt sie brennend auf den Tisch.

### 48. Holländische Omeletten.

Für zwei Omeletten nimmt man einen Löffel voll Weißmehl, rührt es mit 2 Tassen voll guter Milch zart an, von 4 Eiern das Weiße und von 3 das Gelbe wird eines nach dem andern wohl geklopft, darunter gerührt und nach Belieben Zucker oder Salz dazu; dann werden sie auf beiden Seiten in Butter schön gelb gebacken.

### 49. Kleine Omeletten.

Vier Eier, vier Löffel Semmelmehl, 5 dl. Milch, Salz und ein Löffel voll Wein werden zusammen gerührt und wohl geklopft, davon in einer flachen Pfanne in heißer Butter kleine dünne Omeletten gebacken.

### 50. Wasser-Omeletten.

Zwei Tassen Mehl werden mit zwei Tassen siedendem Wasser angebrüht und tüchtig geklopft, Salz oder Zucker nach Belieben hinzugefügt. Wenn der Teig kalt ist, werden zwei Eier, von denen die Weißen zu Schnee geschlagen, darunter gerührt, in einer flachen Pfanne ziemlich viel Butter heiß gemacht und die Omeletten auf beiden Seiten schön gelb gebacken.

### 51. Matafans.

Man kocht von Mehl, Milch und 3 wohlgeklopften Eiern einen zarten Brei, nach Belieben mit Salz oder Zucker gewürzt. Sobald er kocht, wird er ab dem Feuer gestellt, dann in einer Eisenpfanne ein wenig gesottene Butter heiß gemacht und eine kleine Tasse voll von dem Brei, der nicht zu dick sein muß, in die heiße Butter gethan, läßt ihn ein wenig verlaufen und backt ihn auf gelindem Feuer. Ist der Matafan unten schön gelb, so wird er umgewendet und auf der andern Seite auch gebacken, dann auf eine Platte gethan, und mit dem übrigen Brei so fortgefahren wie oben.

### 52. Welsche Nudeln.

Mit ein paar Händen voll Mehl, ein wenig frische zerbröckelte Butter, Salz, einigen Eigelb und Niblen macht man einen lockern Teig, trölt ihn aus und schneidet ziemlich große Nudeln davon, welche man in der Milch aufkochen läßt, zieht sie dann heraus und thut sie in eine mit Butter bestrichene Schüssel, begießt sie mit ein wenig Niblen, legt einige Stücklein Butter darauf, bestreut sie mit Zucker und Zimmt und läßt sie auf Gluth mit dem Tourtieredeckel oder im Bratofen backen, bis sie schön gelb sind.

### 53. Auflauf.

Man nimmt eine Kelle voll Mehl, Zucker oder Salz dazu und rührt es mit 3. dl. Niblen zart an, klopft 3 Eier darein und thut ein Stück frische Butter in eine Casserole auf die Gluth, gießt den angemachten Teig darein, setzt einen Tourtieredeckel mit Gluth darauf und backt es.

### 54. Süßer Auflauf.

8 dl. gute Milch werden mit 4 Löffel voll Mehl zart angerührt und auf gelindem Feuer unter beständigem Rühren zu einem Brei gekocht, bis sich derselbe von der Pfanne löst; dann wird er in eine Schüssel angerichtet und man

läßt ihn kalt werden, nimmt dann 50 g. frische Butter und fünf Eier, die Butter wird in einer Schüssel gerieben, bis sie ganz weiß ist; dann wird immer ein Ei nach dem andern und ein Löffel Brei nach dem andern hinein gerührt und jedesmal tüchtig geklopft, bis der Brei und die Eier alle darin sind, Zucker nach Belieben und entweder gehackte Citronenrinde oder Vanille oder Zimmt, dann werden die fünf Weißen von den Eiern zu Schnee geschwungen und leicht unter die Masse gerührt; eine Casserole von Silber, Porzellan oder Kochgeschirr mit frischer Butter wohl bestrichen, der Teig darein gethan und im Ofen eine halbe Stunde gebacken, bis er recht hoch aufgegangen ist, dann wird er sogleich aufgetragen.

### 55. Omelette soufflée.

Es werden 50 g. geschälte und gestoßene Mandeln, eine fein gehackte halbe Citronenrinde oder ein Kaffeelöffel voll gestoßenen Zimmt, 50 g. gestoßenen Zucker, 3 ganze Eier, davon das Weiße geschwungen, 2 dl. Nidlen und ein kleiner Löffel Mehl wohl durcheinander gerührt und geklopft, in eine mit frischer Butter bestrichene Kochplatte gethan und im Ofen gebacken.

### 56. Andere Art.

Man nimmt so viel Eier als Personen sind, zu jedem Ei einen kleinen Löffel voll Zucker, rührt die Gelben mit dem Zucker wohl durcheinander, bis es Blasen wirft, dann die geschwungenen Weißen ganz leicht darunter, und entweder fein gehackte Citronenrinde, Vanille oder Rhum, was sehr gut geht, dann thut man süße Butter in einer beliebigen Pfanne auf das Feuer (es muß nicht zu viel Butter sein), und wenn sie geschmolzen ist, die Masse darein und gebacken; ist der Auflauf unten schön gelb und oben nicht mehr flüssig, so wird er auf eine lange Platte angerichtet und überschlagen, der untere Theil muß ein wenig vorstehen und ein Bord bilden; er wird sofort aufgetragen und servirt.

### 57. Omelette française.

20 g. Mandeln oder Pistazien, von denen die Hülse abgezogen wird, fein gestoßen, 50 g. gestoßenen Zucker, 2 dl. Niblen, drei Eier, wovon das Weiße geschwungen, und alles wohl unter einander gerührt; in einer Kochplatte läßt man etwas frische Butter schmelzen, thut obiges hinein und backt es im Ofen.

### 58. Omelette mit Spinat.

Macht eine Omelette von 6 Eiern, Milch, einem Löffel voll Mehl und etwas Salz, läßt die Hälfte davon in einer flachen Pfanne auf einer Seite backen, und richtet sie auf eine Platte an, daß die gebackene Seite nach unten komme, thut gehackten und eingekochten Spinat darauf, backt noch eine gleiche Omelette und deckt sie auf den Spinat, daß die gelbe Seite nach oben komme.

### 59. Kraut=Omelette.

Man nimmt Spinatkraut, eine Schüssel mittlerer Größe voll, einen Büschel Körbelkraut, Schnittzwiebeln nach Belieben und einen Stengel Münze und hackt dieß zusammen fein, preßt dann mit einer Schaumkelle den Saft wohl heraus und schweizt das Kraut nur ein wenig mit einem Stücklein gesottener Butter, thut eine Kelle voll Mehl dazu, rührt es noch 2—3 Mal um und richtet es in eine Schüssel an. Dann werden 3—5 Eier darein geschlagen und mit dem Kraut tüchtig geklopft, Salz und 3—5 dl. Milch darunter gerührt, in einer Kuchenschüssel, die nicht zu klein sein darf, damit die Omelette nicht zu dick werde, ein großes Stück gesottener Butter heiß gemacht, der Teig darein und die Omelette im Ofen gebacken.

Für kleine Omeletten nimmt man, wenn man das Kraut schweizt, statt einer Kelle, 2—3 Kellen voll Mehl, je nach der Portion Kraut, und 1—2 Eier mehr, aber etwas weniger Milch, läßt gesottene Butter in einer breiten Pfanne heiß werden, thut von dem Krautteige löffelweise darein, wendet sie um, wenn sie unten gelb sind, und prägelt sie so auf beiden Seiten.

### 60. Erdäpfel-Omelette.

Sechs bis acht gesottene Erdäpfel reibt man am Reibeisen oder stößt sie im Mörser ganz zart, daß keine Knollen mehr darin sind, klopft nach und nach 5—6 Eier darunter, nebst 6 dl. guter Milch und backt sie wie ein Pfannkuchen auf beiden Seiten schön gelb.

### 61. Andere Art.

Vier große rohe Kartoffeln werden auf dem Reibeisen gerieben und mit einer Tasse kochender Milch übergossen; Salz, 3 Eigelb und nach und nach 2 Eßlöffel voll weißes Mehl hineingerührt und zuletzt das zu Schnee geschlagene Eiweiß. In einer flachen Pfanne wird Butter heiß gemacht und löffelweise von diesem Teig hineingethan und auf beiden Seiten geprägelt. Müssen heiß aufgetragen werden.

### 62. Reis nach piemontesischer Art.

Eine Tasse voll Reis, eine Tasse gute Fleischbrühe ohne Fett, 100 g. frische Butter und ein wenig Salz wird zusammen eine halbe Stunde auf gelindem Feuer gekocht; etwa 10 Minuten, ehe man auftragen will, wird Bratenjüs dazu gethan.

### 63. Reiskopf.

250 g. Reis wird in guter Fleischbrühe gekocht, bis er weich ist; wer es liebt, kann ein paar Gewürznelken, eine Zwiebel und ein Lorbeerblatt dazu thun. Hat er die gehörige Dicke, so thut man das Gewürz daraus, bestreicht ein Model mit guter Butter, bestreut es mit Brodbrosmen, thut den Reis darein und einige Stücklein Butter oben darauf, backt ihn im Ofen schön gelb, wälzt ihn auf eine

Platte um und thut ein Ragout von Milchling mit Krebsjüs und Stielen darum; wenn man Gansleber oder sonst etwas von Geflügel hat, so geht es auch gut dazu.

## Nudeln und Maccaroni.

### 1. Bereitung der Nudeln.

Auf jede Hand voll Semmelmehl nimmt man ein Ei, macht von dem Mehl auf dem Würfbrett einen Ring, thut die geklopften Eier darein, sammt fein geriebenem Salz, vermengt dies zusammen und würft den Teig tüchtig und so lange, bis er Blasen bekommt. Ist er zu feucht, daß er beim Arbeiten an den Händen und am Brett anklebt, so streut man von Zeit zu Zeit ein wenig Mehl auf das Brett, tunkt auch die Hände im Mehl, um den Teig freier bearbeiten zu können. Hat man ihn eine Zeit lang mit den Händen gewürft, so schlägt man ihn noch mit dem Trölholz, damit er recht weich und mürbe werde, und bearbeitet ihn wieder, bis sich viele kleine Löcher zeigen, wenn man darein schneidet. Dann macht man von dem Teig kleine runde Bröbchen, von der Größe eines Eies, nicht zu viel auf einmal, weil sie sonst zu trocken werden; der übrige Teig wird unterdessen mit einer Schüssel zugedeckt. Die Bröbchen werden nun eines nach dem andern ausgetrölt, rund und überall eben mit den Händen noch völlig ausgezogen, daß diese Kuchen ganz dünn werden und nirgends dicke Stellen bleiben, auch dem Rande nach nicht, doch ohne Löcher darein zu reißen, und werden, sowie einer fertig ist, auf ein reines Tischtuch, das über einen großen Tisch ausgebreitet, gelegt, daß keine Falten seien und keiner über dem andern liege. Auf diese Weise wird mit dem ganzen Teig fortgefahren; nun läßt man diese Kuchen so weit trocknen, daß sie, wenn man sie aufrollen will, nicht mehr kleben, aber auch nicht brechen, bestreut sie mit ein wenig Mehl, rollt sie locker zusammen und schneidet sie mit scharfen

Messern zu so schmalen oder so breiten Nudeln als beliebt, schüttelt sie locker auf, daß sie nicht zusammenkleben, sondern lang werden, und breitet sie dünn auf ein anderes Tuch aus. Sind die Nudeln nun alle geschnitten, so läßt man sie an einem trockenen aber nicht warmen Ort und schüttelt sie alle Tage auf, bis sie völlig trocken sind. Man kann sie lange in einer Schachtel an einem trockenen Ort aufbewahren und sie dann auf folgende Weise zubereiten:

### 2. Nudeln mit Fleischbrühe.

Man setzt 1 l. Fleischbrühe in einer Messingpfanne übers Feuer, und wenn sie siedend ist, so thut man einen kleinen Teller voll Nudeln darein und schüttelt sie mit einer Gabel öfters auf. Ist die Brühe auf wenige Tropfen eingekocht, so werden die Nudeln angerichtet und Brodbrosmen, in Butter gelb geröstet, darüber gestreut, und ein wenig Muskatnuß, und heiß aufgetragen.

### 3. Nudeln mit Käs.

Die Nudeln werden in siedendem Wasser gekocht, sie dürfen nicht gerührt, nur mit einer Gabel fleißig aufgeschüttelt werden, und wenn sie weich sind, angerichtet und an der Wärme behalten. Dann werden ein paar Löffel harter geschabter Käs mit 3 dl. Milch oder Niblen zart angerührt und drei Eier darein geklopft, dies zusammen auf's Feuer gesetzt und immer umgerührt bis die Crême anfängt zu kochen, dann sogleich über die Nudeln geschüttet und heiß aufgetragen.

### 4. Andere Art.

Man setzt eine Pfanne mit Fleischbrühe oder Wasser übers Feuer, und wenn es siedet, thut man die Portion Nudeln, die man will, darein, läßt sie unter öfterm Aufschütteln nur wenig kochen und zieht sie mit der Schaumkelle auf eine flache Platte heraus. Dann wird eine eiserne Schüssel oder Kochplatte mit frischer Butter bestrichen und die Nudeln, wenn sie nicht mehr heiß sind, darein gethan, 3 bis 4 Löffel voll harter geschabter Käse mit 1—2 dl. Niblen angerührt, 2 bis 3 Eier darein geschlagen, zusammen wohl geklopft, über die Nudeln geschüttet und einige Bröcklein frische Butter oben darauf, im Ofen gebacken, bis sie oben über ein wenig gelb sind und sogleich aufgetragen.

### 5. Noch eine andere Art.

Die Nudeln werden wie oben in heißer Fleischbrühe oder im Wasser auf starkem Feuer nur wenig gekocht, mit der Schaumkelle herausgezogen und auf einer flachen Platte ein wenig stehen gelassen. Dann wird eine Kochplatte mit frischer Butter wohl bestrichen und eine dünne Lage Nudeln darein, dann verhältnißmäßig mit der Portion Nudeln 150 bis 250 g. fetter linder Käs in dünne Scheibchen geschnitten und davon eine Lage über die Nudeln gelegt, dann wieder Nudeln und wieder Käs, bis beides aufgebraucht ist, zuletzt frische Butter zerbröckelt darauf und im Ofen gebacken, bis der Käs geschmolzen ist und sie oben über ein wenig gelb sind. Sie werden ganz heiß in der Kochplatte, worin sie gebacken worden sind, aufgetragen.

### 6. Gefüllte Nudeln.

Von 3 Eiern macht man einen gewöhnlichen Nudelteig, nur nicht zu fest, und rührt 50 g. zerlassene Butter darein. Dann trölt man ihn dünn aus und schneidet Stücke davon wie ein kleiner Teller, läßt sie ein wenig trocknen, macht eine Fülle von gehacktem Fleisch wie zu den Fleischknöpfli, bestreicht eine Schüssel mit frischer Butter, thut eine Nudel darauf, dann eine Lage Fleisch, wieder Nudeln und so fort, bis alles verbraucht ist. Endlich schüttet man einen Schoppen Milch darüber, bestreut sie mit ein wenig Salz und läßt sie backen.

### 7. Maccaroni.

Man nimmt italienische Maccaroni, breite oder runde, nach Belieben, thut die Portion, die man kochen will, in siedendes Wasser über's Feuer, läßt sie ½ bis 1 Stunde in viel Wasser kochen. Dann bestreicht man eine tiefe Kochplatte mit frischer Butter und thut eine Lage Maccaroni darein, dann eine Lage dünn geschnittenen Parmesankäse oder guten fetten Emmenthalerkäse, wieder eine Lage Maccaroni, und fährt so wie oben fort, bis die Maccaroni alle in der Platte sind, legt ein wenig frische Butter darauf und, wenn man will, einige Löffel voll Niblen darüber und backt die so zubereiteten Maccaroni im Ofen, bis sie oben über ein wenig gelb sind oder nur bis der Käs geschmolzen ist. Sie werden in der Platte, worin sie gebacken werden, heiß aufgetragen.

### 8. Kopf von Maccaroni und Milchling.

So viel Maccaroni, als man den Kopf groß haben will, schwellt man im Wasser mit Salz nicht zu weich; macht dann von 25 Krebsen (von denen, nachdem sie gesotten, die Schwänze und Scheeren sorgfältig herausgenommen werden), nach Angabe von Nr. 23, Krebsbutter, stellt Brühe und Krebsbutter sorgfältig auf die Seite, schwellt ein paar Kalbermilchling, zieht die Haut und die Röhrchen davon und kocht sie ein wenig in einer Sauce von frischer Butter und Fleischbrühe mit den Krebsschwänzen und Scheeren. Dann wird das Weiche eines weißen Brödchens in kochende Milch zu einem dicken Brei verrührt, 2 bis 3 ganze Eier darunter geklopft und mit den Milchlingen vermengt, eine Serviette mit frischer Butter wohl bestrichen, die Maccaroni darauf, die Fülle in die Mitte und die Serviette fest zusammengebunden, damit das Wasser nicht eindringe, und der Kopf 1½ bis 2 Stunden im Wasser gekocht; dasselbe muß siedend sein, wenn man den Kopf hineinthut und darob zusammengehen. Eine Viertelstunde vor dem Essen macht man eine Sauce von frischer Butter, einem Löffel voll Mehl und der Krebsbrühe, einen Augenblick vor dem Anrichten wird die Krebsbutter dazu gethan, und wenn man den Kopf auftragen will, die Sauce darüber gegossen.

### 9. Krebs=Pudding.

Man kocht 250 g. Reis mit guter Milch zu einem ordentlich dicken Brei; während er kocht, wird das Weiche von einem weichen Bröbchen herausgeschnitten, mit Milch weich gekocht und zart zerrührt; ein paar geschwellte Milch=ling von Haut und Röhren gereinigt und in Bröckli geschnitten; 3 Krebsschwänze, Morcheln, Trüffeln, etwas Nieren=fett und Rindermark zusammen grob gehackt und mit dem Reis, Brod und Milchling vermischt, 8 Eier darunter geklopft. Salz und etwas Gewürz dazu gethan; diese Fülle thut man in ein Zwecheli, das in der Mitte mit süßer Butter bestrichen wird, so weit der Pudding geht, bindet es nur locker zusammen und kocht es eine Stunde im Wasser, das siebend sein muß, wenn man den Pudding hinein thut. Ist er genug gekocht, so wird er aus dem Wasser gezogen, aufgelöst und auf eine Platte umgewälzt, eine Sauce mit Krebsjus darum geschüttet und warm servirt.

# Käsgerichte.

### 1. Käsgericht.

Man läßt in einer Kochplatte frische Butter und fetten jungen Käs, in Scheibchen geschnitten, auf der Gluth schmelzen, thut zwei wohlgeklopfte Eier dazu und stellt es einen Augen=blick auf die Gluth.

### 2. Andere Art.

250 g. Fetscherin oder anderer sehr weicher fetter Käse, der fein geschnitten oder zart verrieben sein muß, wird mit 3 Eigelb und 4 dl. Niblen zart angeteigt und geklopft, in einer Casserole oder tiefen Kochplatte ein großes Stück

frische Butter geschmolzen, wenn sie anfängt zu schaumen, die Farce hinein und auf gutem Kohlenfeuer beständig gerührt, bis es ringsum zu kochen anfängt, dann sogleich aufgetragen.

### 3. Käs-Crême.

3 dl. Niblen werden mit dem Gelben von vier Eiern wohl geklopft und ungefähr zwei Löffel voll geschabten Käs nebst etwas Salz darunter gerührt, dann das Weiße der vier Eier zu Schnee geschwungen, mit dem übrigen vermischt und in einer Platte mit dem Tourtieredeckel voll Gluth zugedeckt, bis die Crême dick ist.

### 4. Käs-Ramequin.

Zerstoßt 50 g. fetten Käs in einem Mörser, bis er zu Teig geworden, thut ihn in eine Schüssel und klopft 4 bis 5 ganze Eier und 5 dl. Niblen darunter, bestreicht eine Kochplatte mit frischer Butter und belegt mit einigen dünnen Brodschnittchen, die man auf einer Seite auch mit frischer Butter bestreicht, den Boden der Platte, schüttet die angerührte Käs-Crême über die Schnittchen, backt sie im Ofen oder auf der Gluth schön gelb und deckt den Tourtieredeckel mit Gluth darüber.

### 5. Kleine Käs-Ramequins.

Vier große Löffel voll geschabten Saanen-Käs und ein halber Löffel voll Mehl mit 2 dl. Niblen zart gerührt und 3 bis 4 ganze Eier darein geschlagen. Dieß wird zusammen tüchtig geklopft und nachher der Rest der Niblen darunter gerührt, wenn sie nicht alle zum Anteigen des Käses gebraucht worden. Dann werden kleine Pasteten-Mödeli mit Butter wohl bestrichen, mit dieser Farce nicht völlig angefüllt, weil sie stark auflaufen, und im Ofen gebacken. Sie müssen heiß aufgetragen werden.

### 6. Fetter Ramequin.

100 g. fetter guter Käse, 50 g. frische Butter, ein Ei, eine halbe Tasse voll gute Niblen und eben so viel

gute Fleischbrühe wird, nachdem der Käse und die Butter im Mörser zu Brei gestoßen, wohl durcheinander gerieben, am besten ebenfalls im Mörser, eine Tourtière mit Butter angestrichen und darin im Ofen gebacken; bei ziemlich starker Hitze soll er in einer Viertelstunde gut sein.

### 7. Kartoffel-Ramequin.

Zehn bis zwölf frisch gesottene Kartoffeln werden geschält und in dünne Scheibchen geschnitten, eine Kochplatte mit frischer Butter angestrichen, die Hälfte der Kartoffeln darein gethan, 100 g. fetter Käse ebenfalls dünn geschnitten und die Hälfte davon über die Kartoffeln gelegt, nebst einigen dünnen Scheibchen frischer Butter und etwas Salz, dann die andere Hälfte der Kartoffeln und der Rest des Käses mit frischer Butter und drei ganzen Eiern wohl geklopft und 3 dl. Nidlen und etwas Salz vermengt darüber, im Ofen gebacken, bis es überall schön gelb ist, und sogleich aufgetragen.

### 8. Erdäpfel-Pudding.

Man macht von geschwellten Erdäpfeln dünne Scheibchen, thut sie in eine mit frischer Butter bestrichene Kochplatte, mit geschabtem oder in Scheibchen geschnittenen Käs, Butter und Salz; immer eine Lage Erdäpfel und eine Lage Käs und Butter, zuletzt gießt man eine Tasse Nidlen oder Milch daran und läßt es in guter Wärme im Ofen backen. Ist der Ofen nicht recht heiß, so thut man besser, ein tiefes Kuchenblech zu nehmen, weil ein solches viel heißer wird als eine irdene Kochplatte.

### 9. Kürbis-Ramequin.

Von einem nicht zu reifen Markkürbis schneidet man kleine Würfel und hängt sie über Nacht in ein Tuch gebunden auf, damit das darin befindliche Wasser abtropfe, belegt den Boden einer Kochplatte mit frischer Butter, thut darauf eine Lage Kürbis, eine Lage fein geschnittenen fetten Käse, streut einen Löffel Mehl und ein wenig Salz darüber, und fährt so fort, bis die Kochplatte voll ist, legt oben darüber wieder frische Butter und stellt sie in einen heißen Ofen. Wenn der Kürbis weich ist, so werden zwei Eier mit ein wenig Niblen geklopft, darüber geschüttet und noch im Ofen gelassen, bis es oben über schön gelb ist. Man kann auch nach Belieben die Eier weglassen und nur Niblen oder Milch daran thun.

### 10. Käs-Kügelchen.

Schneidet 150 g. nicht allzu gesalzenen, fetten Käs in Scheibchen und läßt ihn mit einem Stück frischer Butter und einem Glas Wasser kochen, bis der Käs geschmolzen ist. Dann wird über dem Feuer weißes Mehl in das Käswasser gerührt, bis der Teig sich trocken von der Pfanne löst, richtet ihn in eine Schüssel an und, wenn er kalt ist, so klopft man so viel ganze Eier darein, bis der Teig zart wird und sich vom Finger löst. Dann nimmt man mit einem Löffel Stücklein von der Größe einer Baumnuß davon und backt sie in heißer Butter.

### 11. Andere Art.

5 dl. Niblen erwellt man in einer gelben Pfanne und rührt ob dem Feuer Mehl darein, nebst einer Tasse voll geschabten Käs und ein wenig Salz. Dann wird der Teig in eine Schüssel angerichtet und, wenn er bald kalt ist, mit sechs Eiern, die eins nach dem andern in den Teig aufgeschlagen werden, tüchtig geklopft, mit einem Löffel Kügeli geformt und in Butter gelb gebacken. Die Butter darf nicht zu heiß werden, sonst wird das Gebackene zu braun und geht nicht auf.

### 12. Andere Art.

Eine Tasse geschabten Käs und zwei ganze Eier werden mit Niblen zart angerührt, bis er die Dicke einer Crême hat, in einem gelben Pfänni einige Augenblicke gekocht, in eine Schüssel angerichtet, und, wenn der Teig ein wenig erkaltet ist, mit dem Löffel Kügeli formirt und in heißer Butter gebacken.

### 13. Maccaroni mit Parmesan-Käse auf italienische Art.

Man siedet 500 g. Maccaroni in gesalzenem Wasser weich, zieht sie dann heraus und läßt das Wasser davon ablaufen; bestreicht eine Platte, welche auf den Tisch gegeben wird, stark mit frischer Butter, legt eine Lage von den abgesottenen Maccaroni darauf, streut geriebenen Parmesankäse in der Dicke eines Messerrückens darüber, legt Maccaroni und wieder Parmesankäse darauf, und fährt damit fort, bis alles zu Ende ist, stellt die Platte auf Kohlen und läßt sie so lange kochen, bis man ein Stück Butter und ein Glas voll Bratenjüs in einem Pfännchen miteinander siedend gemacht hat, dieses gießt man über die Maccaroni und trägt sie sogleich auf.

### 14. Risotto.

Auf 250 g. Reis nimmt man 300 g. Rindermark und 50 g. frische Butter, thut es in eine Casserole oder gelbe Pfanne, und wenn es heiß ist, setzt man den Reis, der vorher mit kochendem Wasser gebrüht wird, zu, und rührt ihn ungefähr 10 Minuten lang; dann verdünnt man ihn mit 6 dl. kalter Fleischbrühe und kocht ihn unter langsamem Rühren, bis der Reis beinahe weich ist. Hierauf nimmt man für 10 Centimes Safran, gießt etwas Fleischbrühe darüber, schüttet sie wieder ab und thut sie in den Reis, damit derselbe gelb werde, ein wenig Salz, Pfeffer und Muskatnuß und 250 g. fein geriebenen Parmesankäse und läßt ihn noch ein Weilchen kochen; doch darf der Reis nicht zu weich werden. Wird er zu dick, so verdünnt man ihn mit Fleischbrühe. Man kann auch Tomaten-Sauce beifügen, wer es liebt, aber dann keinen Safran.

### 15. Andere Art.

Eine fein geschnittene Zwiebel wird mit einer guten Handvoll Speckbröckli ein wenig gedämpft; dann Fleischbrühe darüber gegossen, eine Tasse voll Reis und 100 bis 150 g. fein geschnittener Käs hineingethan und eine halbe Stunde kochen lassen. Zuletzt wird noch eine Messerspitze

Safran und ein Stück frische Butter beigefügt, dann angerichtet.

### 16. Noch andere Art.

Eine Zwiebel wird recht fein geschnitten oder gehackt und in einem guten Stück frische Butter gedämpft, dann wird eine Tasse Reis, welches in kaltem Wasser gewaschen wurde, beigefügt und in Butter kochen lassen, bis es ansitzen will, dann wird Fleischbrühe zugegossen und geschabter Käs 100—150 g. Alles eine halbe Stunde kochen lassen.

### 17. Geschmolzener Käs.

Für 6 Personen nimmt man 500 g. Käs, der fein geschnitten und während zwei Stunden in kaltes Wasser gelegt wird. Dann alles Wasser abgeschüttet und der Käs mit frischer Butter im Mörser gestoßen, über das Feuer gethan und immer gerührt, bis der Käs geschmolzen; nun werden noch 3 ganze wohlgeklopfte Eier beigefügt und gleich aufgetragen.

### 18. Neuenburger-Fondu.

Für zwei Personen läßt man ³/₄ Glas weißen Wein mit Pfeffer, Muskatnuß, sowie 4—5 Zinken fein geschnittenen Knoblauch in einem irdenen Topf siedend werden (am besten wird es auf Weingeist oder Gas gemacht), dann wird 250 bis 300 g. guter, fetter, in dünne Scheibchen geschnittener Käs beigefügt, immer gerührt, bis derselbe geschmolzen ist. Nun wird ½ Kaffeelöffel Mehl mit einem Löffel Wein verrührt, mit dem Uebrigen noch ein wenig gekocht unter beständigem Rühren. Zuletzt wird noch ½ Gläschen Kirschwasser beigefügt und sogleich aufgetragen im gleichen Geschirr.

### 19. Käs-Omelette.

150 g. fetten linden Käs schneidet man in dünne Scheibchen und setzt ihn mit 5 dl. Milch über das Feuer und läßt den Käs in der Milch schmelzen. Sobald er ge=

schmolzen ist, wird die Milch ab dem Feuer gestellt; ein Löffel voll Mehl mit ein wenig kalter Milch zart angerührt, 4 bis 5 Eier darein geschlagen und tüchtig geklopft und die Käsmilch, die beinahe kalt sein muß, darunter gerührt, in einer Schüssel Butter heiß gemacht, der Teig darein geschüttet und im Ofen schön gelb gebacken.

### 20. Andere Art.

Man schlägt fünf ganze Eier in eine Schüssel und schwingt sie mit dem Beseli, bis sie schaumen; dann sammt ³/₄ l. Nidlen mit ein wenig weißem Pfeffer, Salz, einem kleinen Stück frischer Butter zusammen auf's Feuer gesetzt und wie eine Crème immer gerührt, bis sie anfängt zu kochen, und sogleich in die Schüssel angerichtet, in der man sie auftragen will. Ist die Crème kalt, so wird sie mit einer Lage fettem Käse, in dünne Scheiben geschnitten, belegt, und über diese eine Lage Brodkrummen, die noch mit ganz dünnen Scheibchen frischer Butter belegt werden, dann der Tourtieredeckel mit starker Gluth darüber gestellt und sobald die Omelette oben über schön gelb ist, wird sie schnell servirt.

### 21. Andere Art.

50 g. Käse, in dünne Scheibchen geschnitten, wird mit 2 bis 3 ganzen Eiern, einer Tasse voll Nidlen und ein wenig Salz vermengt und gut geklopft, in einer Tourtiere ein wenig Butter heiß gemacht, die Farce darein geschüttet und auf beiden Seiten schön gelb gebacken.

### 22. Auflauf mit Käs.

Zu 6 dl. guter Milch nimmt man 3 Löffel voll Mehl, rührt dasselbe mit der Milch zart an und kocht unter beständigem Rühren einen ordentlich dicken Brei daraus, läßt denselben nur wenig kochen, richtet ihn in eine Schüssel an und läßt ihn kalt werden, thut geschabten Käs darunter und 4 Gelbe von Eiern und klopft dieß zusammen, bis alles wohl vermengt ist; drei Weiße zu Schnee geschwungen werden darunter gerührt, eine Kochplatte oder

Casserole mit frischer Butter bestrichen, der Teig darein gethan und eine halbe Stunde im Ofen gebacken. Wenn der Käse nicht sehr stark ist, so wird etwas Salz darein gestreut. Der Auflauf soll hoch aufgehen und heiß aufgetragen werden.

### 23. Käs-Schnittli.

Man nimmt zu 8 Löffeln geschabtem Saanen-Käs einen Löffel voll Mehl und 4 dl. Niblen, rührt mit einem Theile derselben den Käs sammt dem Mehl zart an, schlägt sechs Eier darein und klopft dieß zusammen tüchtig, rührt den Rest der Niblen darein und setzt diese Crême in einer Messingpfanne über das Feuer, und rührt sie, bis sie kocht; sie soll dick sein. Dann wird sie in eine Schüssel angerichtet und, wenn sie kalt ist, so streicht man von dieser Crême in der Dicke eines Fingers auf gesalzene dicke Bretzeln oder Weggenschnitten, bestreicht die Schnitten oben über mit Eiweiß und backt sie schön gelb in heißer Butter. Sie dürfen, wenn sie gebacken sind, nicht auf einander gelegt, und müssen heiß aufgetragen werden.

### 24. Andere Art.

150 g. guter fetter Käs wird in einer Casserole oder Messingpfanne auf gelindem Feuer gerührt, bis er geschmolzen ist, ab dem Feuer genommen, zwei Löffel voll Mehl und drei Eier darein geschlagen und geklopft, 6 dl. gute Niblen dazu und wieder ob dem Feuer gerührt bis es eine dicke Crême ist, angerichtet und, wenn die Crême kalt ist, auf dünne Brod- oder Weggenschnitten gethan und in Butter oder im Ofen gebacken. In Butter werden sie schöner, auch kann saure statt süße Niblen dazu gebraucht werden.

### 25. Käs-Knöpfli.

4 dl. Niblen, sechs Eier, eine Tasse geschabten Käs und ein wenig Salz. Die Gelben von den Eiern werden mit dem Käs wohl verklopft, mit der Niblen verdünnt und zuletzt die zu Schaum geschlagenen Weißen leicht darunter gerührt. Dann wird eine Kochplatte mit Butter dick bestrichen,

mit einer Lage geschabtem Käse belegt, die Fülle darein gethan und bei guter Hitze im Ofen gebacken.

### 26. Blumkohl mit Käs.

Blumkohl, in Fleischbrühe gekocht, wird in eine mit frischer Butter bestrichene Kochplatte gelegt und mit geschabtem hartem Käs bestreut, dann wird eine weiße Sauce gemacht, in welche man vom nämlichen geschabten Käs thut, überdeckt den Blumenkohl damit, überstreut das ganze wieder mit halb Brosamen, halb geschabtem Käs, bestreicht es mit geschmolzener frischer Butter und backt es im Ofen schön gelb. Sollte sich Fett in der Schüssel sammeln, so wird es mit weichem Brod aufgetunkt.

### 27. Pfannkuchen mit Käs.

Zu 50 g. fettem Käs, der in dünne Scheibchen geschnitten wird, nimmt man 2 oder 3 Eier und eine Tasse voll Nidlen, salzt und klopft den Teig und backt ihn auf beiden Seiten in einer mit Butter belegten Tourtiere im Ofen.

# Allerlei Gebackenes in Butter.

### 1. Gebackener Reis.

Von Reis und Milch kocht man einen guten Reisbrei, thut ganz wenig Salz darein und läßt ihn ganz dick einkochen, dann wird ein hölzernes Brett mit Mehl bestreut, der Reis in der Dicke eines Fingers darauf ausgebreitet, Mehl oben darüber gestreut und mit dem Trölholz leicht darüber hingefahren, daß der Reis eben und ein wenig fest werde. Dann läßt man ihn kalt werden, schneidet ihn in Carreaux und backt diese in Butter oder prägelt sie nur auf einer Schüssel in Butter. Sind sie gebacken, so streut man Zucker und Zimmt darüber.

## 2. Gebackener Reis anderer Art.

250 g. Reis wird mit siedendem Wasser angebrüht und dasselbe sogleich ablaufen lassen, mit 1 bis 1$^1/_2$ l. Milch zu einem dicken Brei gekocht, 50 g. süße Butter, gehackte Citronenrinde, ein Löffel voll Zucker, zwei Eigelb und zwei ganze Eier darunter gerührt; wenn er kalt ist, formt man ihn zu kleinen Würstchen, tunkt sie in verklopfte Eier und dann in Mehl ein, backt sie in heißer Butter und bestreut sie, während sie noch heiß sind, mit Zucker und Zimmt.

## 3. Gries-Küchli.

Man setzt 8 dl. gute Milch mit ein wenig Salz in einer Messingpfanne übers Feuer und rührt, ehe sie völlig kocht, Gries darein, bis der Teig sich trocken von der Pfanne löst. Dann wird er ab dem Feuer gestellt und 2—3 Eier darein geschlagen, tüchtig geklopft und wie beim Reis ein Brett mit Mehl überstreut, das Gries in gleicher Dicke darauf ausgebreitet, Mehl darüber gestreut und völlig wie oben damit verfahren.

Diese Küchli können auch auf folgende Weise bereitet werden: Man richtet den Teig, wenn er sich von der Pfanne löst, in eine Schüssel an und, wenn er kalt ist, so werden 6 bis 8 Eier darein geschlagen und tüchtig geklopft, bis der Teig zart ist; dann werden mit einem Löffel kleine Stücklein von der Größe einer Baumnuß von dem Teig abgestochen und in heißer Butter langsam gebacken. Man kann mehrere auf einmal in die Butter thun, doch müssen sie in der Pfanne Raum genug haben, daß sie einander nicht berühren.

## 4. Teig von verschiedenen Sorten Küchli, als: Aepfelküchli, Brodschnitten, Kalbsfüße und Krautküchli.

Man rührt das Mehl zuerst mit kaltem Wasser zart an, gießt heißen Wein darein und klopft ihn tüchtig; für Aepfelküchli wird ein Löffel voll gestoßenen Zucker, für die anderen Salz darein gethan; der Teig muß in der

Dicke einer dünnen Crême sein, dann werden 2 bis 4 Eiweiß (je nachdem man viel Teig hat) zu Schnee geschlagen und darunter gerührt, die Aepfel 2c. darein getunkt und in heißer Butter gebacken.

Mit dem gleichen Teig kann man auch Strübli machen, die sehr gut werden, nur muß er ein wenig dicker sein.

Für Aepfelküchli ist auch folgender Teig gut: Zu einem ½ Pfund Mehl, das mit kaltem Wasser angerührt und tüchtig geklopft wird, werden zuletzt noch ein Löffel Zucker, 2 Löffel feines Olivenöl und 1—2 Löffel Kirschwasser beigefügt.

### 5. Kraut=Küchli.

Aestchen von Krausemünze oder Borätschblätter, auch Spinatblätter, wascht man im kalten Wasser und läßt sie auf einem Brett vertropfen, macht einen Teig von Mehl und warmer Milch, in der Dicke eines dünnen Mehlbreis, thut Salz und 2 bis 3 ganze Eier darein, je nachdem man eine Portion Teig angemacht, klopft dies wohl zusammen und nimmt dann ein Blatt oder Aestchen um das andere, zieht es durch den Teig, legt es in heiße Butter und backt es schön gelb. Man kann mehrere auf einmal in die Pfanne thun und muß sie mit der Schaumkelle immer untertunken, daß sie schön auflaufen. Auf gleiche Weise kann man auch Salbeiästchen oder Blätter backen.

### 6. Gebackener Blumkohl.

Man nimmt Blumkohl, zieht die Haut rein von den Störzchen und rüstet ihn wie gewöhnlich in nicht gar zu kleine Aestchen, wascht ihn und läßt ihn vertropfen, macht einen Teig wie für die Krautküchli, zieht ein Aestchen Blumenkohl um das andere durch denselben, thut sie in heiße Butter und backt sie schön gelb.

### 7. Aepfel=Schnitzli.

Schält gute mürbe Reinetten oder andere zarte saure Aepfel und schneidet sie in vier Schnitze oder in sechs, wenn es große Aepfel sind, und schneidet das Herz aus, macht einen Teig von Mehl, mit warmem Wein zart angerührt und mit kaltem verdünnt und einen Löffel voll gestoßenem Zucker darunter; der Teig muß die Dicke haben, daß wenn man einen Apfelschnitz darein tunkt, zwar etwas davon abläuft, aber der Schnitz doch noch davon überzogen bleibt. Nun wird eine Handvoll von den Aepfelschnitzen in den Teig getunkt und mit einer Gabel ein Schnitzchen um das andere herausgezogen und in heißer Butter schön gelb gebacken; man muß nicht zu viel auf einmal in die Butter legen, damit sie Raum genug haben.

### 8. Aepfel-Küchli.

Schält gute saure Aepfel und schneidet eines dünnen Messerrückens dicke Scheibchen über den ganzen Apfel, macht einen Teig von 4, 6—8 Löffeln voll Semmelmehl, je nachdem man viel oder wenig Küchli haben will, rührt das Mehl mit warmem Wein zart an und verdünnt es, wie oben, mit kaltem Wein, und thut noch einen Löffel voll gestoßenen Zucker darein. Der Teig muß etwas dicker sein als für die Schnitzli, etwa so wie ein guter Mehlbrei. Dann tunkt man mit einer Gabel ein Apfelscheibchen nach dem andern in den Teig, der nur ganz wenig davon ablaufen soll, thut sie in heiße Butter, tunkt sie mit einer Schaumkelle immer unter, daß sie recht auflaufen, und backt sie schön gelb. Man muß nur wenig auf einmal in die Butter thun, damit sie wohl Raum haben und schöner auflaufen. Beim Herausziehen lasse man die Butter abtropfen. Man kann den Teig für diese Küchli auch mit kaltem Wasser anrühren und mit einem kleinen Glas Kirschwasser verdünnen, sonst gleich wie beim Weinteig, sie werden auf beide Arten sehr gut; man kann auch zwei geschwungene Eiweiß in den Teig rühren; auf diese Weise werden sie trockener, aber weniger rösch.

### 9. Andere Art.

Die Aepfel werden gleich zugerüstet, wie oben angezeigt ist, für den Teig nimmt man 3 Löffel voll Semmelmehl und rührt es mit beinahe siedendem Wasser zart an; der Teig muß die Dicke eines ziemlich dicken Mehlbreis haben, dann wird er mit einem Ei verdünnt und noch tüchtig geklopft. Für eine kleine Platte ist diese Portion Teig hinlänglich, im Uebrigen verfährt man ganz gleich wie bei den obigen Aepfelküchli.

## 10. Kannebirnen-Küchli.

Kannebirnen, die nur wenige Tage gelegen und nicht teig sind, schneidet man, ohne sie zu schälen, in messerrückensdicke Scheibchen, der Länge der Birne nach, macht einen Teig von Wein, ganz gleich wie für die ersten Aepfelküchli, und verfährt auch beim Backen gleich damit. Man kann von andern Birnen auch gleiche Küchli machen, am besten werden sie aber von den Kannebirnen.

## 11. Aepfel-Sträublein.

Schält schöne Reinetten und schneidet sie in lange Stäblein wie die Rüben, macht einen Teig von weißem Mehl, einem Glas Wein, einem Löffel voll Zucker, dem Weißen von 2 Eiern und einem Gelben, der Wein wird lau gemacht, das Mehl zart damit angerührt, die Eier wohl geklopft darein gethan und dies zusammen noch geklopft. Dann wird in einer Pfanne Butter heiß gemacht und eine kleine Hand voll von den geschnifelten Aepfeln mit ein paar Löffel voll von dem Teige umgerührt, in der Butter schön gelb gebacken und so fortgefahren, bis die Sträublein alle gebacken sind.

## 12. Pfnutli, ein Basler Gericht.

Saure Aepfel schält und schneidet man in kleine Stücke, nicht größer als eine Haselnuß, macht Wein und Zucker zusammen heiß und rührt 6 Löffel voll Mehl mit dem heißen Wein zart an, schlägt drei ganze Eier darein und rührt es untereinander, dann werden die geschnittenen Aepfel hinein gelegt, so viel, daß sie von dem Teig ganz bedeckt werden, thut sie Löffel um Löffel, länglich geformt in heiße Butter und backt sie schön gelb. Sobald sie aus der Pfanne kommen, werden sie mit fein gestoßenem Zucker bestreut.

### 13. Gebackene Aepfel mit Wein=Sauce.

Man nimmt mürbe Reinetten oder andere gute saure Aepfel, schält und schneidet sie in zwei Theile und sticht das Herz aus, bespritzt sie leicht mit ein wenig Wein, wälzt sie in trockenem Mehl um und backt sie auf gelindem Feuer in Butter schön braun; die Gebackenen müssen an der Wärme behalten werden, bis alle gebacken sind, dann auf eine warme Platte rangirt und mit geschälten und geschnittelten Mandeln besteckt. Während man die Aepfel backt, wird in einem Pfännchen rother Wein mit einem Stück Zucker und gebrochenem Zimmt heiß gemacht und, sobald die Aepfel rangirt sind, warm daran geschüttet und sogleich aufgetragen. Man kann statt Zimmt 1—2 Löffel voll Bischofessenz in die Sauce thun.

### 14. Gebackene Aepfel im Kräzli.

Die Aepfel werden gleich gerüstet, wie die vorhergehenden, dann trölt man gewöhnlichen Kuchen= oder Pasteten=teig in einen langen Riemen nicht gar dünn aus, schneidet schmale Riemlein davon und windet 2 oder 4 derselben kreuzweise um den halben Apfel, drückt das Ende jedes Riemleins zusammen, backt sie auf gelindem Feuer in Butter schön gelb und bestreut sie auf der Platte mit Zucker und Zimmt; sie werden heiß aufgetragen.

### 15. Portugiesische Aepfel.

Man nimmt gute saure Aepfel, schält sie und schneidet oben ein zapfenförmiges Stück heraus, höhlt den Apfel mit einem kleinen Löffel aus und thut Confitüre oder eine Fülle von Mandeln darein; nimmt man Mandeln, so werden sie geschält, fein gestoßen und mit Zucker und Citronensaft angefeuchtet. Ist der Apfel nun mit dem einen oder andern so weit angefüllt, daß der ausgeschnittene Zapfen noch Platz hat, so wird derselbe wieder darauf gelegt; man macht einen Teig von Mehl, Zucker und Kirschwasser, wie ein dünner Kindsbrei, tunkt die Aepfel einen nach dem andern darein und backt sie in Butter schön gelb.

## 16. Aepfel-Bachis oder Aepfel-Omelette.

Schält gute saure Aepfel und schneidet sie in kleine Bröcklein, macht einen Teig von 1—2 Löffel voll Mehl, mit Milch zart angerührt, schlägt 4 bis 5 ganze Eier darein, 2 Löffel voll Wein und Zucker, klopft dies tüchtig, verdünnt ihn mit ein wenig Milch, doch nicht zu viel, thut die Aepfelbröckli in den Teig, macht ein gutes Stück Butter in einer tiefen, nicht zu weiten Pfanne heiß, schüttet den Teig sammt den Aepfeln darein und backt sie auf gelindem Feuer. Ist sie unten schön gelb und oben nicht mehr flüssig, so wendet man sie um und backt sie auf der andern Seite auch gelb und streut Zucker und Zimmt darüber. Noch besser wird dieses Apfelgericht, wenn man es ganz in Butter backt, dann wird nicht alles auf einmal in die Pfanne gethan, welche nicht groß und besonders nicht weit sein darf. Es wird nicht mehr als ein großer Löffel voll in heiße Butter gethan, langsam gebacken und mit Zucker und Zimmt bestreut. Oder man kann dieses Gericht auch wie eine Omelette backen in einer weiten, flachen Pfanne; dann sollte man aber die Aepfel, die dünn geschnifelt werden, zuerst mit etwas Butter und Zucker ein wenig dämpfen lassen und dann erst von dem Teig darüber schütten, nicht zu viel auf einmal und ganz damit verfahren wie mit einer Omelette; es wird recht gut.

## 17. Gebackene Zwetschgen.

Man kocht schöne dürre Zwetschgen mit Wasser und ein wenig Zucker und, wenn sie bald eingekocht und weich genug sind, daß man die Steine herauslösen kann, so werden sie angerichtet und, während sie noch warm sind, die Steine daraus entfernt, immer 2 bis 3 Zwetschgen auf einander gelegt und mit einem Löffel wohl zusammen gedrückt, daß sie nicht von einanderfallen, und so alle zugerüstet und neben einander auf eine breite Platte rangirt, dann macht man einen Teig, mit Mehl und Wein, wie für die Aepfelschnitze, oder mit Mehl, Wasser und Kirschwasser, was noch besser ist, aber immer einen Löffel voll Zucker dazu, und tunkt eine nach der andern von den gerüsteten Zwetschgen in den Teig, thut sie in heiße Butter und backt sie schön gelb; man muß nicht zu viel mit einander in die Butter legen, damit sie Raum genug haben. Man kann auch grüne Zwetschgen backen; diese müssen schön reif sein, aber nicht gekocht, der Stein mit einem runden Hölzchen oder einem schmalen Messer hinausgestoßen und an dessen Stelle eine geschälte ganze Mandel hineingesteckt; der Teig wird mit kaltem Wasser und einem Gläschen Kirschwasser angerührt, etwas dicker als oben und zwei Löffel voll Zucker darein gethan, dann eine Zwetschge nach der andern darein getunkt, in heißer Butter schön gelb gebacken und nur wenige auf einmal in die Pfanne gethan.

### 18. Gebackene Kirschen.

Man nimmt Zahmkirschen (Ammern), saure Kirschen, auch schwarze und süße rothe, schneidet die Stiele bis an eines halben Fingers lang ab und bindet 4—5 Kirschen zusammen, macht einen Teig wie für die Zwetschgen, thut zwei Löffel voll Zucker darein und tunkt ein Büschelchen um das andere in den Teig, dann in heiße Butter und backt sie schnell schön gelb.

### 19. Aepfel= oder Zwetschgen=Kügelchen.

Hat man Reste von gekochten sauren Aepfeln, grüne oder dürre, auch von dürren Zwetschgen ohne Steine, so werden sie wohl verrührt; man kann auch Aepfel und Zwetschgen durcheinander mischen. Sind sie zart und keine Bröcklein mehr darin, so klopft man das Weiße von 2 Eiern und ein Gelbes mit 2 bis 3 Löffel Nidlen und ein wenig Zucker darunter, formirt mit zwei Löffeln kleine Kügelchen von dieser Farce, die man in Brodbrosmen umwälzt und auf einer Schüssel auf Gluth mit ein wenig Butter auf beiden Seiten prägelt und dann mit Zucker und Zimmt bestreut.

### 20. Aepfel=Schnitten.

Man nimmt saure Aepfel, schält und schneidet sie in halbe Theile, sticht das Herz aus und thut sie mit ein wenig Wasser und Zucker in einer Casserole über's Feuer und kocht sie weich, daß man sie zart verrühren kann, auch gehackte Citronenrinde und Rosinen, wenn man will, und kocht die Aepfel ein, daß kein Wasser mehr daran sei, dann richtet man sie in eine Schüssel an und läßt sie ein wenig erkalten, thut zwei Eiweiß zu Schnee geschwungen darein, rührt es wohl durcheinander und streicht sie auf Brod= oder Weggenschnitten, in gleicher Dicke wie bei Crèmeschnitten 2c, streicht sie oben über noch mit Weißem vom Ei an und backt sie in heißer Butter schön gelb. Man kann auch Mandeln und Zimmt statt Rosinen und Citronen zu den Aepfeln thun, auch nur das Eine oder das Andere.

### 21. Dürre Aepfel=Schnitten.

Man kocht saure dürre Aepfel mit viel Wasser und ein wenig Zucker, der aber erst später beigefügt wird, recht weich und läßt sie völlig einkochen, dann werden sie fein gehackt und mit einem ganzen Ei, ein paar Löffel Niblen, Zucker und Zimmt und einer Handvoll geschälter und fein gestoßener Mandeln wohl durcheinander gerührt, auf dünne, nicht völlig fingersdicke Brodschnitten gestrichen und wie alle Schnitten der Art eine nach der andern auf der Schaum=kelle in heißer Butter gebacken. Auf ganz gleiche Weise kann man von dürren Zwetschgen ohne Steine Schnitten machen.

### 22. Bruniolen=Schnitten.

Kocht 250 g. Bruniolen in Wasser weich, verrührt sie zart und läßt sie einkochen. Kann man sie nicht ganz ver=rühren, so hackt man sie noch, fügt 150 g. gestoßenen Zucker und eine Handvoll geschälte und fein gestoßene Mandeln bei, rührt alles wohl durcheinander und streicht sie auf Brod= oder Weggenschnitten wie oben, bestreicht sie mit Eiweiß und backt sie in Butter.

## 23. Himbeer-Schnitten.

Die Himbeeren werden sauber erlesen, aber nicht gewaschen, ein wenig zerdrückt, und Zucker dazu, und hat man 1—2 alte Zuckerbrödchen, so kann man sie verreiben und darunter thun. Dann streicht man die Himbeeren eines Fingers dick auf Brodschnitten, bestreicht sie mit Eiweiß und backt eine um die andere auf der Schaumkelle in heißer Butter.

## 24. Erdbeer-Schnitten.

Diese werden gleich wie oben nur erlesen, nicht gewaschen und nur wenig zerdrückt, Zucker und Zimmt darunter gemischt, auf Brodschnitten gestrichen in der Dicke eines Fingers und eine nach der andern auf der Schaumkelle in Butter gebacken.

## 25. Spinat-Schnitten.

Man nimmt jungen Spinat, je nachdem man viel oder wenig Schnitten haben will, schwellt und kühlt ihn wohl, drückt auf der Schaumkelle alles Wasser wohl aus und stoßt ihn im Mörser ganz zart. Dann wird in einer Messingpfanne ein kleines Stück frische Butter geschmolzen, der Spinat mit einem Kaffeelöffel voll Mehl darein gethan und nur einige Mal umgerührt, 4 Löffel voll gestoßenen Zucker, eine halbe Tasse geschälte und gestoßene Pfirsichkerne oder Mandeln, ein wenig fein gehackte Citronenrinde und von zwei oder 3 Eiern das Gelbe wohl geklopft, mit 4 dl. Nidlen vermischt, zusammen über dem Feuer in den Spinat und immer gerührt, bis er kochen will, dann ab dem Feuer gestellt und das Weiße von 2 oder 3 Eiern zu Schnee geschwungen unter die heiße Crème gerührt und angerichtet. Dann schneidet man dünne Brod- oder Weggenschnittchen, und, wenn die Spinat-Crème kalt ist, streicht man sie auf die Schnittchen in der Dicke eines Fingers, bestreicht sie oben über mit dem Weißen vom Ei, legt auf jedes Schnittchen ein Bröcklein Citronat und backt sie eins um das andere auf der Schaumkelle in heißer Butter.

### 26. Nidel-Schnitten.

Man nimmt einen Löffel voll Semmelmehl und 3 dl. Niblen, rührt das Mehl mit ein wenig Niblen zart an, schlägt 4 Eier darein, klopft dies zusammen recht tüchtig, rührt gestoßenen Zucker, fein gehackte Citronenrinde und den Rest der Niblen darunter und kocht dieß unter beständigem Rühren zu einer dicken Crème, richtet sie an, und, wenn sie kalt ist, streicht man sie in der Dicke eines Fingers auf Wegglein-Schnitten und backt eins nach dem andern auf der Schaumkelle in Butter schön gelb.

### 27. Andere Art.

Reibt ein Stück Zucker an einer Citrone ab, läßt ihn mit 2 dl. Niblen erwallen und richtet sie in eine Schüssel an. Ist sie beinahe kalt, so rührt man einen halben Kaffeelöffel voll Mehl zart damit an, klopft von 3 Eiern das Gelbe darunter, thut es zusammen übers Feuer und kocht es unter beständigem Rühren zu einer Crème und richtet sie an; dann wird sie eines kleinen Fingers dick auf dünne Brodschnitten gestrichen und auf einer mit frischer Butter bestrichenen Kuchenschüssel im Ofen gebacken. Wenn sie kalt sind, wird von 4 Eiern das Weiße zu Schnee geschwungen über die Schnitte gethan, mit gesiebtem Zucker wohl bestreut, wieder in den Ofen gestellt, daß sie oben über schön gelb werden, und dann sogleich aufgetragen.

### 28. Mandel-Schnitten.

100 g. süße Mandeln, geschält und fein gestoßen, 3 Löffel voll Semmelmehl, 2 Löffel voll Zucker und ein wenig Zimmt beides gestoßen. Dies zusammen wird mit 3 bis 4 Löffel voll guter Niblen angefeuchtet, von 4 Eiern das Weiße zu Schnee geschwungen und darunter gerührt. Diese Farce wird nun auf dünne Brod- oder Weggleinschnitten gestrichen, wie oben eine nach der andern auf der Schaumkelle in Butter gebacken, während sie noch heiß sind, mit Zucker und Zimmt bestreut und warm aufgetragen.

### 29. Andere Art.

250 g. Mandeln, geschält und fein gestoßen, die Rinde von einer Citrone fein gehackt, 200 g. gestoßenen Zucker, ein Kaffeelöffel voll Mehl und von 2 Eiern das Weiße zu Schnee geschwungen. Dieß alles wird unter einander gerührt und auf Brätzeln gestrichen, eines Fingers dick, eine um die andere auf der Schaumkelle in Butter gebacken und eine Sauce von Zucker und Citronensaft dazu servirt.

### 30. Andere Art.

Man nimmt 150 g. Mandeln, geschält und fein gestoßen, 3 dl. Niblen, 4 ganze wohl geklopfte Eier, Zucker nach Belieben, eine halbe Kelle voll Mehl, ein wenig Zimmt oder gehackte Citronenrinde, rührt dieß alles wohl durch einander und kocht es zu einer Crème. Wenn sie gekocht ist, so richtet man sie in eine Schüssel an, läßt sie kalt werden, streicht sie dann in der Dicke eines kleinen Fingers auf dünne Brod- oder Weggenschnitten und backt sie eine nach der andern auf der Schaumkelle in Butter, sie werden warm aufgetragen.

### 31. Fotzelschnitten.

Man schneidet Eierweggen (Züpfen) oder weißes Brod nach Belieben in dünnere oder dickere Schnittchen, macht halb Milch und halb Wasser, so viel man bedarf, heiß, schüttet sie in eine tiefe Platte, in eine andere Schüssel thut man 4 bis 6 wohl geklopfte Eier. Alsdann zieht man ein Schnittchen um das andere durch die heiße Milch mit Wasser, läßt sie einen Augenblick vertropfen, zieht sie durch die Eier und legt sie sogleich in heiße Butter und backt sie schön gelb. Man muß nicht mehr auf einmal in die Butter thun, als Raum in der Pfanne ist. Sind alle gebacken, so bestreut man sie mit Zucker und Zimmt.

### 32. Nütschnitten, sind gut und giebt wohl aus.

Bestreicht dünne süße Brätzeln auf einer Seite mit Confitüre, Kirschmues oder Birnensaft, und legt immer zwei so bestrichene Brätzeln auf einander, die bestrichenen Seiten nach innen gegen einander gekehrt, macht einen Teig von Mehl, lauer Milch und einem Ei, tunkt den Rand der Brätzeln darein und backt sie in Butter.

### 33. Gebackenes Plattenmues.

Man klopft fünf ganze Eier in einer Schüssel tüchtig, rührt einen kleinen Kaffeelöffel voll Mehl mit 3 dl. Niblen zart an, rührt es unter die geklopften Eier und ein wenig Zucker dazu, dann in einer mit frischer Butter bestrichenen Kochplatte in den Ofen gestellt, der ziemlich warm sein muß, und nur so lange darin gelassen, bis das Plattemuß dick ist, dann wird es sogleich aus dem Ofen genommen, und wenn es kalt ist, schneidet man Riemchen davon ab, wälzt sie in Mehl und backt sie in Butter schön gelb, streut Zucker und Zimmt darüber und servirt sie warm.

### 34. Gebackene Omelette.

Rührt 4 Kellen voll Mehl mit 3 dl. Niblen zart an, schlägt 5 Eier darein und klopft es tüchtig, thut Zucker und gehackte Citronenrinde darunter, macht in einer Kuchenschüssel Butter heiß, thut den Teig darein und backt die Omelette im Ofen, bis sie dick und trocken, aber nicht gelb ist, nimmt sie dann heraus, läßt sie in der Schüssel erkalten, schneidet sie in Riemchen nach beliebiger Größe und backt sie in Butter schön gelb.

### 35. Fasten=Brod.

Von weißem altgebackenem Brod oder Weggen schneidet man fingersdicke, ordentlich lange Stäblein und backt sie, ohne mit irgend etwas zu befeuchten, in heißer Butter schön gelb, thut sie hierauf in eine tiefe Platte oder Saladier, macht rothen oder weißen Wein mit Zucker und gebrochenem Zimmt heiß, schüttet ihn über die Stäblein und trägt sie warm auf. Man kann auch Weinbeeren oder Rosinen mit dem Wein aufkochen und einen Löffel voll Bischofessenz dem Wein beifügen, oder statt dieser Wein=Sauce das Fasten= brod in einer Wein=Créme serviren.

### 36. Fastenbrod mit Niblen.

Von zwei ganzen Eiern und 4 dl. Niblen, mit dem nöthigen Zucker versüßt, wird eine Crême gemacht, auf hellem Feuer unter beständigem Umrühren mit dem Beseli schnell einige Augenblicke kochen gelassen und über die gebackenen Wecken oder Brodbröcklein angerichtet. Nach Belieben kann ein Stückchen Citronenrinde damit gekocht werden.

### 37. Fastenbrod mit Kirschmues.

Man schneidet von weißem altgebackenem Brod fingersdicke, ordentlich lange Stäblein und backt sie in heißer Butter schön gelb, legt sie in ein Saladier, nimmt, je nachdem man viel Brod hat, 3 bis 4 Löffel voll Kirschmues, stellt es in einer Pfanne auf's Feuer, verdünnt es mit Milch, bis es wie eine nicht gar dicke Crême ist, Zucker wird nach Belieben darein gethan; wenn es kocht, so wird es gleich über die Stäblein geschüttet, zugedeckt und aufgetragen.

### 38. Weinwarm.

Eine Flasche Wein wird mit einem Stück Zucker und etwas feinem Zimmt in einer gelben Pfanne auf's Feuer gesetzt und etwa die Hälfte davon siedend über in Butter gelb geröstete Brod-Bröckli geschüttet; dann läßt man zwei ganze Eier mit einem Glas Wasser und dem zurückbehaltenen Wein aufkochen, indem man mit dem Beseli immer rührt, daß es recht in Schaum kommt, und es wird auch dieses über die Brodbröckli geschüttet und warm aufgetragen, doch nicht zugedeckt.

### 39. Weinknödel.

Man schneidet von 500 g. weißem Brod die Krumme heraus und weicht sie in Milch, drückt sie aus, rührt drei Eier, drei Löffel voll Mehl und eine Hand voll Weinbeeren dazu, vermischt es wohl und läßt löffelweise von diesem Teige in heißer Butter backen, läßt zu dieser Portion eine Flasche Wein mit einem Stück Zucker siedend werden, thut die Knödel hinein und läßt sie noch ein wenig kochen.

### 40. Brodknöpfli.

Man schneidet von einem runden weißen Bröbchen die Rinde weg, gießt rothen Wein über dasselbe und weicht es 24 Stunden darein, läßt es auf einem Seiher vertropfen, streut Mehl, Zucker und Zimmt darüber und backt es schön gelb in heißer Butter.

Von dem Wein mit Zucker und Zimmt wird eine Sauce gemacht, über das Bröbchen geschüttet und warm aufgetragen.

### 41. Gefüllte Wegglein.

Von altgebackenen Wegglein wird ein kleiner Deckel oben abgeschnitten, dieselben ausgehölt, die Brosmen davon in Milch eingeweicht und mit gestoßenen Mandeln, Zucker, Weinbeeren und Rosinen vermischt, die Bröbchen damit gefüllt, das Deckelchen darüber gebunden, die Wegglein in Butter gebacken und eine gelbe Crême darüber geschüttet.

### 42. Andere Art.

Man macht eine dicke Mandel-Crême wie für Mandelschnitten, Nr 28, S. 228, nimmt 20 Cts. werthe Weggen, hickt dieselben der Breite nach über und über in fingersdicke Schnitten bis auf den Boden, thut zwischen jede Schnitte ohne sie auszuhöhlen, einen Löffel voll von der Mandel-Crême, die kalt sein muß, bindet den Weggen mit einem Faden zusammen, backt ihn ganz in Butter, thut eine Sauce daran von rothem Wein und Zucker, oder Erdbeer-Crême, auch Himbeer- oder Meertrübelisyrup.

### 43. Andere Art.

Man schneidet die Weggli in zwei Theile, höhlt sie sorgfältig aus, damit die Rinde schön ganz bleibe, hackt die Krumme fein, nimmt, je nachdem man eine größere oder kleinere Portion will, 50—100 g. süße Mandeln, schält und stößt sie fein, vermengt sie mit den Krummen und Zucker, bis es süß genug ist, und die fein gehackte

Rinde einer Citrone dazu, rührt zwei wohl geklopfte Eier darunter und thut diese Fülle in die ausgehöhlten Weggli, backt sie wie Erdbeerschnitten eins nach dem andern in Butter schön gelb und trägt sie heiß auf. Man servirt nach Belieben eine Weinsauce oder einen Zuckersyrup mit Rhum oder Kirschwasser dazu.

### 44. Rübli von Mandeln.

Man nimmt 250 g. Mandeln, schält und stoßt sie fein, 200 g. gestoßenen Zucker, die gehackte Rinde von einer Citrone, oder Zimmt, rührt dieß zusammen mit drei bis fünf Eiern an und Mehl darein, bis der Teig dick genug ist, daß man beliebige Formen davon machen kann, formirt dann kleine Rübli oder Aepfel davon nnd backt sie auf gelindem Feuer in Butter schön gelb. Wenn sie alle gebacken sind, steckt man in die Rübli oben ein kleines Blättchen Petersilie, in die Aepfel unten ein Schnitzlein Citronat, in der Form eines Stieles und servirt eine Sauce von rothem Wein wie oben dazu, aber ohne Weinbeeren oder Rosinen; man kann auch gewärmten Claret dazu serviren.

### 45. Kaiser-Nudeln.

Man rührt 500 g. Mehl mit 1 l. Milch an, schlägt 8 ganze Eier dazu und ein wenig Salz, bestreicht eine Schüssel mit frischer Butter, legt den Teig hinein und stellt sie in den Ofen oder auf glühende Asche und den Tourtieredeckel darüber, bis der Teig dick ist, dann thut man ihn auf eine Platte oder hölzernen Teller, schneidet fingerslange Nudeln davon, backt sie in heißer Butter schön gelb und streut Zucker und Zimmt darüber.

# Kuchen und Torten.

## 1. Bereitung des Teiges.

Wie der Teig bereitet wird, ist bei den Pasteten angezeigt; die Portion war zu 1 kg. Semmelmehl 600 g. Butter. Dieser Teig kann auch für Kuchen u. dgl. dienen, nur daß er für diese etwas weniger fest sein darf als für Pasteten; wer ihn gerne fett hat, kann etwas mehr Butter nehmen; er wird auch gut, wenn man statt Wasser kalte Milch nimmt; man kann auch einen recht guten Teig mit weniger Butter machen, diese wird zerbröckelt und gleich mit dem Mehl recht vermengt und erst dann mit Wasser oder Milch angerührt. Sobald der Teig zusammenhält, wird er nicht mehr mit den Händen gewirkt, weil es ihn nur zäher macht, sondern ausgetrölt, ein paar Mal umgeschlagen und wieder ausgetrölt, und so 3 bis 4 Mal fortgefahren. Hat man Eile, so kann man den Teig sogleich zum Kuchen gebrauchen, sonst aber ist's jedem Teig gut, wenn er auch nur eine halbe Stunde ruhen kann.

Für Kuchen von Früchten, besonders von solchen, welche viel Saft haben, als Kirschen, Pflaumen, Himbeeren u. dgl., ist es gut, wenn man, ohne das Salz wegzulassen, eine halbe Tasse voll gestoßenen Zucker, 2 bis 3 Löffel Wein und das Weiße von einem Ei dem Teig beisetzt, er wird vom Saft der Früchte weniger weich, sonst wird er gleich gemacht, wie oben angezeigt.

## 2. Andere Art.

Man klopft ein Ei mit einem halben Glas frischem Wasser, rührt Semmelmehl darein, bis es einen dicken Teig gibt und wirkt ihn auf dem Wirkbrett, bis er Blattern wirft, dann wird er ausgetrölt, die Butter darauf und überlegt und wieder ausgetrölt und überlegt, und so fünf Mal; dann rollt man ihn zusammen und läßt ihn an einem kühlen Orte 1—2 Stunden ruhen.

### 3. Aepfel-Kuchen.

Der Teig wird dünn ausgetrölt und auf eine mit frischer Butter bestrichene Kuchenschüssel schön eben gelegt, daß er nirgends Falten bekomme, dann saure, mürbe und saftige Aepfel geschält, in zwei Theile geschnitten, das Herz ausgestochen und aus jeder Hälfte 3 Schnitze gemacht, leicht und so dick als möglich auf den Teig rangiert, daß ein Schnitz den andern berühre, frische Butter fein zerbröckelt auf den Kuchen gelegt, Zucker darüber gestreut und im Ofen gebacken; ein paar Kaffeelöffel voll Kirschwasser oder Cittronensaft darüber schmeckt sehr gut.

### 4. Kirschenkuchen.

Die Schüssel wird wie oben mit Teig belegt, dann nimmt man schwarze, rothe oder saure Kirschen, auch schwarze und saure durcheinander, die Steine werden mit einem spitzen Messerchen herausgenommen, die Kirschen auf den Teig gelegt, daß sie dicht in einander liegen, aber nicht über einander, weil sonst zu viel Kirschen auf den Kuchen kommen und es also auch zu viel Saft geben würde, so daß der Teig nicht recht backen könnte; auch muß bei Früchten, die viel Saft haben, das Bord am Kuchen höher sein, als bei andern, damit er nicht über das Bord hinunter laufe, zudem ist es gut, wenn man mit einer Messerspitze Mehl die Früchte bestreut, frische Butter zerbröckelt, und wenigstens die Hälfte des Zuckers und ein wenig Zimmt erst über den Kuchen streut, wenn er gebacken, aber noch ganz heiß ist. Alle Früchtekuchen müssen schnell backen.

### 5. Andere Art.

50 g. fein gestoßene Mandeln, 100 g. Butter, 50 g. Zucker und 200 g. Mehl werden mit einem Ei zu einem Teig vermengt, zwei Messerrücken dick ausgetrölt, das Blech damit belegt, die Kirschen darauf und gebacken.

### 6. Andere Art.

Schneidet die Rinde von einem weißen Bröbchen weg, oder 4 Weggli, weicht sie in laue Milch ein, verrührt sie zart, schlägt vier Eigelb darein und klopft dieß zusammen und rührt es mit 120 g. süße Butter, 120 g. gestoßenem Zucker, einer Tasse voll geschälten und gestoßenen Mandeln, der gehackten Rinde einer Citrone oder gestoßenem Zimmt, und 2 kg. ausgesteinte Kirschen und zuletzt die zu Schnee geschlagenen 4 Eiweiß durch einander, bestreicht eine Kuchen= schüssel mit wenig frischer Butter, legt den Teig hinein, backt ihn im Ofen und bestreut ihn mit Zucker und Zimmt. Es geht gut, wenn man die Hälfte Zahm=Kirschen und die Hälfte schwarze Kirschen nimmt. Diese Portion gibt einen großen Kuchen.

### 7. Zwetschgen= und Pflaumen=Kuchen.

Diese Früchte werden nicht geschält, weil sie mit der Haut mehr Geschmack haben; sie werden nur aufgeschnitten, die Steine herausgenommen und die Zwetschgen oder Pflaumen wie oben so auf die mit Teig belegte Schüssel gelegt, daß das Innere der Frucht oben komme, mit Zucker bestreut, frische Butter darauf gethan, und der Kuchen gebacken. Für die Pflaumen ist es gut, wenn man dieselben nebst der Butter und dem Zucker noch mit ein wenig Mehl bestäubt, weil sie sehr wässerig sind; man kann auch, wenn der Pflaumen= kuchen beinahe gebacken ist, ein Ei mit ein paar Löffel voll Nidlen geklopft über die Pflaumen gießen und den Kuchen noch völlig ausbacken; Zimmt ist auf diesen beiden Kuchen gut.

### 8. Parillen= (Aprikosen=) Kuchen.

Die Parillen werden aufgeschnitten, die Steine heraus= genommen und auf den Teig gelegt, wie beim Aepfelkuchen, doch so, daß die Höhlung, wo der Stein lag, oben kommt; dann werden die Steine aufgeschlagen, die Kerne heraus= genommen, geschält und in die Höhlung jeder Parille ein halber Kern gelegt, dann der Kuchen mit Zucker bestreut und im Ofen gebacken. Bei diesem Kuchen wird Butter und Mehl und auch der Zimmt weggelassen.

### 9. Pfirsich=Kuchen.

Man nimmt gewöhnlich von den kleinen Pfirsichen und, wenn man die Haut roh nicht gut abschälen kann, so legt man sie in eine Schüssel und gießt siedendes Wasser darüber, dann werden sie geschält, in zwei Theile geschnitten, der Stein herausgenommen, die halben Schnitze wie oben auf den Teig gelegt, viel Zucker über den Kuchen gestreut und derselbe gebacken. Man kann nach Belieben die Kerne darauf legen, wie oben; sie sind aber bitter und darum nicht jedermann angenehm.

### 10. Himbeer-Kuchen.

Mit dem Teig wird gleich verfahren, wie oben angezeigt; die Himbeeren erlesen, aber nicht gewaschen, und in gleicher Dicke auf den Teig gelegt wie die Kirschen, eher ein wenig dichter, wie oben mit ein wenig Mehl bestäubt und einige Bröcklein frische Butter darauf, die Hälfte des Zuckers vor dem Backen, die andere Hälfte mit dem Zimmt, sobald er gebacken ist, auf den Kuchen gestreut.

### 11. Erdbeer-Kuchen.

Der Teig wird wie zu andern Kuchen ausgetrölt, und wenn die Schüssel damit belegt ist, wird an einigen Orten mit einer Messerspitze in den Teig gestochen, damit es beim Backen nicht Blattern gebe; darauf wird der Kuchen ohne Erdbeeren etwas mehr als halb gebacken. Sollte der Kuchen dennoch Blattern werfen oder an einzelnen Stellen auflaufen, so wird sorgfältig auf die Erhöhung gedrückt, damit der Kuchen schön flach bleibe; ist er beinahe gebacken, so werden ungewaschene, erlesene Erdbeeren zerdrückt, Zucker und Zimmt darunter gemischt und der Kuchen fingersdick bis an das Bord damit belegt; von 4, 5 bis 6 Eiern, je nachdem der Kuchen größer oder kleiner ist, das Weiße zu Schnee geschwungen, über die Erdbeeren gestrichen, daß sie ganz mit Eiweiß bedeckt werden, mit Zucker bestreut und wieder in den Ofen gestellt, bis die Glace ein wenig gelb ist, dann sogleich herausgenommen und warm aufgetragen, oder kalt nach Belieben.

### 12. Johannisbeer-Kuchen.

100 g. Butter, 100 g. Zucker, 200 g. Mehl und 2 ganze Eier werden mit einander vermengt; man muß etwas

mehr Mehl nehmen, damit man zum Auströlen des Teiges genug habe, bestreut ein Blech mit Mehl und legt den Teig nicht zu dünn ausgetrölt darauf. Dann wird ein Teller voll Johannisbeeren, eben so viel Zucker und von 4 Eiern das Weiße zu Schnee geschwungen, damit vermengt, jedoch ohne die Beeren zu verletzen, auf den Teig gelegt, noch mit Zucker bestreut und in ziemlicher Hitze gebacken.

### 13. Johannisbeer=Kuchen mit Mandeln.

Man trölt gewöhnlichen Kuchenteig nicht zu dünn aus und belegt eine beliebige Kuchenschüssel damit, muß aber den Teig am Bord nicht zu genau abschneiden, damit er nicht hinunter fällt; dann wird entweder Confitüre von Johannisbeeren darauf gestrichen oder auch frische Beeren; in letzterem Fall müssen sie aber ein wenig zerdrückt und mit Zucker vermengt werden, 250 g. gestoßenen Zucker mit 4 Eiern wohl geklopft, 250 g. geschälte und gehackte oder gestoßene Mandeln dazu gerührt, diese Fülle fingersdick auf die Johannisbeeren gestrichen und schön gelb gebacken.

Wenn zu viel Saft bei den Beeren ist, so rührt man einen Kaffeelöffel voll Mehl in die Fülle.

### 14. Andere Art, sehr gut.

200 g. Mandeln werden geschält und fein gestoßen, mit 150 g. gestoßenem Zucker und dem Weißen von sieben Eiern, das zu Schnee geschwungen wird, verrührt; die Hälfte von dieser Fülle wird auf den Kuchenteig gestrichen, dann eine Lage von mit 100 bis 150 g. gestoßenem Zucker ver= mischten und etwas zerdrückten Johannisbeeren darauf gethan und mit der andern Hälfte der Mandelfülle zugedeckt und sogleich im Ofen gebacken.

### 15. Pomeranzen=Kuchen.

Man schneidet von einigen süßen Pomeranzen die Rinde so fein als möglich weg und zerschneidet diese in kleine Schnitt= chen, die man mit einer Tasse Wasser und etwas Zucker kocht. Sind sie bis auf einen Kaffeelöffel eingekocht, so richtet man sie an, nimmt dann die beschnittenen Pomeranzen und zieht die dicke weiße Haut rein davon, bis auf das dünne glatte Häutchen, welches den Saft und das Fleisch einschließt, zertheilt sie in Scheibchen und legt sie auf den Teig, nicht gar zu dick in einander, streut die gekochte Rinde und ziemlich viel Zucker darauf und backt den Kuchen. Er wird kalt servirt.

### 16. Kirschmues-Kuchen.

Zu einem Kuchen für 5—6 Personen nimmt man eine Tasse voll Kirschmues, verdünnt und klopft dasselbe mit 2 bis 3 ganzen Eiern, rührt 3 dl. Niblen darunter und schüttet diese Fülle in die mit Teig belegte Schüssel, einige kleine Bröckli frische Butter darauf und backt den Kuchen im Ofen. Man kann auch schmale Stäblein von Teig mit Eigelb bestrichen kreuzweise darüber legen.

### 17. Skandinavischer Kuchen.

Man nimmt eine Tasse voll gute Niblen, rührt feine Cassonade darunter, bis sie die Dicke eines Breies hat, und fein gestoßene Vanille, oder von zwei Orangen die Rinde fein gehackt, belegt eine Schüssel mit Teig, thut diese Fülle nicht zu dick darauf und backt den Kuchen schön gelb.

### 18. Rosinen-Kuchen.

Man läßt 250 g. Rosinen, die erlesen und in kaltem Wasser gewaschen werden, in einer gelben Pfanne mit 4 dl. Wasser, 100 g. Zucker und ein wenig Zimmt kochen, bis die Rosinen aufgelaufen und das Wasser eingekocht ist, richtet sie an und wenn sie kalt sind, thut man sie auf den Teig, legt schmale Streifen von Teig kreuzweise darüber und backt den Kuchen im Ofen.

### 19. Osterfladen-Kuchen.

5 dl. Niblen, drei ganze Eier, eine Tasse voll Rosinen und Weinbeeren, eine Tasse voll gestoßenen Zucker, die gehackte Rinde einer Citrone und ein wenig gestoßenen Zimmt;

dieß alles wird wohl geklopft, durcheinander gerührt, auf eine mit Spanischbrodteig belegte Schüssel gethan und im Ofen gebacken. Mann kann auch Tourteletten auf gleiche Weise machen.

## 20. Kürbis=Kuchen.

Hat man einen Rest von Kürbisbrei, so mengt man eine Handvoll Mandeln oder Pfirsichkernen, geschält und gestoßen, die gehackte Rinde einer Citrone, 2 bis 3 ganze Eier und eine halbe Tasse gestoßenen Zucker darunter, ver= dünnt ihn mit einer Tasse voll Nidlen, schüttet diese Fülle auf den Teig und backt den Kuchen im Ofen schön gelb.

## 21. Kraut=Kuchen.

Hackt Spinat und die nämlichen Kräutli wie zur Kraut= suppe und Omelette fein, drückt den Saft so viel möglich daraus, schweißt das Kraut mit ein wenig gesottener Butter, ohne Mehl, doch nur wenig, sonst gibt es Wasser. Sobald es gut ist, wird es in eine Schüssel angerichtet, gesalzen, 4 oder 5 Eier darein geschlagen und wohl geklopft, mit 3 dl. Nidlen verdünnt, auf den Teig geschüttet, kleine Speck= bröcklein darauf gestreut und wohl gebacken.

Diese Portion gibt einen ziemlich großen Kuchen; eine kleine Schüssel voll ungehacktes Kraut ist hinreichend dazu, da die Fülle nicht zu dick auf dem Teig sein darf.

## 22. Zwiebeln=Kuchen.

Zu einem Kuchen für 6 bis 7 Personen können 4 bis 5 ordentlich große Zwiebeln genommen werden. Diese werden ungeschält in heiße Asche gelegt, bis sie ringsum ein wenig gelb sind (oder man kann sie, wenn sie gehackt sind, in Butter oder Speck ein wenig dämpfen), sauber geschält und gehackt, doch nicht gar fein, 3 oder 4 ganze Eier nebst 3 dl. Nidlen und gehörig Salz darunter und wohl durch einander ver= mengt, mit dünn ausgeträltem Teig die Schüssel, auf der man den Kuchen backen will, belegt, die Zwiebeln=Fülle darauf gethan und überall gleich vertheilt, dann wird eines Eies groß süße Butter, in kleine Bröcklein zerschnitten bei=

gefügt und im Ofen gebacken. Der Kuchen muß nicht zu lange darin sein, damit er oben nicht austrockne, doch muß der Teig genug gebacken sein; er wird warm aufgetragen.

### 23. Torte mit geschmolzenem Käse.

Man bestreicht eine Kuchenschüssel mittlerer Größe mit frischer Butter und belegt sie mit dünn ausgeröltem Spanisch= brobteig, hackt 150 g. fetten Käse so fein wie möglich, rührt 5 dl. gute Niblen darunter, schüttet dieß auf den Teig und backt die Torte im Ofen. Sie wird heiß aufgetragen und als Entremets servirt.

### 24. Mark=Torte.

Rührt 1 l. Niblen mit einem Löffel voll Semmelmehl zart an, 4 ganze Eier, eines kleinen Eies groß frische Butter, gehackte Citronenrinde und eine Tasse voll Zucker dazu, rührt alles mit den Eiern unter die Niblen, kocht es zusammen, indem man immer rührt, zu einer Crème, richtet sie an und thut sie, wenn sie kalt ist, auf einen dünn ausgerölten Spanischbrobteig, schneidet ein Stück Rindermark in kleine Bröcklein, streut sie auf die Torte und backt sie im Ofen schön gelb. Man kann nach Belieben Stäbchen von Teig kreuzweise über die Torte legen, auch Salz statt des Zuckers verwenden, dann wird aber die Citrone wegge= lassen.

### 25. Andere Art.

Man nimmt eine Handvoll geschälte und gehackte Man= deln, die fein gehackte Rinde einer Citrone und 100 g. Zucker, mischt dieß unter einander, rührt 5 wohlgeklopfte Eier und 5 dl. Niblen darein und 50 g. Rindermark in dünne Scheibchen geschnitten, und schüttet alles auf eine mit Teig belegte Kuchenschüssel, macht Stäblein von Teig darüber und backt die Torte im Ofen schön gelb.

Man kann auch nach Belieben eine Hand voll Wein= beeren darein thun.

### 26. Andere Art.

Macht einen gewöhnlichen Mehlbrei, und wenn er gehörig gekocht ist, so richtet man ihn an, rührt zwei oder drei Eier, eine Tasse voll gestoßenen Zucker, eine gehackte Citronenrinde und 100 g. Rindermark darein und läßt ihn erkalten, belegt eine mit Butter bestrichene Kuchenschüssel mit Kuchenteig, die Fülle darauf und schmale Streifen Teig darüber, backt ihn im Ofen und servirt ihn warm.

### 27. Aepfel=Torte.

Man schält saure Aepfel und verschneidet sie zu halben Theilen, sticht das Herz aus und setzt sie in einer Casserole mit ein wenig Wasser und Zucker über ein gelindes Feuer, deckt sie zu und kocht sie weich, daß man sie ganz verrühren kann, läßt sie auf der Gluth völlig einkochen, richtet sie an und thut eine kleine Tasse voll erlesene Rosinen, fein gehackte Citronenrinde oder Zimmt und nach Belieben ein wenig geschälte und gehackte Mandeln darunter und rührt alles wohl durcheinander. Ist diese Aepfelfülle kalt, so wird sie fingersdick auf eine mit Teig belegte Kuchenschüssel gethan, mit gesiebtem Zucker bestreut und Streifen von Teig, mit Eigelb bestrichen wie oben, darüber gelegt, und die Torte im Ofen schön gelb gebacken; man trägt sie kalt auf. Wie diese Torte, kann man auch von andern Früchten solche machen, z. B. von dürren und grünen Zwetschgen, grünen Pflaumen und Kirschen; aber alle Früchte müssen weich gekocht, verrührt und eingekocht werden; nur läßt man bei allen diesen Früchten Citronen und Rosinen weg, das Uebrige macht man wie oben, und Mandeln setzt man zu, wenn man will.

### 28. Einfache Aepfel=Torte.

Altes Schwarzbrod, am besten Grahambrod, wird zu Brösmeli verrieben, mit etwas Zucker und Butter, dann reichlich mit Rosinen vermengt. Nun werden saure Aepfel geschält und geschnäfelt, mit Zucker vermischt; eine Kuchenschüssel reichlich mit Butter bestrichen, Lage um Lage von dem Brod und den Aepfeln hineingethan, oben und unten muß Brod sein, und in einem heißen Ofen gebacken, etwa eine halbe Stunde.

## 29. Reis-Kuchen.

Man nimmt 100 g. Reismehl, 100 g. frische Butter, welche nur ganz wenig geschmolzen und mit zwei Eigelb verrührt wird, das Mehl nebst 100 g. gesiebtem Zucker und einer fein gehackten Citronenrinde dazu, mit 5 dl. halb Niblen und halb Milch verdünnt und zart verrührt, sammt dem Weißen von zwei Eiern zu Schnee geschwungen; nun wird ein Kuchenblech mit gutem Teig belegt, die Fülle darauf geschüttet und im Ofen schön gelb gebacken. Dieser Kuchen ist besser warm als kalt.

## 30. Reis-Torte.

100 g. Reis werden mit 1 l. Milch, 100 g. Zucker und der Hälfte einer fein gehackten Orange-Rinde auf gelindem Feuer gekocht, bis es die gehörige Dicke hat, dann ein Kuchenblech mit Teig belegt und gebacken ohne die Fülle, wie der Erdbeerkuchen; etwa eine Viertelstunde, ehe man die Torte auftragen will, wird die Fülle darauf gethan, von vier Eiern das Weiße zu Schnee geschwungen, die andere Hälfte der Orangenrinde ebenfalls fein gehackt, unter das Eiweiß gerührt und die Fülle damit überdeckt, mit Zucker bestreut und im Ofen gelb gebacken. Diese Portion gibt einen ziemlich großen Kuchen.

## 31. Reis-Torte mit Früchten.

Ein guter Kuchenteig wird wie zu einem Kuchen ausgetrölt und in eine tiefe, mit Butter bestrichene Form gelegt; 250 g. Reis mit guter Milch, Zucker und Vanille weich und dick gekocht, und wenn er kalt ist, einige Löffel davon auf den Teig, dann eine Lage eingemachte Johannisbeeren, Aprikosen, Birnen, Zwetschgen oder Aepfel, von denen man den Saft ablaufen läßt, und so Lage um Lage, bis die Form voll ist; zu oberst kommt eine Lage Reis und einige Bröcklein süße Butter. Dann backt man die Torte im Ofen eine Stunde lang, wendet sie auf eine Platte um, bestreut sie mit Zucker und gibt eine Vanille- oder Kirschwasser-Crème daran.

### 32. Linzer-Torte.

200 g. frische Butter werden in einer Schüssel gerührt, bis sie weiß ist, dann 5 Eigelbe, eines nach dem andern, und wenn diese mit der Butter wohl vermengt sind, so werden 300 g. gestoßener Zucker darunter gerührt, die gehackte Rinde einer Citrone und 200 g. geschälte und gestoßene Mandeln und endlich 300 g. Semmelmehl. Von diesem Teig wird nun in eine mit frischer Butter bestrichene Kuchenschüssel geschüttet, darüber eine Lage dick eingekochter Confitüre und über dieselbe ein Gitter von dem zurückgelassenen Teig, welcher mit etwas Mehl gewirkt wird, um ihn fester zu machen, da er zu diesem Gebrauch ausgetrölt werden muß, und die Torte im Ofen gebacken.

### 33. Ein guter Kuchen zum Thee.

750 g. Semmelmehl, 500 g. frische Butter, die nur wenig geschmolzen wird, 2 Eier, Zucker und Salz; aus diesem zusammen wird ein Teig gemacht, man kann ein wenig Milch dazu nehmen, wenn er trocken wird; er darf aber nicht lange gewirkt werden. Dann läßt man ihn 1 1/2 Stunden ruhen, trölt ihn in der Dicke eines kleinen Fingers aus, legt ihn in eine mit frischer Butter bestrichene Schüssel und backt ihn eine Stunde im Ofen.

### 34. Andere Art.

250 g. Mandeln, 120 g. Zucker und das Weiße von 5 bis 6 Eiern zu Schnee geschwungen, die Mandeln geschält und fein gestoßen, gut durcheinander gerührt, auf einen Messerrückens dick mit Gelée bestrichenen dünnen Kuchenteig gelegt und im Ofen gebacken und dann nach Belieben in Carreaux verschnitten oder ganz aufgetragen.

### 35. Königs-Torte.

Hiezu nimmt man so viel frische Butter als 7 Eier wiegen, eben so viel gesiebten Zucker, an dem die Rinde einer Citrone abgerieben und das gleiche Gewicht vom feinsten Semmelmehl; rührt zuerst die Butter zu Schaum, fügt nach und nach je ein Ei und einen Löffel voll Zucker dazu, bis beides verbraucht ist, und mischt zuletzt noch den Saft der Citrone, ferner das Mehl, 100 g. gewaschene Rosinen und einen Messerspitz Hirschhornsalz dazu, füllt die wohl durcheinander gerührte Fülle in ein mit Butter bestrichenes Kuchenblech oder Form und backt den Kuchen.

### 36. Freiburger Torte.

Man schält 250 g. Mandeln und stößt sie fein. Dann werden 120 g. Zucker, 50 g. frische Butter, und ein halbes Glas frisches Wasser sammt den Mandeln in einer gelben Pfanne auf's Feuer gesetzt und immer gerührt, bis es anfängt zu kochen, und dann sogleich angerichtet, eine mit frischer Butter bestrichene Kuchenschüssel mit dünn ausgetröltem Spanischbrodteig belegt, die Fülle darauf, schmale Stäblein von Teig kreuzweise darüber, in jedes Carreau, das die Stäblein formiren, ein Bröcklein Citronat und die Torte gebacken.

### 37. Pistache-Torte.

Man nimmt 100 g. Pistache und 100 g. Mandeln, beides geschält und gestoßen, 250 g. gestoßenen Zucker, die Rinde von einer Citrone, gehackt, oder Vanille, dann wird von 7 Eiern das Weiße zu Schnee geschwungen, mit allem Obigen vermengt und untereinander gerührt; eine Kuchenschüssel mit frischer Butter bestrichen, dieselbe mit dünn ausgetröltem Spanischbrodteig belegt, die Mandelfarce darauf, bestreut sie mit gesiebtem Zucker und backt sie im Ofen schön gelb.

### 38. Wasser-Torte.

150 g. geschälte und gestoßene Mandeln, 150 g. Zucker, 150 g. frische Butter, von einer halben Citrone die Rinde fein gehackt und von 6 Eiern die Gelben. Der Zucker wird mit einem Glas Wasser zu einem Syrup gekocht, in

eine Schüssel angerichtet und die Butter darein, daß sie schmelze; ist dies kalt, so werden die sechs Gelben der Eier wohl geklopft und mit den Mandeln und der Citronenrinde darein gerührt, auf eine mit frischer Butter bestrichene und mit dünn ausgetröltem Spanischbrodteig belegte Kuchenschüssel gethan und die Torte mit Sorgfalt gebacken.

### 39. Citronen-Torte.

Man kocht 150 g. Zucker und den Saft von 3 Citronen zu einem Syrup; wenn er kalt ist, so wird von 5 Eiern das Gelbe, eine Messerspitze Zimmt und ein paar Schnitze gehackten Citronat nebst dem gekochten Syrup in die Eier gerührt und mit 5 dl. Niblen in einer gelben Pfanne über's Feuer gesetzt und immer gerührt, bis es anfängt zu kochen und die Dicke einer Crème bekommt; dann wird sie angerichtet, und wenn sie kalt ist, auf einen dünn ausgetrölten Spanischbrodteig gethan, mit Streifen, die mit Eigelb angestrichen, belegt, und die Torte im Ofen gebacken. Man kann sie warm oder kalt serviren.

### 40. Andere Art.

Man schält 250 g. Mandeln, spaltet sie in der Mitte von einander und schneidet sie der Länge nach in dünne Riemchen, sowie auch die Rinde von 3 Citronen; schwellt diese Citronenstreifchen mit ein wenig Wasser, gießt aber das Wasser weg; von den 3 beschnittenen Citronen wird die weiße Haut abgezogen bis auf's Fleisch und dieses mit dem Saft über 250 g. Zucker ausgepreßt und damit zerbrückt, dieser Zucker nebst dem Saft mit 3 dl. Wasser in einer kleinen Casserole über's Feuer gesetzt und bis auf die Hälfte eingekocht, Mandeln und Citronenrinde darein und noch ein paar Minuten zusammen gekocht; dann werden die Mandeln und Rinden herausgezogen, auf einer flachen Schüssel ausgebreitet, der Saft besonders in eine Tasse geschüttet, der Boden einer mit frischer Butter bestrichenen Kuchenschüssel mit dünn ausgetröltem Spanischbrodteig belegt, die zerschnittenen Mandeln und Citronen darauf, ein Deckel von Teig knapp darüber gelegt und mit einigen Schnitzen dünn geschnittenem Citronat bestreut; erst im Augenblick, wo man die Torte in dem Ofen thun will, wird von dem Saft darüber geschüttet und in gelinder Hitze während einer halben Stunde gebacken, und sobald sie gebacken, mit dem übrigen Saft übergossen.

### 41. Mandel=Torte.

100 g. Mandeln geschält und fein gestoßen, 100 g. Zucker, an einer Citrone gerieben, der Saft derselben über den Zucker gepreßt und damit zerdrückt, werden mit den Gelben von zwei Eiern geklopft, die zwei weißen zu Schnee geschwungen und alles zusammen durch einander gerührt, eine mit frischer Butter bestrichene Kuchenschüssel mit dünn ausgetröltem Spanischbrodteig belegt, die Fülle darauf und wenn man will, Stäbchen von Teig darüber, die Torte mit gesiebtem Zucker bestreut und gebacken.

### 42. Maccaronen=Torte.

Kocht ein großes Glas frisches Wasser mit 150 g. zer= drückten Maccaronen und 150 g. frischer Butter in einer gelben Pfanne, bis das Wasser eingekocht ist und richtet es in eine Schüssel an; wenn es kalt ist, so wird 150 g. ge= stoßener Zucker und die fein gehackte Rinde einer Citrone damit vermischt, mit dem Gelben von 7 Eiern wohl durch= einander geklopft und auf die mit dünn ausgetröltem Spa= nischbrodteig belegte Kuchenschüssel gethan. Stäbchen von Teig darüber und die Torte gebacken.

### 43. Kastanien=Torte.

Nachdem die äußere Schale der Kastanien abgelöst, werden sie weich gesotten, geschält und ganz fein zerrieben, mit Niblen verdünnt und durch das Tamis passirt, Zucker dazu, bis sie süß genug sind, ein Kuchenblech mit Pasteten= teig dünn belegt, die Kastanienfülle darauf und ziemlich viel fein geschnittener Citronat darüber gestreut, schmale Teig=

riemchen kreuzweise darüber gelegt, diese mit Eigelb ange=
strichen und die Torte nun gebacken; sie darf nicht zu braun
werden.

### 44. Eier=Torte.

Zu sieben Eiern, von welchen das Weiße zu Schnee
geschwungen, nimmt man sechs Eier schwer Zucker und vier
bis fünf Eier schwer Mehl. Dieses und der Zucker wird
zuerst mit dem Gelben der Eier eine Viertelstunde gerührt,
mit ein wenig fein geriebener Vanille oder Citronenrinde
und zuletzt mit dem Weißen der Eier leicht vermischt, in
einem mit süßer Butter wohl angestrichenen Blech schnell
in guter Hitze gebacken.

### 45. Erdäpfel=Kuchen.

Zu 400 g. geriebenen Kartoffeln nimmt man 250 g.
Zucker, dieser wird mit 2 ganzen Eiern, 5 Gelben und
etwas Citronenrinde eine halbe Viertelstunde gerührt und unter
die Erdäpfel gemischt, die 5 Weißen zu Schnee geschwungen
und leicht darunter gerührt, in ein mit frischer Butter dick
bestrichenes Kuchenblech geschüttet und im Ofen in ziemlich
starker Hitze gebacken.

### 46. Osterfladen, andere Art.

100 g. Reis wird in 6 dl. Milch weich gekocht, 200 g.
geschälte und fein gestoßene Mandeln, 100 g. Zucker, eben
so viel Weinbeeren, eben so viel Rosinen, 4 Eier, 2 dl.
Niblen und ein Stück Butter darunter gerührt, auf einer
mit Butter bestrichenen und mit Spanischbrodteig belegten
Kuchenschüssel im Ofen gebacken.

Statt Reis kann man auch Milchbrödchen nehmen, die
in kochender Milch eingeweicht und verrührt werden.

# Obst, das nicht in Butter gebacken wird.

### 1. Süße Aepfelschnitz.

Die Aepfel werden in vier Schnitte geschnitten und das Kerngehäuse ausgestochen, dann im Verhältniß der Portion Aepfel, die man kochen will, ein Stück gesottene Butter heiß gemacht, die Schnitze in kaltem Wasser gewaschen, in die Butter gethan, und je nachdem die Aepfel mehr oder weniger mürbe, trockener oder saftiger sind, 2—4 dl. Wasser daran geschüttet und auf schwachem Feuer in zugedecktem Hafen gekocht. Ist das Wasser bald eingekocht, so werden sie öfters aufgeschüttelt, aber nie mit einer Kelle umgerührt, dann abgedeckt und auf der Gluth oder ganz gelindem Feuer schön gelb geprägelt. Kleine ganze, nicht gar saure Aepfel, Grauech sind besonders gut dazu, können auf gleiche Weise gekocht werden, nur mit dem Unterschied, daß an diese nur ungefähr eine halbe Tasse voll Wasser gethan wird, oder auch gar keins.

### 2. Ganze saure Aepfel.

Man nimmt vorzugsweise Reinetten, nicht große, sticht oben einen kleinen Deckel schön rund und ziemlich tief heraus, legt sie neben einander in eine Kochplatte, thut in die ausgestochene Höhlung jedes Apfels einen Kaffeelöffel voll Zucker und einer Haselnuß groß frische Butter, einige Löffel voll Wasser in die Schüssel, und bratet sie im Ofen schön gelb oder in der Tourtiere, mit Gluth unten und oben auf dem Deckel. Es soll ein schönes gelbes Jus daran sein.

### 3. Gebratene halbe Aepfel.

Man nimmt auch da am liebsten Reinetten, schält und schneidet sie in zwei Theile und thut an der Stelle der ausgestochenen Kerne einen Löffel voll Confiture oder Gelée, welcher Art man will, und legt die Aepfel in die Tourtiere oder auf eine Schüssel, bestreut sie mit Zucker, thut in die Schüssel nur 2—3 Löffel voll Wasser mit einigen Bröcklein frischer Butter, und bratet sie im Ofen oder in der Tour= tiere mit Gluth unten und oben. Man muß die Aepfel hin und wieder von der Schüssel ablösen, daß sie nicht an= brennen. Man kann sie auch ganz lassen und die Confiture nur wie oben darein thun.

### 4. Halbe Aepfel auf der Chaufferette.

Gute saure Aepfel werden wie oben zugerüstet, in eine irdene Casserole gelegt, eine Lage über die andere, daß das Ganze des halben Apfels immer oben zu liegen kommt. Man kann nach Belieben einige Scheibchen Citronen zwischen die Aepfel legen oder eine Handvoll Rosinen, oder auch nur Zucker, ziemlich viel, der aber in allen Fällen dazu gehört; Wasser thut man nicht immer gleich viel dazu; im Herbst zwei bis drei Tassen voll, im Frühling etwas mehr, weil die Aepfel alsdann länger kochen müssen. Ist nun alles in der Casserole, so wird sie zugedeckt und auf die Gluth gestellt, die Aepfel langsam gekocht, bis sie durchsichtig sind, und das Jus ein wenig eingekocht ist; dann aufgetragen, warm, oder auch kalt, nach Belieben.

### 5. Aepfel=Compote.

Man nimmt vorzugsweise Reinetten, Calwyler oder Grauech, wägt sie ab, nimmt halb so viel Zucker als Aepfel, schält sie und theilt sie in zwei Theile, sticht das Kernge= häuse schön rund aus und thut sie sogleich in frisches Wasser, damit sie nicht anlaufen; dann wird die Rinde gewaschen, mit viel Wasser über's Feuer gesetzt und so lange gekocht, bis das Wasser den Geschmack der Aepfel bekommt, durch ein dünnes Tuch gerichtet und wieder in einer gelben Pfanne auf's Feuer gesetzt, den Zucker darein und, wenn er ge= schmolzen ist, auch die Aepfel; es dürfen nicht zu viele auf einmal in die Pfanne gethan werden, damit sie genug Raum haben; mit den Aepfeln gibt man Citronenscheibchen nach Belieben dazu, oder süße Pomeranzen in Schnitze ge=

schnitten; die Aepfel, Citronen oder Pomeranzen werden nun gekocht, bis sie durchsichtig und so weich sind, daß man einen Strohhalm in die Aepfel stecken kann, da aber nicht alle zu gleicher Zeit weich sind, so muß darauf geachtet werden, und so wie einer weich ist, derselbe sogleich mit einem silbernen Löffel sorgfältig herausgezogen und auf eine Platte gelegt, und so immer einen neben den andern. Dies ist auch zu beachten bei den Citronen oder Pomeranzen, welche letztere aber ziemlich lang kochen müssen, so daß Wasser nachgeschüttet werden muß, wenn nicht mehr genug daran ist, damit immer ziemlich viel Syrup bleibe und die Früchte stets in genugsam Jus kochen. Ist nun alles gekocht, so wird das Jus, das auf der Platte von den Aepfeln zusammengelaufen ist, zu dem geschüttet, das noch in der Pfanne geblieben, zu einem schönen Syrup eingekocht heiß durch das Tamis gerichtet und besonders aufbewahrt. Die Aepfel werden nach Belieben rangirt; will man ein Köpflein haben, so legt man sie in ein Saladier, das Ganze der Aepfel immer nach unten gekehrt und abwechselnd Citronen oder Pomeranzen, daß die erste Lage hübsch geordnet sei; die Aepfel müssen ziemlich fest auf einander liegen und das Saladier voll sein, damit man sie mit einem Teller ein wenig belasten kann. Man läßt sie nun einige Stunden stehen, bis die Aepfel kalt und fest geworden sind, dann wendet man das Saladier mit Sorgfalt auf die Platte um, auf der man sie auftragen will, daß das Untere oben komme, nimmt das Saladier mit Sorgfalt ab und schüttet den Syrup rings um das Köpflein. Man kann ein paar Löffel voll Kirschwasser unter den Syrup rühren, während er noch heiß ist, oder einige Löffel voll Meertrübeligelée, oder Erbselensaft, um ihm eine schöne Farbe zu geben, oder ihn auch ohne irgend einen Zusatz um das Köpflein schütten. Auch können, statt der Citronen oder Pomeranzen, Quittenschnitze mit Aepfeln gekocht werden, was eine sehr gute Compote gibt, aber etwas mehr Zucker bedarf.

### 6. Aepfel-Müesli.

Man kocht saure Aepfel, die geschält und zerschnitten sind und deren Kerngehäuse ausgestochen ist, mit ein wenig

Waſſer und etwas Zucker recht weich, ſo daß man ſie ver=
rühren kann, thut ein wenig fein geſchnittene Citronenrinde
darein und läßt ſie auf ſchwachem Feuer einkochen, beſtreicht
eine Schüſſel oder Kochplatte mit friſcher Butter reichlich,
überdeckt den Boden und Rand mit Brobbrosmen, ſtreut
Zucker darüber, die Aepfel mit einem Löffel ſchön eben
darauf verſtrichen, ein wenig Zucker und friſche Butter da=
rauf und im Ofen gebacken, bis die Brobbrosmen gelb ſind,
die Schüſſel auf eine Platte umgewendet, daß ſie oben
kommen. Man kann nach Belieben eine weiße Crème dazu
ſerviren.

### 7. Aepfelring.

Gute ſaure, geſchälte Aepfel werden mit Zucker und
ganz wenig Waſſer weich gekocht, und wenn ſie völlig ein=
gekocht und recht verrührt ſind, auf die Platte, auf der
man ſie auftragen will, angerichtet und zu einem Ring
formirt, mit ziemlich viel geſiebtem Zucker beſtreut und mit
einer glühenden Schaufel gebrannt, oder wenn man lieber
will, mit in Butter geröſteten Brobbrosmen beſtreut, und
mit oder ohne Crème ſervirt; die Crème ſchüttet man in
den Ring.

### 8. Andere Art.

Man ſchält Reinetten und ſchneidet ſie in dünne Schnitz=
chen, beſtreicht eine Kuchenſchüſſel mit friſcher Butter und
ſtreut ordentlich Zucker darüber, legt die Aepfel in Form
eines Ringes auf die Schüſſel, Zucker, Zimmt und friſche
Butter darauf und backt den Ring im Ofen. Während er
backt, ſchält und zerſtößt man eine Handvoll Piſtazien, und
röſtet ſie mit Zucker, bis ſie trocken ſind, läßt ſie kalt
werden, ſtößt ſie wieder ganz fein und rührt von zwei Eiern
das Weiße darunter. Iſt der Ring genug gebacken, ſo wird
er aus dem Ofen genommen, mit Sorgfalt auf eine Platte
gelegt, daß er ſchön ganz bleibt, und die Eier mit den
Piſtazien darüber, daß der Ring ganz damit bedeckt wird,
beſtreut ihn mit Zucker und brennt ihn oben über mit einer

glühenden Feuerschaufel schön gelb. Man macht eine Sauce von rothem Wein und Zucker oder einer Citronen=Crême, und schüttet sie um den Ring.

### 9. Aepfel mit Crême.

Man kocht halbe, saure Aepfel mit Wasser und Zucker, das Jus muß beinahe eingekocht, und die Aepfel durchsichtig sein aber nicht zerfallen, dann legt man sie auf die Platte, auf der man sie auftragen will, und macht eine Crême von 5 dl. Niblen; wenn Letztere kochen will, so rührt man drei wohl geklopfte Eier, 100 g. geschälte und gestoßene Mandeln und Zucker darein, und rührt immer, bis sie kocht; dann wird sie sofort angerichtet, und wenn Aepfel und Crême beinahe kalt sind, so wird letztere um die Aepfel geschüttet und mit gesiebtem Zucker wohl bestreut, die Platte auf warme Asche gestellt und ein heißer Tourtieredeckel darüber gesetzt, bis eine schöne Glace formirt ist.

### 10. Aepfel aux Macarons.

Man kocht 12 halbe saure, geschälte Aepfel mit Wasser und Zucker weich, doch müssen sie nicht zerfallen; wenn das Jus eingekocht ist, legt man die Aepfel auf eine Kochplatte mit frischer Butter, rührt 100 g. zerstoßene Maccaronen, drei Schnitze fein geschnittenen Citronat und 3 dl. Niblen durcheinander und schüttet es an die Aepfel, streut ordent= lich gesiebten Zucker darüber und stellt die Platte auf Gluth, den heißen Tourtieredeckel mit Gluth darauf, oder thut sie in den heißen Ofen, bis sie oben über schön gelb sind.

### 11. Aepfel mit Reis.

Man kocht saure, geschälte halbe Aepfel mit sehr wenig Wasser und Zucker nicht ganz weich; wenn das Jus ein= gekocht ist, richtet man die Aepfel an und läßt sie erkalten; dann wird eine Kochplatte mit frischer Butter wohl bestrichen und der Boden derselben ganz mit einem guten dick ge=

kochten Reisbrei, in den zwei Eier verrührt sind, bedeckt, doch nicht zu dick, dann eine Lage Aepfel auf das Reis, und diese wieder mit Reis bedeckt, kleine Bröcklein frische Butter darüber, mit Zucker bestreut, und im Ofen gebacken bis der Reis oben über schön gelb glacirt ist. Man kann die Platte auch auf Gluth stellen uud einen heißen Tourtieredeckel mit Gluth darauf; auch den Zucker, an einer Citrone gerieben, darüber streuen, oder Zimmt mit dem Zucker vermischen, was beides gut ist.

## 12. Aepfel-Tschu.

Saure, saftige Aepfel werden geschält und in dünne Scheibchen geschnitten, eine tiefe Schüssel mit frischer Butter wohl bestrichen, Boden und Bord derselben mit dünnen Brod- oder Weggenschnitten belegt, diese mit Zucker bestreut, einige Stückchen Butter darauf, und die Schüssel mit den Aepfeln gefüllt, dünne Scheibchen frische Butter darüber gelegt, wieder mit Zucker bestreut und im Ofen gebacken, bis die Aepfel weich und die Brodschnitten gelb sind, dann wendet man das Tschu auf eine Platte um, daß die Schnitten oben auf kommen; es kann auch in einem ehernen Tüpfi oder in einer Tourtiere, mit Gluth unten und oben, gemacht werden.

Es können auch geschälte, in feine Riemchen geschnittene Mandeln unter die Brodschnitten und über die Aepfel gethan werden, wenn man es noch besser haben will.

## 13. Andere Art.

Altes Schwarzbrod, am besten Grahambrod, wird zu Brosmen verrieben, eine Tasse gewaschene Rosinen, Zucker und ein wenig Butter beigefügt. Nun werden saure geschälte Aepfel in Scheibchen geschnitten, eine Kochplatte reichlich mit Butter bestrichen und dieselbe Lage um Lage mit dem Brod und den Aepfeln gefüllt und in einem heißen Ofen gebacken. Ueber die Aepfel wird natürlich Zucker gethan und einige Bröckli frische Butter.

### 14. Aepfel-Charlotte.

Man belegt eine Kochplatte mit frischer Butter, streut Zucker darüber und füllt die Platte mit geschnittenen Aepfeln wie oben, thut ein wenig frische Butter und Zucker darüber und läßt sie im Ofen backen, bis sie weich sind; dann werden zwei Eier mit einer Tasse voll Niblen wohl geklopft über die Aepfel geschüttet und die Platte nur so lange wieder in den Ofen gestellt, bis die Charlotte oben über schön gelb ist, mit Zucker und Zimmt bestreut und aufgetragen.

### 15. Andere Art.

Man schält saure Aepfel und schneidet sie in dünne Schnitzchen, bestreicht ein Tüpfi oder eine Kochplatte mit frischer Butter reichlich, streut ein wenig Zucker über die Butter und belegt den Boden und den Rand der Platte mit dünnen Brodschnitten, dann wird Zucker und Zimmt darüber gestreut, die Platte oder das Tüpfi mit den Aepfeln gefüllt, wenn sie in einer Platte sind, in den heißen Ofen gestellt, in einem Tüpfi aber auf die Gluth gesetzt und ein heißer Tourtieredeckel mit Gluth darauf. Sind die Aepfel weich und die Schnitten schön gelb, so wendet man die Charlotte sorgfältig um, daß das Brod oben komme und sie schön ganz bleibe; während sie noch backt, werden 50 g. geschälte Pistazien mit gleich schwer Zucker zerstoßen, 3 bis 4 Eiweiß mit 50 g. gesiebtem Zucker zu Schnee geschwungen und die Charlotte, wenn sie angerichtet ist, mit den Pistazien und hernach mit dem Eierschnee bedeckt, so daß das Grüne hie und da durchscheine, und mit einer glühenden Feuerschaufel oben über schön gelb gebrannt.

### 16. Aepfelkopf mit einer Meringue.

Man schält Reinetten, schneidet sie in Schnitze, wie zu einem Kuchen, verdämpft sie in einer Casserole mit Zucker, Zimmt und Wein, legt sie in Form eines Köpfleins auf eine Kochplatte, eine Handvoll geschälte und gestoßene Pistazien, vermischt mit Zucker, dazu, schlägt 4 Eiweiß zu Schnee, rührt die Pistazien und den Zucker darein, überdeckt den Kopf damit, bestreut ihn noch mit Zucker und läßt ihn im Ofen gelb werden.

### 17. Aepfel=Pudding.

Gute saure Aepfel werden, wenn sie geschält und in dünne Scheibchen zerschnitten sind, in frischer Butter und Zucker ein wenig gedämpft und zum Erkalten angerichtet, ein beliebiges Model mit Butter angestrichen und mit gutem Butterteig ausgelegt, und immer eine Lage Aepfel und große Weinbeeren dazwischen, bis das Model voll ist, zuletzt zwei Eßlöffel Quittengelée, ein Deckel von Butterteig darüber und eine Stunde im Ofen gebacken, und mit Zuckersyrup oder Aprikosengelée servirt.

### 18. Andere Art.

Man nimmt 2 Tassen voll wohl verkochte und einge= kochte Aepfel, 1 Tasse voll Brodbrosmen in Milch einge= weicht, eine Hand voll Mandeln, geschält und fein gestoßen, 50 g. frische Butter wohl verrührt, 3 ganze Eier und Zucker nach Belieben, mengt dies alles wohl durch einander und bringt es in ein mit Butter bestrichenes und mit Brodbrosmen bestreutes Model, backt es im Ofen schön gelb, trägt es heiß auf, und servirt eine Crême dazu.

### 19. Birnenschnitz.

Diese werden gleich gekocht wie die süßen Aepfelschnitz, ausgenommen, daß man die Birnen nur in halbe Theile schneidet und wenn sie eine sehr dicke, rauhe Rinde haben, so werden sie geschält; auch muß man mehr Wasser an die Birnen gießen als an die Aepfelschnitze, weil sie länger kochen sollen, im Uebrigen wird gleich damit verfahren. Dürre Aepfel= und Birnenschnitze bedürfen natürlich weit mehr Wasser als die grünen und müssen auch viel länger kochen.

### 20. Birnen=Compote.

Man nimmt gute, nicht teige Birnen, besonders Rous= seletten, Citronenbirnen u. dgl.; sie werden geschält und ganz gelassen, so daß auch die Stiele daran bleiben; dann wird die Rinde mit Wasser gekocht, bis es den Geschmack der Birnen bekommen hat, durch ein dünnes Tuch gerichtet und mit einem Glas voll gutem weißem Wein, einem Stück Zucker, gebrochenem Zimmt oder zerschnittener Citronenrinde in einer gelben Pfanne auf's Feuer gesetzt und gekocht; wenn es kocht, legt man so viel Birnen darein, als Raum genug neben einander haben, läßt sie auf gelindem Feuer kochen, bis sie weich genug sind, um einen Strohhalm hineinstecken zu können, dann werden sie herausgezogen, und wenn alle so gekocht sind, so legt man die Birnen auf die Platte, daß die Stiele alle aufwärts kommen, kocht den Saft zu einem dünnen Syrup und schüttet ihn über die Birnen, nach Belieben mit ein paar Löffel voll Kirschwasser verrührt, oder will man den Syrup roth, so thut man Erbsensaft darein, dann wird der Syrup nur um die Birnen, nicht darüber, geschüttet, weil so die Compote schöner wird. Auch kann man eine Sauce von rothem Wein mit Zucker und Zimmt daran thun, dann muß aber das Jus von den Birnen ganz eingekocht sein und die Birnen weiß bleiben.

## 21. Chocolat-Birnen.

Man nimmt mürbe, nicht teige Birnen, schält sie und wenn sie klein sind, werden sie ganz gelassen, größere aber in zwei Theile geschnitten, mit Butter und Wasser in einem ehernen Hafen gekocht, gleich wie die Birnenschnitze, und wenn sie weich sind und ganz eingekocht, so werden sie schön gelb geprägelt und fleißig aufgeschüttelt, daß sie nicht anbrennen; sind sie gelb, so wird 2 dl., oder wenn man ziemlich viel Birnen hat, 4 dl. Niblen daran geschüttet, sammt einer halben Tasse Zucker und einem Kaffeelöffel voll gestoßenem Zimmt. Sobald die Niblen an den Birnen kocht, werden sie sogleich angerichtet und aufgetragen. Es soll ordentlich Niblensauce an den Birnen sein.

## 22. Charlotte von Birnen.

Diese wird ganz gleich gemacht wie die von Aepfeln, nur mit dem Unterschied, daß die von Birnen länger im Ofen sein muß, weil überhaupt die Birnen länger kochen müssen als die Aepfel; sind die Schnitzchen weich und oben über gelb, werden Eier und Nidlen, gleich viel wie bei der Aepfel-Charlotte, daran geschüttet und im Uebrigen gleich verfahren wie bei Nr. 14.

### 23. Compote von Zahmkirschen (sauern Kirschen oder Ammern).

375 g. Zucker, oder auch etwas weniger, wenn die Kirschen nicht gar sauer sind, wird in einer Casserole mit ein wenig Wasser über's Feuer gestellt und verschaumt, sobald er kocht; dann nimmt man 750 g. schöne reife Zahmkirschen, schneidet die Hälfte des Stieles ab, thut sie in den Zucker, läßt zwei bis drei Wälle darüber gehen und zieht sie mit Sorgfalt heraus, daß sie nicht verletzt werden, läßt durch's Tamis das Jus ablaufen, legt sie auf die Platte, daß die Stiele sich alle nach oben kehren, und kocht nun das Jus mit dem, so noch in der Casserole ist, zu einem Syrup und gießt ihn über die Kirschen.

### 24. Kirschen-Compote auf andere Art.

Man nimmt schwarze und rothe Kirschen, jeder Art gleich viel, reißt die Stiele ab, ohne die Steine heraus zu nehmen; jede Art wird besonders mit ein wenig Zucker und Wasser nur auf gelindem Feuer gekocht, daß sie nicht aufspringen; sind sie weich, so werden sie aus dem Jus gezogen, geschmackvoll neben einander in ein Saladier rangirt, das Jus aber abgeschüttet und mit dem, so in der Casserole geblieben, zu einem dünnen Syrup eingekocht; wenn die Kirschen kalt sind, so wird die Compote auf eine Platte umgewendet und dieser Syrup darum geschüttet. Man kann auch statt süßer rother Kirschen saure nehmen, was sehr angenehm ist, dann aber wird etwas mehr Zucker erfordert.

### 25. Verdämpfte Kirschen.

Man nimmt schwarze Kirschen und etwa den dritten Theil Zahmkirschen darunter, oder süße rothe unter die schwarzen; weil bloß schwarze zu stark werden, läßt sie mit ein wenig Zucker und 2—3 Löffel voll Wasser in einer

Obst, das nicht in Butter gebacken wird.

irdenen Casserole auf gelindem Feuer zugedeckt langsam kochen, bis sie weich sind, dann werden sie abgedeckt und eingekocht, bis nur noch einige Löffel voll Jus daran sind, und angerichtet. Man kann sie warm oder kalt serviren und nach Belieben Zimmt daran thun, auch statt der sauren Kirschen Himbeeren mitkochen, was sehr gut ist.

### 26. Kirschen-Charlotte.

Es werden Kirschen, mit oder ohne Steine, in eine mit frischer Butter bestrichene Kochplatte gethan, Zucker beigefügt und im Ofen verdämpft, bis sie weich sind; dann werden 2—3 Eier mit einer Tasse Niblen wohl geklopft über die Kirschen geschüttet und die Platte nur so lange wieder in den Ofen gestellt, bis die Eier dick geworden, mit Zucker und Zimmt bestreut und aufgetragen. Auch kalt servirt sind sie gut.

### 27. Kirschen-Tschu.

Eine Kochplatte oder tiefe Schüssel wird mit frischer Butter gut bestrichen, dann mit Brod- oder Weggen-Schnitten, die in kalte Milch getunkt werden, belegt, Zucker darüber gestreut und noch einige Bröcklein frische Butter, mit Kirschen überdeckt und ein wenig im Ofen gebacken. Währenddem werden 2—3 Eier mit etwa 3—5 dl. Milch oder Niblen wohl verklopft, und wenn die Kirschen ein wenig verdämpft und warm geworden, darüber geschüttet, noch einen Augenblick in den Ofen gestellt, dann mit Zucker und Zimmt bestreut und warm oder kalt aufgetragen. Diese Platte kann man auch mit andern Früchten machen, Aepfel, Zwetschgen, Pflaumen ꝛc.; je nach der Art Früchte muß mehr oder weniger Zucker beigefügt werden.

### 28. Verdämpfte Zwetschgen.

Die Zwetschgen werden der Länge nach aufgeschnitten und die Steine herausgenommen, in einer irdenen Casserole ein Stück süße Butter auf der Gluth geschmolzen, die Zwetschgen mit Zucker und ein wenig Zimmt zugedeckt, ohne Wasser auf der Gluth verdämpft, bis sie weich sind. Ist noch zu viel

Jus daran, so werden sie abgedeckt und eingekocht, doch nicht zu stark, dann einige dünne Brodschnitten in Butter gelb gemacht, der Boden der Platte, auf der man sie auftragen will, damit belegt und die Zwetschgen darauf angerichtet; es muß noch viel Jus daran sein.

Auf gleiche Weise kann man noch Pflaumen, Brombeeren, Heidelbeeren und Himbeeren verdämpfen; diese Früchte bedürfen aber alle mehr Zucker als die Zwetschgen und müssen auch etwas mehr eingekocht werden.

## 29. Compote von grünen Zwetschgen.

Man nimmt schöne reife Zwetschgen, die nicht gespalten sind, gießt siedendes Wasser darüber, zieht die Haut sorgfältig ab, ohne die Zwetschgen zu spalten oder zu verletzen, dieß muß schnell gethan werden, damit sie nicht lange im heißen Wasser bleiben; sind sie alle geschält, so wird ein Stück Zucker mit ein wenig Wasser in einer Casserole auf's Feuer gesetzt, und wenn das Wasser kocht und der Zucker ganz geschmolzen ist, so viel von den Zwetschgen in die Casserole gethan, als neben einander Platz haben, läßt zwei, höchstens drei Wälle darüber gehen und nimmt sie sorgfältig, daß sie nicht zerfallen, mit einer Schaumkelle auf eine Platte heraus. Sind sie alle gekocht, so schüttet man das abgelaufene Jus von der Platte zu dem in der Casserole gebliebenen und kocht es zu einem dünnen Syrup, rangirt die Zwetschgen auf die Platte, auf der man sie auftragen will, und schüttet den Syrup darüber. Man kann nach Belieben ein paar Löffel Kirschwasser unter den Syrup rühren, wenn er gekocht und beinahe kalt ist, dann aber muß der Syrup dicker eingekocht werden.

Auf gleiche Art kocht man auch Compote von Pfirsichen, zu denen etwas mehr Zucker genommen wird.

## 30. Pfirsiche auf portugiesische Art.

Man nimmt 8 bis 10 Pfirsiche, schält sie und läßt sie ganz, legt sie in eine Kochplatte, mit viel gestoßenem Zucker, stellt die Platte in den Ofen, der nicht heiß aber ordentlich

Obst, das nicht in Butter gebacken wird.

warm sein muß, oder auf schwache Gluth, den Tourtiere=
deckel mit Gluth darauf und läßt sie so lange kochen, bis
der Zucker, mit dem Jus der Pfirsiche verbunden, zu einem
schönen Syrup geworden ist.

### 31. Pfirsich=Auflauf.

Die Pfirsiche werden mit gleich schwer Zucker in einer
irdenen Casserole verdämpft, das Weiße von 3—4 Eiern
geschwungen, mit gestoßenen Mandeln und Zucker vermischt,
zwei Finger dick über die Pfirsiche gestrichen und einen
Augenblick in den Ofen gestellt, bis die Glace schön gelb
ist. Man kann ihn kalt oder warm serviren.

### 32. Heidelbeer=Müesli.

Man wascht schöne reife Heidelbeeren, läßt ein Stück
süße Butter in einer irdenen Casserole auf Gluth schmelzen,
die Heidelbeeren mit Zucker darein, die Casserole zugedeckt
und auf Gluth gekocht; wenn sie weich sind, abgedeckt,
und wenn noch zu viel Saft ist, eingekocht, bis auf einige
Löffel voll, zwei wohl geklopfte Eier mit ein paar Löffel
voll süßer Niblen darunter gerührt und noch so lange auf
der Gluth gelassen, bis sie wieder anfangen zu kochen,
dann angerichtet und Brodbrosmen, in Butter gelb geröstet,
darüber gestreut, auch nach Belieben ein wenig Zimmt.
Es geht auch sehr gut, wenn man einen Löffel voll Maizena
mit Milch verrührt, mit den Eiern in dieses Müesli thut.

### 33. Erdbeer=Müesli.

Man läßt in einer irdenen Casserolle ein Stück süße
Butter auf Gluth schmelzen, die Erdbeeren darein und zu=
gedeckt auf schwacher Gluth gedämpft und einige Mal auf=
geschüttelt; sobald sie warm sind und anfangen zu kochen,
werden sie sogleich ab der Gluth gestellt und in der Casse=
role zugedeckt etwa 10 Minuten stehen gelassen, ein oder
zwei wohl geklopfte Eier mit ein paar Löffel voll Niblen,
Zucker und Zimmt mit den Erdbeeren umgerührt und wieder
auf die Gluth, bis sie warm sind, sie dürfen aber nie ganz

kochen; dann richtet man sie an und streut in Butter ge=
röstete Brodbrosmen darüber.

### 34. Erdbeer-Ring.

Man kocht 250 g. Zucker in einer gelben Pfanne mit
ein wenig Wasser zu einem dicken Syrup, nimmt schöne
reife Erdbeeren und legt sie, ohne sie zu zerdrücken, in den
heißen Syrup, der ab dem Feuer gestellt wird, um die
Erdbeeren darein zu thun, die gar nicht kochen dürfen, rührt
sie nur einige Mal im Syrup mit Sorgfalt um, damit sie
so viel als möglich ganz bleiben, richtet sie an in der Form
eines Ringes oder wie einen Kopf und servirt sie kalt.

### 35. Kalte Schale von Erdbeeren.

Eine beliebige Portion frischer Erdbeeren legt man in
eine tiefe Schüssel, immer eine Lage Erdbeeren und darauf
eine Lage Zwieback nebst Zucker und Zimmt und so fort,
zu unterst und zu oberst Erdbeeren und Zucker, gießt dann
guten Wein darüber, daß er darob zusammen geht, und
läßt die Schale zugedeckt eine Stunde an der Kühle stehen,
ehe man sie servirt. Im Sommer ist eine kalte Schale von
Erdbeeren sehr erfrischend.

### 36. Auflauf von Erdbeeren.

Man verrührt ¾ l. Nidlen mit drei Eßlöffel Mehl,
dem Gelben von 6 Eiern und dem zu Schnee geschlagenen
Weißen, eine fein gehackte Citronenrinde und Zucker nach
Belieben, füllt die Hälfte dieser Masse in eine mit frischer
Butter dick bestrichene Casserole, streut mit Zucker und Zimmt
vermischte Erdbeeren etwa fingershoch darauf, dann die
andere Hälfte der Crême und läßt den Auflauf zwischen
oben und unten Kohlen, oder im Oefeli schön gelb backen.

### 37. Erdbeeren- oder Himbeeren-Köpfli.

Von zwei Eßlöffel Mehl und 5 dl. Milch kocht man
einen dicken Mehlbrei, richtet ihn in eine Schüssel an und
läßt ihn erkalten, rührt nach und nach 5 ganze Eier und

100 g. Zucker nebst 50 g. geschälten und fein gestoßenen Mandeln und der gehackten Rinde einer Citrone und zuletzt einen Teller voll Erdbeeren, oder auch Himbeeren mit gestoßenem Zucker vermischt darunter, füllt damit eine mit Butter bestrichene Form, und läßt sie etwa eine Stunde backen.

Ist das Köpfli gebacken, so wird es auf eine Platte umgestürzt und servirt.

### 38. Himbeer-Ring.

Man nimmt erlesene aber ungewaschene Himbeeren, zerdrückt sie wohl, gießt den Saft davon in eine Tasse und streut genug Zucker unter die Himbeeren; dann wird eine Tourtiere oder Kochplatte mit frischer Butter bestrichen, zerriebenes Zuckerbrod oder Brosmen von Milchbrödchen in Form eines Ringes darauf, die Himbeeren darauf und der Ring im Ofen oder auf Gluth, sammt einem heißen Deckel mit Gluth darüber gebacken. Endlich wird von dem abgeschütteten Jus und Zucker ein Syrup gekocht, und wenn der Ring gebacken ist, wird er auf die Platte umgewendet, so daß die Brosmen oben kommen, und der Syrup daran geschüttet.

### 39. Andere Art.

Man kocht einen Syrup von Zucker und Wasser und thut die Himbeeren, die sauber erlesen werden, darein, kocht sie ein wenig, doch nicht, daß sie ganz verkochen, und läßt den Saft durchs Tamis in eine Schüssel ablaufen, macht aus den Himbeeren einen Ring auf der Platte, auf der man ihn auftragen will, und mit dem Saft kocht man eine Crème mit Nidlen und dem Gelben von einigen Eiern und setzt noch ein wenig Butter zu. Ist die Crème gekocht, so wird sie besonders angerichtet, das Weiße der Eier zu Schnee geschwungen und über den Ring, der kalt sein muß, mit einem Löffel schön glatt gestrichen, mit Zucker bestreut und mit der glühenden Schaufel gebrannt und dann die Crème ringsum und in die Mitte geschüttet.

### 40. Rhübarbe-Pudding.

Eine tiefe Kochplatte mit breitem Bord wird ganz mit Rhübarbe, die in fingerslange Stücke geschnitten wird, gefüllt, ziemlich hoch, viel Zucker oder Cassonnade dazu gethan, sowie einige Stücklein frischer Butter; sodann legt man guten Kuchenteig, ordentlich dick ausgetrölt darüber und drückt ihn auf das breite Bord der Platte, und backt das Ganze im Ofen, bis der Teig ein wenig gelb ist, und trägt es in der Kochplatte auf.

NB. Man kann auch Kuchen von Rhübarbe machen; er wird gleich zugerüstet wie für Pudding, mit viel Zucker auf den Teig gelegt und wie jeder andere Kuchen gebacken.

### 41. Rhübarbe-Müesli.

Die Rhübarbe — man muß ziemlich viel haben — wird mit ganz wenig Wasser, einem Stück frischer Butter und viel Zucker verdämpft; wenn sie ganz verkocht ist, so rührt man 1—2 Löffel Maizena mit Milch zart an, klopft 3 Eier darunter und schüttet es unter beständigem Rühren an die Rhübarbe; sollte es zu dick werden, so wird Milch nachgegossen. Sobald es zu kochen anfängt, wird es angerichtet und kalt servirt.

### 42. Andere Art.

Die Rhübarbe wird wie oben mit viel Zucker und einem Stück frischer Butter ganz verkocht. Dann werden je nach der Portion von 4, 5—6 Eiern die Gelben in dem Saladier, in dem man das Müesli auftragen will, wohl verklopft, die Rhübarbe heiß darüber geschüttet, recht untereinander gerührt und zuletzt das Weiße der Eier geschwungen und auch hinein gerührt. Wird kalt servirt.

### 43. Frucht-Pudding.

Man nimmt ein irdenes Model von beliebiger Größe, macht einen Teig von Rindermark und frischer Butter; der Teig wird gemacht wie gewöhnlicher Kuchenteig, etwas dicker als für einen Kuchen ausgetrölt, das Model damit belegt, und zwar so, daß der Teig zwei Finger breit über dasselbe herabfällt. Nun nimmt man Früchte, welcher Art man will und die Jahreszeit mit sich bringt: nicht ganz reife Stachel=

beeren, Kirschen, Johannisbeeren, Himbeeren ꝛc., füllt das Model fest und ganz hoch auf, thut viel Zucker oder Cassonade dazu, einen Deckel von Teig darüber und fest an den Teig in dem Model angedrückt, der herabhängende wird darüber gerollt und fest zusammengedrückt, das Model in eine Serviette gebunden, und während drei Stunden im Wasser gekocht, das Wasser muß sieden, wenn man es hinein legt; auch ist es gut, wenn man ein wenig Salz ins Wasser thut, sonst zieht das siedende Wasser das Salz aus dem Teig; dann wird der Pudding, weil viel Jus daran ist, auf eine tiefe Platte umgewälzt. Der Teig bleibt weiß, ist aber sehr gut.

### 44. Macedoine von allerlei Früchten.

Saure Aepfel, Pfirsiche, Aprikosen, Quitten und Zwetschgen werden geschält, Aprikosen und Zwetschgen ganz gelassen, die andern in halbe Theile geschnitten; zu diesen Früchten nimmt man noch Kroseln (Stachelbeeren), Meertrübeli (Johannisbeeren), Buttlen (Hagebutten), die man von einander schneidet und vom Dornigen reinigt, und kleine Traubenästchen. Alle diese Früchte werden mit Zucker und Wasser gekocht, bis sie weich sind, jede Art besonders, da die Früchte alle ganz bleiben und die einen länger, die andern weniger lang kochen müssen, bis sie weich sind; die kleinen Früchte namentlich dürfen nicht lange kochen und die Pfirsiche, Zwetschgen und Aprikosen, nur ein paar Minuten; jede Art wird, wenn sie genug gekocht, auf einen besondern Teller herausgezogen und zugedeckt, bis alle gekocht sind. Dann werden die Früchte symmetrisch und nach den verschiedenen Farben geschmackvoll durcheinander in eine tiefe Schüssel oder Saladier rangirt und mit einem belasteten Teller bedeckt, so daß sie fest aufeinander liegen; der Saft, der durch das leichte Pressen abläuft, wird mit dem, der beim Kochen der Früchte übrig geblieben ist, vermischt und zu einer Gelée oder dickem Syrup eingekocht. Die Compote läßt man einige Stunden an einem kühlen Orte stehen, wendet das Saladier mit Sorgfalt auf eine Platte um, so daß das, was unten war, nun oben kommt, und schüttet den Syrup darum. Man kann die Platte nach Belieben mit geschälten oder geschnittenen Pistazien garniren.

### 45. Andere Art.

Zwei Pomeranzen werden mit der Schale weich gekocht, auch halbe, saure Aepfel, Callwiller oder Grauech ebenfalls; mit eingemachten Zwetschgen, Kirschen, Pfirsichen, Aprikosen, Quitten, Birnen, Nüssen, Johannisbeeren, Bruniolen, und was man sonst von eingemachten Früchten nehmen will, setzt man auf folgende Weise in ein Model auf: In der Mitte zu unterst legt man eine Zwetschge und darum die Achtel einer Pomeranze, sternförmig, zwischenein Kirschen mit den Stielen, Johannisbeeren und die andern Früchte regelmäßig nach einander, schön geordnet, an den Rand des Models; in der Mitte füllt man mit halben Aepfeln, Birnen, Pfirsichen aus oder mit welchem Obst man gerne will. Ist das Model voll, so legt man einen Teller darauf, beschwert ihn mit 4—5 kg. und läßt es über Nacht stehen, stellt es aber auf einen tiefen Teller, damit der überfließende Obstsaft nicht verloren gehe, und kehrt das Model sorgfältig auf eine Platte um, kocht den ausgelaufenen Saft und auch etwas Syrup von andern Früchten dazu, zusammen zu einer Gelée, gießt sie lau über den Obstkopf und stellt das Ganze an einen kühlen Ort, daß es sich auf der Oberfläche glacirt, garnirt ihn rings herum mit Früchten welcher Art man will, läßt aber zwischen jeder Frucht einen Zwischenraum, der mit Gelée ausgefüllt wird.

### 46. Compote von süßen Pomeranzen.

Man nimmt gleich schwer Zucker wie Pomeranzen, durchsticht dieselben mit einem kleinen hölzernen Spießchen, thut sie ganz in einer gelben Pfanne mit genugsam Wasser ohne Zucker auf helles Feuer; sobald das Wasser bitter wird, schüttet man es ab und ersetzt es mit frischem, siedendem, kocht sie fortwährend und wiederholt immer, sobald das Wasser wieder bitter geworden, das Abgießen und Zugießen wenigstens 3 bis 4 Mal, zieht sie in frisches kaltes Wasser, und wenn sie völlig kalt sind, so schneidet man jede Pomeranze in 6 oder 8 Schnitze und die Kerne daraus; der Zucker wird mit ein wenig Wasser und dem Saft, der beim Verschneiden der Pomeranze ausgelaufen ist, in einer Casserole aufs Feuer gesetzt und nachdem er verschaumt ist, zu einem Syrup eingekocht, die Schnitze, damit sie schön glacirt werden, einige Minuten darin gekocht, dann wieder herausgezogen und auf die Platte rangirt oder für andere Compoten aufbewahrt; den Syrup kocht man noch, bis er dick ist, und schüttet ihn darüber.

## 47. Compote von ganzen süßen Pomeranzen.

Von süßen frischen Pomeranzen, die keine Flecken haben, wählt man die kleinsten aus, so viel man deren bedarf; diese werden im Wasser gekocht und dasselbe einige Mal abgeschüttet, wenn es bitter ist, und mit frischem siedendem ersetzt. Sind nun die Pomeranzen weich, so werden sie herausgezogen und in kaltes Wasser gelegt; man muß sie aber mit Sorgfalt berühren, daß die Rinde nicht verletzt werde; sobald sie ein wenig abgekühlt sind, so wird oben ein kleiner Deckel schön rund abgeschnitten, die Oeffnung muß nicht größer sein, als nöthig ist, um mit einem kleinen Kaffeelöffel hinein zu können: mit diesem wird nun alles Jus, Fleisch und Kerne rein herausgenommen, aber mit viel Sorgfalt, daß man kein Loch in die Pomeranze mache, auch die Rinde nicht spalte. Sind nun alle geleert, so preßt man das Jus mit dem Fleisch, das man herausgenommen, durch ein feines Tuch und nimmt auf 6 Pomeranzen 375 g. Zucker; mit diesem und dem ausgepreßten Jus kocht man einen Syrup und läßt die Pomeranzen ein paar Minuten auf Gluth darin kochen, nimmt sie heraus, rangirt sie auf eine Platte und thut ein wenig aufgelöste Gelatine in den Syrup, damit derselbe zu einem Gallerich werde und man die Pomeranzen beim Serviren verschneiden könne, ohne daß der Syrup ausläuft. Wenn die Gelatine im Syrup ist, wird er nur noch ein paar Minuten gekocht (er soll dann dick genug sein), heiß in die Pomeranzen geschüttet und der kleine abgeschnittene Deckel wieder auf die Oeffnung jeder Pomeranze gethan; rings um dieselbe stecke man kleine Schnitzchen von geschälten Pistazien, daß sie eine Krone bilden, wie bei einem Granat=Aepfel. Die Pomeranzen müssen, wenn sie gefüllt und fertig sind, einige Stunden an einem kühlen

Orte stehen, ehe man sie aufträgt, damit das Jus darin zum Stehen komme. Beim Serviren werden sie in Schnitze geschnitten.

# Plattenmüesli, Pudding, Köpfli und dergleichen.

### 1. Plattenmüesli.

Zu 5 Eiern, die man tüchtig klopft, wird 5 dl. süße Niblen nebst zwei Löffel voll gestoßenem Zucker gerührt, in eine mit frischer Butter nur wenig bestrichene Kochplatte geschüttet und im heißen Ofen gebacken. Sobald es anfängt dick zu werden, so wird es sogleich aufgetragen; will man es glacirt haben, so bestreut man dasselbe, sobald es aus dem Ofen kommt, mit gesiebtem Zucker und brennt es mit einer glühenden Feuerschaufel.

### 2. Plattenmüesli von Reis.

Kocht etwa 250 g. fein gestoßenen Reis mit Milch zu einem Brei, füllt damit eine mit frischer Butter bestrichene Kochplatte wenigstens 2 Fingers dick, und macht ihn mit einem Löffel schön eben, schmelzt ein Stück Zucker in einem gelben Pfännchen mit ein wenig Wasser und läßt ihn schön gelb werden wie zu einer Crème brûlée, schabt zwei bis drei Schnitze Citronat über den Reis, und gießt den gelb gebrannten Zucker darüber, daß der Reis damit glacirt wird; dann wird die Platte auf Gluth gestellt, der Tourtieredeckel mit Gluth darüber, bis es zu kochen anfängt, und die Glace oben über ein wenig braun ist; dann auf der gleichen Platte sogleich aufgetragen.

### 3. Weggli-Plattemues.

Zu einer Portion für 3 Personen nimmt man drei Weggli, schneidet sie in dünne Schnittchen, weicht sie einen Augenblick in laue Milch ein und läßt sie wieder abtropfen; belegt den Boden einer mit frischer Butter wohl angestrichenen Kochplatte mit den eingeweichten Schnittchen, streut eine Lage Zucker, gehackte Citronenrinde und Weinbeeren darüber und fährt so fort Lage um Lage, bis die Schnittchen aufgebraucht sind, und stellt die Kochplatte auf Gluth; nach einer Viertelstunde gießt man drei mit 3 dl. Niblen wohl geklopfte Eier darüber, deckt einen Deckel mit Gluth darauf, oder stellt die Kochplatte in einen ziemlich heißen Ofen und läßt es eine Viertelstunde backen.

### 4. Reis-Pudding.

250 g. Reis wird mit guter Milch weich und zu einem dicken Brei gekocht; wenn er kalt ist, so schwingt man das Weiße von 6 Eiern zu Schnee, zwei Gelbe, die Rinde einer Citrone, fein gehackt, 2 Schnitze gehackten Citronat und gestoßenen Zucker, bis er süß genug ist, rührt man darunter; dann wird ein Model mit frischer Butter bestrichen, mit einem dünn ausgetrölten Spanischbrodteig belegt, oder mit Brodbrosmen dick bestreut, in welchem Falle man noch über die Brosmen ein wenig dünn geschnittene süße Butter legt, was beim Teig weggelassen wird, der Reis in das Model geschüttet und im Ofen gebacken; es muß ziemlich lang im Ofen sein, damit es aufgehe und oben und unten schön gelb werde, und auf eine Platte gestürzt, damit das, was unten war, oben komme. Um den Pudding thut man eine beliebige Sauce, entweder einen Syrup von Zucker und Wasser gekocht, und wenn er kalt ist, mit Kirschwasser oder Rhum vermischt, oder eine Bischof-Sauce, oder eine beliebige Crême. Der Pudding wird warm aufgetragen.

### 5. Andere Art.

Man nimmt eine kleinere oder größere Portion Reis, je nachdem man einen Pudding haben will, und kocht ihn mit guter Milch zu einem dicken Brei, den man noch einige Zeit auf der Gluth fort kochen läßt, dann wird eine kleine Tasse voll geschälter und fein gestoßener Mandeln, ein halber Stengel gestoßene Vanille und Zucker in den Reis gerührt, während derselbe noch auf der Gluth ist; ein Salabier in frischem Wasser gespült und nicht abgetrocknet, der Reis darein angerichtet und an einen kühlen Ort gestellt, bis er kalt ist, dann auf eine Platte umgewendet; wenn sich der Pudding nicht leicht vom Salabier löst, so halte man es nur einen Augenblick in heißes Wasser; um den Pudding gibt man eine Chocolat- oder Erdbeer-Crême, oder Himbeer-Syrup. Die beiden letzteren gehen besonders gut und geben eine sehr schöne Platte.

### 6. Andere Art.

Man schwellt 250 g. Reis mit Milch, in die man ein Stück frische Butter thut, läßt es kochen, bis die Milch mit dem Reis verbunden ist, richtet es an und läßt es kalt werden, thut die fein gehackte Rinde einer Citrone, eine Handvoll Weinbeeren, gestoßenen Zucker nach Belieben, 5 ganze Eier und 3 Löffel voll Rhum darein und rührt alles wohl durcheinander, dann wird ein Tuch in der Mitte mit frischer Butter bestrichen, so weit als der Pudding Raum einnimmt, die Fülle darauf in der Form eines Kopfes, das Tuch fest zugebunden und in einer Casserole in siedendem Wasser auf gelindem Feuer 4 Stunden gekocht; dann wird der Pudding aus dem Wasser gezogen, auf eine Platte umgewendet, mit einer Rhum-Crême übergossen und warm servirt.

### 7. Gries-Pudding.

8 dl. Milch wird in einer gelben Pfanne über's Feuer gesetzt, und wenn sie bald kochen will, rührt man Gries darein, bis es ein dicker Brei wird, der sich von der Pfanne löst, er muß stark geklopft werden, damit es keine Knollen gebe, dann sogleich angerichtet, und wenn er kalt ist, fein gehackte Citronenrinde und Citronat, gestoßener Zucker und

eine Handvoll Weinbeeren, und rührt dies alles wohl unter das Gries, sammt 6 Eiern, rührt und klopft es noch tüchtig, daß der Brei mit den Eiern ganz vermischt werde und zart sei, dann wird diese Fülle in einem Model mit Butter bestrichen und mit Brodbrosmen bestreut im Ofen gebacken, er muß wenigstens eine Stunde im Ofen sein und oben und unten schön gelb werden. Ist der Pudding gebacken, so wird er auf eine Platte umgewendet, warm aufgetragen und eine beliebige Sauce daran geschüttet oder dazu servirt, entweder ein Syrup von Zucker und Wasser gekocht, und wenn er nicht mehr heiß ist, mit Kirschwasser oder Rhum vermischt, oder eine Sauce von rothem Wein mit Zucker gekocht, oder auch eine Crème.

## 8. Andere Art.

Zwei Tassen Gries werden mit 2¼ l. guter Milch unter fortwährendem Rühren dick gekocht, und noch ein wenig auf Gluth fort kochen gelassen, es darf nicht zu dick sein, dann werden 100 g. geschälte und fein gestoßene Mandeln und Zucker hinein gethan, auch gestoßene Vanille geht gut; ab dem Feuer gestellt und gerührt bis es etwas erkaltet, alsdann in ein durch kaltes Wasser gezogenes Model geschüttet und wenn kalt, umgewälzt und Himbeer= oder Johannisbeeren=Syrup oder eine Erdbeer=Crème dazu servirt.

## 9. Reis nach Genferart.

Man weicht eine Tasse voll schönen Reis in 2 bis 3 Tassen voll kaltem Wasser 3 Stunden lang ein, nachher setzt man ihn mit dem Wasser in einer Messingpfanne über's Feuer, bis er eingekocht ist, fügt 1½ l. Milch hinzu und läßt es zu einem guten Brei einkochen; um ihn noch besser zu haben, kann man ein Stück frische Butter dazu thun. Ist der Brei gut, so fügt man eine Prise Salz, eine Tasse gestoßenen Zucker, die Rinde einer Citrone am Zucker abgerieben und zwei Eiergelb hinzu, bestreicht eine tiefe Kochplatte mit frischer Butter, schüttet die Masse hinein, überdeckt sie mit Eierschaum von 4 oder 5 Eiern ziemlich dick, ohne ihn hinein zu rühren. Hat man einen leichten Deckel, so wird der Reis damit zugedeckt, und auf Gluth etwa zehn Minuten gebacken, bis er steigt und den Deckel in die Höhe hebt, dann wird er mit Zucker überstreut, mit der glühenden Schaufel gebrannt und warm aufgetragen, auch kalt ist er gut.

### 10. Reis au caramel.

150 g. Reis oder Gries wird mit Milch dick gekocht und mit gehackter Citronenrinde oder Eau de fleur d'orange parfumirt, mit gestoßenem Zucker, dem Gelben von 10 Eiern und dem zu Schnee geschlagenen Weißen leicht verrührt, ein Stück Zucker mit ein wenig Wasser in einer gelben Pfanne gekocht, und wenn der Syrup schön braun ist, in ein Model geschüttet, so daß es überall damit bedeckt wird; ist es kalt, wird die Masse in das Model gethan und im Ofen oder im Wasser gekocht, bis es nicht mehr flüssig ist; wenn es kalt ist, auf die Platte umgewälzt, eine Sauce von Zucker und Wasser gekocht und nach Belieben ein Löffel voll Rhum oder Kirschwasser darein gethan und dazu servirt.

### 11. Reis im Ofen.

1 Tasse Reis wird mit 10 Tassen Milch und einer halben Tasse Zucker in einer geschlossenen Casserole in den Ofen gestellt und darin kochen gelassen bis es oben eine gelbe Decke bekommen hat. Es muß einige Stunden im Ofen sein und wird warm aufgetragen.

### 12. Ammermehl=Pudding.

Zu 100 g. ganz feiner Ammlung, die mit ein wenig Niblen fein verrührt ist, nimmt man 1¼ l. Niblen, 80 geschälte und fein gestoßene Mandeln und eine Citrone, an welcher 100 g. Zucker abgerieben werden, thut alles zusammen in einer gelben Pfanne auf nicht zu starkes Feuer und läßt es unter beständigem Rühren kochen, bis es Blasen gibt, schlägt von 8 Eiern die Weißen zu Schnee und rührt sie darunter, läßt es zusammen noch einmal aufkochen und schüttet es in eine mit kalter Milch benetzte Form, läßt es darin kalt werden und stürzt es auf eine Platte um. Man macht eine beliebige Sauce daran.

### 13. Deutscher Pudding.

Man nimmt 1 l. Niblen und ½ l. Milch, 50 g. süße und 15 g. bittere Mandeln, schält und stoßt sie fein, dann 200 g. Zucker und ein Stück Vanille, auch gestoßen, setzt alles zusammen in einer gelben Pfanne über's Feuer, verrührt 100 g. der feinsten Ammlung mit ein wenig frischem Wasser, schlägt 5 ganze Eier darein und klopft dies tüchtig zusammen. Ist die Niblen heiß, so werden die Eier mit der Ammlung unter fortwährendem Rühren auf einen Augenblick noch darin gekocht und dann in ein Model geschüttet, das zuvor mit frischem Wasser gespült sein muß. Man läßt den Pudding nun im Model völlig erkalten und wälzt ihn im Augenblick, wo man ihn auftragen will, auf eine Platte um.

### 14. Maizena-Köpfli.

1 l. Milch und ½ l. gute Niblen werden mit 150 g. Zucker und fein gestoßener Vanille über's Feuer gethan, dann rührt man 100 g. Maizena mit ganz wenig kaltem Wasser an, schlägt 4 Eier hinein, und schüttet alles unter beständigem Rühren in die Milch, wenn sie zu kochen anfängt, läßt es ein paar Minuten kochen, doch wird immer tüchtig gerührt und damit noch fortgefahren, wenn man die Pfanne ab dem Feuer gestellt. Nun wird die Masse in eine durch kaltes Wasser gezogene Form gebracht und wenn kalt, umgestürzt und mit Himbeersyrup servirt.

### 15. Vanille-Köpfli.

Man läßt 3 dl. gute Niblen mit 50 g. Zucker und ein wenig gestoßener Vanille aufwallen, rührt von 8 Eiern das Weiße, zu Schnee geschwungen, mit einem Beseli unter die heiße Niblen, die man wieder auf's Feuer setzt, aber nicht länger als zwei Minuten, indem man mit dem Beseli immer rührt; sobald sie vom Feuer genommen wird, richtet man sie sogleich in ein Model an und stellt es an einen kühlen Ort, wo man es bis den folgenden Tag stehen läßt. Will man es auftragen, so stürzt man das Model auf eine Platte um und gießt rings um das Köpfli eine Chocolat-Crême.

### 16. Blanc-manger.

Man nimmt 200 g. süße Mandeln, schält und stößt sie fein, einen Stengel Vanille, auch gestoßen, und 20 g. Gelatine, die unaufgelöst mit 2 l. guter Niblen auf's Feuer gesetzt wird; Mandeln und Vanille werden sofort dazu gethan, und 200 g. Zucker. Dann kocht man dies alles zusammen, bis es aufwallt und die Gelatine geschmolzen ist, seihet es durch ein Tuch in einen irdenen Hafen und rührt fortwährend, bis es kalt ist, schüttet es in ein Model oder Saladier, das in kaltem Wasser gespült ist, stellt es bis den folgenden Tag an einem kühlen Ort und wälzt, kurz bevor man es auftragen will, das Model auf eine Platte um. Man kann eine Erdbeer-Crême oder einen Syrup von Himbeer-Saft und Zucker, oder auch eine Chocolat-Crême um das blanc-manger thun.

### 17. Sago-Köpfli.

200 g. Sago wird mit $1^1/_2$—2 l. guter Milch und 150 g. Zucker weich gekocht und mit Vanille gewürzt; einige Minuten vor dem Anrichten fügt man eine Tasse ausgehülster und fein gestoßener Haselnüsse und Mandeln bei, schüttet es wohl durchgerührt in ein Model, das vorher mit frischem Wasser ausgespült wird, läßt es kalt werden, wendet es auf eine Platte um und gießt eine Erdbeer-Crême, Himbeersyrup oder einen Zuckersyrup mit Kirschwasser oder Rhum dazu. Noch ist zu bemerken, daß der Sago sich beim Kaltwerden sehr verdickt, er also nicht zu dick gekocht werden muß.

### 18. Andere Art.

100 g. frische Butter, 5 ganze Eier und 3 Gelbe werden zusammen verklopft, dann fügt man 50 g. gestoßenen Zucker, die fein gehackte Rinde einer Citrone und geriebenen Zwieback bei und zuletzt 100 g. in Milch gekochter Sago. Dieser Pudding wird im Wasser gekocht.

### 19. Weinkopf mit Sago.

150 g. weißen Sago läßt man mit 5 dl. rothen Wein aufkochen, bis die Körner anfangen durchsichtig zu werden, gießt noch eben so viel Wein dazu, nebst Zucker, Zimmt und Rhum, wenn man will, und kocht dies zusammen, bis es anfängt dick zu werden, gießt es in ein Model, läßt es über Nacht stehen und wälzt es auf eine Platte um, und gibt gestoßene Niblen rings darum.

### 20. Crême-Köpfli.

Es wird aus Niblen, Eier und Zucker eine Crême gemacht, und wenn sie unter fortwährendem Umrühren einige Augenblicke gekocht hat, so wird die eine Hälfte bei Seite gestellt, in die andere 10 g. aufgelöste Gelatine gerührt, dann ein Model mit Maultäschli belegt, mit Rhum angefeuchtet und feingeschnittenem Citronat und Rosinen überstreut, und so wird immer eine Lage um die andere gemacht mit Maultäschli, Citronat und eingemachten Südfrüchten oder Rosinen, dann die Crême mit der Gelatine, wenn sie kalt ist, darüber. Ehe der Kopf ganz fest ist, wendet man das Model auf eine Platte um, hebt es weg und gießt die andere Hälfte der Crême ringsherum.

### 21. Bagatelle.

Man rangirt in den Boden einer etwas tiefen Platte Maccaronen, welche entweder mit Rhum, Kirschwasser oder Maraschin angefeuchtet sind, bedeckt die Maccaronen mit einer gelben Crème und thut über alles eine dick gestoßene Niblen. Man muß sich nach der Größe der Platte richten, entweder 1—1 1/2 l. Niblen, von welcher ein Theil geschwungen wird.

### 22. Vanille-Pudding.

Je nach dem größern und kleinern Pudding, den man haben will, wird eine Vanille-Crème gemacht, wie sie in der Rubrik Crème beschrieben ist, rührt unter die eine Hälfte derselben 10 g. in heißem Wasser aufgelöste Gelatine, belegt ein Model mit Zuckerbrod oder Maultäschli so dicht, daß am Bord und am Boden des Models keine Lücke sei, gießt ein Glas Zuckersyrup mit etwas Rhum und eine Handvoll Weinbeeren sorgfältig ringsum, die Crème mit der Gelatine darüber, läßt es über Nacht an einem kühlen Orte stehen, wendet es, wenn man den Pudding auftragen will, auf eine Platte um, und gießt die andere Hälfte Crème ringsherum.

### 23. Charlotte russe.

Man nimmt 12 dl. Niblen, die mit dem Beseli geschwungen wird, bis sie dick ist; dann wird sie in ein Tamis gethan und eine Stunde darin gelassen, damit alles Dünne davon abtropfe, ein wenig Vanille und 150 g. Zucker ganz fein gestoßen; nun belegt man mit 150 g. Maultäschli (Pelerine) ein Model, so daß sie am Boden des Models ganz flach liegen und dem Bord nach ordentlich rangirt sind; die Brosmen, die davon abfallen, werden mit dem Zucker und der Vanille vermischt und zusammen mit einem Beseli ganz leicht unter die Niblen gerührt, noch 5 g. Gelatine mit einer kleinen Tasse Wasser auf der Gluth aufgelöst, und wenn sie kalt ist, unter die Niblen gerührt, dies alles über die Maultäschli in das Model gethan, an einem kühlen Ort etwa zwei Stunden stehen gelassen und dann auf eine Platte umgewendet.

Man kann auch statt der Vanille Erdbeeren nehmen, die wie für eine Crème durchs Tamis passirt werden. Zu diesen also passirten Erdbeeren (oder wenn man will Syrup von Himbeeren) wird noch eben so viel Niblen zugesetzt.

## 24. Kopf à la parisienne.

Von 5 dl. Niblen, 250 g. Zucker und acht Eigelb, die mit ein wenig kalter Niblen verrührt werden, macht man eine Créme und würzt sie mit Vanille oder Citronenrinde am Zucker abgerieben. Wenn sie einige Augenblicke gekocht hat, richtet man sie an und rührt sie, bis sie kalt ist; läßt dann 10 g. Fischleim im heißen Wasser schmelzen und vermischt ihn sammt 8 dl. geschwungener Niblen mit der Créme; wenn sie kalt ist, füllt man eine tiefe Form, die durch kaltes Wasser gezogen ist, damit, und stellt ihn an einen kühlen Ort.

## 25. Haselnuß-Köpfli.

250 g. Haselnüsse werden mit der Schale gewogen, ausgehülset und in den warmen Bratofen gethan, um die Haut abreiben zu können, dann grob gestoßen und in einer Pfanne ganz wenig geröstet, nachher noch einmal im Mörser fein gestoßen, die Haselnüsse mit 4 Gelben von Eiern, 10 g. Gelatine, 4 dl. guter Niblen und Zucker, bis es süß genug ist, in einer Messingpfanne auf's Feuer gesetzt und mit dem Beseli geschwungen wie eine Créme, bis es kocht, dann durch's Tamis geseihet, 8 dl. gestoßene Niblen darunter gerührt, ein Saladier mit kaltem Wasser ausgespült, das Köpfli darein geschüttet und bis den folgenden Tag stehen gelassen.

## 26. Haselnuß-Pudding.

150 g. Haselnüsse ohne Schalen werden in einer eisernen Pfanne auf der Gluth geröstet, bis man die Hülsen abreiben kann, dann werden eine Handvoll Mandeln geschält und mit den Haselnüssen fein gestoßen. Von 15 Eiern die Weißen zu Schnee geschlagen, die Haselnüsse und Mandeln langsam darein gethan und wohl geklopft, ein kleines

Glas Kirschwasser und Zucker bis genug darunter gerührt. Alsdann wird das Model mit süßer Butter wohl bestrichen, zwei gedörrte Weggli rein gestoßen und das Model überall damit bestreut, Spanischbrodteig dünn ausgetrölt und darüber gelegt, die ganze Masse darein gethan und im Oefelein langsam gebacken. Dann kocht man einen Syrup von Zucker und Wasser, und wenn derselbe nicht mehr heiß ist, thut man ein paar Löffel Kirschwasser darein und schüttet ihn um den Pudding. wenn man ihn auftragen will.

### 27. Andere Art.

Man nimmt zwei Löffel voll Reis und kocht ihn mit Milch ganz weich, gießt ihn durch das Tamis und nimmt 50 g. Haselnüsse, ohne die Schalen gewogen, röstet sie, bis die Haut sich ablöst, und zerstößt sie fein, 100 g. Zucker an einer Citrone gerieben, 4 Eier, davon die Weißen zu Schnee geschwungen, und rührt dies alles wohl durcheinander. Dann wird ein Model mit frischer Butter bestrichen und mit dünn ausgetröltem Spanischbrodteig belegt die Fülle darein gethan, im Ofen schön gelb gebacken, auf eine Platte umgewälzt, eine Sauce von Zucker und Wasser, und, wenn sie gekocht ist, ein paar Löffel voll Kirschwasser oder Rhum darunter gerührt, oder eine Citrone- oder Vanille-Crême um den Pudding geschüttet oder dazu servirt.

### 28. Mandel-Pudding.

Man nimmt 250 g. Mandeln, gießt siedendes Wasser darüber, zieht die Haut ab und stößt sie fein, 150 g. gestoßenen Zucker, die Rinde einer Citrone, fein gehackt, und das Gelbe von 8 Eiern darunter und rührt alles wohl durcheinander, zuletzt die Weißen der 8 Eier, zu Schnee geschlagen, leicht dazu, in einem mit frischer Butter bestrichenen Model im Ofen gebacken. Man kann eine Sauce von rothem Wein und Zucker machen oder eine beliebige Crême, das Eine oder das Andere aber erst im Augenblick, wo man den Pudding auftragen will, rings um denselben schütten.

## 29. Mandelring.

Man nimmt 250 g. Mandeln, schält und stößt sie, 150 g. gestoßenen Zucker, ein wenig gehackte Citronenrinde und von vier Eiern das Weiße zu Schnee geschwungen, rührt dies alles wohl durch einander, bestreicht eine Kuchenschüssel mit frischer Butter, legt diesen Mandelteig in der Form eines Ringes darauf, bestreut ihn mit gesiebtem Zucker und backt ihn im Ofen schön gelb, macht eine Crème von Nidlen, Eiern, geriebener Citronenrinde und Zucker und schüttet sie in die Mitte des Ringes, oder einen Syrup von Wasser und Zucker, und wenn er gekocht ist, klopft man ein paar Löffel Kirschwasser oder Rhum darunter.

## 30. Andere Art.

Man nimmt 250 g. Mandeln, die mit einem Tuch sauber abgerieben und fein zerstoßen werden, 200 g. an einer Citrone abgeriebenen und dann zerstoßenen Zucker, auch ein wenig Citronensaft und 2 kleine Kaffeelöffel voll gestoßenen Zimmt. Dies alles wird zusammen vermischt und das Weiße von 4 Eiern, zu Schnee geschwungen, darunter gerührt, eine Kuchenschüssel mit frischer Butter bestrichen, die Fülle in der Form eines Ringes darauf und im Ofen, der nicht heiß sein darf, gebacken. Man kann den Ring, wenn er gebacken ist, mit Pistazien oder Citronat spicken, was gut geht. In die Mitte des Ringes wird, wie oben, eine Sauce oder Crème geschüttet.

## 31. Pistache-Pudding.

Man bestreicht ein beliebiges Model mit frischer Butter und belegt es mit dünn ausgetröltem Spanischbrodteig, dann nimmt man eine Tasse voll geschälte und fein gestoßene Pistaches, sechs ganze wohl geklopfte Eier und 6 dl. gute Nidlen, klopft alles wohl durcheinander und schüttet diese Fülle in das Model; man kann zwei Schnitze fein gehackten Citronat oder gestoßene Vanille dazu geben, dünn ausgetrölten Spanischbrodteig darüber, drückt ihn dem Rande nach an das Bord, backt es im Ofen langsam und schön gelb und wälzt das Model auf eine Platte um. Es wird eine Sauce von Zuckersyrup, in welchen man, wenn er kalt ist, ein paar Löffel voll Kirschwasser oder Rhum rührt, um den Pudding geschüttet, oder eine beliebige Crème.

### 32. Brod-Pudding.

Man schneidet von einem weißen Brödchen das Weiche heraus, legt es in eine Schüssel, gießt heiße Milch darüber, deckt die Schüssel zu und läßt sie stehen, bis die Milch kalt ist, dann wird das eingeweichte Brod in einer Schüssel zart verrührt, wenn noch Milch dabei ist, diese abgeschüttet, eine Handvoll geschälte und fein gestoßene Mandeln, ebenso viel Weinbeeren und gestoßenen Zucker, bis es süß genug ist, mit 6 bis 7 geklopften Eiern darunter gerührt, eine Serviette in der Mitte mit frischer Butter leicht bestrichen, so weit als man glaubt, daß der Pudding sie berührt, drei Citronat-Schnitze zu langen Streifen geschnitten, hübsch darauf rangirt, die Fülle auf diese Streifen, die Serviette zugebunden, in siedendem Wasser zwei Stunden gekocht, auf eine Platte umgewendet und mit einer beliebigen Sauce oder Crème wie oben, warm servirt.

### 33. Andere Art.

Ein Milchbrödchen wird in Milch eingeweicht und wieder ausgedrückt, 50 g. frische Butter in einer Schüssel wohl verrührt, eben so viel geschälte und gestoßene Mandeln, eben so viel Weinbeeren, eine gehackte Citronenrinde, Zucker nach Belieben, 6 Eier, von denen die Gelben mit dem Zucker verrührt und mit allem übrigen vermischt und zuletzt die Weißen, zu Schnee geschlagen, auch darunter gerührt werden, ein Model mit frischer Butter bestrichen, mit Brodbrosmen bestreut, diese Fülle darein und im Ofen gebacken. Eine Sauce von rothem Wein und Zucker gekocht oder eine weiße Crème wird im Augenblick, wo man es auftragen will, darum geschüttet.

### 34. Pudding von Weggli.

Man nimmt 3 dl. Niblen, in der man zwei Weggli mit einem Stück Zucker kocht und zu einem zarten Brei verrührt; sobald es gekocht ist, richtet man es an und läßt es erkalten, dann werden Weinbeeren, gehackte Citronenrinde und zwei Eier, von denen das Weiße zu Schnee geschwungen wird, dazu gerührt und alles zusammen tüchtig geklopft, ein Model mit frischer Butter bestrichen, mit dünn ausgetrölltem Spanischbrodteig belegt, die Fülle darein gethan und im Ofen schön gelb gebacken. Man kocht einen dünnen Syrup von rothem Wein, Wasser, Zucker und Zimmt oder von Zucker und Wasser und rührt, wenn er beinahe kalt ist, Kirschwasser nach Belieben darein und schüttet ihn um den Pudding.

### 35. Andere Art.

Man nimmt 5 Weggli zu 5 Centimes, von denen der Rand dünn abgeschnitten und am Reiber fein abgerieben wird, diese Brosmen werden in 3 dl. Niblen gerührt, 50 g. Mandeln oder Pistaches geschält und fein gestoßen dazu, 50 g. Zucker mit dem Gelben von vier Eiern geklopft, das Weiße derselben zu Schnee geschwungen und mit einem Glas Kirschwasser unter das übrige gerührt, ein Model mit frischer Butter bestrichen, mit Brodbrosmen bestreut und mit einem mürben Pastetenteig belegt, die Fülle darein und ungefähr drei Viertelstunden im Ofen gebacken. Man kann eine Sauce von einem Syrup mit Wasser und Zucker gekocht und, nachdem er gekocht ist, mit etwas Kirschwasser vermischt, oder eine beliebige Crème dazu serviren.

### 36. Wein=Pudding.

6 altgebackene Weggli werden zu Brösmeli gestoßen oder am Kässchaber gerieben, davon in ein mit Butter bestrichenes Model gethan, was hängen bleibt, die andern im Butter geröstet; nun werden von 6 Eiern die Gelben mit 250 g. Zucker, 100 g. fein geschnittenem Citronat und

Orangeat, einem Kaffeelöffeli Zimmet und einem Messerspitz Nägelipulver recht geklopft, die Weißen der Eier zu Schnee geschwungen und alles unter die Brösmeli gerührt, in's Model gethan und langsam gebacken. Sobald es aus dem Ofen kommt, wird es mit heißem Wein, mit Zucker vermischt, übergossen, auf eine Platte umgewendet und aufgetragen.

### 37. Türkischer Pudding.

Man bestreicht eine silberne Platte oder eine tiefe Kochplatte mit frischer Butter, überlegt sie mit dünnen Schnittchen von Milch- oder Semmelbrödchen, darauf eine Lage von Rosinen, Weinbeeren, fein geschnittenen Citronat und Zucker, wieder eine Lage von Schnittchen, mit frischer Butter und Rindermark überlegt, wieder Rosinen ꝛc. und so fort, bis die Platte voll ist; die letzte Lage muß von Brödchen und Butter sein, dann auf gelinder Gluth, den Tourtieredeckel mit Gluth oben darüber, langsam gebacken, und an der Wärme behalten, bis man es auftragen will, wo dann der Pudding mit einer ziemlich dicken Crême von Niblen und Eigelb, ohne Zucker, noch etwas anderem überdeckt wird.

### 38. Gefülltes Milchbrod.

Ein weißes rundes Brödchen von 500 g. wird ausgehöhlt und gleich etwas kochende Milch darüber geschüttet; das Weiche mit einer Handvoll Mandeln oder Pistaches, fein gehackt, rührt dann drei Eier, wovon das Weiße zu Schnee geschlagen, sammt Niblen und Zucker dazu und füllt mit dieser Fülle das Brödchen, deckt den abgeschnittenen Deckel oben darauf und backt es im Ofen in einem tiefen Kuchenblech mit einem großen Stück Butter nur gelb. Das Brödchen muß altbacken und nicht braun sein. Nach Belieben kann eine Crême damit servirt werden.

### 39. Kalte Schale von Brod.

Das Weiche von einem weißen 500 g. Brödchen wird fein gehackt, mit Zucker und etwas Zimmt, einer Handvoll

Rosinen, einen Löffel Citronensaft vermischt, eine Suppen=
schüssel zur Hälfte damit angefüllt; dann gießt man eine
Flasche guten Wein darüber, er muß darob zusammengehen,
läßt die Schüssel zugedeckt eine Stunde an der Kühle stehen,
und trägt sie auf.

### 40. Mark=Pudding.

Das Weiche von 50 g. weißem Brod wird in 5 dl.
Milch so weich gekocht, daß man es ganz zart verreiben
und durch das Haarsieb passiren kann, drei Eier damit ge=
klopft, ein Stück fein gehacktes Rindermark, Zucker nach
Belieben, an einer Citrone abgerieben und 5 dl. Niblen
darunter gerührt, ein Model mit frischer Butter bestrichen,
die Fülle darein und im siedenden Wasser gekocht, bis es
dick genug ist, daß man es umwälzen kann, mit Zucker be=
streut und mit einer glühenden Schaufel gebrannt und heiß
aufgetragen.

### 41. Spinat=Pudding.

Man nimmt sechs altgebackene Weggli von 5 Cents.,
zerstößt sie im Mörser und kocht sie mit 6 dl. guter Niblen
und 3 dl. Spinatsaft, zerdrückt die Weggli während dem
Kochen und rührt immer, bis das Ganze zu einem dünnen
Brei gekocht ist, richtet es in eine irdene Schüssel an und
läßt es erkalten; klopft von 4 Eiern das Gelbe, schwingt
zwei Weiße zu Schnee und rührt es mit den geklopften
vier Gelben unter den Brei, nebst gestoßenem Zucker, die
Rinde einer Citrone fein gehackt oder zerstoßene Vanille;
alles wohl durcheinander gerührt, ein Model mit frischer
Butter bestrichen, mit Brodbrosmen überall bestreut oder
mit dünn ausgetröltem Spanischbrodteig belegt, die Fülle
in das Model gethan und im Ofen schön gelb gebacken,
mit Sorgfalt auf eine Platte umgewälzt und eine Vanille=
Crème darum geschüttet.

NB. Der Spinatsaft wird also gemacht: Man zerstößt
eine Portion gewaschene Spinatblätter in einem Mörser,
bis sie ganz im Saft sind, preßt sie durch ein Tuch und
nimmt den Saft davon.

### 42. Spinat-Köpfli.

Man nimmt 5 dl. Niblen, Zucker nach Belieben, die Rinde einer Citrone mit demselben abgerieben, kocht dies zusammen und läßt es kalt werden; hierauf nimmt man 6 Eier, klopft das Gelbe wohl, schwingt das Weiße zu Schnee und rührt sie mit einer halben Tasse roh ausgepreßtem Spinatsaft darunter, verbrennt in einer Casserole 100 g. Zucker, läßt ihn darin verlaufen, schüttet die Masse hinein und läßt alles auf dem Dampf eines Theekessels kochen; auf der Casserole muß ein Deckel mit glühenden Kohlen sein, damit es gut durchbacke; sobald es aufgegangen ist, wird es auf eine Platte umgewälzt und aufgetragen.

### 43. Englischer Pudding.

Man nimmt ein weißes Brödchen für 15 Centimes, schneidet das Weiche ganz daraus und kocht es mit 6 dl. Niblen, indem man es zart verrührt, richtet es in eine irdene Schüssel an und läßt es erkalten; thut ein Stück Zucker, an einer Citrone abgerieben, eine Handvoll Weinbeeren, ein Stück Rindermark oder frische Butter in dünne Scheibchen geschnitten und 4 ganze wohl geklopfte Eier dazu, rührt Alles wohl unter das gekochte Brod und klopft es tüchtig, bestreicht die Mitte einer Serviette oder ein geschlossenes Model mit frischer Butter, die Fülle darauf, formt sie schön rund, bindet die Serviette zu und kocht es zwei Stunden im Wasser; löst die Serviette auf, wälzt den Pudding auf eine Platte und gibt eine der oben angegebenen Saucen dazu.

### 44. Englischer Plum-Pudding.

500 g. Semmelmehl, 250 g. Rindermark, 250 g. erlesene Weinbeeren, 250 g. Rosinen, 7 oder 8 Eier, 1 Glas Cognac und 350 g. gestoßenen Zucker; dies alles während einer halben Stunde tüchtig gerührt und gearbeitet, dann eine Serviette in der Mitte mit frischer Butter bestrichen, der Teig rund geformt und darauf, die Serviette zugebunden und der Pudding in einem Topf in siedendem Wasser.

daß dasselbe über dem Pudding zusammengehe, 4 Stunden gekocht, auf eine Platte umgewälzt und eine Sauce von rothem Wein und Zucker oder eine Rhum-Sauce mit weißem Wein dazu servirt.

### 45. Plum-Pudding.

250 g. fein gehacktes Nierenfett oder Rindermark, 250 g. Semmelmehl, 500 g. Rosinen, 250 g. gestoßenen Zucker, von einem 500 g. weißen Brod die mit dem Reiber abgeriebene Rinde, 100 g. Cedra-Confit in kleine Scheibchen geschnitten, drei ganze Eier, von zwei noch die Gelben und eine Messerspitze Muskatnuß; dies alles durcheinander gerührt und eine Viertelstunde geklopft; dann eine Serviette oder ein geschlossenes Model in der Mitte mit frischer Butter bestrichen, die Fülle darauf schön rund geformt, fest zugebunden und im kochenden Wasser, das ob dem Pudding zusammengehen muß, 4 Stunden gekocht. Um zu verhüten, daß die Serviette nicht anbrenne, legt man eine Kelle oder ein Stöcklein über den Topf und hängt den Pudding an einer Schnur daran, damit er am Boden nicht aufliege. Ist er genug gekocht, so wird er auf eine Platte umgewälzt und heiß aufgetragen. Man servirt eine Sauce von Wein oder Rhum dazu. Der Pudding soll fest genug sein, daß man Tranchen davon schneiden kann, die man auf dem Rost prägelt.

### 46. Andere Art.

250 g. Semmelmehl, 250 g. gestoßenen Zucker, 150 g. Weinbeeren, eben so viel Rosinen, 100 g. Nierenfett, 100 g. Rindermark fein gehackt, und eben so viel frische Butter geschmolzen, 8 Eier, ein kleines Glas Kirschwasser, 50 bis 100 g. Citronat und nach Belieben Zimmt und Nägelipulver, dies alles vermischt und mit den Eiern, die zuerst wohl geklopft werden, durcheinander gerührt, in ein geschlossenes Model gethan; stellt dasselbe in kaltes Wasser übers Feuer, deckt den Topf zu und kocht es drei Stunden lang auf starkem Feuer; es muß immer heißes Wasser zugegossen

werden, daß es ob dem Pudding zusammen gehe; nach zwei Stunden wird es aus dem Wasser gezogen, der Pudding auf die Platte umgewälzt, eine Sauce von rothem Wein und Zucker gekocht, darum geschüttet und heiß aufgetragen.

### 47. Andere Art.

500 g. Weinbeeren, 500 g. Rosinen, 500 g. Brodkrummen gut gehackt, 100 g. Citronat fein geschnitten, 500 g. Nierenfett fein gehackt, 100 g. Mehl, ein Glas Cognac, 8 bis 10 Eier, 500 g. gestoßenen Zucker und ein wenig Muskatnuß. Man thue alles in eine große Kachel und rühre und knete es eine halbe Stunde lang, dann wird diese Masse in ein geschlossenes Model gethan, oder in eine Serviette, wie bei den andern Puddings und in kochendem Wasser während 7—8 Stunden gekocht, aber nicht auf zu hellem Feuer.

Diese Portion gibt einen großen Pudding.

### 48. Andere Art.

500 g. Mehl, 500 g. Nierenfett, 500 g. Weinbeeren ohne Kernen, 500 g. Rosinen, 250 g. Zucker, 4 dl. Milch, 8 Eier, 1 Theelöffel voll geschabte Muskatnuß, 1 Theelöffel geschabten Ingwer, ein Dessertglas Branntwein oder Rhum, fein gehackte Citronenrinde und 100 g. geschnitzten Citronat und 50 g. Orangeat. Weinbeeren und Rosinen werden gewaschen, das Nierenfett von aller Haut befreit und fein gehackt und alles untereinander gerührt; eine tiefe Pfanne voll Wasser auf's Feuer gestellt, wenn es kocht, so tunkt man eine Serviette darein, dreht sie aus, breitet sie über dem Model, bestreut sie mit Mehl und legt den Teig darein, knüpft die Serviette lose zusammen und hängt sie an einer Kelle in das siedende Wasser, welches über den Pudding gehen muß, und kocht es während 4—6 Stunden. Es kann auch in zwei Malen gekocht werden, einen Tag 2—3 Stunden und den andern Tag wieder 2—3 Stunden. Diese Portion gibt einen sehr großen Pudding.

Diese Puddings können alle auch in einem geschlossenen Model, statt in einer Serviette gekocht werden.

## 49. Kastanien-Pudding.

Man nimmt 1 kg. 400 g. Kastanien, ohne die erste Schale gewogen, schwellt sie, zieht die Haut rein ab und zerstößt sie im Mörser zu Brei, daß keine Bröcklein mehr darin seien, kocht 250 g. Zucker mit Wasser zu einem nicht ganz dicken Syrup, mit gestoßener Vanille parfümirt, legt die Kastanien darein und verrührt sie recht zart auf der Gluth mit einem Stück frischer Butter, thut sie dann auf die Platte, auf der man sie auftragen will, und formirt ein Köpfli oder einen Ring davon; man kann sie auch mit geschnittenen Pistaches oder mit Citronat garniren. Wenn man sie auftragen will, thut man gestoßene Niblen oder eine Vanille-Crème um das Köpfli, oder servirt Himbeer-Syrup dazu. Die Kastanien sollten durch ein Sieb oder Pfefferbecken getrieben werden.

Diese Portion gibt eine große Platte und kann als Entremet oder als Abend-Dessert servirt werden.

## 50. Kastanien-Knöpfli.

Die Kastanien werden roh geschält, in Wasser weich gekocht und im Mörser ganz zart zerstoßen; mit Wasser, Zucker und Citronensaft ein dünner Syrup gekocht, mit den Kastanien wohl vermengt und gerieben, daß keine Knölli mehr darin sind, ein Köpfli daraus formirt oder in ein durch kaltes Wasser gezogenes Model gethan; wenn es kalt ist, umgewälzt, mit Zucker bestreut und mit der glühend gemachten Feuerschaufel gebrannt, eine beliebige Crème oder Syrup mit etwas Rhum und Citronensaft darum geschüttet.

## 51. Andere Art.

Man nimmt 50—60 Kastanien, je nachdem sie groß sind, schält und kocht sie im Wasser, bis sie so weich sind, daß man sie mit einem Löffel ganz fein zerdrücken kann, dann wird 10 g. Gelatine mit einer Tasse voll Wasser zum Auflösen auf's Feuer gesetzt und bis auf die Hälfte eingekocht, 200 g. Zucker, eine kleine Tasse voll Niblen und

2 verrührte Eigelb darunter, wie auch die zerdrückten Kastanien, und fortwährend gerührt, bis es kocht, durchs Tamis getrieben und erkaltet, und 5 dl. geschwungene Niblen darunter gerührt. Wenn alles wohl vermengt ist, so wird diese Crème in ein Model gethan, das entweder an einem kühlen Ort oder auf Eis gestellt wird; ehe man es umwälzt, wird es einen Augenblick in warmes Wasser gestellt. Man kann in die Crème entweder Vanille oder den Zucker, an einer Citrone abgerieben, thun.

### 52. Andere Art.

50—60 schöne Kastanien werden geschält, im Wasser gekocht, bis sie ganz weich sind, das Wasser abgeschüttet und 5 dl. Milch beigesetzt und gekocht, bis die Milch zur Hälfte eingekocht ist, dann durch ein Tamis passirt, 150 g. Zucker, ein wenig Vanille, 5 g. Gelatine, im Wasser aufgelöst, darunter gethan; wenn sie erkaltet sind, wird noch 8 dl. geschwungene Niblen darunter gerührt, alles in ein Model geschüttet und an einen kühlen Ort gestellt. Himbeer-Syrup geht gut dazu.

### 53. Soufflé von Kastanien.

Man nimmt 60 große Kastanien, hickt sie und setzt sie mit kaltem Wasser über das Feuer, läßt einige Wälle darüber gehen, zieht sie dann heraus, schält sie sauber, kocht sie wieder mit Wasser, bis sie ganz weich sind, schüttet das Wasser alles ab, thut 2 dl. Niblen dazu und kocht sie unter beständigem Rühren, bis sie ganz trocken scheinen, stößt sie im Mörser fein und treibt sie durchs Tamis, 100 g. frische Butter, 150 g. gestoßenen Zucker und 9 Gelbe von Eiern, welche in der Platte oder Casserole, in der man sie auftragen will, wohl verklopft werden, mengt alles wohl durcheinander und bedeckt es mit den 9 zu Schnee geschwungenen Weißen, streut Zucker darüber und stellt es in einen nicht zu heißen Ofen, ungefähr eine halbe Stunde, bis es die gehörige Farbe hat, und trägt es gleich auf.

Man kann entweder Vanille darein thun, die man stößt und mit den Kastanien und der Niblen kocht, oder Kirschwaſſer, von dem man ein paar Löffel unter die Kaſtanien rührt, wenn ſie im Mörſer ſind.

### 54. Chocolat=Pudding.

Zu 125 g. bitterm Chocolat werden 5 dl. Niblen und vier Eier genommen; der Chocolat mit nur wenig kaltem Waſſer oder trocken zart verrührt, dann der nöthige Zucker, die erwellte Niblen, die geklopften Gelben und zuletzt die zu Schnee geſchwungenen Weißen der Eier damit vermiſcht, ein etwas tiefes Model, das mit kaltem Waſſer ausgeſpült iſt, damit gefüllt, in ſiedendes Waſſer geſtellt und daſſelbe etwa eine Viertelſtunde fortſieden laſſen, bis der Pudding dick iſt, dann wird das Model aus dem Waſſer genommen, auf eine Platte umgewendet und wenn der Pudding kalt iſt, eine Vanille=Crème oder geſchwungene Nibeln rings um denſelben gegoſſen.

### 55. Chocolat=Kopf.

1 l. Niblen, 10 g. Gelatine und 100 g. Zucker wird zuſammen aufgewallt und gerührt, damit die Gelatine ſich nicht am Boden anſetze, und angerichtet, dann 250 g. (zwei Tafeln) guter ſüßer Chocolat mit ein wenig kaltem Waſſer in einer gelben Pfanne auf ſchwachem Feuer ge=ſchmolzen, und ganz zart verrührt, bis er zu einem dicken Brei geworden; die mit der Gelatine aufgekochte Niblen und vier ganze wohl geklopfte Eier, die mit ein wenig zu=rückbehaltener kalter Niblen verdünnt ſind, darein und auf ſtärkerem Feuer immer gerührt, bis ſie kocht, dann ſogleich angerichtet und fortgerührt, bis ſie kalt iſt, in ein Model, das durch kaltes Waſſer gezogen worden, gethan, über Nacht darin und an einem kühlen Ort ſtehen gelaſſen, wenn man es auftragen will, auf eine Platte umgewälzt und eine Vanille=Crème dazu gegeben.

### 56. Andere Art.

125 g. bittern Chocolat, ³/₄ l. Niblen, 10 g. Gela=tine, 200 g. Zucker und ein Stück ganze oder fein geſtoßene Vanille; die Gelatine läßt man in einer Taſſe voll heißem Waſſer ſchmelzen, unterdeſſen wird der Chocolat trocken auf dem Feuer ſchmelzen gelaſſen und zart gerührt, dann der Zucker,

die Vanille und die Hälfte der Niblen darein gerührt und gekocht und in eine Schüssel angerichtet. Nun kocht man die Gelatine in der gleichen Pfanne auf; sollte zu viel Wasser sein, so läßt man es ein wenig einkochen, gießt den andern Theil der Niblen dazu, rührt, bis sie kocht, thut den Chocolat wieder darein und rührt fort, bis er recht aufkocht, richtet es dann wieder in die Schüssel an und rührt, bis es kalt ist; erst dann thut man es in das Model, das durch kaltes Wasser gezogen und ein wenig vertropft sein muß, und nimmt die Vanille heraus, läßt es über Nacht an einem kühlen Ort und verfährt dann wie oben.

### 57. Andere Art.

125 g. (1 Tafel) bitterer Chocolat wird mit 6 dl. guter Niblen, 100 g. frischer Butter und drei Löffel voll Mehl zart angerührt, Zucker, bis es süß genug ist, und ein wenig Vanille gekocht und fortwährend gerührt, dann angerichtet, und wenn es kalt ist, 8 Eier, die Gelben wohl geklopft, die Weißen zu Schnee geschwungen, darunter gerührt, ein Model ganz damit angefüllt, eine etwas dichte Serviette darüber und unten fest zugebunden, thut es in einer tiefen Pfanne in kochendes Wasser, das darob zusammengehe, und läßt es eine Stunde lang kochen, zieht es dann heraus, wälzt es auf eine Platte um und trägt es warm auf. Man kann einen Syrup von Zucker daran thun, in welchem ein wenig Chocolat aufgelöst ist.

### 58. Soufflé von Chocolat.

Man läßt 2 Eßlöffel voll Semmelmehl, das mit 5 dl. Nideln zart angerührt wird, 125 g. (eine Tafel) geschabten chocolat à la vanille, 100 g. frische Butter, 4 Löffel voll Zucker zusammen kochen und rührt es immer, richtet es in eine irdene Schüssel an und nimmt, wenn es kalt ist, acht ganze Eier, schlägt die Gelben gleich unter den Chocolat, die Weißen aber schwingt man zu Schnee und rührt alles zusammen nur leicht durcheinander, stellt es in einer Koch=

platte auf gelindes Feuer, den Tourtieredeckel mit Gluth darüber, läßt es backen, aber nicht länger als etwa 20 Minuten und trägt es heiß auf.

## 59. Surprise au chocolat.

Man nimmt 250 g. Chocolat, welcher ohne Wasser in einer gelben Pfanne auf schwachem Feuer geschmolzen wird, Zucker nach Belieben und 5 dl. Niblen darein und läßt es zusammen unter beständigem Rühren auf einem etwas starken Feuer kochen, richtet es in eine irdene Schüssel an und thut 5 g. Gelatine in wenig heißem Wasser aufgelöst, darunter und rührt die Crème, bis sie kalt ist; dann wird ein beliebiges Model mit ganz wenig frischer Butter bestrichen, die Crème nach und nach dem Bord nach darein gegossen, bis sie überall fest hält, füllt das Model mit dick geschwungener Niblen, in welche man gestoßenen Zucker, Vanille und ein wenig aufgelöste Gelatine gethan hat, läßt es an einem kühlen Orte stehen, bis es recht fest ist und man das Köpfli umwenden kann.

## 60. Chocolat=Crême mousseuse.

Man läßt 10 g. Gelatine in einem halben Glas Wasser kochen, bis sie ganz aufgelöst ist, nimmt zu einer mittelmäßigen Platte zwei Tafeln bittern Chocolat, der ohne Wasser in einer Casserole auf der Gluth geschmolzen und ganz zart verrührt wird, 5 dl. Niblen und den nöthigen Zucker — es muß ziemlich süß sein — darein gethan, unter beständigem Rühren gekocht, bis er dick ist, und in eine Schüssel angerichtet. Ist der Chocolat kalt, so wird die Gelatine, die auch kalt sein muß, wohl damit vermischt und geklopft, nebst 8—10 dl. gestoßener Niblen; dann wird diese Chocolat=Crème in ein Model gethan und bis den folgenden Tag an einem kühlen Ort aufbehalten. Wenn man sie auftragen will, wälzt man das Model auf eine Platte um.

### 61. Kaffee-Crême mousseuse.

1 l. Niblen wird erwellt und siedend über eine große Tasse frisch gerösteter, noch ganz heißer Kaffeebohnen gegossen und zugedeckt stehen gelassen, bis die Niblen den Geschmack des Kaffees angenommen hat; dann wird sie durchs Tamis geseiet, 10 g. in einer Tasse heißem Wasser aufgelöste und durch ein feines Tüchlein gerichtete Gelatine damit vermischt, mit 250 g. Zucker versüßt und immer fortgerührt, bis sie kalt ist, schwingt dann 6 dl. recht gute Niblen und rührt sie leicht unter die erstere, gießt alles zusammen in ein beliebiges Model, stellt es an einen kühlen Ort, wendet es, wenn es kalt und fest geworden, auf eine Platte um und servirt eine Sauce von starkem Kaffee mit Zucker dazu, oder irgend eine Crême.

### 62. Kaffee-Köpfli.

Zu 2 l. Niblen werden 20 g. Gelatine genommen, welche man in kaltem Wasser auflöst; während die Niblen erwellt wird, röstet man 250 g. Kaffee nur wenig, wenn die Niblen aufwallt, so wird der Kaffee ganz heiß aus dem Röster darein geleert und schnell zugedeckt, damit der Dampf nicht davon geht, nimmt die Pfanne ab dem Feuer und läßt die Niblen mit den Kaffeebohnen etwa 10 Minuten so zugedeckt stehen und seihet sie durch Flanelle und thut die Niblen mit der Gelatine und Zucker wieder auf's Feuer; ist alles gut aufgelöst, so nimmt man es ab dem Feuer und seihet es durch ein Tamis oder dünnes Tuch, läßt es beinahe kalt werden, bestreicht ein Model ganz leicht mit feinem Olivenöl, gießt die Crême darein und läßt sie darin fest werden.

### 63. Andere Art.

Man macht 4 dl. starken Kaffee, gießt ihn langsam in 8 ganze oder 16 Gelbe von Eiern, die vorher tüchtig geklopft worden, thut 1½ l. Niblen, 20 g. Gelatine und

Zucker auf's Feuer; wenn es kocht, gießt man es unter beständigem Rühren in den Kaffee und die Eier, thut alles zusammen wieder auf's Feuer und rührt es stark, bis es kocht, richtet es an, läßt es kalt werden, indem man es von Zeit zu Zeit aufrührt und gießt es in ein Model.

### 64. Kaffee-Köpfli mit Caramelle.

Eine Tasse nicht stark gerösteter Kaffee wird ganz warm in 6 dl. siedende Niblen gethan, zugedeckt und eine Viertelstunde stehen gelassen; dann durch's Tamis geseihet, 60 g. Zucker und 7 ganze wohl geklopfte Eier darunter gerührt, 100 g. Zucker mit ein wenig Wasser zu einem Syrup gekocht, wenn er schön braun ist, in das Model geschüttet, in welchem man das Köpfli machen will, und läßt ihn im ganzen Model nach allen Seiten hin rinnen, bis der Zucker kalt und das Model damit gefärbt ist, dann die angemachte Crème in das Model geschüttet, in einer Casserole in siedendem Wasser auf Gluth so lange gekocht, bis das Köpfli dick wird, das Model aus dem Wasser gezogen, auf eine Platte umgewälzt und mit Sorgfalt ab dem Köpfli gehoben, das warm servirt wird.

### 65. Köpfli mit Caramelle.

Rührt und klopft 7 Eier und 6 dl. Niblen dazu und zwei Löffel gestoßenen Zucker, schmilzt 125 g. Zucker mit ein wenig Wasser in einer gelben Pfanne über dem Feuer, und läßt ihn so lange kochen, bis er schön braun ist, schüttet ihn in das Model, in dem man das Köpfli machen will, und läßt ihn nach allen Seiten hinein rinnen, bis der Zucker kalt und das Model damit gefärbt ist, die Fülle in das Model geschüttet, in einer Casserole in siedendem Wasser auf Gluth so lange im Wasser gekocht, bis das Köpfli dick ist; dann das Model aus dem Wasser gezogen, auf eine Platte umgewendet und mit Sorgfalt ab dem Köpfli gehoben, das warm servirt wird.

## 66. Köpfli von gebranntem Zucker.

Man nimmt 150 g. Zucker, thut die Hälfte davon mit ein wenig Wasser in einer gelben Pfanne übers Feuer und läßt ihn schön braun werden. Dann wird 6 dl. Niblen in den gebrannten Zucker geschüttet und immer gerührt, bis der Zucker, der durch die Niblen hart geworden, wieder geschmolzen ist, stellt die Pfanne ab dem Feuer, rührt 6 ganze wohl geklopfte Eier unter die Niblen, schüttet es sogleich in ein Model und stellt dasselbe in eine Casserole mit siedendem Wasser auf die Gluth; man muß wohl achten, daß das Wasser nicht in das Model bringe. Sobald das Köpfli sich dem Rand nach von dem Model löst, wird es aus dem Wasser genommen, der Tourtieredeckel mit Gluth einige Minuten darüber gethan und dann das Model mit Sorgfalt auf eine Platte umgewälzt; von der übrigen Hälfte des Zuckers wird mit ein wenig Wasser ein dünner Syrup gekocht, gestoßener Zimmt darein und rings um das Köpfli geschüttet, das warm servirt wird.

Sollte der Zucker, wenn man ihn braun machen will, in der Pfanne weiß und trocken bleiben, so wird noch einmal Wasser nachgegossen, was oft zwei bis drei Mal wiederholt werden muß, und gerührt bis er schön braun wird.

## 67. Italienischer Rahmkäs.

1 l. dicke süße Niblen, drei Citronen, davon die Rinde am Zucker abgerieben, der Saft durch ein feines Tüchlein gepreßt, vier Eßlöffel Rhum oder Franzbranntwein und Zucker nach Belieben werden zusammen in einem Topf mit dem Beseli geschwungen, bis es fest steht; breitet in den Seiher ein Stück Mousseline, das in kaltem Wasser genetzt und ausgedrückt ist, und gießt die Masse darein, streicht sie mit dem Löffel eben und stellt sie über Nacht an einen kühlen Ort; der Seiher muß auf einer Schüssel stehen, damit die Flüssigkeit davon ablaufen kann, und erst wenn man den Käs auf den Tisch bringen will, wird er aus dem Seiher sorgfältig auf eine flache Platte umgewendet.

### 68. Meyen-Zieger.

Zu 4½ l. Milch nimmt man 6 dl. saure Niblen, 2 dl. süße Niblen und 7 ganze Eier, die wohl geklopft werden, die Gelben und Weißen zusammen. Dann wird die saure Niblen darunter geklopft und wohl verrührt, und auch die süße darunter gemischt, die Milch in einer gelben Pfanne auf's Feuer gesetzt, und wenn sie dem Rand nach anfängt zu kochen, so thut man die Eier mit der Niblen darein, rührt sie nur ein paar Mal um und deckt die Pfanne zu, bis die Milch aufwallt; dann wird die Pfanne ab dem Feuer gestellt und zugedeckt, eine Viertelstunde stehen gelassen, der Zieger mit der Schaumkelle in die Körbchen gethan und mit einem Löffel gepreßt, die Körblein auf ein hölzernes Brett gestellt, und wenn die Schotten ganz abgelaufen sind, auf eine Platte umgewälzt und mit Blumen garnirt. Man servirt ihn kalt und gibt süße Niblen, Zucker und Zimmt dazu.

### 69. Gestürzte Citronen-Crême.

Zu einer Flasche Wein werden von 9 Eiern die Gelben stark geklopft, der Saft und die Rinde von 4 Citronen, die letztere mit genug Zucker abgerieben, 10 g. Gelatine mit 2 dl. Wasser gekocht, und wenn sie kalt ist, unter den Wein geschüttet, alles zusammen auf das Feuer gesetzt und immer gerührt, bis sie anfängt zu kochen, dann zurück gestellt, die Weißen der 9 Eier zu Schnee geschlagen, ganz langsam darein gerührt, wieder auf das Feuer gesetzt und fortgerührt, bis es wieder anfängt zu kochen, in eine Form, die mit feinem Olivenöl angestrichen ist, geschüttet, an einen kühlen Ort gestellt, bis die Crême kalt ist, auf die Platte umgestürzt und die Form mit Sorgfalt abgehoben.

### 70. Rhum-Pudding.

Vier bis sechs Milchbrödchen werden in Scheibchen geschnitten, mit süßer Butter belegt, mit Rhum angefeuchtet und mit 150 g. schönen Weinbeeren und Zucker in eine mit Butter bestrichene Form gefüllt, und eine Tasse voll

Niblen, in welcher drei oder vier Eier verrührt sind, darüber; die Form mit starkem Papier bedeckt, in ein Tuch geschlagen und in einer Casserole voll siedendem Wasser drei Viertelstunden gekocht. Das Wasser soll bis zum Rand der Form hinauf kommen. Der Pudding wird mit Sorgfalt aus der Form auf eine flache Schüssel gestürzt und kalt oder warm mit einem Zucker- oder Rhumsyrup servirt.

### 71. Punsch-Gelee oder Punschkopf.

200 g. Zucker, das Jus und die Rinde einer süßen Orange oder zweier Citronen, 2 dl. Rhum, ebenso viel Malaga, ebenso viel frisches Wasser, 20 g. Gelatine, in einem kleinen Glas Wasser aufgelöst, wird zusammen in einer irdenen Casserole auf's Feuer gestellt und ein oder zwei Mal aufwallen lassen, dann durch ein dichtes Tuch in einen irdenen Topf geseihet und fortwährend gerührt; wenn es kalt ist, gießt man es in ein Model oder Saladier und stellt es an einen kühlen Ort. Im Winter kann man es den gleichen Tag machen, an dem man es serviren will, im Sommer muß es den Tag zuvor gemacht werden. Man läßt es im Model, bis man es auftragen will, dann wird es auf eine Platte umgewälzt.

### 72. Andere Art.

375 g. Zucker wird mit 3 dl. Wasser in einer Casserole gekocht, bis er dick ist und wohl verschäumt, zu gleicher Zeit in einer andern Casserole 1½ l. Wasser mit der geschabten Rinde einer Citrone und 30 g. Gelatine auf's Feuer gesetzt und fortwährend gerührt, bis die Gelatine aufgelöst ist, der Zucker darunter gerührt, die Casserole ab dem Feuer gestellt, von sechs Citronen das Jus und 1½ Glas Rhum dazu, alles durcheinander gerührt, durch ein Tuch durchlaufen lassen und gerührt, bis es kalt ist, und in einem Model an einem kühlen Ort über Nacht stehen gelassen. Wenn man es auftragen will, wird das Model auf eine Platte umgewälzt.

## 73. Wein-Gelee.

Mit 300 g. Zucker verfährt man wie oben, läßt ein Glas Wasser mit einer geschabten Citronenrinde und 20 g. Gelatine kochen, bis sie aufgelöst ist, gießt sie in den Zuckersyrup und seihet es durch; wenn es kalt ist, so wird eine Flasche weißer Wein, und wenn es nicht süß genug ist, noch gesiebter Zucker beigefügt, in ein Model gegossen und damit verfahren wie oben.

## 74. Orange-Köpfli.

Von zwei Citronen und zwei Orangen die Rinde mit 400 g. Zucker abgerieben und der Saft von beiden darüber ausgepreßt, zwei Glas Wasser und eben so viel Malaga sammt dem Zucker und Saft und 30 g. Gelatine aufkochen lassen und dann durch ein Tuch gerichtet; wenn es beinahe kalt ist, in ein Model geschüttet und darin über Nacht stehen gelassen, das Model darf nicht etwa von Kupfer oder anderem Metall sein; wenn man es auftragen will, wird das Köpfli auf eine Platte umgewälzt und nach Belieben mit Citronat, Pistachen oder eingemachten Südfrüchten garnirt.

## 75. Andere Art.

Eine Flasche Wein, 500 g. Zucker, zwei große Orangen und 15 g. Gelatine, der Zucker an den Orangen gerieben, der Saft darüber und mit Wein und Gelatine auf's Feuer gesetzt; während der Zeit werden acht Eigelb mit ein wenig Zucker und Wein verrührt und geklopft; wenn der Wein anfängt zu kochen und Zucker und Gelatine geschmolzen sind, werden die Eier unter fortwährendem Rühren darein gethan, wenn es kocht, angerichtet und fortgerührt, bis es kalt ist, und in's Model gethan.

## 76. Orange-Gelee.

Vier Orangen, zwei Citronen, 250 g. Zucker, an zwei Orangen abgerieben, der Saft der Citronen und Orangen ausgepreßt, 15 g. Gelatine mit ganz wenig Wasser aufgelöst, alles mit 2 Glas Wasser auf's Feuer gestellt und einmal aufkochen lassen, durch ein Tuch geseihet und, wenn es kalt ist, in ein Model gethan. Es gibt keine große Portion, ist aber sehr gut.

## 77. Orange-Pudding.

Man nimmt eine süße Orange, wo möglich eine rothe, und kocht sie im Wasser recht weich; die gelbe Rinde wird dünn davon abgeschnitten, die innere weiße abgeschält und sammt den Kernen entfernt, das Fleisch der Orange mit der gelben Rinde fein gehackt, ein kleiner Theil auf die Seite gelegt und das Uebrige mit 3 dl. guter Niblen, einem Kaffeelöffel voll Semmelmehl und 50 g. Zucker auf's Feuer gestellt, fortwährend gerührt wie eine Crème, bis sie kocht, dann in eine irdene Schüssel angerichtet. Wenn sie kalt ist, wird ein Model mit frischer Butter bestrichen und mit gesiebtem Zucker überall bestreut, mit dünn ausgetröltem Spanischbrodteig belegt und Acht gegeben, daß der Teig ohne Falten anliege, von 3 Eiern das Weiße zu Schnee geschwungen, unter die Crème gerührt, die Fülle in das Model gelegt und im Ofen gebacken; man muß Achtung geben, daß sie nicht über das Model auskoche. Ist der Pudding gebacken, so wird er auf eine Platte umgewälzt; für die Sauce wird die gehackte Orangerinde, die man auf die Seite gelegt, genommen und mit Wasser und Zucker zu einem Syrup gekocht, nachher ein wenig Erbselensaft darunter geklopft und rings um den Pudding geschüttet.

## 78. Andere Art.

Man kocht eine schöne frische Orange weich, schneidet die gelbe Rinde so dünn wie möglich davon, und verreibt sie zart in einem Mörser, von einer kleinen Citrone die Hälfte der Rinde dünn abgeschnitten, fein gehackt und unter die geriebene Orangerinde gemischt; von zwei Eiern das Gelbe und Zucker und der Saft der Orange unter die Citronen- und Orangeschalen gerührt und tüchtig zusammen geklopft, rührt 3 dl. Niblen und drei Eiweiß zu Schnee geschwungen, darunter, ein Model mit frischer Butter bestrichen, mit gedörrten Brodbrosmen überstreut, über diese ein dünn ausgetrölter Spanischbrodteig gelegt, die Fülle darein geschüttet und im Ofen langsam gebacken, dann auf eine Platte umgewälzt und eine Sauce von Orangejus, Zucker und Wasser zu einem dünnen Syrup gekocht, um den Pudding geschüttet.

### 79. Aepfel=Gelee=Kopf.

Man nimmt eine Portion gute saure Aepfel, schneidet Rinde und Kerngehäuse davon, wascht sie und stellt sie mit ganz wenig Wasser in einer Casserole zugedeckt auf starkes Feuer; man muß sie fleißig aufrühren, damit sie nicht anbrennen; wenn sie ganz verkocht sind, thut man sie in's Tamis und läßt das Jus ablaufen, ohne die Aepfel zu drücken. Wenn das Jus nicht klar ist, so läßt man dasselbe noch einmal durch's Tamis laufen. Von diesem Jus, das gewogen wird, nimmt man so viel, als in das Model geht, und nimmt $1/3$ weniger Zucker, also zu $1 1/2$ kg. 1 kg. Zucker; wenn das Jus kalt ist, so kocht man es mit dem Zucker und dem Saft von 3 Citronen, wenn das Model sehr groß ist, sonst weniger, und nimmt den Schaum ab; dann wird die Rinde der Citronen, welche während ein paar Stunden in siedendes Wasser gelegt wird, mit dem Wasser und 20—25 g. Gelatine dazu gethan und fortwährend gerührt; wenn es dick gekocht ist, wird es durch's Tamis geseihet und gerührt, bis es beinahe kalt ist, und dann in's Model geschüttet, welches vorher durch kaltes Wasser gezogen worden ist.

### 80. Aepfel=Köpfli.

Es werden 1 Kilo geschälte, saure Aepfel mit 5 dl. weißem Wein gekocht, bis der Wein eingekocht ist, dann werden sie durch das Haarsieb gestrichen, 350 g. Zucker an einer Citrone abgerieben. 15 g. Gelatine mit ein wenig Wasser aufgelöst, der Zucker fein gestoßen und mit der aufgelösten Gelatine in die Aepfel, die warm sein müssen, gerührt und in ein irdenes Model gethan. Ein Syrup nach Belieben wird dazu servirt.

## 81. Auflauf von Gelee.

100 g. dick eingekochte Gelee irgend einer Art werden mit 50 g. fein gestoßenem Zucker an einem warmen Orte während einer halben Stunde tüchtig zusammen geklopft, von neun Eiern die Weißen zu Schnee geschlagen und leicht hinein gerührt, und sogleich auf einer silbernen oder porzellanenen Schüssel im Ofen, der nicht zu heiß sein darf, während ungefähr einer halben Stunde gebacken, bis er eine schöne gelbe Farbe hat und aufgegangen ist; man sieht am besten, daß der Auflauf genug gebacken ist, wenn man die Schüssel etwas schief hält und er doch fest bleibt; er muß sogleich aufgetragen werden.

## 82. Soufflé von Aprikosen.

Zwei Löffel voll Aprikosen-Confitüre und zwei kleine Löffel gestoßener Zucker werden an einem warmen Orte während einer halben Stunde durcheinander gerührt; will man es in den Ofen thun, so schlägt man 3 bis 4 Eiweiß zu festem Schnee und rührt sie nach und nach leicht unter die Aprikosen, bestreicht eine Kochplatte mit ganz wenig frischer Butter, thut die Fülle pyramidenförmig darein und läßt es im Ofen, welcher nicht zu heiß sein darf, etwa eine halbe Stunde backen. Man sieht am besten, ob es genug ist, wenn man die Platte ein wenig schief hält und es sich nicht mehr bewegt.

# Crêmen verschiedener Art.

### 1. Wein-Crême.

Man nimmt 5 dl. weißen Wein und 150 g. Zucker, der an einer Citrone gerieben und mit dem Wein in einer gelben Pfanne auf's Feuer gesetzt wird, dann wird von 8 Eiern das Gelbe in einer Schüssel tüchtig geklopft und der Wein, wenn er siedend ist, unter beständigem Rühren in die Eier geschüttet, alles zusammen wieder übers Feuer gesetzt und immer gerührt, bis die Crême anfängt zu kochen, dann sogleich angerichtet und mit einem silbernen Löffel noch eine Weile gerührt.

Hat man Mangel an Eiern, so darf auch das Weiße dazu genommen werden, die mit den Gelben geklopft werden; man kann für dieselbe Portion 3 Eier weniger nehmen.

### 2. Andere Art.

Zwölf Eigelb werden mit 5 dl. gutem weißem Wein, einer Tasse Kirschwasser oder Rhum stark geklopft, ein Stück Zucker an zwei Citronen gerieben dazu, in einer Messingpfanne über einem starken Feuer immerfort gerührt, bis die Crême dick ist, in ein Salabier gegossen und fortgerührt, bis sie beinahe kalt ist.

### 3. Andere Art.

Eine Citronenrinde wird an einem großen Stück Zucker abgerieben, dieser Zucker mit dem Saft der Citrone, einer Flasche Wein und zehn Eigelb auf starkem Feuer immerfort umgerührt, bis er anfängt zu wallen, dann angerichtet und zugleich sechs zu Schnee geschlagene Weiße darunter, und noch eine Weile, während dem die Crême erkaltet, gerührt.

### 4. Rhum-Crême.

150 g. Zucker, an einer Citrone abgerieben, ein halbes Glas Citronensaft, gleich viel Wasser, 2 Eßlöffel voll Rhum und 6 ganze Eier, die tüchtig geklopft werden, alles zusammen in einer gelben Pfanne auf gelindes Feuer und mit einem Beseli immer gerührt, bis die Crême anfängt zu kochen, stellt die Pfanne sogleich ab dem Feuer und rührt die Crême noch ein wenig, bis sie nicht mehr warm ist.

### 5. Kirschwasser-Crême.

Von 6 Eiern die Gelben, der Saft von 3 Citronen, ein Glas Kirschwasser, 2 Gläser frisches Wasser und 200 g. Zucker werden zusammen verrührt, in einer Messingpfanne auf dem Feuer immer gerührt, bis die Crême anfängt zu kochen, richtet sie sogleich an und rührt sie noch ein wenig.

### 6. Wasser-Crême.

Man nimmt 2 große oder 3 kleine Citronen, reibt mit einem Stück Zucker die Rinde derselben ab und preßt den Saft aus; von 6 Eiern wird das Gelbe geklopft und mit einem Glas Wasser, dem an der Citrone geriebenen Zucker und dem Saft derselben in einer gelben Pfanne auf Gluth gesetzt und immer gerührt, bis die Crême anfängt zu kochen. Dann wird die Pfanne ab der Gluth gestellt, das Weiße der 6 Eier zu Schnee geschwungen beigefügt und sogleich angerichtet und noch eine Weile gerührt. Sollte die Crême von dem abgeriebenen Zucker nicht süß genug sein, so kann man nach Belieben noch zusetzen.

### 7. Andere Art.

Mit 4 dl. frischem Wasser kocht man ein Stück Zucker, an welchem eine Citrone abgerieben, oder die Rinde davon fein abgeschnitten und ganz mit dem Wasser und Zucker gekocht, dann wird dieses Wasser angerichtet und, wenn es kalt ist, das Gelbe von drei Eiern und das Weiße von zweien darunter geklopft und dies in die Platte gethan, worin man die Crême auftragen will Alles wird in einer Tourtiere in siedendem Wasser auf Gluth, doch so daß das Wasser nicht in die Platte rinne, gekocht, bis die Crême dick wird; dann wird die Platte ab dem Wasser genommen, die Crême mit gesiebtem Zucker bestreut, mit der glühenden Schaufel schön braun gebrannt und warm aufgetragen.

### 8. Citronen=Crême.

250 g. Zucker, mit welchem die Rinde von zwei Citronen abgerieben wird, eine Tasse voll Citronensaft, 2 Gläser Wasser und 6 Eier, welche tüchtig geklopft werden, setzt man in einer gelben Pfanne auf's Feuer und schwingt es, bis es ganz im Schaum ist und dick zu werden anfängt.

### 9. Andere Art.

Man nimmt 50 g. Zucker, an dem die Rinde von 2 kleinen Citronen oder einer großen abgerieben wird und rührt die Gelben von 6 Eiern, tüchtig geklopft, darunter; dann wird 6 dl. süße Niblen in einer gelben Pfanne auf's Feuer gesetzt, und sobald sie anfängt warm zu werden, rührt man die mit dem Zucker vermischten Eier darein und fährt mit dem Rühren fort, bis die Crême anfängt zu kochen; dann wird sie sogleich angerichtet und noch eine Weile gerührt.

### 10. Andere Art.

Von 7 Eiern werden die Gelben geklopft, 150 g. Zucker an einer Citrone abgerieben, der Saft von 2 Citronen und ein kleines Glas Wasser dazu, in einer gelben Pfanne auf das Feuer gestellt und, wenn es kochen will, drei Weiße von Eiern dick geschwungen, und ein wenig Kirschwasser beigefügt und gerührt, bis es anfängt zu kochen, dann wird es sogleich angerichtet und noch eine Weile gerührt.

### 11. Crême im Schaum.

Man nimmt 200 g. Zucker, mit welchem die Rinde von drei Citronen abgerieben wird, und preßt den Saft dieser drei Citronen über den Zucker aus. Dann wird ein Glas weißer Wein und ebenso viel frisches Wasser zu dem Zucker und dem Citronensaft gegossen, durcheinander gerührt und alles zusammen mit 6 ganzen Eiern, die nicht geklopft werden, auf helles Feuer gesetzt, stark geschwungen, bis alles im Schaum ist und die Crême anfängt zu kochen, dann schnell angerichtet und noch eine Weile geschwungen. — Man kann den Wein ganz gut weglassen und bloß Wasser nehmen.

### 12. Orange-Crême.

Man nimmt gleich schwer Zucker wie eine große Orange, diese wird am Zucker abgerieben, zerschnitten und der Saft in eine Schüssel ausgepreßt, von 6 Eiern die Gelben darein geschlagen, mit dem Saft verrührt, 2 dl. Niblen darunter und noch 2 dl. Niblen mit dem Zucker, der an der Orange gerieben wurde, in einer gelben Pfanne über's Feuer; sobald der Zucker geschmolzen ist und die Niblen anfängt warm zu werden, werden die Eier mit Niblen c. darein gethan und fortwährend gerührt, bis die Crême anfängt zu kochen; dann wird sie sogleich angerichtet und noch eine Weile gerührt.

### 13. Pfirsich-Crême.

Man drückt die Pfirsiche roh durch das Tamis, und rührt geschwungene Niblen mit Zucker vermischt unter den Pfirsichsaft.

### 14. Himbeer-Crême.

Zu 5 dl. Himbeersaft nimmt man 200 g. Zucker und stellt es zusammen auf's Feuer, bis der Zucker ein wenig geschmolzen ist, von 7 bis 8 Eiern die Gelben mit einer Tasse voll Niblen tüchtig geklopft in den Saft gerührt und mit dem Beseli immer fortgerührt, bis die Crême anfängt zu kochen; dann wird sie sogleich angerichtet und mit einem silbernen Löffel noch eine Weile gerührt.

### 15. Andere Art.

Zu 5 dl. Himbeersaft wird 200 g. Zucker genommen, zusammen auf's Feuer gesetzt und, sobald der Zucker geschmolzen ist, werden 8 ganze Eier tüchtig geklopft, in den Saft gerührt und dann wie oben damit verfahren.

### 16. Andere Art.

Man schwingt süße Niblen, bis sie recht dick ist, rührt gesiebten Zucker mit so viel Saft von reifen Himbeeren darunter, bis sie schön rosenfarben ist und genug Geschmack von Himbeeren hat, richtet sie an und servirt sie. Will man eine schöne Platte davon haben, so nimmt man von dieser Crème Löffel um Löffel auf die Schüssel und garnirt sie mit schönen ganzen Himbeeren und Pistachen.

### 17. Andere Art.

Eine Portion erlesene Himbeeren wird durch das Tamis gepreßt, gestoßener Zucker in den Saft gerührt, bis er süß ist, dann 3, 4 bis 5 Eiweiß zu Schnee geschwungen, je nach Verhältniß des Saftes, mit dem Saft vemengt und tüchtig durcheinander geklopft.

### 18. Andere Art.

Je nach der Portion Crème, die man machen will, nimmt man 2 bis 3 Teller voll Himbeeren in eine tiefe irdene Schüssel oder in einen Topf, schwingt sie mit dem Beseli und fügt den nöthigen Zucker bei; unterdessen werden 6 bis 8 Eiweiß zu Schnee geschlagen und leicht darunter gerührt. Sie muß sogleich aufgetragen werden, währenddem sie schäumt; bei längerem Stehen schmilzt sie zu Syrup.

### 19. Erdbeer-Crême.

Man nimmt schöne, reife, erlesene Erdbeeren, drückt sie mit einem Löffel durch's Tamis, nimmt zu 5 dl. dieses ausgepreßten Saftes 200 g. Zucker; dieser wird mit ein wenig Wasser zu einem schönen Syrup gekocht, die Pfanne ab dem Feuer genommen, der Erdbeersaft in den heißen Syrup gerührt und sogleich angerichtet.

### 20. Reinetten-Crême.

Man nimmt 8 schöne Reinetten, schneidet sie in Viertel, ohne sie zu schälen und auch ohne das Kerngehäuse auszuschneiden, kocht sie in einer gelben Pfanne mit der Rinde einer Citrone in genugsam Wasser recht weich, drückt sie durch das Tamis, und, während sie noch heiß sind, wird einer Baumnuß groß frische Butter und der Saft einer Citrone in die durchgepreßten Aepfel gerührt; hierauf läßt man sie erkalten, und wenn man sie auftragen will, klopft man von 4 Eiern das Weiße zu Schnee darunter und thut sie in eine Platte, die mit frischer Butter bestrichen wird, macht die Aepfel schön eben und bestreut sie mit gesiebtem Zucker, stellt die Platte auf schwache Gluth, den Deckel mit ziemlich viel Gluth darauf und läßt denselben so lange darauf, bis die Crême oben über schön gelb ist; dann wird sie sogleich aufgetragen.

### 21. Aepfel-Crême.

Es werden 6—8 Reinetten-Aepfel im Ofen weich gebraten und dann durch ein Sieb getrieben. Zu 250 g. Aepfelmark nimmt man 200 g. fein gestoßenen Zucker und rührt Beides mit dem Gelben von 4 Eiern, bis es recht schaumig und steif ist. Dann wird das Weiße der Eier zu Schnee geschlagen und nebst ein paar Kaffeelöffel voll Arak in die Masse gerührt und gleich servirt. Das Weiße der Eier darf nicht lange vor dem Auftragen unter die Aepfel gemischt werden.

### 22. Kaffee-Crême.

Man nimmt eine Portion gemahlenen Kaffee und gießt eine große Tasse siedendes Wasser darüber, läßt ihn eine Weile stehen und schüttet ihn ab; er muß recht stark sein, dann wird 5 dl. Nidlen mit 150 g. Zucker nebst dem

Kaffee auf's Feuer gesetzt und, sobald es anfängt warm zu werden, wird das wohl geklopfte Gelbe von 6 Eiern darein gerührt, die Crême immer gerührt, bis sie anfängt zu kochen, angerichtet und noch eine Weile gerührt.

Man kann auch, statt den Kaffee anzubrühen, 150 g. geröstete Kaffeebohnen mit der Niblen erwallen und durch das Tamis passiren; die Niblen wird dann wieder auf's Feuer gesetzt und die Crême gleich gemacht wie oben.

B e m e r k u n g. Für alle Nibel=Crêmen muß die Niblen süß und frisch sein und auf starkem Feuer schnell gekocht werden, weil sie sonst leicht gerinnen.

## 23. Crême brûlée.

100 g. Zucker läßt man mit ganz wenig Wasser schmelzen und brennen, bis er schön dunkelbraun ist, gießt 6 dl. Niblen bis auf wenige Löffel voll in den gebrannten Zucker; 50 g. Zucker, mit dem eine Citronenrinde abgerieben wurde, wird in die Niblen gethan, zusammen wieder auf's Feuer gestellt und dir gebrannte Zucker, der nun wieder schmelzen soll, aufgerührt. Sobald die Niblen warm wird, werden die Gelben von 5 Eiern, die mit den paar Löffeln voll übrig gelassener Niblen tüchtig geklopft werden, unter beständigem Rühren in die Niblen gemengt und, sobald die Crême anfängt zu kochen, wird sie angerichtet und noch eine Weile gerührt.

## 24. Crême mit Zuckerbrod.

Man nimmt zu 5 dl. süßer Niblen vier Eigelb, die tüchtig geklopft werden, die Rinde einer Citrone wird mit einem Stück Zucker abgerieben, alles zusammen auf's Feuer gestellt und gerührt, bis die Crême anfängt zu kochen, schneidet drei bis vier alte Zuckerbrödchen in vier Theile, rangirt sie in die Platte und schüttet die Crême darüber; dann wird das Weiße von den Eiern zu Schnee geschwungen, und wenn die Crême kalt ist, darüber gestrichen, mit Zucker bestreut und der heiße Tourtieredeckel mit Gluth darauf gesetzt, oder mit der glühenden Schaufel schön gelb gebrannt.

### 25. Vanille-Crême.

Man nimmt 6 dl. Niblen, thut sie mit 50 g. Zucker und einem Stengel ganzer Vanille in einer gelben Pfanne auf's Feuer und läßt die Niblen mit dem Zucker und der Vanille aufwallen. Dann werden vier Weiße von frischen Eiern zu Schnee geschwungen, unter die Niblen gerührt und auf starkem Feuer immer geschwungen, bis die Crême etwa zwei Minuten lang gekocht hat und ordentlich dick ist, dann wird sie angerichtet, die Vanille herausgenommen, abgetrocknet und aufbehalten, man kann sie noch einmal gebrauchen.

Man kann diese Crême dahin abändern, daß statt dem Weißen von Eiern nur das Gelbe benutzt wird; dann nimmt man 5—6 Gelbe statt der 4 Weißen, die mit ein paar Löffel voll Niblen wohl geklopft werden. Im Uebrigen wird gleich verfahren wie oben; diese unter beständigem Rühren nur so lange auf dem Feuer gelassen, bis sie anfängt zu kochen.

### 26. Praline-Crême.

Man nimmt zu 5 dl. süßer Niblen 100 g. Pralinen, stößt dieselben fein und thut sie mit der Niblen auf's Feuer; wird es von den Pralinen nicht süß genug, so kann noch ein wenig Zucker zugesetzt werden. Sobald die Niblen warm wird, rührt man 4 wohlgeklopfte Eigelb darunter und schwingt die Crême mit dem Beseli, bis sie anfängt zu kochen, dann wird sie sogleich angerichtet.

### 27. Pistachen-Crême.

Man nimmt 50 g. Pistachen, gießt heißes Wasser darüber, zieht die Hülsen ab und stößt sie dann im Mörser, aber nur wenig auf einmal, weil sie sonst ölicht werden. Diese Portion kann unter drei Malen, jedesmal mit einem Bröcklein Zucker so fein wie möglich gestoßen werden; dann nimmt man 6 dl. Niblen, mit der Hälfte derselben rührt man die zerstoßenen Pistachen zart an, die andere Hälfte setzt man mit einem kleinen Stück Zucker in einer gelben Pfanne auf's Feuer, und wenn sie warm ist, rührt man

Crêmen verschiedener Art. 309

die Niblen mit den Pistachen und 4 Weißen von Eiern, die zu Schnee geschwungen werden, darunter und läßt sie unter beständigem Rühren auf dem Feuer, bis sie anfängt dick zu werden, aber noch nicht völlig kocht, richtet sie dann sogleich an und rührt sie noch ein wenig.

## 28. Haselnuß-Crême.

Man nimmt 100 g. Haselnußkernen, röstet sie trocken in einem Eisenpfännchen auf Gluth so lange, bis man die Haut abreiben kann, stößt sie im Mörser fein und thut sie mit 5 dl. Niblen in einer gelben Pfanne auf's Feuer; wenn die Niblen aufwallen will, so werden 50 g. Zucker darein gerührt und von 5 Eiern das Weiße zu Schnee geschwungen; sobald alles wohl vermischt und im Schaum ist, wird die Crême sogleich angerichtet.

## 29. Andere Art.

Zu 1 l. guter Niblen werden 8 ganze Eier und 250 g. Haselnüsse genommen, die Nüsse, wenn sie von der Schale befreit sind, im Ofen ein wenig geröstet, die feinen Häute davon entfernt und, nachdem sie im Ofen noch einmal gelb geworden, fein gestoßen, mit der Niblen aufwallen lassen, durch das Tamis auf den Zucker und die geklopften und verrührten Eier angerichtet. Hierauf wird alles zusammen noch einmal auf's Feuer gestellt, bis es unter beständigem Rühren noch einmal kocht.

## 30. Mandel-Crême.

Man nimmt 50 g. süße Mandeln, gießt siedendes Wasser darüber und läßt sie zugedeckt stehen, bis man die Haut abziehen kann; dann werden sie im Mörser fein gestoßen und nachher mit 100 g. Zucker und 5 dl. Niblen in einer gelben Pfanne auf's Feuer gesetzt; wenn es anfängt zu kochen, werden 4 Eigelb mit ein paar Löffel voll zurückbehaltener Niblen darein gerührt und, wie bei allen Crêmen, fortgerührt, bis sie anfängt zu kochen, und dann sogleich angerichtet.

### 31. Weiße Mandel-Crême.

Man nimmt zu 5 dl. süßer Niblen 50 g. Mandeln, geschält und fein gestoßen, von drei Eiern das Weiße geschwungen, 50 g. Zucker an einer Citrone abgerieben, die Niblen, Zucker und Mandeln untereinander gerührt und auf's Feuer gesetzt; wenn die Niblen warm ist, wird davon in die Eier gerührt, diese wieder dazu, und fortgerührt, bis sie anfängt zu kochen, und dann sogleich angerichtet.

### 32. Crême von Pfirsichkernen.

Man nimmt zu 8 dl. Niblen 50 g. Zucker, 50 g. Pfirsichkernen und Mandeln durcheinander, die geschält und fein gestoßen werden, von einer Citrone die Rinde fein gehackt, 3 Eier tüchtig geklopft und thut alles zusammen auf starkes Feuer, schwingt es mit dem Beseli, bis die Crême anfängt zu kochen; dann wird sie sogleich angerichtet und noch eine Weile gerührt.

### 33. Spinat-Crême.

Man stößt jungen Spinat im Mörser, bis man den Saft davon durch ein Tuch auspressen kann; gießt von diesem Saft in 5 dl. süße Niblen, so viel es bedarf, um der Crême eine schöne grüne Farbe zu geben, und setzt diese gefärbte Niblen mit 100 g. Zucker auf's Feuer; wenn sie warm ist, so werden 4 wohl geklopfte Gelbe von Eiern darein gerührt und, wie immer, mit Rühren fortgefahren, bis die Crême anfängt zu kochen, und sogleich angerichtet.

Will man von dieser Crême eine schöne Platte machen, so schwinge man das Weiße von ein paar Eiern zu Schnee, und wenn die Crême kalt ist, so mache man von dem geschwungenen Ei Höckli auf die Crême, bestreue sie mit gesiebtem Zucker und setze den warmen Tourtieredeckel mit Gluth ein paar Minuten darauf bis die Höckli trocken und blaßgelb sind; nachher kann man mit Erbsensaft, der mit Zucker verdickt wird, Punkte auf die Höckli machen.

## 34. Erdäpfel-Crême.

Man nimmt 4 bis 5 Erdäpfel, schält sie und thut sie mit ein wenig Wasser auf das Feuer, läßt sie kochen, bis sie recht weich sind, zerdrückt sie, nachdem man das Wasser hat ganz abtropfen lassen; dann werden 5 dl. Nidlen darein geschüttet, wohl gerührt und wieder gekocht; hierauf schüttet man sie durch eine Schaumkelle in eine gelbe Pfanne, klopft vier Gelbe von Eiern, rührt sie darunter mit ein wenig Salz und kocht sie nur noch einen Augenblick.

## 35. Andere Art.

Sechs Erdäpfel von mittlerer Größe, ganz fein zerdrückt, rührt man mit 5 dl. guter kochender Nidlen und einem Stück Butter, so groß wie ein Ei, zart an, würzt sie mit Salz und Pfeffer, zuletzt 6 zu Schaum geschwungene Eiweiß leicht darunter, daß der Schaum nicht vergehe, streicht eine Kochplatte mit frischer Butter an, füllt die Masse darein und stellt sie in eine Casserole in siedendes Wasser, einen Deckel mit Gluth darauf und läßt das Wasser immerfort sieben, trägt Sorge, daß es nicht in die Kochplatte fließt; in einer halben Stunde ist sie fertig.

## 36. Kastanien-Crême.

Nachdem die äußere Schale von den Kastanien abgelöst, werden sie weich gesotten, geschält und recht zart gestoßen, mit ein wenig Rhum verdünnt und durch ein Haarsieb getrieben. Zu 500 g. so zugerüsteten Kastanien nimmt man 6 dl. Nidlen und Zucker, mengt es durcheinander und setzt es in einer Messingpfanne über das Feuer, unter fortwährendem Rühren, bis es anfängt ringsum zu kochen, dann werden 4 mit ein wenig Nidlen geklopfte Eigelb darunter gerührt und die Crême, sobald sie zu kochen anfängt, angerichtet und gerührt, bis sie kalt ist; um der Crême, die ohnedies etwas fade ist, mehr Geschmack zu geben, reibe man den dazu erforderlichen Zucker an zwei Citronen ab, oder thue Vanille darein, beides geht sehr gut.

### 37. Chocolat-Crême.

Man nimmt 100 g. bitteren Chocolat, stellt ihn in einer Casserole, ohne Wasser, ganz trocken auf die Gluth. Sobald er geschmolzen ist, wird ein wenig frisches Wasser dazu gegossen; auf diese Weise kann er am zartesten verrührt werden. Dann werden 6 dl. Niblen, Zucker soviel es bedarf, und das Gelbe von einem Ei, wohl geklopft, darein gethan und fortwährend gerührt, bis die Crême anfängt zu kochen, dann wird sie sogleich angerichtet und noch eine Weile gerührt.

### 38. Andere Art.

Man nimmt zu 8 dl. Niblen 200 g. guten Chocolat; derselbe wird mit einer halben Tasse kaltem Wasser in einer gelben Pfanne auf's Feuer gesetzt und so zart als möglich gerieben, daß keine Knollen mehr bleiben, ein Stück Zucker sammt der Niblen unter beständigem Rühren in den Chocolat gethan, und aufwallen lassen, dann werden vier Gelbe von Eiern mit ein paar Löffel voll der zurückbehaltenen Niblen darein gerührt und mit Rühren fortgefahren, bis die Crême anfängt zu kochen, dann sogleich angerichtet und noch eine Weile gerührt.

### 39. Andere Art.

250 g. süßer Chocolat wird auf Gluth mit ganz wenig kaltem Wasser aufgelöst, bis er ganz zart ist, dann ab der Gluth genommen, und wenn er kalt ist, sechs Eigelb mit 150 g. gestoßenem Zucker gerührt, bis sie ganz schaumig sind, und unter den Chocolat gethan, zuletzt 6 dl. geschwungene Niblen leicht darunter gerührt.

### 40. Sillapoup.

Zu 1 l. dick gestoßener Niblen nimmt man ein Glas Malaga und 250 g. Zucker, mit welchem 3 kleine Citronen abgerieben werden. Der abgeriebene Zucker wird einige Stunden, bevor man den Sillapoup serviren will, in den

Malaga gelegt und zugedeckt, eine Stunde, bevor man ihn serviren will, durch den Zuckerlöffel passirt und unter die ganz frisch gestoßene Niblen gerührt, so daß Niblen und Wein wohl vermischt werden. Beim Abreiben der Citrone mit dem Zucker wird der gefärbte und feucht gewordene Zucker fleißig abgeschabt und nur dieser in den Malaga eingelegt; die übrigen Stücklein werden fein gestoßen, gesiebt und trocken mit dem Wein unter die Niblen gerührt. Diese Portion gibt 14 bis 15 Fußgläschen voll. Man kann auch Rhum statt Malaga nehmen, aber dann etwas weniger.

---

# Zucker- und Teigwerk zum Nachtisch und Abendessen.

### 1. Zuckerbrod-Kuchen.

Drei Eier, gleich schwer gestoßenen Zucker, zwei Eier schwer Semmelmehl, 1 Ei schwer frische Butter, und die Rinde einer Citrone fein gehackt. Der Zucker wird mit den Gelben der 3 Eier angerührt und immer nach einer Seite hin gerieben, bis es kleine Blätterchen gibt, dann die Citronenrinde und ein Löffel voll weißer Wein oder Citronensaft und das Mehl nach und nach darein gestreut, der Teig tüchtig geklopft, und zuletzt das Weiße der drei Eier zu Schnee geschwungen unter den Teig gerührt, in eine mit frischer Butter bestrichene Kuchenschüssel gethan; man läßt ihn ringsum sorgfältig verlaufen, damit der Teig überall gleich dick in der Schüssel sei, ein wenig gesiebter Zucker darüber gestreut und der Kuchen im Ofen gebacken.

### 2. Guter Zuckerbrod-Kuchen für Kranke.

375 g. gestoßenen Zucker wird mit dem Gelben von 7 Eiern eine halbe Stunde lang gerührt, die fein gehackte Rinde einer Citrone dazu gethan und nach und nach 250 g.

Mehl hinein gerührt, zuletzt das zu Schnee geschwungene Weiße der 7 Eier. Ein Kuchenblech oder eine Form wird reichlich mit Butter bestrichen und dieser Kuchen bei guter Hitze gebacken.

### 3. Halb-Zuckerbrod-Kuchen.

Für einen mittleren Kuchen nimmt man 200 g. gestoßenen Zucker, 100 g. Semmelmehl, gleich viel frische Butter, die ein wenig geschmolzen wird, die Rinde einer Citrone fein gehackt und drei ganze Eier, Zucker, Mehl, Butter und Citronenrinde mit dem Gelben der Eier wohl durcheinander gerührt, das Weiße zu Schnee geschwungen und nur ganz leicht mit dem Uebrigen vermischt, und in einer mit frischer Butter bestrichenen Kuchenschüssel mit gesiebtem Zucker bestreut im Ofen gebacken.

### 4. Zuckerbrodring mit einer rothen Glace.

Man nimmt 200 g. gestoßenen Zucker, 100 g. frische Butter, die Rinde einer Citrone und einen Citronatschnitz, welcher mit jener fein gehackt wird, und 7 große Eier. Die Butter, die nicht geschmolzen wird, muß lange mit dem Gelben der Eier, dem Zucker und der gehackten Citronenrinde gerührt und gerieben werden, das Weiße der 7 Eier zu Schnee geschwungen, leicht darunter gerührt; zuletzt 150 g. Semmelmehl, darein gestreut und alles wohl durcheinander gemischt, eine Kuchenschüssel mit frischer Butter nur wenig bestrichen, der Teig in Form eines Ringes darauf gelegt, sogleich in den Ofen gestellt und schön gelb gebacken; man thut den Ring in die Platte, auf der man ihn auftragen will, und glacirt ihn auf folgende Weise: Man schmelzt ziemlich viel weißen gesiebten Zucker mit ein wenig Erbselensaft, die Glace muß nicht zu dünn werden, damit sie nicht tropfe. Ist der Ring ein wenig erkaltet, so wird er mit der Glace in der Dicke eines Messerrückens schön glatt überstrichen, und ist er völlig kalt, so soll die Glace croquant sein und der Ring dann servirt werden.

### 5. Süßer Kuchen.

Fünf Eier, gleich schwer gestoßenen Zucker, gleich schwer Semmelmehl und eben so viel frische Butter, Zucker und Mehl sammt den Eiern wohl untereinander gerührt, die Butter geschmolzen und darein gerührt, und alles zusammen tüchtig geklopft; hierauf wird der Teig in eine runde mit frischer Butter bestrichene Schüssel gelegt und im Ofen gebacken. Man kann ein wenig gestoßene Vanille in den Kuchen thun, wenn man will, doch auch ohne diesen ist er gut.

### 6. Schmelzkuchen.

10 Eier, 8 Eier schwer Zucker, 6 Eier schwer Semmelmehl, 4 Eier schwer frische Butter und die fein gehackte Rinde einer Citrone. Zuerst werden die Eier geschieden, der Zucker und die Citrone mit dem Gelben eine Viertelstunde gerieben, die Butter geschmolzen (sie darf aber nicht heiß sein), und sogleich unter die Eier gerührt, das Weiße der Eier zu Schnee geschwungen, die Hälfte davon ebenfalls unter die Masse gemengt, hernach das Mehl darein gerührt und zuletzt noch das übrige Eiweiß, nur leicht darein und nicht lange gerührt, ein beliebiges Model oder Blech, auch kleine Tourteletten-Mödeli, wenn man will, mit Butter angestrichen, ein wenig mehr als halb gefüllt und in gelinder Hitze gebacken.

### 7. Blitzkuchen.

250 g. frische Butter, 250 g. gestoßenen Zucker, 250 g. Ammermehl und 4 Eier, die in warmes Wasser gelegt werden, Zucker und Eier werden zusammen gerührt, bis es Blattern gibt, dann die Butter und Ammermehl darein gethan, auch fein gehackte Citronenrinde und ein wenig Vanille, und der Kuchen bei guter Hitze gebacken.

### 8. Vanille-Kuchen.

Man nimmt 200 g. grob gestoßenen Zucker, das Weiße von 3 Eiern zu Schnee geschwungen, 50 g. frische Butter, die geschmolzen wird, 100 g. Semmelmehl und ein wenig gestoßene Vanille, rührt alles zusammen wohl durcheinander, und backt es in einer mit frischer Butter bestrichenen Schüssel oder Tourtiere.

### 9. Grafenrieder=Kuchen.

Man nimmt 150 g. Semmelmehl, 200 g. gestoßenen Zucker, 3 ganze Eier, die man in eine Schüssel aufschlägt, 100 g., schwach gewogen, frische Butter, welche in die Eier zerbröckelt und verrieben wird; dann der Zucker nebst ein wenig gehackter Citronenrinde und zwei Schnitze geschniefelten Citronat, zuletzt das Mehl darein gestreut, und alles wohl untereinander geklopft, eine Kuchenschüssel mit frischer Butter angestrichen, der Teig darein gethan, verebnet, mit gesiebtem Zucker bestreut und gebacken.

### 10. Schweizer=Kuchen.

250 g. Semmelmehl, 250 g. fein gestoßenen Zucker, 200 g. frische Butter, 10 g. fein gestoßenen Zimmt und 5 Eier. Die Butter und das Mehl werden mit dem Gelben der 5 Eier verrieben, der Zimmt dazu gethan, das Weiße der Eier mit Zucker vermischt und zusammen geschwungen, und nun alles unter einander gerührt, auf eine mit frischer Butter bestrichene Kuchenschüssel gelegt und im Ofen ge=backen. Wenn der Kuchen 10—15 Minuten im Ofen ist, wird er herausgenommen und carreauweise geschnitten, mit gesiebtem Zucker bestreut, wieder in den Ofen gestellt und vollends gebacken.

### 11. Citronen=Kuchen.

Von drei Eiern verrührt man das Gelbe mit gleich schwer Zucker, zwei Eiern schwer Semmelmehl, einem Ei schwer frischer Butter, die zerlassen sein muß, und der fein gehackten Rinde einer halben Citrone, bis es Blattern gibt; zuletzt fügt man das Mehl, einen Löffel Citronensaft und die zu Schnee geschlagenen Weißen der Eier hinzu. Dann wird ein Kuchenblech dick mit Butter bestrichen, der Teig eines halben Fingers hoch sorgfältig darin verlaufen lassen, mit gesiebtem Zucker bestreut und gebacken.

### 12. Wein=Kuchen.

Man nimmt 150 g. gestoßenen Zucker, 150 g. Semmel=mehl, die Rinde einer Citrone fein gehackt, 4 Löffel voll guten weißen Wein und 100 g. frische Butter, die nur wenig geschmolzen wird, rührt dies alles durcheinander, klopft den Teig tüchtig, und legt ihn in eine mit frischer Butter bestrichene Tourtiere oder in eine Kuchenschüssel, macht den Teig mit einem Löffel eben, hickt ihn carreauweis und backt ihn schön gelb.

### 13. Zimmtkuchen.

Man nimmt 100 g. gestoßenen Zucker, 200 g. frische Butter, die ein wenig geschmolzen wird, 300 g. Semmelmehl, 15 g. gestoßenen Zimmt und 6 Eßlöffel voll guten weißen Wein, dies alles wird wohl untereinander gemischt und zu einem Teig gewirkt, derselbe zu einem Kuchen nicht zu dünn ausgeröllt, auf eine mit frischer Butter bestrichene Kuchenschüssel gelegt, mit dem Weißen vom Ei, das mit Zucker vermischt wird, glacirt und im Ofen gebacken.

### 14. Andere Art.

500 g. Mehl, 250 g. frische Butter, ein wenig zerlassen, 150 g. gestoßenen Zucker nnd 15 g. Zimmt werden zusammen in einer Schüssel durchgerührt und zuletzt noch das geschwungene Weiße von vier Eiern hinzugefügt, ein Kuchenblech mit frischer Butter bestrichen, der Teig darein gethan, ein geklopftes Eiweiß mit dem Pinsel gleichmäßig darauf gestrichen, mit Zucker bestreut und gebacken. Ehe der Kuchen ganz kalt ist, zerschneidet man ihn in Carreaux.

### 15. Andere Art.

Drei Eier, 400 g. Mehl, 150 g. süße Butter, ein wenig zerlassen, 200 g. gesiebten Zucker und ein Löffel Zimmt werden leicht und schnell untereinander gerührt und geklopft, in einem mit Butter bestrichenen Kuchenblech, mit Zucker bestreut, langsam gebacken.

### 16. Erdäpfel-Kuchen.

500 g. Zucker wird mit den Gelben von 8 Eiern und 400 g. fein zerdrückten gesottenen, kalten Erdäpfeln während einer Viertelstunde wohl gerührt, die Rinde einer Citrone fein gehackt dazu gethan nebst dem zu Schnee geschwungenen Eiweiß; dann bestreicht man ein Kuchenblech mit frischer Butter, thut den Teig darein und backt ihn im Ofen.

### 17. Läckerli-Kuchen.

250 g. Semmelmehl, 350 g. gestoßenen Zucker, 15 g. fein gestoßenen Zimmet, 3 Schnitz Citronat gehackt, 3 fein gestoßene Nägeli werden mit so viel Eiern angerührt, als es bedarf, um einen festen Teig damit zu machen. Nachdem dieser wohl zusammengeknetet ist, wird er ziemlich dünn zu einem Kuchen ausgetrölt und auf einer Schüssel im Ofen langsam gebacken; die Schüssel wird mit Butter nur ganz wenig angestrichen.

### 18. Chocolat-Kuchen.

125 g. Chocolat wird gerieben, 250 g. Zucker mit 125 g. geschälten Mandeln gestoßen, ein wenig gestoßene Vanille oder Zimmt dazu gegeben, mit dem zu Schnee geschwungenen Weißen von 4 Eiern angerührt, eine Hand voll Semmelmehl in den Teig gerührt, in eine mit frischer Butter bestrichene Schale gelegt und im Ofen in gelinder Wärme gebacken, so daß er durch und durch gebacken werde.

### 19. Andere Art.

Man nimmt 5 Eier, gleich schwer gestoßenen Zucker, 250 g. Vanille-Chocolat und 100 g. geschälte und gestoßene Mandeln; diese beiden letztern sollen ebenfalls gleich schwer wie 5 Eier sein; ferner 2 Löffel Mehl, 100 g. frische Butter, geschmolzen. Das Gelbe der Eier wird mit dem Zucker gerührt, das Weiße der Eier geschwungen, mit dem Uebrigen vermischt und zuletzt das Mehl langsam hineingerührt und der Kuchen gebacken.

### 20. Andere Art.

Nehmt 200 g. frische Butter, schmelzt sie ganz wenig, rührt 200 g. süßen geschabten Chocolat, 3 Eier schwer Mehl, eben so viel gestoßenen Zucker und 5 Gelbe von Eiern dazu, klopft es während einer halben Stunde, fügt die 5 zu Schnee geschlagenen Weißen der Eier bei, bestreicht ein Kuchenblech mit frischer Butter, bestreut es mit Mehl, legt den Teig darein und backt ihn eine halbe Stunde in einem nicht zu heißen Ofen.

### 21. Freiburger-Kuchen.

Man nimmt 250 g. geschälte und gestoßene Mandeln, 120 g. frische Butter, 2 gehackte Citronenschnitze, 1 Löffel voll Semmelmehl und ein halbes Glas Wasser, in welchem die Butter geschmolzen wird, alles nebst dem Weißen von einem Ei durcheinander gerührt und in der Tourtiere gebacken.

### 22. Fenchel-Kuchen.

Man nimmt 150 g. geschälte und fein gestoßene Mandeln, 150 g. Semmelmehl, 300 g. gestoßenen Zucker, einen Löffel voll Fenchel oder Anis, gereinigt und ein wenig zerstampft, von 8 Eiern das Gelbe, und von zehn das Weiße zu Schnee geschwungen. Mandeln, Zucker, Mehl und Fenchel werden mit dem Gelben der Eier vermischt und so lange tüchtig geklopft, bis der Teig Blasen wirft, dann auch das geschwungene Weiße der Eier darunter gerührt, und dieß zusammen wohl vermengt, und nun auf eine mit frischer Butter bestrichene Kuchenschüssel gethan und im Ofen gebacken.

### 23. Vortrefflicher Kuchen.

Man nimmt 250 g. Zucker und gleichviel geschälte Mandeln, von denen die Hälfte gestoßen und die andere länglich zerschnitten, mit dem Zucker und einigen Tropfen Wasser in einer Casserole aufs Feuer gesetzt wird, bis der Zucker geschmolzen und die Mandeln, die fleißig gerührt werden, ein wenig geröstet sind, dann in einer Schüssel unter die gestoßenen Mandeln gemischt und sammt dem zu Schnee geschwungenen Weißen von 3 Eiern, dieß alles zusammen wohl untereinander gerührt, auf eine mit frischer Butter nur wenig bestrichene Kuchenschüssel gethan, schön eben gemacht, der Kuchen mit gesiebten Zucker bestreut und schön gelb gebacken. Man muß wohl achten, daß er nicht verbrenne.

### 24. Mandel-Kuchen.

Man nimmt 125 g. geschälte und fein gestoßene Mandeln und 125 g. gestoßenen Zucker, der mit ein paar Tropfen Wasser in einer Casserole aufs Feuer gesetzt wird, thut die Mandeln gleich dazu und dämpft sie ein wenig in dem

Zucker. Dann wird dieß in eine Schüssel gelegt, ein Gelbes vom Ei und das Weiße von dreien, zu Schnee geschwungen, darunter gerührt, und wie oben damit verfahren und gebacken.

### 25. Andere Art.

Man nimmt 150 g. gestoßenen Zucker, 150 g. geschälte und gestoßene Mandeln, die Rinde einer Citrone gehackt und ein Stück von der Größe eines Eies frische Butter, die geschmolzen wird: alles wird wohl durcheinander gerührt, drei geklopfte Gelbe von Eiern und 2 Weiße zu Schnee geschwungen, darunter gerührt, zuletzt 150 g. Semmelmehl leicht gewogen darein gethan und alles zusammen wohl vermengt, in eine mit frischer Butter bestrichene runde Kuchenschüssel gelegt, eines guten Fingers dick, der Kuchen schön eben gemacht, mit Weißem vom Ei und Zucker angestrichen und im Ofen schön gelb gebacken.

### 26. Andere Art.

Man nimmt 8 Eier, 250 g. gesiebten Zucker, 150 g. geschälte und gestoßene Mandeln und 50 g. Semmelmehl. Zuerst wird der Zucker mit dem Gelben der 8 Eier gerührt, bis es Blattern gibt, dann die Mandeln und ein Schnitz Citronat oder die Rinde einer Citrone fein gehackt, beigefügt, das Weiße der Eier zu Schnee geschwungen und ¹/₃ davon unter die Masse gerührt, dann das Mehl und nun noch das Uebrige der geschwungenen Eiweiß in ein mit Butter wohl angestrichenes Blech geschüttet und im Ofen in gelinder Hitze langsam gebacken.

### 27. Mandel-Kuchen.

Die Gelben von 7 Eiern werden mit 250 g. Zucker recht lange gerührt, dann 250 g. geschälte und fein gestoßene Mandeln, nebst der fein gehackten Rinde einer Citrone und der Saft derselben beigefügt, sowie 2 Kaffeelöffel voll Kirschwasser; das Weiße der Eier geschwungen und zuletzt 50 g. Mehl leicht hinein gerührt, ein Kuchenblech mit Butter bestrichen, die Masse darein geschüttet und langsam gebacken.

## 28. Mandel-Pfannkuchen.

Man nimmt 250 g. geschälte und fein gestoßene Mandeln, 200 g. gestoßenen und gesiebten Zucker, 100 g. erlesene Rosinen und 4 große oder 5 kleine Eier, die Gelben werden mit dem Zucker wohl geklopft, die Mandeln und Rosinen darein gerührt, die Weißen der Eier zu Schnee geschwungen und mit dem Uebrigen vermischt, auf eine mit frischer Butter bestrichene Kuchenschüssel gethan und ungefähr $^1/_2$ Stunde gebacken.

## 29. Mandel-Zuckerbrod-Kuchen.

Man nimmt 250 g. gestoßenen Zucker, 120 g. Mandeln geschält und fein gestoßen, die Rinde einer Citrone fein gehackt, 3 Eier schwer Semmelmehl und 5 Eier. Die Gelben dieser 5 Eier werden in einer Schüssel mit dem Zucker wohl verrührt und gerieben, bis es anfängt weiß zu werden; dann die Citronenrinde und der Saft derselben und zuletzt das Weiße der 5 Eier zu Schnee geschwungen, auch darunter gerührt, das Mehl nur leicht über den Teig gestreut und mit demselben vermengt, dann auf einer mit frischer Butter bestrichenen Kuchenschüssel mit Zucker bestreut, gebacken.

## 30. Krüsch-Kuchen.

Man nimmt 250 g. gestoßenen Zucker, 250 g. Mandeln, die nicht geschält, sondern nur mit einem trockenen Tuch abgerieben und dann grob gestoßen werden, 10 g. grob gestoßenen Zimmt, zwei Schnitze Citronat und die Rinde einer halben Citrone gehackt, von 3 Eiern das Weiße zu Schnee geschwungen und den Saft einer halben Citrone: alles wird durcheinander gerührt, ein wenig gesiebter Zucker auf ein Brett gestreut, und der Teig darauf zusammengewirkt, dann auf einem mit frischer Butter bestrichenen und mit Zucker bestreuten Bogen Papier ausgetrölt, Zucker darüber gestreut und im Ofen gebacken.

## 31. Andere Art.

250 g. Mandeln, wie oben, nur abgewischt, 250 g. grob gestoßenen Zucker, 30 g. grob gestoßenen Zimmt, die Rinde einer Citrone, 4 Löffel voll Semmelmehl und 100 g.

frische Butter, die geschmolzen wird, dieß wird wohl durcheinander gerührt, von 3 Eiern das Weiße zu Schnee geschwungen beigefügt, alles zusammen vermengt und dieser Teig auf eine mit frischer Butter bestrichene Kuchenschüssel gelegt, mit einem Löffel verebnet, zu einem Kuchen formirt und langsam gebacken, damit er rösch werde.

### 32. Andere Art, recht gut.

250 g. Mehl, 250 g. Zucker, 250 g. Mandeln abgerieben und fein gestoßen, 250 g. frische Butter zu Nibeln verrührt, nach und nach das Mehl beigesetzt, dann die Mandeln, der Zucker und zuletzt ein Ei oder zwei; ist der Teig recht durcheinander geklopft, so wird er auf dem Brett noch ein wenig gewirkt, in der Dicke eines Fingers ausgetrölt und in eine mit Butter bestrichene Kuchenschüssel gelegt, ein wenig Confitüre darauf gestrichen (von einer Art, die nicht zu viel Saft hat) und mit einem gleich dick ausgetrölten Teig wie unten bedeckt.

### 33. Haselnußkuchen.

250 g. Haselnußkernen werden einen Augenblick in einen heißen Ofen gelegt und dann mit einem Tuch die Hülsen sauber abgerieben und gestoßen, 250 g. Zucker, von 3 großen oder 4 kleinen Eiern das Weiße zu Schnee geschwungen, 1 Schnitz Citronat fein gehackt, alles wohl mit einander vermengt und in einer mit Butter angestrichenen Schüssel in gelinder Hitze gebacken. Der Kuchen darf erst, wenn er kalt ist, aus der Schüssel genommen werden.

### 34. Englischer Kuchen.

Man nimmt 250 g. ganz frische Butter, 250 g. Semmelmehl, 250 g. gestoßenen und gesiebten Zucker, 250 g. rein erlesene Rosinen, 200 g. schöne Weinbeeren, 50 g. Orangeat und 100 g. Citronat, der fein geschnitten wird, und 6 Eier, von denen ein Weißes weggelassen wird. Die Butter wird vorerst in einer irdenen Schüssel mit einer hölzernen Kelle gerieben, immer nach einer Seite hin, bis sie völlig zu einem Brei oder wie dicke Nibeln wird, die

Eier, der Zucker und das Mehl darein gethan, wohl vermengt und eine Viertelstunde lang zusammen stark gerührt, wie oben, immer nach einer Seite hin, auch die Rosinen, die Weinbeeren und der Citronat darunter gemischt, auf einem mit frischer Butter bestrichenen, in ein Model gelegten Papier im Ofen gebacken. Dieser Kuchen muß 2 Stunden im Ofen sein, damit er schön aufgehe und durchbacke; auch muß man, wenn er oben gelb ist, ein durch kaltes Wasser gezogenes Papier darüber legen, damit er nicht zu braun werde, und ihn, wenn er gebacken ist, im Model kalten lassen.

### 35. Andere Art.

Sechs Eier, 250 g. süße Butter, 250 g. Semmelmehl und gleich schwer fein gesiebten Zucker, 100 g. geschälte und geschnittene Mandeln, 150 g. Weinbeeren und Rosinen. Die Butter wird zerlassen, alles unter einander gerührt, zuletzt ein Löffel Kirschwasser dazu gegossen und eine Viertelstunde geklopft, dann in einem mit Butter angestrichenen Kuchenblech langsam gebacken.

### 36. Andere Art.

Sechs ganze Eier, 250 g. Zucker, 500 g. frische Butter, 500 g. Mehl, 250 g. sauber erlesene Rosinen. Die Butter wird gerieben, bis sie wieder wie Niblen ist, Mehl, Rosinen und Zucker trocken vermengt, die Eier geklopft und alles in die Butter gethan, und mit den Händen während einer Stunde geknetet wie Brodteig; wenn er fast genug geknetet ist, thut man eine Messerspitze Salz, Citronenrinde und Citronat darein. Das Model wird mit Butter angestrichen und mit dem Teig nicht bis oben angefüllt, der Ofen muß nicht zu heiß sein; am besten sieht man, ob der Kuchen genug gebacken ist, wenn man mit einem Messer hineinsticht und dasselbe trocken bleibt.

### 37. Andere Art.

Nachdem 250 g. süße Butter eine Viertelstunde lang zerrieben und zerklopft worden ist, fügt man 250 g. Semmelmehl, 250 g. fein gestoßenen Zucker und das Gelbe von 9 Eiern dazu und klopft sie damit eine halbe Stunde, fügt

250 g. gewaschene und ausgekernte Weinbeeren, 250 g. Rosinen, eine gehackte Citronenrinde, einen Kaffeelöffel gestoßenen Zimmt, 30 gestoßene Nägeli und 150 g. fein geschnittenen Citronat mit ein wenig Orangeat vermischt dazu, dieß alles wird mit dem Teig wohl vermengt, die Weißen der 9 Eier zu Schnee geschwungen und ganz leicht darunter gerührt, in eine mit frischer Butter bestrichene Form gelegt und zwei Stunden lang in einem recht warmen Ofen gebacken.

### 38. Magen-Brod.

250 g. Mandeln, ungeschält, nur mit einem Tuch abgerieben, 250 g. Zucker mit den Mandeln fein gestoßen, 50 g. Citronat und 50 g. Pomeranzenschnitze klein geschnitten, 5 g. Zimmt und etwa 10 Nägeli, beides gestoßen, 4 ganze Eier und 6 Gelbe; alles zusammen eine halbe Stunde gerührt, dann von den 6 Eiern die Weißen zu Schnee geschlagen und zuletzt darunter gerührt und in einem mit frischer Butter bestrichenen Model im Ofen gebacken.

### 39. Bettler-Brod.

Man nimmt 200 g. Semmelmehl, gleich viel Mandeln, geschält und fein gestoßen, 150 g. gestoßenen Zucker und 150 g. Chocolat, der mit den Mandeln gestoßen wird, dieß, ohne das Mehl, wird mit den Gelben von 8 Eiern angerührt, das Weiße derselben zu Schnee geschwungen, mit dem Uebrigen vermischt, zuletzt das Mehl darein gerührt, alles zusammen wohl vermengt, in ein mit frischer Butter bestrichenes Model gethan und im Ofen gebacken.

### 40. Belgrader-Brod.

500 g. gesiebter Zucker wird mit 5 großen Eiern tüchtig gerührt, 500 g. ungeschälte, mit einem Tuch abgeriebene Mandeln, die nicht sehr fein geschnitten werden, 5 g. fein gestoßene Gewürznelken, 150 g. Citronat nebst der fein geschnittenen Rinde einer Citrone und 500 g. Mehl, dieß alles wird mit den Eiern und Zucker vermengt, auf einem Kuchenbrett ausgetrölt in der Dicke eines halben Fingers, in Form von Läckerli verschnitten, auf ein mit Butter bestrichenes Blech gelegt und in einem nicht zu heißen Ofen gebacken.

### 41. Freimaurer-Brod.

250 g. gesiebter Zucker wird mit 2 ganzen Eiern und 2 Gelben eine Stunde lang gerührt, 300 g. Mehl darein gerührt, und zuletzt noch 50 g. Citronat, 50 g. Pomeranzenschalen, die Rinde einer Citrone klein zerschnitten, nebst gestoßenem Zimmt und, wenn man will, ein wenig Gewürznelken, und macht daraus fingersdicke und eben so lange Röllchen, bestreut ein Blech mit Mehl und legt sie ziemlich weit auseinander darauf, macht mit dem Messerrücken querüber 3 kleine Schnitte, oder legt statt der Schnitte Pomeranzenschnittchen auf und backt sie langsam im Ofen.

### 42. Schwabenbrod.

Man nimmt 400 g. Mehl auf ein Wirkbrett, schneidet 300 g. frische Butter hinein, feuchtet es mit dem Weißen von einem Ei an und wirkt es mit einander, dann werden nach und nach 250 g. Zucker und 250 g. ungeschälte, mit einem Tuch abgeriebene Mandeln zusammen fein gestoßen, 15 g. Zimmt, eine Citronenrinde und ein wenig Salz gut darunter gewirkt, mit Möbeli ausgestochen, mit Eigelb angestrichen und auf einem mit Mehl bestreuten Blech gebacken.

### 43. Türkenbund.

Man nimmt zu 250 g. gestoßenem Zucker, die Rinde von 2 Citronen fein gehackt, das Gelbe von 8 Eiern mit dem Jüs einer Citrone ½ Stunde gerührt und mit dem Zucker vermischt (man kann auch ein wenig fein geschnittenen Citronat darein thun); dann werden von 10 Eiern die Weißen zu Schnee geschlagen, leicht darunter gerührt und 6 Eßlöffel voll Semmelmehl nur nach und nach darein und unter einander gerührt, in einem mit frischer Butter bestrichenen Model in einem nicht allzuheißen Ofen gebacken.

### 44. Mandeln-Türkenbund.

Man nimmt 500 g. geschälte und gestoßene Mandeln, 500 g. gesiebten Zucker, die Rinde einer Citrone fein gehackt und 12 Eier, klopft dies zusammen 1 Stunde lang und backt es in einem nicht zu heißen Ofen in einer mit frischer Butter bestrichenen und mit Zwieback oder fein geriebenem Brod bestreuten Form.

### 45. Zuckerbrod.

Man nimmt 6 Eier, von denen die Gelben mit 4 Eier schwer Zucker, nicht sehr fein gestoßen, eine halbe Stunde lang tüchtig geklopft und gerieben werden, und rührt die feingehackte Rinde einer Citrone, den Saft derselben und die 6 Weißen der Eier zu Schnee geschlagen darunter; ist alles wohl vermengt, so wird eines Eies schwer Semmel= mehl darunter gerührt und der Teig sogleich in die Pa= pierchen gethan, die natürlich schon in Bereitschaft sein müssen, streut gesiebten Zucker darüber, und stellt sie in den Ofen, wo sie 20 bis 30 Minuten backen.

NB. Man rangirt die Papierchen auf einer Eisen= schüssel, ehe man sie füllt, und muß sich mit der Zurüstung dieses Teiges so einrichten, daß, sobald man damit fertig ist, sie sogleich in den Ofen kommen, sonst gehen die Zucker= brode nicht auf; so verhält es sich überhaupt mit allem Gebäck, das aufgehen soll.

### 46. Andere Art.

Man nimmt 250 g. Zucker, nicht sehr fein gestoßen, 375 g. Eier, 200 g. Mehl und die Rinde einer Citrone fein gehackt. Das Gelbe von den Eiern wird mit dem Zucker und der Citronenrinde untereinander gerührt und gerieben, bis es Blattern gibt, das Weiße von 4 Eiern zu Schnee geschwungen und nur sachte unter das Gelbe ge= rührt, und wenn es mit einander vermischt ist, das Mehl leicht nach und nach beigefügt.

### 47. Andere Art.

Man nimmt 200 g. fein gestoßenen Zucker, 130 g. Sem= melmehl und 9 Eier. Von 6 Eiern wird das Weiße auf die Seite gestellt, das Gelbe mit den 3 übrigen Eiern, dem Zucker und der fein gehackten oder am Zucker geriebenen Rinde einer Citrone so lange gerührt, bis es Blattern giebt und weiß wird; die 6 Eiweiß zu Schnee geschwungen, darunter gerührt, und zuletzt das Mehl, und hierauf beliebige Möbeli oder Papierchen mit dem Teig nicht ganz gefüllt und im Ofen in ziemlich guter Hitze gebacken. Alles solche Zuckerwerk wird am schönsten nach dem Brod im Ofen.

### 48. Butter-Zuckerbrod.

Vier Eier, gleich schwer gestoßenen Zucker, ein Ei schwer Mehl, die Rinde einer Citrone fein gehackt, und 2 Eier schwer frische Butter, die ein wenig geschmolzen wird. Der Zucker wird mit dem Gelben der Eier und der Citronenrinde lange gerührt und gerieben, dann das Mehl und die geschmolzene Butter dazu, und zuletzt das Weiße der Eier zu Schnee geschwungen leicht mit dem Teig vermengt, sogleich in Papier oder Tourteletten-Möbeli gethan, ein wenig gesiebter Zucker darüber gestreut und gebacken.

### 49. Mandel-Zuckerbrod.

Man nimmt 150 g. süße Mandeln, gießt siedendes Wasser darüber und läßt sie zugedeckt einige Minuten stehen, schält und stößt sie fein, und rührt 150 g. gestoßenen Zucker, die Rinde einer Citrone und einen halben Schnitz Citronat, welcher mit der Citronenrinde fein gehackt wird, mit 4 Gelben von Eiern wohl durcheinander, die 4 Weißen, zu Schnee geschwungen, darunter, vermischt alles wohl und thut den Teig in Papierchen, überstreut sie mit gesiebtem Zucker und backt sie mit Sorgfalt. Man muß darauf achten, daß sie unten nicht verbrennen, was sehr leicht geschieht.

### 50. Haselnuß-Zuckerbrod.

Man nimmt 150 g. Haselnüsse, mit den Schalen gewogen, röstet die Kerne in einer Eisenpfanne auf Gluth ganz trocken und nur so lange, bis man die Haut abreiben kann, stößt sie dann fein, 150 g. gestoßenen Zucker und 5 Weiße von Eiern zu Schnee geschwungen dazu, mengt alles wohl durcheinander, thut es in Papierchen, bestreut sie mit Zucker und backt sie wie oben.

### 51. Pistachen-Zuckerbrod.

Man nimmt 150 g. Pistachen, die geschält und fein gestoßen werden, 150 g. gestoßenen Zucker, einen Theelöffel voll Mehl, und 5 Weiße von Eiern zu Schnee geschwungen, rührt alles wohl durcheinander, thut es in Papierchen, bestreut sie mit wenig gesiebtem Zucker, und backt sie im Ofen nur langsam. Man kann einige Tropfen Citronensaft dem Teig zusetzen, oder benselben mit Vanille parfümiren.

### 52. Chocolat-Zuckerbrod.

Man nimmt zu 500 g. Zucker, 120 g. oder eine Tafel Chocolat, beides am Reiber fein gerieben, von 10 Eiern die Weißen geschwungen, unter den Zucker und den Chocolat gerührt und wohl vermengt, dann sogleich die bereit gehaltenen Zuckerbrod-Papierchen nicht völlig damit gefüllt und im Ofen gebacken.

### 53. Schmelzbrödchen.

Zu 5 Weißen von Eiern nimmt man 3 Gelbe, vier Eier schwer gesiebten Zucker, zwei Eier schwer frische Butter, gleich viel Semmelmehl und die Rinde einer Citrone fein gehackt; der Zucker und die Citronenrinde werden mit den Gelben der Eier so lange gerieben, bis es Blätterchen gibt, die Weißen zu Schnee geschwungen und leicht unter die Gelben gerührt, das Mehl darein gestreut, unter einander geklopft, und zuletzt die Butter, die ein wenig geschmolzen wird. Ist nun alles zusammen wohl vermischt, so werden kleine Tourtelettenmöbeli mit geschmolzener frischer Butter angestrichen, von dem Teig darein gethan, doch nicht ganz gefüllt, da sie aufgehen sollen, und sogleich im Ofen schön gelb gebacken.

### 54. Andere Art.

Von acht frischen Eiern und gleich schwer gesiebtem Zucker werden die Gelben mit dem Zucker eine Viertelstunde immer nach der gleichen Seite hin gerührt, dann fünf Eier schwere süße Butter nur zerlassen, nicht heiß gemacht und die Hälfte einer fein gehackten oder am Zucker abgeriebenen Citronenrinde, nebst sieben Eiern schwer Semmelmehl und zuletzt die zu einem dicken Schaum geschlagenen Eiweiß leicht darunter gerührt, und die mit Butter angestrichenen Möbeli zur Hälfte mit dem Teig angefüllt; dann schnell in dem nicht zu heißen Ofen gebacken, daß sie schön aufgehen.

### 55. Fenchelschnitten.

Man nimmt 200 g. gestoßenen Zucker, 150 g. Semmelmehl, von 5 Eiern das Weiße, jedoch nur von 4 das Gelbe, und Fenchel nach Belieben. Der Zucker wird mit den Gelben der Eier angerührt und lange gerieben, dann der Fenchel und das Weiße der fünf Eier zu Schnee geschwungen, leicht unter die Gelben gerührt, und zuletzt auch das Mehl nach und nach darein gestreut, und alles wohl durcheinander gerührt, in ein drei Finger hohes, beinahe geviertes, mit frischer Butter bestrichenes Model gethan, und nach dem Brod im Ofen gebacken; es soll schön aufgehen und schön gelb gebacken sein. Ist es genug gebacken, so wird das Fenchelbrod aus dem Model genommen und mit einem scharfen Messer in Schnitten geschnitten, diese auf eine Eisenschüssel eine neben der andern gelegt und ein paar Minuten im Ofen geröstet.

### 56. Andere Art.

200 g. gestoßenen Zucker, von 6 großen Eiern das Weiße und 5 Gelbe, die Rinde einer kleinen Citrone und ein wenig Citronat zusammen gehackt, 10 g. Anis und eben so viel Fenchel, die Gelben von den Eiern mit dem Zucker, Citronen, Fenchel und ein wenig Citronensaft immer nach einer Seite hin lange gerührt; dann die Weißen der Eier, zu Schnee geschwungen, dazu und zuletzt 100 g. Semmelmehl nach und nach darein gestreut und alles zusammen wohl vermischt und mit dem Teig in allem gleich verfahren wie oben, so auch im Verschneiden.

### 57. Anisbrödchen.

Man nimmt 250 g. gesiebten Zucker, 250 g. Semmelmehl, schwach gewogen, 2 ganze Eier, einen Löffel Anis und die gehackte Rinde einer Citrone; der Zucker wird auf ein Wirkbrett gethan, in der Mitte eine Vertiefung gemacht, das Mehl rings um den Zucker herum, die Eier in die Vertiefung geschlagen, Anis und Citronen dazu gethan, und alles zu einem Teig gewirkt. Man muß etwas Zucker und Mehl zurückbehalten, um den Teig damit auszutrölen, der in der Dicke eines kleinen Fingers sein muß, dann wird er in der gewöhnlichen Form der Anisbröbchen verschnitten und im Ofen gebacken.

### 58. Andere Art.

250 g. gestoßenen Zucker, 250 g. Mehl, 200 g. frische Butter, die ein wenig geschmolzen wird, 3 Weiße vom Ei geschwungen, 2 Gelbe, ein Löffel voll Anis, von einer halben Citrone die Rinde gehackt und alles wohl durcheinander gerührt; eine Kuchenschüssel nur wenig mit frischer Butter bestrichen, mit einem Kaffeelöffel Höckli von diesem Teig gemacht und im Ofen in ziemlicher Hitze gebacken.

### 59. Neuenburger=Anisbröbchen.

Man nimmt 300 g. Semmelmehl, schwach gewogen, 250 g. gesiebten Zucker, von 5 Eiern das Gelbe und von zweien das Weiße, und Anis nach Belieben. Der Zucker wird mit den Gelben der Eier angerührt und lange gerieben, das Weiße der zwei Eier zu Schnee geschwungen, der Anis und zuletzt das Mehl darunter gerührt und alles zusammen wohl geklopft; dann macht man Höckli auf einer mit frischer Butter bestrichenen Schüssel oder auf einem Bogen Papier und backt sie nach dem Brod im Ofen, wo sie nicht länger als 10 Minuten gelassen werden.

### 60. Anisbröbchen oder sogenannte Freiburger=Kräbeli.

Von zwei Eiern wird das Weiße zu Schnee geschwungen, 200 g. fein gestoßenen Zucker unter den Eierschaum gerührt, dann 150 g. Semmelmehl und zwei Löffel voll Anis darein gewirkt, mit Model Bröbchen oder Kräbeli geformt und im Ofen gebacken.

### 61. Moosbruggerli.

350 g. gestoßenen Zucker, 350 g. Mehl, 1 Löffel Anis, 1 Löffel Fenchel und die fein gehackte Rinde einer Citrone;

das Gelbe von 3 Eiern wird mit dem Zucker wohl verrührt, das Weiße der Eier zu Schnee geschlagen, mit dem Uebrigen vermischt und zuletzt das Mehl leicht hineingerührt und wie oben gebacken.

### 62. Citronen-Brödchen.

Man nimmt, um 500 g. Bröbli zu haben, 500 g. gesiebten Zucker, von 2 Eiern das Weiße, die Rinde einer Citrone fein abgeschnitten und in einem Mörser zerstoßen; das Weiße der Eier wird zu Schnee geschwungen und im Mörser unter die Citronenrinde gemischt, und diese fortwährend gerieben, bis sie mit den Eiern zu einem dünnen Teig geworden ist, dann mit dem gesiebten Zucker vermischt und wohl durcheinander gerührt. Von diesem Teig werden auf Papier oder auf einer mit frischer Butter nur wenig bestrichenen Schüssel Höckli gemacht und im Ofen gebacken; sie dürfen nur wenig Farbe bekommen.

### 63. Anis-Tourteletten.

Man nimmt 2 Eier, gleich schwer gestoßenen Zucker, 1 Ei schwer Semmelmehl, Anis nach Belieben und, wenn man will, ein wenig gehackten Citronat; der Zucker wird mit den 2 Gelben von Eiern wohl gerrührt, die 2 Weißen zu Schnee geschwungen und unter die Gelben gethan, dann der Anis und das Mehl leicht darein gestreut; zusammen wohl geklopft, und die angestrichenen Möbeli nicht ganz damit gefüllt, mit gesiebtem Zucker bestreut und im Ofen gebacken.

### 64. Anis-Stängeli.

Man nimmt 150 g. Semmelmehl, 100 g. gestoßenen Zucker, von 5 Eiern das Weiße zu Schnee geschwungen, Anis nach Belieben und 150 g. frische Butter leicht gewogen, diese wird geschmolzen und Zucker und Mehl damit angerührt, dann das geschwungene Weiße der 5 Eier darunter gerührt, dieß zusammen wohl vermengt und geklopft, eine Schüssel mit geschmolzener Butter nur leicht bestrichen und von dem Teig, den man auströlen kann, ein Kaffeelöffel voll genommen und ein Stänglein damit formirt und so fortgefahren, bis der Teig aufgebraucht ist. Man muß die Stänglein nicht zu nahe an einander legen, weil sie ein wenig verlaufen; sie werden auch auf gleiche Weise glacirt wie die Brobstängeli, und müssen schnell in den Ofen gebracht und schön gelb gebacken werden.

### 65. Vanille-Stängeli.

Man nimmt 150 g. gestoßenen Zucker, 150 g. Semmelmehl, 150 g. frische Butter, ein wenig gestoßene Vanille und ein ganzes Ei, von diesem wird ein Teig gemacht, sehr dünn ausgetrölt und zu Stängeli geschnitten, eine Schüssel mit frischer Butter bestrichen, die Stängeli darauf rangirt und mit Weißem vom Ei, das mit Zucker vermischt wird, angestrichen und im Ofen gebacken.

### 66. Wein-Stängeli.

100 g. Semmelmehl, 50 g. frische Butter, 2 Löffel voll gestoßenen Zucker und von einer halben Citrone die Rinde gehackt, die Butter nicht geschmolzen, nur zerbröckelt, und alles zusammen mit Wein angemacht und zu einem Teig gewirkt, der in der Dicke eines Messerrückens ausgetrölt und zu Stängeli geschnitten wird, mit dem Weißen vom Ei angestrichen, mit Zucker überstreut und im Ofen gebacken.

### 67. Wohlfeile und gute Zuckerstängeli.

100 g. Zucker, 50 g. Mehl, zwei ganze Eier und die Hälfte einer Citronenrinde, fein gehackt, wird wohl untereinander gerührt, in ein dazu eigens verfertigtes Model, welches mit frischer Butter wohl bestrichen wird, nur wenig gefüllt und in einem nicht zu heißen Ofen gebacken. Die Stängeli müssen in einem abgetheilten Model gemacht werden, um recht croquant zu sein. Man kann sie auch mit ein wenig gestoßenem Zucker überstreuen, um sie zu glaciren.

### 68. Tire-Bouchons.

Von 3 Eiern das Weiße zu Schnee geschwungen, 60 g. Zucker, mit welchem die Rinde einer Citrone abgerieben wird, 2 Löffel voll spanischen und 3 Löffel voll gewöhnlichen weißen Wein, und einen Eßlöffel voll Semmelmehl; der Zucker wird zuerst mit dem Wein verrieben, dann die geschwungenen Eier darunter gerührt, und zuletzt das Mehl; dann wird alles zusammen vermengt und in eine mit frischer Butter nur wenig bestrichene Kuchenschüssel gethan und im Ofen gebacken. Die Schüssel darf ziemlich groß sein, da der Kuchen nur dünn werden muß. Sobald er gebacken ist, wird er in lange schmale Stäblein geschnitten, und diese ganz warm um ein rundes Hölzchen gewunden, das man wieder heraus zieht, sobald sie kalt sind.

### 69. Craquelins.

6 dl. dünne Niblen und eines Ei's groß frische Butter wird zusammen in einer gelben Pfanne auf's Feuer gesetzt, und wenn es anfangen will zu kochen, so wird Semmelmehl darein gerührt, bis sich der Teig von der Pfanne löst; dann wird er in eine irdene Schüssel gethan, gestoßener Zucker und gehackter Citronat darunter gemischt, und wenn er kalt ist, so werden 5 ganze Eier darein geschlagen, zusammen tüchtig gerührt und geklopft, bis er Blattern wirft, Höckli davon formirt, diese auf eine mit frischer Butter bestrichene Schüssel gelegt, mit dem Gelben vom Ei, das mit einem Löffel voll Niblen vermischt wird, angestrichen und im Ofen gebacken.

### 70. Tronchines.

100 g. gesiebter Zucker, die fein gehackte Rinde einer Citrone und von 3 Eiern das Weiße zu Schnee geschwungen; ist dieß zusammen vermengt, so wird noch 50 g. Semmelmehl darunter gerührt, dieser Teig auf eine mit frischer Butter leicht bestrichene Kuchenschüssel gebracht, in der Dicke eines Messerrückens verstrichen und im Ofen gebacken, und nachher, während der Kuchen noch heiß ist, in viereckige Stücklein geschnitten.

### 71. Andere Art.

Man nimmt 120 g. gestoßenen und gesiebten Zucker, einen Löffel voll Anis und von 2 Eiern das Weiße zu Schnee geschwungen, mischt den Zucker und Anis darunter und wenn es wohl vermengt ist, so macht man von diesem Teig mit einem Kaffeelöffel Höckli auf einen Bogen Papier und backt sie nach dem Brod im Ofen.

### 72. Brod-Stängeli.

Man nimmt 600 g. Brodteig, 500 g. Semmelmehl, 500 g. frische Butter, 200 g. gestoßenen Zucker und eine Handvoll gestoßenen Zimmt, alles wird zu einem Teig gemacht und lange gewirkt, bis der Teig Blattern wirft; dann wird er ausgetrölt in der Dicke eines breiten Messerrückens und in Stängelein geschnitten, die wie oben auf eine bestrichene Schüssel gelegt werden, jedes Stängelein wird mit geschwungenem Eiweiß belegt und der Schaum mit einem Kaffeelöffel schön eben gemacht, mit gesiebtem Zucker bestreut und schnell in den Ofen gestellt und gebacken. Die Hälfte dieser Portion gibt einen großen Teller voll.

### 73. Mapepains.

500 g. Mandeln, 500 g. Zucker, 30 g. feinen Zimmt, 30 g. Citronat, 5 g. Muskatnuß, 5 g. Macis und 5 g. Nägeli, alles fein gestoßen und von 4 bis 5 Eiern das Weiße zu Schnee geschwungen, wird zusammen wohl durcheinander gerührt. Dann bestreicht man einen Bogen Papier mit frischer Butter und formt von diesem einige Bröbchen, die mit Zucker bestreut und im Ofen gebacken werden.

### 74. Pain à la Reine.

Man nimmt 250 g. Semmelmehl, 250 g. frische Butter, 50 g. gestoßenen Zucker, die gehackte Rinde einer Citrone, zwei ganze Eier und ein wenig Niblen. Dieß alles wird zusammen zu einem Teig gewirkt und wohl gearbeitet; dann läßt man ihn $1/2$ Stunde ruhen, und macht nun kleine Bröbchen daraus, die mit dem Gelben vom Ei und ein wenig Niblen angestrichen und auf einer mit Butter bestrichenen Schüssel im Ofen gebacken werden. Man kann auch statt Bröbli einen Kuchen daraus machen.

### 75. Butter-Tourteletten.

Man nimmt 250 g. frische Butter, 250 g. Semmelmehl, 200 g. nicht gar fein gestoßenen Zucker, die fein gehackte Rinde einer Citrone und von sechs Eiern das Weiße zu Schnee geschwungen. Zucker und Mehl wird mit der Butter, die geschmolzen wird, angerührt, dann die Citronenrinde und das geschwungene Weiße der Eier darunter gemengt und zusammen wohl vermischt und dieser Teig in angestrichene Tourtelettenmöbeli gebracht und sogleich im Ofen gebacken.

### 76. Chocolat-Tourteletten.

Zu 125 g. süßen Chocolat nimmt man 5 Löffel gestoßenen Zucker, 4 Löffel Mehl und das Weiße von 4 Eiern zu Schnee geschlagen, das Mehl wird mit Niblen zu einem feinen Brei gerührt, dann der geschabte Chocolat sammt Zucker und zuletzt das Eiweiß darein gerührt, und in mit Butter bestrichenen Tourtelettenmöbelchen gebacken, auf eine tiefe Platte oder in eine Coupe mit gestoßener Niblen rangirt und kalt aufgetragen.

### 77. Papillotes au chocolat.

250 g. gesiebten Zucker, eben so viel geschabten Chocolat und von 3 Eiern das Weiße zu Schnee geschwungen, rührt dieß alles zusammen wohl durcheinander und füllt mit diesem Teig die Papierchen, die rund und in der Größe eines Zweifrankenstücks sein müssen, zur Hälfte und backt sie nach dem Brod im Ofen; man muß wohl achten, daß sie nicht verbrennen.

### 78. Chocolat-Herz.

Man nimmt 250 g. gestoßenen Zucker, 200 g. Mandeln, die nur mit einem Tuch abgerieben und ungeschält gestoßen werden, 100 g. Chocolat geschabt und von zwei Eiern das Weiße zu Schnee geschwungen, rührt dieß alles wohl durcheinander und formirt dann Herzen oder eine beliebige Form von diesem Teig und backt sie auf einer mit frischer Butter bestrichenen Schüssel im Ofen. Wenn sie gebacken sind, so werden sie mit Eiweiß und Zucker glacirt, das in einem Mörser zusammen gerieben wird, bis es schön weiß und dick ist.

### 79. Chocolat-Brödchen.

250 g. bittern Chocolat, 250 g. fein gestoßenen Zucker, 250 g. Haselnußkernen abgerieben und fein gestoßen, werden mit 5 Eiweiß zu Schnee geschwungen und alles wohl vermengt, Tourteletten-Möbeli mit frischer Butter wohl angestrichen, die Masse darein gefüllt und in gelinder Hitze gebacken.

### 80. Andere Art.

Man nimmt 100 g. gestoßenen und gesiebten Zucker, 50 g. guten Chocolat, geschabt, von zwei kleinen Eiern das Weiße zu Schnee geschwungen, und vermengt dann alles wohl zusammen, macht Höckli auf Papier und backt sie im Ofen.

### 81. Grafen-Brödchen.

250 g. Mandeln und 50 g. Pistachen geschält und fein gestoßen, 50 g. Citronat gehackt, 250 g. gestoßenen Zucker und von 6 bis 7 Eiern die Gelben, mischt dieß Alles wohl durcheinander, bestreicht einen Bogen Papier mit frischer Butter und formt von diesem Teig Brödchen, bestreicht sie mit dem Weißen vom Ei, mit Zucker vermischt und backt sie im Ofen. Man kann auch aus dem Ganzen einen ordentlichen dicken Kuchen machen, und denselben, wenn er gebacken ist, zu Carreaux verschneiden.

### 82. Geschmolzene Brödchen.

Man nimmt 250 g. gestoßenen Zucker, 250 g. Semmelmehl, 125 g. frische Butter, 15 g. geschälte und fein gestoßene Pfirsichkerne, und von 4 Eiern das Weiße zu Schnee geschwungen. Die Butter wird geschmolzen und alles zusammen mit einander vermengt und wohl geklopft. Dann macht man Höckli auf einer bestrichenen Schüssel und backt sie im Ofen.

NB. Diese, wie Nummer 84, werden etwa eine Viertelstunde im Ofen gelassen.

### 83. Tourteletten von Pfirsichkernen.

Man nimmt 250 g. gestoßenen Zucker, 250 g. Semmelmehl, 125 g. frische Butter, 15 g. Pfirsichkernen geschält und fein gestoßen, und von 5 Eiern das Weiße zu Schnee geschwungen. Die Butter wird ein wenig geschmolzen, alles zusammen wohl untereinander gerührt und damit verfahren wie mit den Schmelzbröbli.

### 84. Muskaten-Brödchen.

250 g. ungeschälte, gestoßene Mandeln, 250 g. gestoßenen Zucker, 10 g. gestoßenen Zimmt, 4 Nägeli, ganz wenig gestoßenen Macis und geschabte Muskatnuß, und von 3 Eiern das Weiße zu Schnee geschwungen; mischt alles zusammen wohl durcheinander und rührt 1 Löffel Semmelmehl darunter, um den Teig zusammen zu halten, und macht wie oben auf einer bestrichenen Schüssel Höckli von diesem Teig, mehr platt als hoch und backt sie im Ofen.

### 85. Haselnuß-Brödchen.

Man nimmt 150 g. Haselnuß, ohne die Schalen gewogen, und röstet sie in einer Eisenpfanne auf Gluth ganz trocken, bis man die Haut abreiben kann; der Kern darf nicht gelb werden, hackt sie nicht gar fein und röstet oder pralinirt sie in einer gelben Pfanne, mit 50 g. geschmolzenem Zucker, bis sie mit dem Zucker ein wenig gelb sind. Dann wird von 2 großen oder 3 kleinen Eiern das Weiße zu Schnee geschwungen, 150 g. gesiebter Zucker darunter gerührt und zusammen geschwungen, bis Zucker und Eierschaum wohl vermischt und dick sind, die Haselnüsse leicht darunter gerührt, sogleich von diesem Teig kleine Bröblein geformt und auf einen Bogen Papier gelegt, der mit einer zerschnittenen Mandel gerieben wird, und in einem Ofen, der nicht sehr heiß sein muß, gebacken.

### 86. Weiße Haselnuß-Brödchen.

Zu 150 g. gesiebtem Zucker nimmt man eine große Hand voll Haselnußkerne und röstet dieselben trocken in einer Eisenpfanne, bis die Haut sich löst und man dieselbe leicht abreiben kann; die Kerne müssen schön weiß bleiben und dann in 4 Theile geschnitten werden, thut von 3 Eiern das Weiße unter den Zucker, der auf einem Teller von weißer Fayence sein muß, und schwingt sie sammt dem Zucker mit einer silbernen Gabel zu Schnee; dann werden die Haselnüsse darunter gemischt und mit einem Kaffeelöffeli Höckli auf weißes Papier gelegt und in einem warmen Ofen gebacken; sie müssen nur trocken sein und weiß bleiben.

### 87. Haselnuß-Boucles.

100 g. Haselnußkerne, geröstet und die Haut abgerieben wie oben, und fein gestoßen, 200 g. fein gestoßenen Zucker, die Rinde einer Citrone fein gehackt und von 4 Eiern das Weiße zu Schnee geschwungen, rührt dieß alles durcheinander, bestreicht eine Schüssel mit frischer Butter nur wenig, nimmt von diesem Haselnußteig einen Kaffeelöffel voll, legt ihn auf die Schüssel, streicht ihn rund, aber nur dünn, und fährt so fort, bis der Teig aufgebraucht ist. Dann werden diese Boucles im Ofen schön gelb gebacken, sorgfältig abgenommen und ganz heiß auf ein rundes Brett gelegt, damit sie ein wenig gekrümmt oder gebogen werden.

### 88. Citronen-Boucles.

Man nimmt 2 Hände voll Semmelmehl, 2 Hände gesiebten Zucker, die Rinde einer Citrone geschabt, und von 2 Eiern das Weiße zu Schnee geschwungen, klopft alles zusammen wohl durcheinander, und thut auf eine Schüssel, die mit frischer Butter wohl bestrichen wird, einen Kaffeelöffel von diesem Teig und verstreicht ihn wie oben dünn und rund. Es wird so fortgefahren, bis der Teig zu Ende ist; dann werden diese Boucles im Ofen schön gebacken und damit verfahren wie oben.

### 89. Krüschbrödchen, sehr gut.

250 g. Mandeln, mit einem Tuch abgerieben und ungeschält, nur grob gestoßen, 10 g. Zimmt, ganz grob gestoßen, 200 g. gestoßenen Zucker, 3 ganze Eier und gleich

schwer frische Butter, ein wenig geschmolzen, alles wohl durcheinander gerührt und auf eine mit frischer Butter bestrichene Schüssel oder Tourtière gethan, der Teig mit einem Löffel schön eben gemacht, daß er überall gleich dick sei, gebacken und nachher in beliebige Stücke verschnitten. Diese Portion gibt nicht eine große Anzahl.

### 90. Mandelbrödchen.

Man nimmt 200 g. Mandeln, wie oben nur mit einem Tuch abgerieben und ziemlich fein gestoßen, 200 g. gestoßenen Zucker, die Rinde von einer Citrone fein gehackt, 10 g. Zimmt grob gestoßen, einen Kaffeelöffel voll Citronensaft, 100 g. frische Butter ein wenig geschmolzen, und 2 Weiße vom Ei. Dieß alles wohl durcheinander gerührt und mit ein paar Stäubchen Mehl Brödchen formirt, die auf einer bestrichenen Schüssel im Ofen gebacken werden.

### 91. Kleine Maccaronen.

Man nimmt 150 g. gestoßenen Zucker, 150 g. geschälte Mandeln, fein gestoßen, die Rinde einer Citrone fein gehackt, und von einem Ei das Weiße zu Schnee geschwungen. Dann wird alles zusammen wohl vermengt und auf einem mit frischer Butter bestrichenen Bogen Papier werden kleine Höckli von diesem Teig gemacht und diese im Ofen gebacken.

### 92. Mandelstern.

Zu 500 g. gesiebtem Zucker und 500 g. Mandeln, welche geschält und auf einem kleinen Reibeisen gerieben werden, nimmt man von 5 Eiern das Weiße, zu Schnee geschlagen, und rührt den Zucker eine halbe Stunde damit, und wenn die Masse recht weiß und leicht ist, thut man die Mandeln, nebst der fein gehackten Rinde einer Citrone hinein. Nun schneidet man Oblaten nach einem Stern-Muster, legt sie auf ein mit Butter bestrichenes Blech und streicht dann mit einem Kaffeelöffel den Teig darauf, aber nicht zu dünn. Will man etwas Eingemachtes darauf legen, so wird in der Mitte eine Vertiefung gemacht. Müssen in ziemlicher Hitze, aber nicht zu lang, gebacken werden.

### 93. Nidel-Tourteletten.

Man nimmt 250 g. Mandeln geschält und fein gestoßen, 125 g. gestoßenen Zucker, die Rinde einer halben Citrone, fein gehackt, und einen Kaffeelöffel voll Semmelmehl. Zu diesem werden sechs ganze Eier genommen, immer eines um das andere darein geschlagen und jedes Mal die Fülle wohl gearbeitet, bis alle 6 Eier darin sind und der Teig schön weiß ist. Dann wird 6 dl. gute Niblen darein gerührt, die Tourtelettenmödeli mit frischer Butter bestrichen und mit dünn ausgeröltem Spanischbrobteig belegt, mit dieser Fülle nicht ganz gefüllt und im Ofen gebacken. Diese Portion gibt beinahe vier Dutzend.

### 94. Mandel-Ringli.

Man nimmt 300 g. Semmelmehl, 250 g. gestoßenen Zucker, 150 g. geschälte und gestoßene Mandeln, 100 g. frische Butter, die geschmolzen wird, 3 kleine Kaffeelöffel voll gestoßenen Zimmt oder ein wenig Vanille und 3 ganze Eier, wirkt alles wohl untereinander, macht Ringli davon, die mit dem Weißen vom Ei, mit Zucker vermischt, angestrichen und in einer mit frischer Butter bestrichenen Schüssel im Ofen gebacken werden.

### 95. Mandelstängeli.

500 g. Zucker wird mit 5 Eiern eine halbe Stunde gerührt, 250 g. mit einem Tuch abgeriebene und grob geschnittene Mandeln und 30 g. feiner Zimmt darunter gerührt, Mehl, bis der Teig die Dicke hat, daß man ihn ausrölen kann, zu Stängeli geschnitten und im Ofen gebacken.

### 96. Soufflée aux amandes.

250 g. gesiebten Zucker, 150 g. Mandeln, geschält und in Scheibchen geschnitten, und wenn man will, ein wenig gehackte Citronenrinde oder gestoßene Vanille und von vier Eiern das Weiße zu Schnee geschwungen. Der Zucker wird nach und nach unter die Eier gerührt und zusammen noch geschwungen, die Mandeln auch leicht darein gethan und auf

einem Bogen Papier, der mit gesiebtem Zucker bestreut wird, von diesem Teig Höckli gemacht und nach dem Brod im Ofen gebacken; sie werden nicht länger als 5 Minuten im Ofen gelassen. Für Soufflée au Chocolat nimmt man 100 g. feinen geschabten Chocolat statt der Mandeln, sonst wird gleich damit verfahren.

### 97. Robes de chambre aux pistaches.

200 g. gestoßenen und gesiebten Zucker, 50 g. Pistachen, geschält und zur Hälfte im Mörser gestoßen, zur Hälfte der Länge nach zerschnitten, werden zusammen gemischt, dazu von drei Eiern die Weißen mit einem Löffel voll spanischem Wein zu Schnee geschwungen, und wenn sie recht dick sind, der Zucker mit den Pistachen leicht darunter gerührt; dann wird diese Fülle in Robe de chambre-Papierchen gethan, die aber vorher gemacht sein müssen; die Papierchen werden nur halb gefüllt, mit gesiebtem Zucker leicht bestreut und im Ofen auf einer Schüssel gebacken.

### 98. Noga.

Man nimmt 250 g. Mandeln, die geschält und der Länge nach geschnitten werden, 200 g. Zucker, der mit einem kleinen Glas Wasser in einer gelben Pfanne auf's Feuer gesetzt wird; wenn er geschmolzen ist, so wird eine Haselnuß groß frische Butter sammt den Mandeln darein gethan und dieß mit einer hölzernen Kelle fleißig umgerührt, aber mit Sorgfalt, damit die Mandeln so wenig als möglich zerbröckeln; das Feuer darf auch nicht zu stark sein, weil sie sonst gerne anbrennen; auf diese Weise werden sie immerfort umgerührt, bis sie schön gelb sind, dann macht man auf einem mit frischer Butter bestrichenen zinnernen Teller Höckli von diesen Mandeln, was geschwind geschehen muß, indem man sie nicht mehr formiren kann, wenn sie kalt sind. Man kann auch, wenn man ein ganzes Noga haben will, dieselben in ein Saladier oder Model legen, und ringsum wohl andrücken, daß die Mandeln aneinander halten; es wird auf diese Weise hohl wie ein Körbchen, und wenn es kalt ist, so wird es umgewendet. Man darf sich nicht irreführen lassen, wenn die Mandeln mit dem Zucker, ehe sie gelb sind, ganz trocken werden, sie müssen nur emsiger und sorgfältiger fortgerührt werden; sie werden gleich nachher von selbst wieder feucht, und sind dann schnell gelb.

### 99. Gâteaux de Milan mit Mandeln.

Man nimmt 250 g. Semmelmehl, 250 g. gestoßenen Zucker, 150 g. Mandeln, die geschält und fein gestoßen werden, 100 g. frische Butter, die Rinde von einer Citrone fein gehackt und zwei ganze Eier, die Butter geschmolzen, mit allem übrigen vermengt und zu einem Teig gewirkt, nicht zu dünn ausgetrölt und mit Möbeli ausgestochen.

### 100. Gâteaux de Zweisimmen.

Eine Hand voll Mandeln, geschält und fein gestoßen, 400 g. Semmelmehl, 250 g. frische Butter, 150 g. fein gestoßener Zucker, die gehackte Rinde einer kleinen Citrone, ein Kaffeelöffel voll gestoßenen Zimmt und ein Ei. Die Butter wird geschmolzen mit allem Uebrigen vermengt und zusammen gewirkt und der Teig nicht ganz 1 Centimeter dick ausgetrölt, mit Möbeli ausgestochen, auf eine mit frischer Butter bestrichene Schüssel gelegt, mit dem Weißen vom Ei, mit Zucker vermischt, angestrichen und gebacken. Man kann diesen Kuchen eine Zeitlang aufbehalten.

### 101. Gâteaux de Milan.

Man nimmt 250 g. gestoßenen Zucker, 250 g. Semmelmehl, 100 g. frische Butter, die Rinde einer Citrone fein gehackt und zwei ganze Eier. Die Butter wird geschmolzen und mit allem Uebrigen vermengt und zusammen gewirkt, und in gleicher Dicke, wie oben, ausgetrölt, und gleich damit verfahren, ausgenommen, daß man, wenn die kleinen Gâteaux mit dem Möbeli ausgestochen sind, diese mit dem Gelben vom Ei, ohne Zucker, anstreicht.

### 102. Andere Art.

Man nimmt 250 g. gestoßenen Zucker, 250 g. Semmelmehl, 100 g. frische Butter und die Rinde einer halben

Citrone fein gehackt, die Butter geschmolzen und mit 3 Gelben und 1 Weißen von Eiern wohl durch einander geklopft, dann der Zucker und die Citronenrinde darein gerührt und zuletzt auch das Mehl darunter gewirkt; im übrigen wird völlig gleich verfahren wie bei den andern.

### 103. Mailänder-Kuchen.

Von 500 g. Mehl, 250 g. fein gesiebtem Zucker, 150 g. fein gehackten Mandeln, drei Löffel Wasser und 500 g. zerlassener frischer Butter wird ein Teig leicht gewirkt, eines kleinen Fingers dick ausgetrält, sorgfältig gebacken und sogleich in Carreaux verschnitten.

### 104. Zimmet-Ringli.

250 g. gestoßenen Zucker, 250 g. Semmelmehl, zwei Löffel voll feinen gestoßenen Zimmt, 125 g. frische Butter und zwei Eier. Die Butter wird geschmolzen und mit dem Zucker, Mehl, Zimmt und dem Gelben der zwei Eier vermengt und wohl geklopft, das Weiße der Eier zu Schnee geschwungen, unter den Teig gerührt und alles zusammen wohl vermengt, eine Eisenschüssel mit frischer Butter bestrichen, und von diesem Teig Ringli darauf formirt und im Ofen gebacken.

### 105. Anis-Ringli.

Man nimmt 125 g. gestoßenen Zucker, 125 g. frische Butter, 250 g. Semmelmehl, einen Löffel voll Anis, ein Ei und so viel Nidlen, als es bedarf, um alles zusammen zu einem Teig zu wirken, der nicht fest sein muß; formirt, wie oben, Ringli von diesem Teig und verfährt überhaupt gleich dabei, wie oben.

### 106. Citronen-Ringli.

Man nimmt 150 g. Zucker, 100 g. frische Butter, 170 g. Semmelmehl, die Rinde einer Citrone fein gehackt und ein Ei. Die Butter wird geschmolzen und mit dem Uebrigen zu einem Teig gewirkt, Ringli daraus gemacht gleich wie oben; man kann sie mit dem Weißen vom Ei, mit Zucker vermischt, glaciren.

### 107. Chinoise.

100 g. Zucker, gleich schwer frische Butter, ein ganzes Ei, ein Löffel Wein, etwas gehackte Citronenrinde und Mehl, so viel als nöthig ist, um einen lockern Teig daraus zu machen, ausgetrölt und mit Möbeli ausgestochen; nun wird ein wenig Confitüre darauf gestrichen, ein gleich ausgestochenes Deckelchen darüber gelegt und dem Rande nach mit Eiweiß angestrichen, damit sie beim Backen nicht auseinander fallen, und auf einer mit frischer Butter bestrichenen Schüssel im Ofen gebacken.

### 108. Weinplätzli.

250 g. Mehl, 125 g. süße Butter, ein wenig geschmolzen, werden mit heißem Wein angerührt, dünn ausgetrölt, mit Model ausgestochen, mit Eiweiß angestrichen, und mit Zucker bestreut, in die mit Butter wohl angestrichene Kuchenschüssel gelegt und in nicht zu großer Hitze gebacken.

### 109. Steinerli.

Man nimmt 500 g. gestoßenen Zucker, 500 g. Mehl, 4 Eier, von denen die Weißen ein wenig geschwungen werden, Zimmt nach Belieben oder von einer halben Citrone die Rinde gehackt, aus diesem zusammen wird ein Teig gemacht, derselbe in der Dicke eines Messerrückens ausgetrölt, mit Möbeli ausgestochen und auf einer mit Mehl bestreuten Schüssel im Ofen gebacken; sie dürfen aber nicht lange im Ofen sein und nicht hart gebacken werden. Sie bleiben lange gut.

### 110. Croquante.

Man nimmt 100 g. gesiebten Zucker, stark gewogen, 200 g. Semmelmehl, von 3 Eiern das Weiße, ein wenig frisches Wasser und Pomeranzenblüthenwasser. Von diesem zusammen macht man einen Teig, der nicht zu weich sein darf, trölt denselben so dünn als möglich zu einem Kuchen aus, bringt ihn in eine mit frischer Butter wohl bestrichene Schüssel oder in eine Tourtière und backt ihn ganz langsam. Ist die Torte gebacken, so wird auf gleiche Weise der

Deckel gemacht, nur muß derselbe ausgeschnitten sein. Ist dieser auch gebacken, so werden beide an der Wärme behalten, und erst wenn man sie auftragen will, legt man Meertrübeli oder andere Gelée auf die Torte und den Deckel darauf und servirt sie sogleich. Man kann auf die gleiche Weise Tourteletten machen.

### 111. Andere Art.

2 Löffel voll Zucker, 2 Löffel voll Mehl und 2 frische Eier, von denen man das Weiße, wenn man will, zu Schnee schlägt, werden wohl durcheinander gemengt, in eine mit Butter bestrichene Schüssel gethan, und in einem nicht zu heißen Ofen gebacken.

### 112. Andere Art.

Sechs Löffel voll gesiebter Zucker, zwei Löffel voll Mehl und 4 Eiweiß werden zu Schnee geschlagen, ein Teig daraus gemacht, und derselbe dünn ausgeröllt; dann belegt man ganz kleine Tourteletten-Möbeli damit und backt sie schnell im Ofen; wenn sie kalt sind, so thut man Gelée irgend einer Art in die Tourteletten.

### 113. Méringues.

Man nimmt 150 g. gesiebten Canarienzucker, ein wenig Citronenrinde fein gehackt, von 3 Eiern das Weiße zu Schnee geschwungen und mengt alles wohl durcheinander, dann wird ein Bogen Papier mit frischer Butter nur wenig bestrichen, von diesem Teig mit einem Kaffeelöffel schöne runde Höckli gemacht und mit einem warmen Tourtieredeckel gedeckt. Sind sie oben über gebacken, so werden sie mit einem Messer sorgfältig abgelöst, von unten mit einem Kaffeelöffel das Weiche ausgehöhlt und weggenommen und die Meringues an der Wärme aufbehalten; erst wenn man sie serviren will, werden sie mit gestoßener Niblen oder Confitüre gefüllt und dann immer zwei auf einander gelegt, damit die Fülle gedeckt sei. Das Weiche des Teiges, das man ausgehöhlt, kann man zuletzt auf gleiche Weise backen.

### 114. Glacirte Kastanien.

Man nimmt einen Teller voll schöne Kastanien, die geschwellt und geschält werden, aber so viel möglich ganz bleiben müssen, 375 g. Cassonade, von welcher man mit Wasser einen dicken Syrup kocht. Dann werden die Kastanien in eine große Messingpfanne gelegt, so daß nur der Boden überdeckt wird und keine über der andern liegt; dann gießt man von dem Syrup darüber, daß alle Kastanien übergossen werden; läßt sie auf dem Feuer mit dem Syrup nur warm werden und zieht sie auf eine zinnerne Platte heraus, auf welcher man sie kalt werden läßt, und fährt so fort, bis alle glacirt sind.

### 115. Andere Art.

Man nimmt das gleiche Gewicht Zucker, als man geschwellte und geschälte Kastanien hat, setzt den Zucker mit Wasser in einer gelben Pfanne auf's Feuer und verschaumt ihn; dann werden die Kastanien darein gelegt und mit dem Zucker ein paar Minuten gekocht, wieder herausgezogen und erst, wenn der Zucker, der unterdessen immer gekocht wird, zu einem dicken Syrup eingekocht ist, wieder darein gethan, und wie oben damit verfahren. Man kann, wenn man will, ein wenig Vanille in den Syrup gießen, was sehr gut ist.

### 116. Orange-Schnitten.

Man nimmt die ganz fein abgeschnittene Rinde von einer oder mehreren süßen Orangen, je nachdem man eine Portion Schnitten haben will; diese Rinde kocht man in einer irdenen Casserole in Wasser, das man einige Male verändert, bis sie weich sind. Dann macht man einen Syrup von spanischem oder sonst gutem weißen Wein und Zucker, und wenn er gekocht ist, so preßt man das Jüs der beschnittenen Orangen darein, richtet ihn in eine Tasse an und schneidet von weißem Brod dünne Schnitten, die auf der Gluth schön gebäht, durch kaltes Wasser gezogen und auf eine Platte neben einander gelegt werden, dann wird die Orangerinde ganz fein geschnifelt, von dem Syrup darüber geschüttet und auf die Brodschnitten gethan, auf jede gleich viel; die Schnitten können auf einander gelegt und ein wenig Syrup darüber geschüttet werden; der andere Syrup aber wird zurückbehalten, um beim Serviren zu jeder Schnitte ein wenig zuschütten zu können.

Man kann auf gleiche Weise auch Citronenschnitten machen.

# Läckerli.

### 1. Extra gute Läckerli.

500 g. gestoßenen Zucker, 600 g. Honig, stark gewogen, 250 g. Mandeln, nicht geschält, nur sauber abgerieben und grob geschnitten oder auch gestoßen, 50 g. feinen Zimmt, nur sehr grob gestoßen, 14 Nägeli fein gestoßen, von 2 Citronen die Rinde gehackt, 100 g. Citronat, auch gehackt, oder besser fein geschnitten und 3 Löffel voll spanischen Wein oder Kirschwasser und 1 kg. Semmelmehl. Die Hälfte des Zuckers wird bei Seite gestellt, das Uebrige alles in einer Schüssel wohl vermengt und von dem Kilogramm Mehl nur 4—5 Löffel voll darein gerührt, das Uebrige auch zurückbehalten. Die Schüssel mit Teig wird nun zugedeckt und über Nacht auf einen lauwarmen Ofen gestellt, am Morgen dann das Mehl, das den Tag vorher auch auf einen warmen Ofen gestellt werden sollte, und der Zucker auf das Wirkbrett gethan, der Teig dazu, und dieß zusammen tüchtig gewirkt, bis Mehl und Zucker mit dem Teig vermengt ist, dann wird stückweise von diesem Teig genommen und ausgetrölt, in der Dicke eines kleinen Fingers, und zu Läckerli geschnitten, in beliebiger Größe, doch nicht zu groß, da sie im Backen ein wenig größer werden. Die Läckerli werden nun auf Schüsseln gelegt, die mit feinem Olivenöl nur ganz wenig bestrichen werden, sie müssen nicht zu nahe an einander gelegt werden, weil sie sonst zusammen laufen. Für die Glace wird ein dicker Syrup von Zucker und Wasser gekocht und die Läckerli damit bestrichen, ehe sie in den Ofen

kommen; sie müssen schön gelb und nicht braun gebacken werden.

Diese Portion, wenn sie in der Ordnung gemacht wird, soll 120—130 Stück Läckerli geben.

NB. Man kann diese Läckerli dahin abändern, daß man die Mandeln wegläßt und statt der 2 Citronen 2 süße und 1 bittere Pomeranze nimmt; in Ermanglung der bittern werden 3 süße genommen. Sie werden sehr gut auf die eine wie auf die andere Art, auf die letzte indeß für viele Personen vielleicht noch angenehmer.

## 2. Andere Art.

Man läßt 150 g. gestoßenen Zucker und ein Glas Honig zusammen in einem gelben Pfännli auf dem Feuer schmelzen, und fügt 20 g. gestoßenen Zimmt, 1 Büschelchen Macis und 9 Nägeli, auch gestoßen, 150 g. sauber abgeriebene, grob gestoßene Mandeln, von einer Citrone die Rinde gehackt und 150 g. Mehl dazu. Von diesem Mehl wird ein wenig mit allem Uebrigen in den Zucker und Honig gerührt, und dieß zusammen ein wenig geröstet, das übrige Mehl wird auf das Wirkbrett gebracht, der geröstete Teig darauf und nun zusammen gewirkt, bis das Mehl alles mit dem Teig vermischt ist. Man kann, wenn man lieber will, die Glace von Eiweiß und Zucker machen, welches zusammen im Mörser gerieben wird, bis sie ganz weiß ist, die Läckerli erst wenn sie gebacken und kalt sind, damit bestreichen, worauf man sie trocknen läßt.

## 3. Andere Art.

10 g. gestoßenen Zimmt, 5 g. gestoßene Nägeli, von 2 Citronen die Rinde gehackt, 100 g. Citronat, auch gehackt, 600 g. Honig und gleich schwer Zuckersyrup. Honig und Syrup werden zusammen in einer gelben Pfanne auf's Feuer gesetzt, und wenn es anfängt zu kochen, ein kleines Glas voll Kirschwasser dazu gegossen, Spezerei und Citronenrinde darein gerührt und in eine Schüssel angerichtet und stehen gelassen, bis es kalt ist. Dann wird 1 kg. 250 g. Semmelmehl und 500 g. gestoßener Zucker auf das Wirk-

brett gethan, das Gekochte darauf und dieß nun zu einem Teig tüchtig gewirkt, bis alles mit einander vermischt ist, wie oben damit verfahren, der Teig nur etwas dünner ausgetrölt. Die Läckerli werden mit dünnem Zuckersyrup angestrichen, zu dem man den Zucker von den obgemeldeten 500 g. zurück behält; sie werden vor dem Backen angestrichen und schön gelb gebacken.

### 4. Andere Art.

600 g. Honig, 500 g. gestoßenen Zucker, 750 g. Mehl, 50 g. Zimmt, 20 bis 30 gestoßene Nägeli, 50 g. Citronat, 50 g. Pomeranzenschalen, fein geschnitten, 350 g. Mandeln, eine bittere Pomeranze und eine Citronenrinde, ebenfalls fein geschnitten, und 3 Löffel voll starken weißen Wein. Der Honig wird mit ein wenig Wasser in einer gelben Pfanne auf's Feuer gesetzt, und wenn er aufkochen will, der Zucker darein gerührt, nachher die Mandeln, Spezerei u. s. w., und erst dann der Wein und das Mehl. Dieß wird zusammen tüchtig gerührt und gekocht, bis sich der Teig von der Pfanne löst; dann wird er in eine mit Mehl bestreute Schüssel angerichtet, und wenn der Teig beinahe kalt ist, wird er ausgetrölt in der Dicke eines breiten Messerrückens und nach Belieben verschnitten. Man kann die Läckerli mit einem gekochten Syrup von Zucker und Wasser glaciren, die Schüssel, auf der sie gebacken werden, muß mit feinem Olivenöl angestrichen werden und der Ofen nicht zu heiß sein.

### 5. Basler-Läckerli.

150 g. Honig, 250 g. gestoßener Zucker, 150 g. nur abgeriebene, grob gestoßene Mandeln, 100 g. Citronat, gleich viel überzuckerte, bittere Pomeranzen und die Rinde einer Citrone, alles gehackt, 50 g. feinen Zimmt, grob gestoßen, 5 g. Nägeli fein gestoßen, 4 Löffel voll Kirschwasser und 500 g. Semmelmehl. Der Honig wird in einer gelben Pfanne auf's Feuer gesetzt und verschaumt, alles Gewürz, Citronat 2c. mit dem Zucker in eine Schüssel gethan, der Honig heiß darüber geschüttet und zusammen wohl vermengt, dann das Kirschwasser darein gerührt und zuletzt

das Mehl mit allem wohl vermischt und gewirkt. Dieser Teig wird am Abend bereitet, über Nacht bleibt er ruhen, und am Morgen wird er ausgetrölt in der Dicke eines kleinen Fingers, und nur so viel Mehl dazu genommen, als zum Auströlen durchaus nöthig ist, dann in gewohnter Form und Größe verschnitten, und auf Schüsseln, die mit feinem Oel nur wenig bestrichen sind, rangirt und im Ofen gebacken; erst wenn sie kalt sind, werden sie glacirt mit Weißem vom Ei und Zucker, das zusammen im Mörser gerieben wird, bis es ganz weiß und so dick ist, daß beim Anstreichen der Läckerli die Glace nicht abrinnt; dann läßt man sie trocknen, ehe man sie auf einander legt.

### 6. Andere Art.

Man nimmt 1 kg. 500 g. Honig, 500 g. gestoßenen Zucker, 50 g. Zimmt, grob gestoßen, 5 g. Nägeli, fein gestoßen, 150 g. Mandeln, nur trocken abgerieben, und nicht allzu fein geschnitten, die Rinde von zwei Citronen und einer Pomeranze fein gehackt, 100 g. Citronat und 100 g. Pomeranzenschalen, fein geschnitten, und 1 kg. 150 g. Mehl. Der Honig wird in einer gelben Pfanne auf's Feuer gesetzt, und wenn er aufgehen will, verschaumt, der Zucker auf dem Feuer in den Honig gerührt, sowie auch das Mehl, von welchem man ein paar Hände voll zum Auströlen zurückbehält. Ist Zucker und Mehl mit dem Honig wohl vermengt, so wird die Pfanne ab dem Feuer gestellt, alles Gewürz 2c. in den Teig gethan, tüchtig durch einander gerührt, auf ein mit Mehl bestreutes Bret angerichtet und gleich wie oben damit verfahren, nur daß der Teig dicker ausgetrölt wird, ungefähr eines kleinen Fingers dick; auch erst nachdem sie gebacken und kalt sind, werden sie glacirt mit Weißem vom Ei und Zucker, das zusammen im Mörser gerieben wird, bis es weiß und so dick ist, daß beim Anstreichen der Läckerli die Glace nicht abrinnt; dann läßt man sie trocknen, ehe man sie aufeinander legt.

### 7. Andere Art.

600 g. Honig, 750 g. gestoßenen Zucker, 500 g. nur abgeriebene, nicht allzu fein geschnittene Mandeln, die Rinde

von drei Citronen, 50 g. Citronat und 50 g. Orangeat werden gehackt, 50 g. Zimmt grob gestoßen, 250 g. Haselnüsse auch grob gestoßen und ein Glas Kirschwasser. Der Honig wird gewärmt, bis er flüssig ist, unterdessen alles Andere in einer Kachel durcheinander gerührt, der Honig warm darüber geschüttet, und über Nacht stehen gelassen. Am Morgen wird dann 1 kg. 500 g. Mehl in den Teig gethan und auf dem Wirkbrett hinein geknetet. Nun wird er in der Dicke eines kleinen Fingers ausgetrölt und wie oben damit verfahren.

### 8. Dünne Läckerli.

600 g. Honig, 500 g. Zucker, 20 g. grob gestoßenen Zimmt, von 2 Citronen die Rinde gehackt, 50 g. Citronat, auch gehackt, und 650 g. Semmelmehl, leicht gewogen. Der Honig wird mit einem halben Glas Wasser auf's Feuer gesetzt, verschaumt und wenn er siedend ist, so wird auf einem Wirkbrett das Mehl mit allem Uebrigen angerührt und wohl gewirkt. Nun wird dieser Teig zugedeckt und nach ein paar Stunden ziemlich dünn ausgetrölt und die Läckerli in beliebiger Größe geschnitten, diese dann auf eiserne Schüsseln, die mit feinem Baumöl nur ganz wenig bestrichen werden, rangirt und über Nacht stehen gelassen, am Morgen mit Zuckersyrup angestrichen und im Ofen nach dem Brod gebacken.

NB. Alle Läckerli und Lebkuchen müssen zum Backen auf der Schüssel weit auseinander gelegt werden, weil sie mehr oder weniger verlaufen.

### 9. Chocolat-Läckerli.

500 g. Mandeln, die ungeschält wohl abgerieben und fein gestoßen werden, 500 g. gestoßenen Zucker, 50 g. nicht fein gestoßenen Zimmt, 100 g. geschabten Chocolat und von 4 Citronen die Rinde rein gehackt. Der Zucker wird mit den Mandeln und einem Löffel voll Wasser auf dem Feuer geschmolzen, der Chocolat und das Uebrige darein gerührt und nur noch einen Augenblick auf dem Feuer gelassen, bis der Teig naß genug ist, daß er zusammenhält.

Dann wird er auf ein Brett gethan und nur mit ganz wenig Mehl ausgetrölt in der Dicke eines halben Fingers, nach beliebiger Größe Läckerli geschnitten und auf einer mit feinem Oel sehr stark bestrichenen Schüssel gebacken. Sollte der Teig zu wenig naß werden, und nicht zusammenhalten, so kann man auf dem Brett ein Weißes vom Ei darein wirken. Die Läckerli werden mit der weißen Glace, wie oben, angestrichen, aber erst, wenn sie gebacken und wieder kalt sind.

### 10. Andere Art.

500 g. gestoßenen Zucker, 150 g. geschabten Chocolat, 1 Blättchen Macis und 4 Nägeli gestoßen, von 2 Citronen die Rinde fein gehackt, 600 g. Semmelmehl, von 3 Eiern das Weiße und nur ein Gelbes. Zucker, Chocolat und Gewürz wird mit dem Gelben vom Ei und 3 Löffel frischem Wasser angerührt, und auch das Weiße der 3 Eier, zu Schnee geschwungen, zuletzt das Mehl mit dem Uebrigen vermengt, alles zusammen wohl gewirkt und wie oben, in gleicher Dicke ausgetrölt und gleich damit verfahren.

### 11. Haselnuß-Läckerli.

Man nimmt 100 g. Haselnußkernen, die trocken ein wenig geröstet werden, bis man die Haut abreiben kann, und dann fein gestoßen, gleich schwer gestoßenen Zucker und das Weiße eines Ei's, zu Schnee geschwungen. Dieß alles wird wohl durcheinander gerührt und Mehl nur so viel zugesetzt, als nöthig ist, um diesen Teig auströlen zu können, der etwa in der Dicke zweier Messerrücken ausgetrölt sein muß; alsdann werden Läckerli davon geschnitten und auf einer mit feinem Oel bestrichenen Schüssel gebacken.

### 12. Citronen-Läckerli.

150 g. gesiebten Zucker, 150 g. Semmelmehl, die Rinde einer Citrone fein gehackt und den Saft derselben, und endlich das Weiße von einem Ei zu Schnee geschwungen. Dieß alles wird wohl vermengt und gewirkt und der Teig ausgetrölt in der Dicke zweier Messerrücken und in Läckerli-

form verschnitten; die Läckerli werden auf eine mit frischer Butter nur leicht bestrichene Schüssel rangirt, mit Weißem vom Ei und Zucker vermischt, glacirt und im Ofen gebacken.

### 13. Weiße Läckerli.

1 kg. Semmelmehl, 1 kg. gesiebten Zucker, 50 g. Muskatnuß, 50 g. Zimmt und 16 Nägeli, welche drei letztere Artikel alle fein gestoßen werden, dann die Rinde von 6 Citronen fein geschnitten und von drei großen Eiern das Weiße zu Schnee geschwungen. Alles zusammen wird nun wohl vermengt und zu einem festen Teig gewirkt, der dann in der Dicke eines Messerrückens ausgetrölt wird und wie oben, verschnitten, glacirt und gebacken.

### 14. Quitten= (Küttenen=) Läckerli.

Man schält schöne reife, frische Quitten, schneidet die Kerne heraus, und kocht sie in einer gelben Pfanne mit Wasser recht weich, dann werden sie aus dem Wasser gezogen und ganz heiß durch's Tamis gedrückt; von diesem Quittenfleisch wird 500 g. genommen und von 500 g. Zucker mit ein wenig Wasser ein ordentlich dicker Syrup gekocht und ganz heiß unter dieses Quittenfleisch gerührt; dann wird noch von 250 g. fein gestoßenem Zucker etwa die Hälfte unter den Quittenteig gewirkt, die andere zum Auströlen des Teiges und zum Bestreuen der Model gebraucht, die man auf den ausgetrölten Teig drückt; nun werden sie auf einem warmen, aber nicht zu heißen Ofen getrocknet. Man kann auch ein wenig fein gehackte Citronenrinde in den Teig mischen, und wenn man sie gerne roth haben will, so färbt man den Teig mit ein wenig Erbsensaft.

### 15. Klaret=Läckerli.

450 g. Zucker, leicht gewogen, 500 g. Honig, 250 g. Zuckersyrup, ein wenig Nägelipulver, Macis und Muskatnuß, von 2 Citronen die Rinde fein gehackt, 30 g. Zimmt grob gestoßen und ein Glas voll Klaret; dieß alles wird wohl durch einander gerührt, 1 kg. feines Semmelmehl gewogen, von welchem 3 Handvoll in den Teig gerührt und eine

Handvoll darüber gestreut wird. Dieser Teig wird nun über Nacht auf einen lauwarmen Ofen gestellt, am Morgen auf einem Kuchenbrett das übrige Mehl darein gewirkt (nur das Nöthige zum Auströlen wird zurückbehalten), in der Dicke eines Messerrückens ausgetrölt, in beliebiger Größe zu Läckerli verschnitten, und wenn sie halb gebacken sind, mit einem Syrup von Zucker und Wasser glacirt und völlig gebacken.

### 16. Lebkuchen, sehr gut.

Hierzu nimmt man 1 kg. und 750 g. Mehl, 600 g. Honig, 750 g. Zuckersyrup, einen Löffel voll rein erlesenen Anis, 18 Nägeli, gestoßen, und einer Haselnuß groß Potasche, in Wasser aufgelöst, alles zusammen mit der Hälfte des Mehls zu einem Teig angerührt, alles wohl vermengt und über Nacht stehen lassen. Am Morgen wird die andere Hälfte des Mehls darein gewirkt und tüchtig geknetet, der Teig ausgetrölt und dazu ein wenig gestoßener Zucker auf's Brett und über den Teig gestreut. Man trölt den Teig in der Dicke eines Messerrückens aus, und schneidet größere und kleinere Lebkuchen nach Belieben davon, legt sie auf eine mit Mehl bestreute Schüssel und backt sie im Ofen. Wenn sie gebacken sind, so werden sie mit frischem Wasser angestrichen.

### 17. Lebküchli anderer Art.

600 g. Honig, 250 g. gestoßener Zucker, von 2 Citronen die Rinde gehackt, ein wenig gestoßener Macis und ein Löffel voll Kirschwasser. Der Honig wird ein wenig warm gemacht, dann mit allem Uebrigen vermischt und Mehl darein gewirkt, bis man den Teig auströlen kann, der in der Dicke eines Messerrückens sein muß, zu Lebküchli geschnitten, die auf eine mit Mehl bestreute Schüssel gelegt, mit Zuckersyrup angestrichen und gebacken werden.

### 18. Lebküchli, sehr gut.

400 g. gestoßenen Zucker, 600 g. Honig, eine Hand voll Anis, die Rinde von 2 großen Citronen gehackt, Nägeli und Macis, jeder Art eine kleine Messerspitze, eine halbe

geschabte Muskatnuß, 3 Löffel voll Kirschwasser und 1 kg. Semmelmehl. Der Honig wird auf's Feuer gesetzt und verschaumt, dann in einer Schüssel mit allem Gewürz und Zucker vermengt und wohl durcheinander gerührt, die drei Löffel voll Kirschwasser dazu und 3 oder 4 Hände voll von dem abgewogenen Mehl darunter gerührt; wenn alles wohl vermengt ist, so wird ein wenig Mehl über den Teig gestreut, die Schüssel zugedeckt, auf einen nicht allzu warmen Ofen gestellt und drei Stunden stehen lassen, das übrig gelassene Mehl auf das Wirkbrett gebracht, der Teig darauf, zusammen gewirkt und tüchtig gearbeitet, bis alles Mehl mit dem Teig vermengt ist; es wird etwas Weniges von dem Mehl zurückbehalten zum Auströlen des Teiges. Ist derselbe nun gehörig gearbeitet, so wird er die Nacht über an einem kühlen Ort aufbehalten, am Morgen dann in der Dicke eines Messerrückens ausgetrölt und in beliebiger Größe verschnitten, wenn man will, Mödeli aufgedrückt, und auf einer mit feinem Oel bestrichenen Schüssel gebacken. Sie werden mit einem Syrup von Zucker und Wasser glacirt, wenn sie halb gebacken sind.

### 19. Sommer-Lebküchli oder Klepferli.

Man nimmt 500 g. gestoßenen Zucker, die Rinde einer Citrone fein gehackt, 20 g. grob gestoßenen Zimmt, ein Glas voll Honig und gleich viel Wasser. Der Honig wird mit dem Wasser in einer gelben Pfanne auf's Feuer gesetzt, und wenn er warm ist, die Hälfte des Zuckers mit Citrone und Zimmt dazu, auf dem Feuer Mehl eingerührt und tüchtig geklopft, bis sich der Teig von der Pfanne lösen will. Dann wird der übrige Zucker auf das Wirkbrett gethan, der Teig aus der Pfanne darauf und zusammen noch gewirkt, und nur noch ein wenig Mehl leicht darüber gestreut, wenn der Teig am Brett und an den Händen kleben will; dann wird er ganz dünn ausgetrölt und dabei auch nicht mehr Mehl gebraucht, als durchaus nöthig ist, damit er nicht anklebe; schneidet dann kleine Lebküchli, legt sie auf eine mit feinem Oel nur wenig bestrichene Schüssel, glacirt sie mit dem Weißen vom Ei mit Zucker vermischt und backt sie nach dem Brod im Ofen schön gelb.

## Backwerk, in Butter gebacken.

### 1. Mandel-Weggli.

Man nimmt 250 g. geschälte und fein gestoßene Mandeln, 250 g. gestoßenen Zucker, die Rinde einer kleinen Citrone fein gehackt und drei wohl geklopfte Eier, dieß alles wird gut durcheinander gerührt und Mehl darein gewirkt, bis man einer kleinen Baumnuß große Kügelchen formiren kann, die man ein wenig in die Länge walzt und in Butter backt; sie müssen nur langsam gebacken werden und sollen im Backen von selbst in der Mitte aufreißen.

### 2. Andere Art.

500 g. Mehl, 150 g. süße Butter, 150 g. geschälte und gestoßene Mandeln, 150 g. fein gestoßener Zucker, drei Eier und ein wenig Citronenrinde werden auf dem Wirkbrett zu einem lockern Teig verarbeitet, dann längliche oder runde Weggli daraus formirt und in sehr heißer Butter langsam gebacken. Sobald die Weggli in der Butter sind, stellt man die Pfanne ab dem Feuer, sie würden sonst zu braun werden, ohne aufzugehen, und bringt auch nicht zu viele auf einmal in die Pfanne, damit sie Raum genug haben, sich umzuwenden. In einer irdenen Schüssel zugedeckt und an einem trockenen, kühlen Orte können sie lange aufbewahrt werden.

### 3. Graswürme.

150 g. gestoßener Zucker, zwei ganze Eier, eines Ei's groß frische Butter, ein Löffel voll Niblen, die Rinde einer Citrone fein gehackt, oder grob gestoßener Zimmt wird wohl vermengt und mit so viel Semmelmehl gewirkt, als es bedarf, um den Teig ziemlich dünn auszutrölen; dann schneidet man mit einem Rädlein schmale Riemchen und backt sie in Butter.

### 4. Andere Art.

250 g. gestoßener Zucker, ein wenig Anis, oder von 2 Citronen die Rinde fein gehackt, 250 g. frische Butter,

die geschmolzen und mit dem Uebrigen vermengt wird, dann wird noch Semmelmehl darein gewirkt, wie oben, und im Uebrigen auch gleich damit verfahren.

### 5. Haselnuß=Graswürme.

150 g. Haselnußkernen, die nicht geschält, aber fein gestoßen sind, werden mit 100 g. fein geriebenem Zucker und von 2 Eiern das Weiße zusammen in dem Mörser zerstoßen, bis der Teig ganz zähe wird; dann wird er durch die Spritze auf eine Schüssel oder einen Bogen Papier getrieben und im Ofen gebacken.

### 6. Zinggli.

200 g. gestoßener Zucker, 100 g. frische Butter, drei Eier, 300 g. Semmelmehl, die Rinde von einer Citrone gehackt und 4 Löffel voll Niblen werden zusammen gewirkt; dann macht man von diesem Teig einer Baumnuß große, lange Weggli und backt sie langsam in Butter. Man kann statt Citronen ein wenig gestoßene Vanille nehmen.

### 7. Andere Art.

Man nimmt 250 g. Semmelmehl, 150 g. gestoßenen Zucker, ein ganzes Ei, nicht völlig 100 g. frische Butter und einen Löffel voll Wein oder Kirschwasser, aus diesem zusammen wird ein Teig gewirkt, derselbe dünn ausgetrölt, in Riemchen geschnitten und dieselben in der Mitte der Länge nach gehickt und in Butter gebacken.

### 8. Gute Hobelspäne.

200 g. gestoßener Zucker, 250 g. geschälte und fein gestoßene Mandeln, die Rinde einer Citrone fein gehackt, oder 10 g. gestoßener Zimmt, 3 ganze Eier und 3 Löffel voll Niblen werden wohl durcheinander gerührt und mit soviel Semmelmehl, als nöthig ist, zu einem Teig gewirkt, daß man ihn möglichst dünn auströlen kann, derselbe dann in Riemchen geschnitten und in Butter langsam gebacken. Man kann nach Belieben die Mandeln weglassen.

### 9. Zucker-Nüßli.

120 g. gestoßener Zucker wird mit 250 g. Semmelmehl, drei wohl geklopften Eiern, einer Nuß groß frischer Butter und ein wenig Anis wohl vermengt und zu einem Teig gewirkt, Kügelchen in der Größe einer Nuß davon formirt und diese in Butter gebacken.

### 10. Goldene Hauben.

Rührt Semmelmehl mit kaltem Wasser zart an, verdünnt den Teig mit einigen Weißen von Eiern und nimmt zu jedem Weißen vom Ei einen Kaffeelöffel voll gesiebten Zucker; der Teig muß so dick sein, daß er ordentlich laufen mag, ein Löffel voll in einen Trichter mit drei Löchlein gethan, und läßt ihn, wie bei den Sträubli, in heiße Butter fließen. Die Hauben sollen von der Größe einer kleinen Untertasse werden; sobald sie schön gelb gebacken sind, werden sie auf ein Trölholz gelegt, damit sie gekrümmt werden; und so wird fortgefahren, bis der Teig ganz gebacken ist. Es wird aber nie mehr als eine Haube auf einmal in die Butter gethan. Man kann statt Wasser Niblen zu dem Teig nehmen, so werden sie noch delikater.

### 11. Rosen-Küchli.

Sechs Löffel voll Semmelmehl rührt man mit guter, kalter Milch zart an, thut vier Eier und Zucker nach Belieben dazu, klopft es tüchtig und gießt noch Milch hinzu, bis es die Dicke eines Omelettenteiges hat. Das Eisen tunkt man in die heiße Butter und dann in den Teig, der dasselbe ganz überdecken, doch nicht darüber hinausgehen soll, weil man die Küchli sonst nicht davon ablösen kann; das Küchli wird auch am Eisen in der Butter gehalten, bis es gebacken ist.

### 12. Andere Art.

Man nimmt 4 Eßlöffel voll gesiebten Zucker in eine tiefe Schüssel, schlägt 4 Eier darein, die man wohl verklopft, gibt ein wenig Pomeranzenblüthenwasser dazu, rührt

Mehl darein, bis der Teig recht dick ist, und verdünnt ihn mit guter Milch, bis er vom Löffel lauft. Wenn die Butter zum Backen heiß ist, so wird das Eisen hinein gelegt, bis die Butter dampft, dann in den Teig, aber ja nicht, daß der Teig oben darüber gehe, und sogleich damit in die heiße Butter, bis es schön gelb ist und man das Küchli vom Eisen lösen kann.

### 13. Champion-Küchli.

Drei Löffel voll Semmelmehl, drei Löffel voll gesiebten Zucker, eine Hand voll geschälte, fein gestoßene Mandeln und von einer halben Citrone die Rinde fein gehackt, wird unter einander gerührt, mit Niblen zu einem zarten, dicken Teig gerührt und mit zwei ganzen wohl geklopften Eiern verdünnt, von der siedenden Butter, worin man sie backen will, ein Löffel voll in den Teig gethan, das Eisen in Butter heiß gemacht, von dem Teig darüber geschüttet und gebacken.

### 14. Spritzen-Küchli.

Rührt Semmelmehl mit lauwarmer Milch zart an, bis der Teig die Dicke eines Breies hat; dann wird in einer Eisenpfanne ein wenig Butter auf's Feuer gesetzt, und wenn sie heiß ist, so läßt man sie in der ganzen Pfanne herum rinnen, schüttet dann ab, was ablaufen will, und thut von dem Teig darein, wie für eine Omelette, und wendet sie um, sie darf nicht gelb werden, sondern muß nur so sein, daß der Teig nicht mehr fließt; sobald sie trocken ist, wird sie herausgenommen, wieder ein wenig Butter in die Pfanne gethan, und so damit fortgefahren, bis der Teig auf diese Weise aufgebraucht ist. Dann werden die Omeletten alle zusammen in einem Mörser von Marmor eine halbe Stunde lang fortwährend gestampft (gestoßen), ohne etwas dazu zu thun; schlägt dann einige Eier immer nur eines auf einmal unter beständigem Stoßen in den Omelettenteig und thut auf diese Weise so viel Eier in den Teig, indem man immer stößt, bis er wie ein dicker Brei ist, nach Belieben Zucker und Salz dazu, treibt ihn durch die Spritze in heiße Butter und backt die Küchli schön gelb.

### 15. Spritzen-Küchli mit Mandeln.

250 g. gestoßener Zucker, gleich schwer geschälte und fein gestoßene Mandeln, die Rinde einer halben Citrone fein gehackt und 4 ganze, wohlgeklopfte Eier durcheinander gerührt, 4—5 Löffel voll Semmelmehl darunter, oder so viel es bedarf, um den Teig durch die Spritze stoßen zu können, daß er zusammenhalte, füllt die Spritze nicht ganz mit diesem Teig und läßt ihn in heiße Butter laufen, indem man die Spritze immer hin und her wendet, daß die Küchli eine Form bekommen, und backt sie langsam schön gelb.

### 16. Gehabene Küchli.

Man nimmt 1 kg. Semmelmehl, 100 g. frische Butter, 20 g. Preßhefe, Salz und zwei Eier, und rührt es mit guter lauwarmer Milch an, daß es einen Teig gibt, wie Brodteig; derselbe wird nun geknetet und geklopft, und dann mit einem Tuch zugedeckt; nachdem man ihn etwa 3—4 Stunden an gelinder Wärme hat aufgehen lassen, macht man runde Brödchen in der Größe eines Eies daraus, trölt sie rund und überall gleich dünn aus, und zieht sie mit den Händen noch vollends schön aus, aber ohne sie zu zerreißen; man muß sehr Sorge tragen und sie immer rings um das Bord ausziehen und zuletzt in der Mitte, und sie in heißer Butter auf starkem Feuer backen.

### 17. Eier-Küchli.

Man nimmt so manches Ei als Löffel Niblen, Salz oder Zucker nach Belieben, und Semmelmehl verhältnißmäßig, um einen dicken, trockenen Teig zu machen, der wohl gewirkt sein muß, macht Brödchen daraus wie oben, nur kleiner, trölt sie dünn aus und zieht sie, wie oben mit den Händen noch völlig aus. Dann werden sie auf ein großes Tuch zum Trocknen gelegt, und wenn sie nicht mehr feucht sind, so macht man in jedes zwei Einschnitte und backt sie schnell in Butter.

### 18. Gute Kügeli.

6 dl. Niblen läßt man in einer gelben Pfanne über'm Feuer erwallen, rührt auf dem Feuer Semmelmehl darein, bis der Teig sich von der Pfanne löst, richtet ihn in eine Schüssel an, und wenn er beinahe kalt ist, so werden 6 bis 7 Eier darein gerührt und tüchtig geklopft, bis er schön glatt ist, mit einem Löffel kleine runde Stücke in der Größe einer Baumnuß in heißer Butter langsam gebacken, daß sie recht aufgehen, und Zucker oder Salz nach Belieben zugesetzt; das Eine oder Andere wird der Niblen oder Milch beigefügt, wenn sie warm ist, ehe man das Mehl einrührt.

### 19. Verbrühte Kügeli.

Eine Portion Semmelmehl rührt man mit lauem Wasser zart an, wie einen dünnen Mehlbrei, nach Belieben Zucker oder Salz dazu, läßt in einer Pfanne ein wenig gesottene Butter heiß werden, gießt den Teig unter beständigem Rühren hinein und läßt ihn kochen, indem man immer rührt, bis er dick ist und ansitzen will, dann wird er in einer Schüssel zum Erkalten abgestellt, ein Ei nach dem andern darein gerührt, bis der Teig die gehörige Dicke hat; er muß ziemlich dick sein und tüchtig geklopft werden. Dann wird Butter zum Backen heiß gemacht, die Pfanne ab dem Feuer gestellt und mit einem Löffel einer Baumnuß große Kügelchen in die Butter gethan und auf gelindem Feuer langsam gebacken, damit sie schön aufgehen.

### 20. Leichte Kügeli oder andere Art.

$1^{1}/_{2}$ Glas Wasser läßt man in einer gelben Pfanne mit 50 g. Butter, 20 g. Zucker und einer Prise Salz beinahe kochen, rührt dann 125 g. Mehl darein und rührt und klopft, bis der Teig sich von der Pfanne löst; nun läßt man diesen Teig fast kalt werden, dann schlägt man 2 Eier hinein mit ein wenig gehackter Citronenrinde, macht Kügeli und backt sie langsam in heißer Butter, ganz wie es oben angezeigt ist.

### 21. Gute Sträubli.

1 kg. Semmelmehl und verhältnißmäßig Salz rührt man mit lauwarmer Milch zart an, so daß ein ziemlich dicker Teig daraus wird, thut 4 bis 6 zerklopfte Eier und eine Tasse siedenden Wein in den Teig, rührt es gut durcheinander und klopft den Teig tüchtig. Indessen wird die Butter zum Backen in einer Eisenpfanne aufs Feuer gesetzt, und, wenn sie recht heiß ist, schüttet man zwei Löffel voll davon über den Teig und rührt ihn ein wenig auf, füllt den Sträubli=Trichter damit und läßt ihn schnell, dem Rand der Pfanne nach, rings in die Butter rinnen, die sehr heiß sein muß.

### 22. Andere Art.

Man rührt 1 kg. 500 g. Semmelmehl und gehörig Salz mit heißem Wasser und Milch, von jedem die Hälfte, zu einem dicken Teig an, thut 6 bis 8 Eier darein, rührt sie unter den Teig und klopft ihn tüchtig. Dann wird eine Messerspitze Potasche in 2 bis 3 Löffel voll warmem Wasser aufgelöst, über den Teig geschüttet und umgerührt, und zuletzt noch ein wenig gute, siedende Milch, und, wie oben, in heißer Butter gebacken.

### 23. Andere Art.

100 g. gesottene Butter wird mit 5 dl. Wasser über das Feuer gesetzt; wenn es kocht, so rührt man 500 g. Mehl zart damit an, klopft es tüchtig und stellt es zum Erkalten; dann werden einige Eier darein verklopft, bis der Teig durch den Trichter laufen mag, und in heißer Butter schnell gebacken. Der Teig wird mit Salz oder Zucker gewürzt.

### 24. Weiße Sträubli.

Eine beliebige Portion Semmelmehl rührt man mit dünner Niblen zart an, schlägt so manches Ei darein, als man Löffel Niblen genommen hat, und klopft es tüchtig; der Teig muß dünner sein, als der andere Sträubli=Teig, ungefähr wie ein Mehlbrei. Für diese Sträubli hat man auch einen kleinern Trichter als für die andern, er muß statt einer weiten drei enge Röhren neben einander haben, die Butter darf zum Backen nicht heiß sein, und die Sträubli dürfen nicht so braun gebacken werden; man kann Salz oder Zucker darein thun.

### 25. Nidel=Sträubli.

1 l. Niblen wird siedend gemacht und heiß über Semmelmehl geschüttet und dasselbe zart damit angerührt, dann noch 2 dl. kalte Niblen darein und der Teig tüchtig geklopft. Zu dieser Portion nimmt man 10 Eier und verdünnt den Teig damit, aber es wird immer nur eines nach dem andern darein geschlagen und mit dem Teig wohl vermischt und geklopft und im übrigen verfahren und gebacken, wie bei den ersten Sträubli angegeben ist.

### 26. Nidel=Küchli.

Macht einen zarten Teig von Weißmehl, ein wenig Salz und süße Niblen, so dick, daß man ihn ausströlen kann; wenn er ein wenig geruht hat, so trölt man ihn eines dünnen Messerrückens dick aus, schneidet mit dem Rädlein dünne Plätzchen in der Größe eines Thalers und backt sie in Butter schön gelb; sie laufen schön auf.

### 27. Flodt=Chüchli.

250 g. Mehl, 100 g. Butter, 50 g. gestoßener Zucker, 2 Löffel saure Niblen und 2 Gelbe vom Ei, alles wohl durcheinander geknetet, den Teig 2 bis 5 Stunden ruhen lassen, dann ausgetrölt, nach beliebiger Form geschnitten und in Butter langsam gebacken. Diese Portion gibt ungefähr drei Dutzend.

### 28. Stängeli.

Einige Eier, je nach der Portion, die man haben will, werden mit Zucker, Anis oder Citronenrinde und Mehl zu einem lockern Teig verarbeitet; zu jedem Ei nimmt man 100 g. Zucker, macht kleine runde Stäbchen davon, in der Form von Cigarren und backt sie in heißer Butter.

### 29. Hasen-Oehrli.

Zu 1 kg. Semmelmehl nimmt man 3 Eier, Salz, die Hälfte Wasser und die Hälfte Milch, um den Teig damit anzumachen, der ziemlich fest und wohl gewirkt sein muß. Ist er wohl zusammengeknetet, so schlägt man ihn mit dem Trölholz so lange (indem man den Teig immer wieder zusammenlegt und umwendet), bis er, wenn man mit einem Messer darein schneidet, Löcher hat und recht luftig ist; dann deckt man ihn mit einem feuchten Tuche zu, trölt ihn in lange Streifen dünn und sehr eben aus, schneidet kleine viereckige Stücke davon und backt sie schnell in heißer Butter.

### 30. Hasenöhrlein, sehr gut.

Zu 6 dl. Milch werden 100 g. frische Butter genommen und die Milch mit der Butter und etwas Salz übers Feuer gestellt; ist die Butter geschmolzen, so wird Weißmehl darein gerührt, bis der Teig so dick ist, daß er auf's Brett genommen werden kann, und so lange gewirkt, bis er, wenn man ihn zerschneidet, voll kleiner Löcher ist, ausgetrölt in der Dicke eines Messerrückens, in beliebiger Größe in schräge Vierecke mit dem Rädlein zerschnitten und in recht heißer Butter eins nach dem andern gebacken. Es hängt viel davon ab, daß sie schön aufgehen, daß der Teig sehr gleichmäßig und eben ausgetrölt werde.

### 31. Berliner Pfannkuchen.

Zu 500 g. Mehl wird 250 g. frische Butter, 20 g. Preßhefe und Zucker nach Belieben genommen, 5 Eier in so viel Milch geschlagen, als es braucht, um damit einen Teig zu machen, den man, wenn er angeteigt und alles wohl vermengt ist, an gelinder Wärme gähren läßt; ist dieß geschehen, so wird der Teig erst recht tüchtig gearbeitet, in der Dicke eines kleinen Fingers ausgetrölt, in Form von Leckerli zerschnitten, noch einmal haben gelassen, in Butter gelb gebacken, heiß aufgetragen und nach Belieben mit Zucker und Zimmt bestreut.

Backwerk, in Butter gebacken.

### 32. Tabakrollen.

Zu einem Glas voll Niblen schlägt man das Gelbe von vier Eiern, wirkt Mehl hinein, bis es einen lockern Teig gibt, trölt ihn aus und schneidet 250 g. frische Butter darauf, überlegt ihn und trölt ihn dünn aus, sticht mit einer kleinen Untertasse runde Plätzchen aus und legt einen Kaffeelöffel voll Eingemachtes oder folgende Mandelfülle in die Mitte: 250 g. gesiebten Zucker, 250 g. geschälte und gestoßene Mandeln, die Rinde einer Citrone fein gehackt, 15 g. Zimmt, 1 ganzes Ei und 2 Weiße von Eiern, alles wohl untereinander gerührt. Dann nimmt man ein Dutzend ungefähr 12 cm. oder 2 fingerslange runde Hölzchen, welche am einen Ende einen kleinen Einschnitt haben, um einen Bindfaden zu befestigen, der zweimal die Länge der Hölzchen hat. Diese tunkt man in heiß gemachte Butter und wickelt die gefüllten Plätzchen darüber, schlägt den Bindfaden zweimal herum und befestigt ihn leicht, damit er Einschnitte mache, läßt die Tabakrolle sammt den Hölzchen schön gelb backen, zieht letztere, nachdem der Faden gelöst, heraus, wälzt die Tabakrollen in Zucker und Zimmt und rangirt sie auf eine Platte.

### 33. Andere Art.

Zu der Fülle nimmt man 250 g. geschälte und fein gestoßene Mandeln, 150 g. gestoßenen Zucker, 200 g. Rosinen, die gehackte Rinde einer Citrone, den Saft derselben und ein Weißes vom Ei, dieß alles wird recht durcheinander gerührt.

Zum Teig nimmt man 650 g. Semmelmehl, 250 g. frische Butter, Salz und einen Löffel voll gesiebten Zucker und wirkt dieß zusammen mit Milch zu einem etwas festen Teig, trölt ihn zu langen Streifen dünn aus, thut von der Fülle darein, überschlägt den Teig der Länge nach, drückt die Borde fest zusammen, daß die Fülle nicht heraus komme, und wendet diese gefüllten Streifen um ein fingerdickes rundes Hölzchen; er muß zwei=, höchstens dreimal mit dem am Hölzchen befestigten Bindfaden umwunden und am Hölzchen in heißer Butter halb gebacken werden; dann wird das Hölzchen herausgezogen und die Rollen völlig gebacken, in gesiebtem Zucker, mit Zimmt vermischt, umgewälzt und auf eine breite Platte gelegt, damit sie warm nicht übereinander zu liegen kommen. Auf diese Weise wird fortgefahren, bis Fülle und Teig aufgebraucht sind.

### 34. Kleine Tabakrölli.

Man nimmt 250 g. Zucker, der an einer Citrone gerieben und dann fein gestoßen wird, 250 g. Semmelmehl, einen Kaffeelöffel voll fein gestoßenen Zimmt, 2 Weiße vom Ei und 1 Gelbes. Dieß alles wird wohl untereinander gewirkt, in der Dicke eines Messerrückens ausgetrölt, in lange schmale Riemchen geschnitten, die um kleine runde Hölzchen gewunden werden, und in der Butter langsam gebacken.

## Backwerk, nicht in Butter gebacken.

### 1. Ofen-Küchli.

Man nimmt 2 dl. Milch, 100 g. frische Butter, gleich schwer gestoßenen Zucker, setzt dieß zusammen auf's Feuer und läßt es aufwallen. Dann wird Semmelmehl darein gerührt und alles zusammen tüchtig geklopft, bis der Teig sich trocken von der Pfanne löst, in eine Schüssel angerichtet, und wenn er beinahe kalt ist, mit Eiern verdünnt und zusammen wohl geklopft; er muß in der Dicke eines Kügeli-Teiges sein. Dann wird eine Kuchenschüssel oder ein Bogen Papier mit Mehl bestreut und von dem Teig Höckli darauf gemacht, in der Größe eines halben Eies, mit dem Gelben vom Ei angestrichen und im Ofen gebacken.

### 2. Aufgelaufene Echaudés.

Man setzt in einer gelben Pfanne 5 dl. frisches Wasser auf's Feuer und läßt 125 g. frische Butter darin schmelzen;

rührt und klopft 500 g. Semmelmehl über dem Feuer darein, bis der Teig sich trocken von der Pfanne löst. Dann bringt man ihn in eine Schüssel und läßt ihn nicht völlig kalt werden, nimmt 6 Eier, klopft die Gelben davon besonders und rührt sie unter den Teig; nachher wird das Weiße der Eier zu Schnee geschwungen und auch darein gerührt und der Teig noch tüchtig geklopft; nach Belieben Salz oder Zucker dazu, Tourteletten-Mödeli mit frischer Butter bestrichen und mit diesem Teig nicht völlig gefüllt und im Ofen gebacken.

### 3. Echaudés.

500 g. Semmelmehl, 6 Eier, 2 Eier groß frische Butter und ein wenig Salz wirkt man zusammen lange und immer auf der gleichen Seite, bis der Teig sich trocken von den Händen löst; dann läßt man ihn zwei Stunden ruhen, stellt in einer Pfanne Wasser auf's Feuer, und wenn es kocht, so wird nur sehr wenig kaltes Wasser nachgegossen und dann von dem Teig kleine Stückli, einer Nuß groß, darein und läßt sie kochen, bis sie obenauf schwimmen; dann werden sie in kaltes Wasser gezogen und darin gelassen bis einige Minuten, bevor man sie in den Ofen stellen will, wo sie auf ein Tuch gelegt, gehickt und im Ofen gebacken werden.

### 4. Tschu.

6 dl. Niblen stellt man in einer gelben Pfanne auf's Feuer, und wenn sie kochen will, rührt man Semmelmehl darein, bis es ein dicker Teig ist, dann wird er auf das Wirkbrett gebracht, und wenn er kalt ist, so werden 5 Weiße und 4 Gelbe von Eiern darein gewirkt und eine halbe Stunde tüchtig geknetet; dann formirt man Tschu (Kügeli) oder Ringli, streicht sie mit Eigelb an und backt sie im Ofen auf einer Schüssel oder Papier. Man kann Salz oder Zucker darein thun.

### 5. Andere Art.

5 dl. Milch, 150 g. gestoßener Zucker, 250 g. frische Butter, 250 g. Semmelmehl. Die Milch mit der Butter

in einer gelben Pfanne auf's Feuer gesetzt, und wenn die Butter geschmolzen ist, wird Zucker und Mehl darein gerührt und unter beständigem Rühren gekocht, bis es dick ist, in eine Schüssel angerichtet, und wenn es kalt ist, 10—12 Eier darein gethan und zusammen geklopft; dann wird eine Schüssel mit frischer Butter bestrichen und von dem Teig Tschu darauf formirt. Eine Viertel-Stunde stehen gelassen, mit Eigelb angestrichen und im Ofen gebacken.

### 6. Flaum-Tourteletten.

250 g. frische Butter, 6 Eier, 6 Löffel voll Semmelmehl, 3 Löffel voll Milch und 3 Löffel voll saure Niblen. Die Butter wird in einer Schüssel verrührt und gerieben, bis sie wieder ganz dünn ist; dann das Gelbe von einem Ei dazu und fortgefahren, bis man von dem Ei nichts mehr sieht, dann noch ein Löffel voll Milch darein und wieder so lange gerührt, bis die Milch mit der Butter ganz verbunden ist, ein Löffel voll Mehl auf gleiche Weise eingerührt, bis man nichts mehr vom Mehl sieht. Auf diese Art wird fortgefahren, bis die angezeigte Portion der sechs Gelben von Eiern, Mehl, Milch und Niblen alles miteinander vermischt ist, aber nie mehr als ein Gelbes vom Ei auf einmal, nebst ein wenig Salz. Dann werden die sechs Weißen von Eiern zu Schnee geschlagen und langsam darunter gemischt, Tourtelettenmöbeli mit frischer Butter angestrichen, zwei kleine Löffel voll von diesem Teig in jedes Möbeli, oder weniger, wenn die Möbeli klein sind, die nicht ganz angefüllt sein dürfen, und backt sie in guter Hitze.

NB. Mit diesem Teig können auch Pastetchen gemacht werden, die sehr gut sind; ein Löffel voll von diesem Teig in ein Pastetenmöbeli, ein Fleischkügeli darauf und ein Löffel Teig darüber und gebacken.

### 7. Gefüllter Eierschaum.

Von sechs Eiern schlägt man die Weißen zu Schnee, bestreut die Schüssel, auf welcher man diesen Schaum backen und auftragen will, mit gesiebtem Zucker, thut die Hälfte der geschlagenen Eiweiß darauf und verstreicht sie schön eben; dann wird eine Lage Gelee, welcher Art man will, darüber gelegt und diese mit der andern Hälfte des Eierschaums bedeckt und auch schön eben gestrichen, mit Zucker überstreut, daß der Eierschaum ganz damit bedeckt sei, und im Ofen bei gelinder Wärme gebacken, oder auch in der Tourtiere mit dem Deckel darüber.

### 8. Gefüllte Blätter.

Man trölt Spanischbrobteig ordentlich dünn aus, sticht ihn mit Möbeli in Form eines Blattes, oder wie man will, nur müssen sie nicht zu klein sein, aus, bestreicht das äußere Bord eines dieser Blätter ringsum mit dem Weißen vom Ei und thut in die Mitte desselben einen kleinen Kaffeelöffel voll Confitüre oder Gelee, legt ein leeres Blatt darüber und drückt die beiden Blätter rings dem Bord nach zusammen, daß die Confitüre nicht herauskomme. Auf diese Weise macht man soviel solche Blätter, als man zu haben wünscht, und legt sie auf eine mit frischer Butter bestrichene Schüssel, schlägt, je nachdem man viel Blätter hat, 3, 4 bis 6 Weiße von Eiern zu Schnee, thut davon mit einem Kaffeelöffel auf die Blätter, daß sie bis an den Rand ganz mit Eierschaum bedeckt seien, in der Dicke eines Messerrückens; dann werden sie mit Zucker bestreut und sogleich im Ofen gebacken. Man kann statt Confitüre eine Fülle von gestoßenen Mandeln und Zucker, mit Citronensaft angemacht, darein thun, ebenso bei den Hütchen.

### 9. Hütchen.

Man nimmt 500 g. Semmelmehl, 150 g. frische Butter, 1 Eiweiß, 1 Löffel voll gesiebten Zucker, und Wein so viel es bedarf, um einen Teig zu wirken, in der Dicke wie ein Spanischbrobteig, dünn ausgetrölt, runde Plätzchen daraus geschnitten, in der Größe einer großen Tasse; auf die Mitte eines jeden Plätzchens wird ein Kaffeelöffel voll Confitüre gethan, 3 Seiten davon oben zusammengedrückt, daß es die Form eines Hütchens bekomme, und gebacken.

### 10. Mandel=Tourteletten.

Man nimmt 100 g. Mandeln, schält und stößt sie fein und röstet sie ein wenig in einem gelben Pfänni mit 50 g. gestoßenem Zucker, dann werden Tourtelettenmödeli mit frischer Butter bestrichen und mit dünn ausgetröltem Spanisch=brodteig belegt, die gerösteten Mandeln darein, daß in jedes gleich viel komme, und im Ofen schnell gebacken. Sobald sie gebacken sind, wird ein Syrup, der mit 50 g. Zucker und dem Saft von zwei Citronen gekocht wird, ganz heiß über die Mandeln gegossen und Sorge getragen, daß in jedes Tourtelettli gleich viel Syrup komme. Sie dürfen nicht warm über einander gelegt werden.

### 11. Pistachen=Tourteletten.

Man nimmt 50 g. geschälte und fein gestoßene Pista=chen, etwas weniger gestoßenen Zucker, ein wenig gestoßene Vanille und von drei kleinen Eiern die Weißen zu Schnee geschlagen; dieß alles durcheinander gerührt und in Tourte=lettenmödeli gefüllt, die mit dünn ausgetröltem Spanisch=brodteig belegt sind; ein kleiner Eßlöffel voll von dieser Fülle ist genug in ein belegtes Tourtelettli; sind sie alle gefüllt, so werden sie mit Zucker überstreut und schnell im Ofen gebacken.

### 12. Schottische Biscuits.

Man nimmt ungefähr 1 kg. Semmelmehl auf's Wirk=brett, mischt in die Hälfte davon 200 g. frische Butter, 200 g. Schweineschmalz, 200 g. fein gestoßenen Zucker und eine Prise Salz, wirkt dies zu einem festen Teig ohne Wasser, und bearbeitet ihn so lange, immer von der andern Hälfte Mehl dazu nehmend, bis er nicht mehr recht zusammenhalten will; er muß tüchtig gewirkt werden. Dann wird er in der Dicke eines halben Fingers ausgetrölt und mit nicht zu kleinen Formen ausgestochen und in einem ziemlich heißen Ofen gebacken. Es ist gut, wenn man mit einer Gabel vor dem Backen kleine Löchli darein sticht. Auch dürfen sie nicht braun gebacken werden.

### 13. Schützenmatt-Kuchen.

250 g. frische Butter, 3 dl. Niblen, 3 Eier, Salz oder Zucker nach Belieben, und Semmelmehl, so viel es bedarf, um einen Teig zu machen, den man auströlen kann; ist alles zusammen gewirkt, so wird er ausgetrölt und überlegt, und wieder ausgetrölt, und so 3 bis 4 mal, dann ziemlich dick und eben ausgetrölt, der Kuchen auf eine mit frischer Butter bestrichene Schüssel gelegt, kreuzweis gehickt, mit dem Gelben vom Ei angestrichen und im Ofen in guter Wärme gebacken.

### 14. Mürber Kuchen.

Man nimmt 1 kg. Semmelmehl, 250 g. frische Butter, 3 dl. Niblen, 100 g. gestoßenen Zucker und ein klein wenig Salz, Zimmt nach Belieben und 3 Eier, alles zusammen wohl gewirkt und zu einem Kuchen ausgetrölt, aber nicht zu dünn; derselbe wird carreauweise gehickt und mit dem Gelben vom Ei, mit einem Löffel voll Niblen vermischt, bestrichen und auf einer Schüssel im Ofen gebacken.

### 15. Gute Carreaux.

Man nimmt eines Ei's groß weißen Brodteig, 125 g. gestoßenen Zucker, 250 g. frische Butter und 375 g. Semmelmehl. Dieß wird zusammen wohl vermengt und zu einem Teig gewirkt, ausgetrölt, daß er die Dicke eines Messerrückens hat, und in beliebige Carreaux geschnitten; dieselben werden nun auf einer mit frischer Butter bestrichenen Schüssel rangirt, mit dem Weißen vom Ei, das mit Zucker vermischt wird, glacirt und im Ofen gebacken.

### 16. Gesalzene Ringli.

Von 400 g. Semmelmehl macht man auf dem Wirkbrett einen Ring, bröckelt 100 g. frische Butter, Salz und zwei Eier dazu, die zuerst in einer Tasse geklopft und dann mit Niblen in die Mitte des Ringes geschüttet und mit der Butter und dem Mehl zu einem Teig geknetet werden, in der Dicke eines Spanischbrodteiges. Man bearbeitet ihn stark, trölt ihn zwei Mal aus, überlegt ihn wieder und läßt ihn eine halbe Stunde ruhen; nachher formt man Ringli davon, streicht sie mit dem Gelben vom Ei an und backt sie im Ofen, der ordentlich heiß sein muß.

### 17. Andere Art.

Man macht von 500 g. Semmelmehl, 350 g. frischer Butter, Salz und 3 dl. Niblen einen Teig und formirt Ringli daraus, bestreicht sie mit dem Gelben vom Ei und backt sie auf einer Schüssel im Ofen.

### 18. Andere Art.

200 g. Mehl, 150 g. frische Butter, ein Ei und drei Löffel voll Niblen wird leicht geklopft, ein wenig Salz hinzugethan und alles zusammen gewirkt, Ringli daraus gemacht, mit dem Gelben vom Ei, das mit ganz wenig Niblen verdünnt wird, angestrichen und im Ofen gebacken. Man kann die Schüssel, auf der sie gebacken werden, mit frischer Butter bestreichen oder mit Mehl bestreuen.

### 19. Eine Art Kartoffel-Kuchen zum Thee.

100 g. Butter, 100 g. Mehl, 100 g. gekochte und fein geriebene Kartoffeln, 1 ganzes Ei und 1 Eigelb, nebst 50 g. gestoßenem Zucker wird zusammen zu einem Teig geknetet, mehrmals zusammen geschlagen und mit dem Trölholz fingersdick ausgetrölt, in Schnitten geschnitten, mit Eigelb bestrichen und mit ganz wenig feinem Salz bestreut und im Ofen gebacken.

### 20. Kuchen von Spanischbrodteig.

Man nimmt 250 g. Semmelmehl auf's Wirkbrett, Salz, ein Weißes vom Ei und ein wenig Niblen, wirkt dies zusammen zu einem festen Teig und läßt ihn eine halbe Stunde ruhen, trölt ihn dann aus und belegt ihn mit 250 g. frischer Butter, in dünne Scheiben verschnitten, rollt diesen mit Butter belegten Teig zusammen und trölt ihn wieder aus. Kommt die Butter obenauf, so wird der Teig wieder aufgerollt und so fortgefahren, bis sie nicht mehr sichtbar wird; schließlich wird er zu einem ordentlich dicken Kuchen ausgetrölt und gebacken.

### 21. Spanisch-Brod.

Mit Semmelmehl, Salz und Wasser macht man einen Teig, in der Dicke wie Brodteig wiegt ihn, und zu 750 g. desselben nimmt man 500 g. frische Butter, trölt den Teig zu einem ordentlich dicken Kuchen aus, belegt ihn mit der Butter, die in Scheibchen zerschnitten wird, trölt und überlegt ihn wieder, und fährt so 5—6 Mal fort, bis Butter und Teig wohl vermengt sind, dann trölt man ihn in der Dicke eines breiten Messerrückens aus, schneidet ihn in Carreaux· oder Dreiecke, bestreicht sie mit dem Gelbem vom Ei und backt sie auf einer Schüssel im Ofen in ziemlich guter Hitze.

### 22. Kuchen von Ankenrume (Bodensatz von ausgelassener Butter).

Eine Portion weißes Mehl, je nachdem man einen großen oder kleinen Kuchen machen will, wird auf dem Wirkbrett zu einem Ring geformt, in diesen bringt man Ankenrume, von welcher die Butter nicht allzugenau darf abgeschüttet werden; es bedarf mehr Ankenrume, als man süße Butter nehmen würde zur nämlichen Portion Mehl, thut Salz dazu und lauwarme Milch und zerdrückt mit der Hand die Ankenrume, bis sie mit der Milch zu einem ordentlichen Teig verrührt ist, dann wird er mit dem Mehl vermengt; ist der Teig zu trocken, so kann man noch mehr Ankenrume nehmen, und wieder tüchtig wirken, bis der Teig mürbe ist, dann wird er in der Dicke eines kleinen Fingers ausgetrölt und auf einer Kuchenschüssel kreuzweise ein wenig zerschnitten, doch nicht bis auf den Boden; dann mit Niblen angestrichen und im Ofen gebacken; er muß ziemlich lang im Ofen sein, damit er wohl durchgebacken werde, dann wird er den Einschnitten nach zerschnitten und auf die Platte gelegt. Man kann diesen Kuchen statt mit Mehl, auch mit weißem Brodteig machen, dann wird keine Milch dazu genommen und die Ankenrume nur nach und nach in den Teig gewirkt, bis sie mit demselben wohl vermengt, und der Teig mürbe und fett genug ist; es muß auch ein wenig Salz dazu, wenn gleich der Brodteig gesalzen ist, dann wird gleich damit verfahren wie oben.

### 23. Kümikuchen.

Zu 500 g. Mehl wird 125 g. frische Butter und ein wenig Salz genommen, mit lauem Wasser oder Milch angerührt, so wie Brodteig, dann nimmt man von diesem Teig, je nachdem die Pfanne oder Schüssel, in der man die Kuchen backen will, groß ist, trölt ihn so dünn aus als man kann, thut in die Pfanne gesottene Butter wie zu einem Pfannkuchen; wenn die Butter heiß ist, legt man den ausgetrölten Teig darein, und wenn der Kuchen auf der untern Seite schön gelb ist, so wendet man ihn um und läßt auch die andere Seite schön gelb werden. Wenn es nöthig ist, so gibt man noch ein wenig Butter in die Pfanne; auch darf das Feuer nicht zu stark sein; die Kuchen werden auf eine Platte gelegt und mit Kümmel und Salz bestreut.

### 24. Kümi=Ring.

Zu 1½ kg. weißem Brodteig nimmt man 250 g. frische Butter, oder mehr, wenn man den Ring gerne fett und mürbe hat; der Teig wird auf einem Wirkbrett ein wenig breit gemacht, die Butter in dünne Scheiben geschnitten darauf gelegt, ein Löffel voll Kümmel und nur ganz wenig Salz darüber gestreut, der Teig überlegt und wohl gewirkt, wieder überlegt und fortgewirkt, bis man von der Butter wenig mehr sieht, die mit dem Teig ganz vermengt sein soll; dann wird ein Ring daraus geformt, auf eine mit Mehl bestreute Schüssel gelegt, mit dem Messer der Breite nach nicht tiefe Einschnitte gemacht, eine Hand breit von einander, mit Niblen angestrichen und wo möglich sogleich in den Ofen gestellt und gebacken. Diese Portion gibt einen großen Ring.

### 25. Gehabener Kuchen.

Man läßt 4 dl. Niblen aufwallen und 250 g. frische Butter darein schmelzen; wenn sie nicht mehr ganz heiß ist, wird sie in einer großen Schüssel mit feinem Mehl und 500 g. weißem Brodteig geknetet, bis es ein dicker Teig ist; man kann entweder Zucker und feingehackte Citronen=

rinde oder Salz und etwas Kümmel dazu nehmen, mit Eiern verdünnen und bearbeiten, bis er Blattern wirft, auf ein mit Butter bestrichenes Kuchenblech eines guten Fingers dick ausgebreitet oder zu einem Ring geformt und an gelinder Wärme aufgehen lassen, dann läßt man ihn kalt werden, hickt ihn carreauweise, streicht ihn mit dem Gelben von einem Ei und Niblen an und backt ihn in guter Hitze schön gelb.

### 26. Andere Art.

Man nimmt 500 g. Semmelmehl, 6 Eier, 100 g. frische Butter, 20 g. Preßhefe, Salz und zwei kleine Tassen gute Niblen, wirkt dieß zusammen zu einem Teig und knetet ihn eine halbe Stunde lang, dann wird er zu einem Kuchen ausgetrölt in der Dicke eines breiten Messerrückens, auf eine mit Mehl bestreute Schüssel gebracht, auf welcher man ihn ein wenig aufgehen läßt, mit dem Gelben vom Ei angestrichen und in guter Wärme im Ofen gebacken.

### 27. Genfer-Kuchen.

Man nimmt für 10 Cent. weißen Brodteig, 250 g. frische Butter, 150 g. gestoßenen Zucker, 250 g. Semmelmehl, Zimmt nach Belieben und 1 Ei. Alles dieß wird zusammen gewirkt und zu einem Kuchen ausgetrölt (nicht zu dick), carreauweis mit einem Messer gehickt, mit dem Gelben vom Ei angestrichen, der Zucker darüber gestreut, auf einer Schüssel mit dem Brod in den Ofen gestellt und gebacken.

### 28. Kuchen à la hâte.

Man nimmt einer Baumnuß groß Hefe, 100 g. gestoßenen Zucker, 100 g. frische Butter, die geschmolzen wird, 250 g. Semmelmehl und einen Kaffeelöffel voll gestoßenen Zimmt, macht von diesem allem einen Teig, behält aber von dem Mehl zum Auströlen; der Kuchen muß nicht dünn ausgetrölt werden, und wird in eine mit frischer Butter bestrichene Kuchenschüssel gelegt, mit Weißem vom Ei und Zucker angestrichen und im Ofen schön gebacken.

### 29. Kuchen à la reine.

Zu 250 g. Semmelmehl nimmt man 250 g. frische Butter, 100 g. gestoßenen Zucker, die Rinde einer Citrone fein gehackt und 15 g. Hefe, mit 6 dl. Niblen angerührt und zusammen geknetet wie ein Brodteig; dann bestreicht man einen Bogen Papier stark mit frischer Butter, und legt den Teig darauf in Form eines Ringes, läßt ihn ein wenig haben, bestreicht ihn mit dem Gelben vom Ei und backt ihn im Ofen oder in der Tourtiere.

### 30. Welscher Ring.

Man nimmt 750 g. Semmelmehl, 250 g. frische Butter, 200 g. gestoßenen Zucker, von zwei Citronen die Rinde fein gehackt, fünf ganze Eier, einer Nuß groß Hefe (Sauerteig) und 4 dl. Milch, dieß alles wird wohl vermengt und zu einem Teig gewirkt, auf einer Schüssel ein Ring formirt und derselbe, wenn man ihn einige Stunden hat ruhen und aufgehen lassen und ein wenig gehickt hat, im Ofen gebacken.

### 31. Anis-Ring.

20 g. Preßhefe rührt man mit ein wenig lauer Milch an und läßt sie auf einem warmen Ofen aufgehen; ist sie gehörig aufgegangen, so läßt man 250 g. süße Butter schmelzen, mengt diese unter die Hefe und rührt sieben Handvoll Semmelmehl leicht darunter, verdünnt den Teig mit fünf ganzen wohl geklopften Eiern und ein wenig lauer Milch, mengt eine halbe Tasse voll gestoßene Mandeln, eine Tasse voll gestoßenen Zucker und Anis nach Belieben darunter; ist der Teig recht tüchtig geklopft, so läßt man ihn an gelinder Wärme aufgehen, wirkt ihn noch auf dem Wirkbrett recht durch, formt ihn auf einem mit Mehl bestreuten Blech zu einem Ring, bestreicht ihn mit dem Gelben vom Ei, streut Anis und geschälte Mandeln darauf, läßt ihn noch ein wenig aufgehen, bestreicht ihn noch einmal mit Eigelb und backt ihn in guter Hitze; wenn er halb gebacken ist, wird er mit Zucker bestreut.

Bei allen Hefensachen wird die Preßhefe zuerst mit lauer, ja nicht zu warmer Milch verrührt, dann in der Mitte des Mehls (das in eine große Schüssel gethan wird), eine Vertiefung gemacht, die Hefe hineingeschüttet und mit dem Finger zu einem sogenannten Vorteig oder Teigli gerührt und 1—2 Stunden haben oder aufgehen lassen und erst dann wird alles Andere beigefügt und recht geknetet.

### 32. Süßer Ring.

400 g. Mehl, 200 g. gestoßener Zucker, 200 g. frische Butter, vier Eier, die Rinde einer Citrone fein gehackt und einer Baumnuß groß Hefe, alles mit ein wenig Niblen untereinander gemischt und geknetet, ein Ring gebildet, auf einem mit Mehl bestreuten Blech oder Schüssel vom Abend bis am Morgen stehen und aufgehen lassen, mit dem Gelben vom Ei angestrichen und in einem heißen Ofen gebacken.

### 33. Ein gehabener Nidelring.

600 g. Semmelmehl, 150 g. frische Butter, 4 große Eier, 20 g. Preßhefe und Salz, wird zusammen mit Niblen angeknetet, etwa in einer Dicke wie weißer Brodteig, und wohl gearbeitet, bis der Teig Blattern wirft; man bestreut die Schüssel, auf der man ihn backen will, mit Mehl, formt den Teig darauf zu einem Ring und läßt ihn auf einem nicht zu warmen Ofen langsam aufgehen wie Brodteig; auf der Schüssel wird er an einen kühlen Ort gestellt, bis er kalt ist, gehickt und mit dem Gelben vom Ei angestrichen und gebacken.

### 34. Hefenkranz.

500 g. Mehl, 4 dl. Milch, 100 g. Butter, 100 g. Zucker und ein klein wenig Salz, ein ganzes Ei und zwei Gelbe. Das Mehl wird in eine tiefe Schüssel gebracht, in der Mitte desselben 20 g. Preßhefe mit etwas Milch angerührt und an der Wärme aufgehen lassen; indessen rührt man die Butter mit dem Zucker, den Eiern und der Milch gut durcheinander und dann unter das Mehl, sobald die Hefe aufgegangen, und knetet alles zusammen wie Brod-

teig, bis sich der Teig von der Schüssel löst. Nun läßt man ihn wieder aufgehen, am besten vom Abend bis am Morgen, nimmt ihn dann auf das Wirkbrett, macht drei Theile daraus, formt sie lang und rund und flechtet sie wie eine Züpfe, deren Anfang und Ende vereinigt werden, daß es einen Ring bildet, bestreicht ein Kuchenblech mit Butter, legt den Ring darauf und läßt ihn noch einmal aufgehen. Dann bestreicht man ihn mit Eigelb, bestreut ihn mit grob geschnittenen Mandeln und backt ihn im Ofen.

### 35. Eier-Ring.

1 kg. Mehl, 6 dl. Niblen, sechs Eier, 20 bis 25 g. Preßhefe, Salz und 250 g. ein wenig zerlassene Butter werden zusammen zu einem lockern Teig gewirkt; dann läßt man ihn auf dem Wirkbrett, mit Mehl bestreut und zugedeckt, mehrere Stunden lang oder über Nacht aufgehen, formt einen Ring daraus, streicht ihn mit Eigelb und Niblen an und backt ihn in guter Hitze.

### 36. Gesalzener Ring oder Brödli.

Man nimmt 250 g. frische Butter, 6 dl. Niblen, 4 Eier, einer Nuß groß Preßhefe oder 15 bis 20 g., Salz und Mehl so viel es bedarf, um einen lockern Teig anzumachen, der gut gearbeitet und den Abend zuvor gemacht werden soll; aus demselben wird ein Ring oder kleine Ringli oder Brödli formirt, die mit Gelbem vom Ei angestrichen und im Ofen gebacken werden.

### 37. Bierhefe-Tourteletten.

5 dl. Niblen, 20 g. Preßhefe, 150 g. frische Butter, 100 g. Zucker oder nach Belieben Salz und 4 Eier, die Butter mit den Eiern gerieben und geklopft, bis sie ganz weich und wie ein Brei ist; die Bierhefe zuerst mit ein wenig Milch zart verrührt und dann mit dem Zucker oder Salz und der übrigen Niblen unter die Butter gerührt, und etwa 600 g. Semmelmehl darein gewirkt, bis der Teig in der Dicke eines dünnen Brodteiges ist, Tourteletten= möbeli mit frischer Butter bestrichen, von diesem Teig die

Möbeli beinahe gefüllt, mit dem Gelben vom Ei angestrichen und im Ofen in guter Wärme gebacken.

### 38. Hefen=Brödchen.

Zu 750 g. Mehl nimmt man 2 Eier, 100 g. gestoßenen Zucker, ein wenig gehackte Citronenrinde; zuerst wird mit 20 g. Preßhefe ein Vorteig gemacht und, wenn er gegangen, alles mit lauer Milch zu einem ziemlich festen Teig angerührt und gehen lassen. Dann wird er auf's Wirkbrett genommen, ausgetrölt und 200 g. frische Butter darauf gelegt und behandelt wie ein Spanischbrodteig, d. h. überlegt und ausgetrölt, bis man von der Butter nichts mehr sieht. Nun macht man längliche kleine Brödchen davon, bestreicht sie mit Eigelb, streut Zucker darüber, läßt sie nochmals gehen und backt sie in guter Hitze.

### 39. Weggli.

800 g. Semmelmehl, 12 Eier, 250 g. frische Butter, einer Nuß groß Sauerteig und Salz. Dieß zusammen wird mit Niblen geknetet, bis der Teig die Dicke von weißem Brodteig hat; er muß wohl gearbeitet werden, bis er Blattern wirft, dann werden Weggli daraus gemacht, auf eine mit Mehl bestreute Schüssel gelegt und auf dieser an eine gelinde Wärme gestellt, bis sie genug aufgegangen sind, mit dem Gelben vom Ei und ein wenig Niblen angestrichen und im Ofen gebacken.

### 40. Gugelhopf von Brodteig.

Man rührt in 500 g. weißen Brodteig nach und nach 6 Eier, läßt 100 g. Butter mit einem Glas voll Milch zergehen, rührt es dazu nebst 200 g. Zucker, der gehackten Rinde einer Citrone, Anis und 500 g. Mehl, bestreicht das Model dick mit frischer Butter, bestreut es mit Zucker und geschnifelten Mandeln und füllt es nur halb, läßt den Teig über Nacht auf dem Ofen aufgehen und backt ihn im Ofen.

### 41. Bier-Brod.

800 g. Semmelmehl, 250 g. frische Butter, 100 g. Weinbeeren, 5 Eier, 100 g. Zucker und ein wenig Salz, 20—25 g. Preßhefe wird mit ein wenig Milch zu einem nicht gar dicken Teig angemacht und derselbe tüchtig gewirkt; dann bringt man ihn in ein mit frischer Butter wohl bestrichenes Model und läßt ihn in demselben an gelinder Wärme aufgehen und backt ihn nachher im Ofen bei guter Wärme.

### 42. Gugelhopf (Bierbrod).

1¼ kg. Mehl, 25 g. Preßhefe, 8 dl. Milch, 6 Eier, 375 g. Butter, 150 g. Rosinen oder Weinbeeren, 100 g. Zucker, 100 g. Mandeln und ein wenig Salz. Das Mehl wird in eine Schüssel gebracht, in der Mitte desselben wird die Hefe mit lauer Milch angerührt, das Salz beigefügt, an die Wärme gestellt bis die Hefe treibt, dann löst man das Salz am Rand der Schüssel mit Milch auf, rührt die Milch und das Uebrige alles darein, klopft und knetet diesen Teig tüchtig und so lange bis er Blasen bekommt, glatt wird und sich rein von der Schüssel löst; dann wird das Model dick mit frischer Butter bestrichen, mit geriebenem Brod oder Zwieback und geschnittenen Mandeln bestreut und mit dem Teig nur halb gefüllt, an gelinde Wärme gestellt bis der Teig aufgeht, daß nur noch fingersbreit von der Form zu sehen ist; dann wird er in den Ofen zum Backen gestellt, oder wenn derselbe noch nicht die gehörige Wärme hat, wird er bis dahin an die Kühle gestellt. Man muß sich hüten, die Form zu rütteln, weil der Gugelhopf sonst zusammen fällt und sitzen bleibt, er bedarf einer ordentlichen Hitze und eine Stunde Zeit zum Backen. Die Portion gibt zwei große Bierbrode.

### 43. Holländischer Kuchen.

500 g. Semmelmehl, 250 g. frische Butter, 150 g. gestoßener Zucker, 6 ganze Eier, 2 Tassen schöne Weinbeeren, 1 Tasse voll Rosinen, 2 Schnitze Citronat, klein geschnitten, und eine Tasse voll lauwarme Milch, die man mit der Butter, dem Mehl und einer Nuß groß Hefe ver-

rührt; dann wird der Zucker sammt den Eiern darunter gemischt und eine Weile tüchtig geklopft und immer nach einer Seite hin gerührt; zuletzt werden die Weinbeeren, Rosinen und Citronat darunter gemengt. Nun läßt man diesen Teig über Nacht ruhen und aufgehen, dann wird er in einem mit frischer Butter bestrichenen Model langsam gebacken. Dieser Kuchen soll ordentlich aufgehen, und schmeckt besser, wenn man ihn den Tag zuvor backt, ehe man ihn serviren will.

## 44. Holländische Nudeln.

Rührt 200 g. frische Butter zu Schaum, schlägt 2 ganze Eier und von 6 das Gelbe dazu, 6 dl. lauwarme Milch, 25 g. Preßhefe, ein wenig Salz, Zucker und so viel Weißmehl, daß man den Teig wirken kann, und läßt ihn ein wenig aufgehen. Nachher bestreut man ein Wirkbrett mit Mehl und trölt den Teig in der Dicke eines Messerrückens aus, schneidet zweifingersbreite Streifen ab, bestreicht sie mit Eingemachtem und ein wenig geschnifeltem Citronat, rollt sie zusammen, bestreicht eine Schüssel mit Butter, legt die Nudeln hinein, ein wenig Butter darauf, läßt die Nudeln noch ein wenig gehen und backt sie im Ofen.

## 45. Dampfnudeln.

In 500 g. Mehl wird zuerst ein Vorteig mit 20 g. Preßhefe gemacht; nachdem es etwas aufgegangen, werden 2 Eier, 50 g. Butter, Zucker nach Belieben, ein wenig Salz und Weinbeeren beigefügt und mit lauer Milch ein ziemlich dicker Teig gemacht, der recht geklopft und geknetet wird; man läßt ihn nun einige Stunden haben oder aufgehen. Dann macht man Bröbchen aus dem Teig, die in eine flache Pfanne dicht neben einander gelegt werden, nachdem man vorher 1 Löffel gesottene Butter, 1 Löffel Zucker und 2 dl. Milch in die Pfanne gethan hat; nun wird gut zugedeckt, wenn möglich, Gluth auf den Deckel gelegt und 20 Minuten auf der Gluth kochen lassen, ohne aufzudecken.

### 46. Hefen-Pudding.

Zu 400 g. Semmelmehl wird ein Vorteig mit 20 g. Preßhefe gemacht, welchen man 1—2 Stunden haben oder aufgehen läßt; dann gibt man 100 g. Butter, 50 g. Zucker, auch eine Prise Salz und 3 Eier dazu, knetet alles mit Milch zu einem ziemlich dicken Teig, wie Brodteig, der recht bearbeitet werden muß. Ein geschlossenes Model wird mit Butter bestrichen und mit Mehl bestreut, der Teig hinein gethan, darf aber nur halb voll werden, auf der Wärme aufgehen lassen und dann im siedenden Wasser eine Stunde gekocht und warm aufgetragen. Geht gut zu gekochtem Obst.

### 47. Zwieback.

Drei wohlverklopfte Eier, 200 g. Zucker, 350 g. Mehl, 100 g. geschälte, länglicht zerschnittene Mandeln und etwas Citronenrinde werden zu einem lockern Teig geknetet, daraus ein Wecken formirt, halb gebacken, dann verschnitten und vollends ausgebacken.

### 48. Hefen-Zwieback.

Zu einem Kilo Mehl wird ein Vorteig gemacht von 25 g. Preßhefe und derselbe aufgehen lassen, dann 100 g. gestoßener Zucker, die fein gehackte Rinde einer Citrone, Anis und 2 Eier dazu gethan und mit lauer Milch zu einem festen Teig geklopft, bis der Anis herauskommt und über Nacht aufgehen lassen. Nun werden lange Laibe geformt und in einem heißen Ofen gebacken, die, wenn sie kalt sind, zu Zwieback geschnitten werden, dann mit Zucker und feinem Zimmt auf beiden Seiten eingerieben, über Nacht trocknen lassen und den folgenden Tag gebäht oder noch einen Augenblick in den Ofen gestellt werden. Sind besonders gut für Kranke.

### 49. Zwieback, andere Art.

Man macht von 500 bis 750 g. Mehl mit lauer Milch und 20—25 g. Preßhefe einen Vorteig und läßt ihn gehen; dann wird noch ein wenig laue Milch, zwei Eier, 1 Handvoll Zucker und 100 g. süße Butter hinein=

gearbeitet und Mehl genug, bis es ein ziemlich dicker Teig wird, den man in eine längliche Form oder Bratpfanne legt, nochmals gehen läßt und dann in einem heißen Ofen etwa ³/₄ Stunden backen läßt.

## 50. Konstanzer Triätschnitten.

Feines Zwiebackbrod, wie Obiges, wird in etwa fingersdicke Schnitten geschnitten. Diese befeuchtet man auf einer Seite mit rothem Wein oder auch bloß mit Eiweiß, taucht sie dann in den unten angegeben Tricenet und läßt sie einige Tage in der Luft trocknen. Dann befeuchtet man die andere Seite ebenso und taucht die Schnitten so vollständig in den Tricenet, daß sie ringsherum wie mit einer röthlichen Kruste bedeckt sind. Nun läßt man diese Seite auch trocknen und hebt dann die Schnitten in einer Blechbüchse auf, wo sie sich lange Zeit gut erhalten. Vor dem Gebrauch gießt man rothen Wein darüber und servirt Zucker dazu. Man gibt Schnitten Gesunden und Genesenden zur Stärkung in der Zwischenzeit.

## 51. Tricenet für 15 bis 18 Schnitten.

250 g. fein gestoßener Zucker, 2 g. gestoßene Nägeli (oder noch weniger nach Geschmack), 15 g. gestoßener Zimmt, 2 g. gestoßener Stern-Anis, 2 g. Muskatblüthe und 4 g. rother Sandel.

## 52. Russen-Täfeli.

Man setze 8 dl. Niblen und 1 kg. weißen Zucker auf starkes Feuer und rühre beständig, indem man zuweilen die Pfanne vom Feuer nimmt, bis die Masse schön braun ist, gieße sie sogleich in die Formen oder auf ein leicht mit Butter bestrichenes Blech und schneide die Täfeli in Vierecke.

## Brätzeli und Wafflen.

### 1. Süße Brätzeli.

Man nimmt 150 g. Semmelmehl, 150 g. fein gestoßenen Zucker, 150 g. frische Butter, 4 Eier und die Hälfte einer fein gehackten Citronenrinde, die Butter wird nur ganz wenig geschmolzen, alles zusammen vermengt und zu einem Teig gemacht und von diesem kleine Bröbchen formirt, die auf ein mit Mehl bestreutes Brett gelegt werden. Wenn alle gemacht sind, werden zwei auf einmal im Brätzeli-Eisen gebacken; die Bröbchen müssen im Eisen so weit als möglich auseinander gelegt werden, damit sie nicht an einander backen, und das warm gemachte Eisen zusammengedrückt, wenn man anfängt zu backen, und inwendig mit frischer Butter bestrichen, auch während dem Backen von Zeit zu Zeit; das Eisen wird auf dem Feuer umgewendet, damit die Brätzeli auf beiden Seiten gleich gelb gebacken werden. Will man sie gekrümmt haben, so legt man sie, sobald sie aus dem Eisen kommen, über ein rundes Holz und drückt sie mit der Hand leicht an. Müssen auf sehr starkem Feuer gebacken werden.

### 2. Andere Art.

Man nimmt 150 g. fein gestoßenen Zucker, 150 g. frische Butter, 250 g. Semmelmehl, 2 Eier und gestoßenen Zimmt, oder fein gehackte Citronenrinde; die Butter wird nur wenig geschmolzen, mit allem Uebrigen vermengt, zu einem Teig verarbeitet und gleich wie oben damit verfahren und gebacken.

### 3. Andere Art.

500 g. Mehl, 250 g. frische Butter, 150 g. gestoßener Zucker, die Rinde von einer halben Citrone fein gehackt, oder ein kleiner Kaffeelöffel voll gestoßenen feinen Zimmt und eine Prise Salz. Butter und Mehl werden recht mit einander vermengt und dann mit ein wenig kaltem Wasser zu

einem leichten nicht zu festen Teig gewirkt, doch ohne Mehl nachzunehmen. Nun wird mit einem Löffel, der immer zuerst in kaltes Wasser getunkt wird, von diesem Teig einer Nuß groß in das Eisen genommen und gebacken.

### 4. Kümmi-Brätzeli.

Eine Portion Semmelmehl rührt man mit guter Niblen wie zu einem Mehlbrei zart an, thut Salz und Kümmel darein und ein Stück geschmolzene frische Butter; ist der Teig zu dick, so wird er noch mit Niblen verdünnt, bis er die Dicke eines gekochten Mehlbreis hat, dann wird das Eisen gewärmt, die innere Seite mit Speckschwarte bestrichen und die Brätzeli darin gebacken. Man kann zwei auf einmal in's Eisen thun, zu jedem wird ein Kaffeelöffel voll Teig genommen, aber so weit als möglich auseinander, daß sie nicht zusammenlaufen, das Eisen zusammengedrückt, von Zeit zu Zeit angestrichen und so mit dem Backen fortgefahren.

### 5. Gesalzene Brätzeli.

150 g. Semmelmehl, 150 g. frische Butter, Salz und 2 Eier. Die Butter wird nicht geschmolzen, das Mehl und alles Uebrige zusammen mit ganz wenig Milch zu einem lockern Teig gewirkt, kleine Kügeli, ungefähr einer Haselnuß groß davon gemacht, und so wie das Eisen warm ist, dasselbe mit Speckschwarte bestrichen und die Kügeli darin gebacken. Das Eisen muß immer von Zeit zu Zeit bestrichen werden, wenn man sieht, daß es trocken wird.

### 6. Erdäpfel-Brätzeli.

Zehn rohe Erdäpfel von mittlerer Größe werden geschält und im Wasser weich gekocht, im Mörser mit 150 g. frischer Butter fein zerstoßen, in einer Schüssel mit 3 dl. guter Niblen und ein wenig Semmelmehl verrührt und geklopft, und dann ein kleiner Kaffeelöffel voll von diesem Teig in das warm gemachte Brätzeli-Eisen genommen, das mit Speckschwarte muß bestrichen werden; dasselbe wird zusammengedrückt auf dem Feuer gehalten und umgewendet, bis das Brätzeli auf beiden Seiten schön gelb ist, und auf diese Weise fortgefahren, bis aller Teig gebacken ist. Das Eisen muß auch öfters mit Speckschwarte bestrichen werden.

### 7. Mürbe Brätzeli.

Man schmelzt 150 g. frische Butter nur wenig und rührt sie mit 10 Löffeln voll Semmelmehl, Salz und einem Ei zu einem Teig an, macht Kügeli daraus und backt sie im Brätzeli-Eisen.

### 8. Haselnuß-Brätzeli.

250 g. Haselnüsse werden in einer Eisenpfanne auf der Gluth ein wenig gerührt, bis man die Haut abreiben kann, dann fein gestoßen; 250 g. gestoßener Zucker, 3—4 ganze Eier wohl geklopft, ein wenig frische Butter, die geschmolzen wird, und fein gehackte Citronenrinde durcheinander gerührt und so viel Semmelmehl dazu, bis der Teig dick genug ist, daß man kleine Bröbchen formiren kann, dann im Brätzeli-Eisen gebacken, welches oft mit frischer Butter angestrichen wird.

### 9. Röstenweis.

Man nimmt gute, süße Niblen und schwingt sie mit einem Beseli, bis sie dick ist, rührt fein gestoßenen Zucker, Zimmt oder Vanille darein, bis es süß genug ist und das eine oder andere im Geschmack vorherrscht, dann wird Semmelmehl darein gerührt, bis der Teig die Dicke eines ordentlichen dicken Mehlbreies hat, ein kleiner Eßlöffel voll von diesem Teig in das mit frischer Butter bestrichene heiße Eisen genommen, dasselbe zusammengedrückt, in das Feuer gethan und umgewendet, damit das Röstenweis auf beiden Seiten schön gelb werde; sobald es gebacken ist, löst man es auf der einen Seite und rollt es ganz warm auf dem Eisen zusammen.

### 10. Kaffee-Röstenweis.

Man nimmt 100 g. fein gestoßenen Zucker, 100 g. Semmelmehl, 50 g. frische Butter, zwei kleine Eier und einen kleineren Löffel voll fein gesiebtes Kaffeepulver; die Butter wird ganz wenig geschmolzen und mit allem Uebrigen vermischt, und mit guter Niblen verdünnt, bis der Teig so dick ist, daß er sich lang ziehen läßt, wenn man ihn aus dem Löffel gießt; hernach wird das Brätzeli=Eisen warm gemacht, die innere Seite mit frischer Butter bestrichen und ein Löffel voll von diesem Teig darauf gethan, das Eisen zugedrückt, in das Feuer gelegt und wie oben damit verfahren. Man muß die Röstenweis an der Wärme behalten, sonst werden sie weich und sind dann zähe.

### 11. Wein=Röstenweis.

200 g. Semmelmehl, 100 g. fein gestoßener Zucker, 100 g. frische Butter, leicht gewogen, und ein Löffel voll Anis. Zucker und Anis werden unter das Mehl gemischt und mit weißem Wein zart angerührt, wie zu einem Mehlbrei, die Butter geschmolzen und darunter gerührt. Ist der Teig zu dick, so wird er mit Wein noch verdünnt, bis er die Dicke eines gekochten Mehlbreis hat, dann wird damit verfahren wie bei dem Kaffee=Röstenweis.

### 12. Wafflen.

Man nimmt gute, süße Niblen, wie zum Stoßen und schwingt sie mit dem Beseli, bis sie dick ist, rührt Semmelmehl darein, bis der Teig die Dicke eines gekochten Mehlbreies hat, und Zucker oder Salz dazu. Dann wird das Waffeleisen warm gemacht, mit Speckschwarte oder süßer Butter wohl bestrichen und ein Löffel von dem Teig auf das Eisen genommen, der Länge nach verzogen, das Eisen zusammengehalten und im Feuer gebacken. Ist die Waffel auf beiden Seiten schön gelb, so wird sie mit Sorgfalt aus dem Eisen genommen und an der Wärme behalten und keine über die andere gelegt, bis man sie auftragen will. Das Eisen muß öfters bestrichen werden.

### 13. Kaffee=Wafflen.

Man rührt 100 g. gestoßenen Zucker, 100 g. Mehl, 50 g. frische Butter, die geschmolzen wird, zwei kleine Eier

und einen Löffel voll geröstetes und fein gesiebtes Kaffee=
pulver untereinander und gießt nach und nach Nidlen darein,
bis der Teig zart und so dick ist, daß er sich in die Länge
zieht, wenn man ihn aus dem Löffel gießt; er muß wohl
geklopft werden. Alsdann wird das Waffel=Eisen auf's
Feuer gethan, inwendig auf beiden Seiten mit frischer
Butter angestrichen, und wenn es warm ist, gießt man
einen Löffel voll von dem Teig darauf, drückt das Eisen
zu und legt es auf's Feuer; sind sie auf der einen Seite
schön gelb, so wird das Eisen auf die andere Seite ge=
wendet; sind sie gebacken, so werden sie an der Wärme
behalten und nicht aufeinander gelegt, bis man sie aufträgt.
Das Eisen muß während dem Backen von Zeit zu Zeit
mit frischer Butter bestrichen werden.

# Eingemachte Früchte, Confitüre und Gelée.

### 1. Rosen=Confitüre, russisches Rezept.

500 g. Zucker und 35 hundertblättrige Rosen, von denen
man das Ende des Blattes, das weiße Theilchen, abschneidet,
weil es bitter ist, und das Jüs von einer Citrone. Den
Zucker stellt man mit einer Flasche Wasser in einer gelben
Pfanne auf's Feuer; wenn es kocht, rührt man die Rosen=
blätter darein und kocht es eine halbe Stunde, dann richtet
man es in eine irdene Schüssel an; den folgenden Tag
kocht man es wieder, gießt das Citronen=Jüs darüber und
läßt es ein paar Tage so stehen. Sollte es wieder dünn
werden, so kocht man es noch einmal, sonst thut man die
Confitüre in ein Glas und verbindet es mit einer Blatter.

### 2. Erdbeer=Gelée.

Man nimmt gleich schwer Zucker als Erdbeeren, welche
schön reif, sauber erlesen und besonders ganz frisch sein

müssen, kocht den Zucker mit ein wenig Wasser zu einem sehr dicken Syrup, legt die Erdbeeren darein, aber ohne sie kochen zu lassen; man muß die Pfanne gleich vom Feuer nehmen, ein wenig umrühren und dann Alles durch's Tamis laufen lassen, nun kocht man den Syrup, bis er die gehörige Dicke hat, d. h. zu einer Gelée; sie läßt sich sehr lange aufbewahren.

### 3. Confitüre von Erdbeeren.

Für je 500 g. Erdbeeren, ganz frisch gepflückt und wohl erlesen, nimmt man 500 g. Zucker und kocht von der Hälfte desselben mit Wasser einen dicken Syrup. Die andere Hälfte des Zuckers wird fein gestoßen und mit Erdbeeren in dem Syrup während 5 bis 6 Minuten auf gelindes Feuer gesetzt, indem man sie fortwährend rührt, dann sogleich angerichtet, und wenn sie kalt ist, in Gläser gegossen. Diese Confitüre läßt sich nicht lange aufbewahren.

### 4. Confitüre von Kirschen und Orangen.

Von rothen weichen süßen Kirschen werden $3^{1}/_{2}$ kg. ausgesteint und mit $1^{1}/_{2}$ kg. Zucker auf gelindem Feuer gekocht und der Schaum sorgfältig abgenommen; wenn die Kirschen zur Hälfte eingekocht sind, wird die Rinde von $1^{1}/_{2}$ Orangen fein und in ganz schmale Stäbchen geschnitten, den Kirschen beigefügt; wenn die Confitüre die gehörige Dicke hat, wird der Saft von zwei Orangen darunter gerührt und dann gleich angerichtet.

### 5. Kirschen=Confitüre.

4 kg. schöne schwarze Kirschen, Herz= oder Spielkirschen, werden ausgesteint und mit $2^{1}/_{2}$ kg. ebenfalls ausgesteinten Zahmkirschen, 1 kg. Himbeeren und 2 kg. Zucker sorgfältig und auf nicht zu hellem Feuer gekocht und fleißig umgerührt, bis die Kirschen weich und die Confitüre die gehörige Dicke hat.

### 6. Kirschen=Confitüre ohne Himbeeren.

Zu 4 kg. schönen, schwarzen Kirschen nimmt man $1^{1}/_{2}$—2 kg. Zucker, der zu einem dicken Syrup gekocht wird; nun werden die Kirschen hinein gethan und wie oben gekocht.

### 7. Confitüre von Zahmkirschen (saure Kirschen oder Ammern).

Man nimmt schöne auserlesene Zahmkirschen, die keine Flecken noch Spälte haben, schneidet die Stiele so weit ab, daß nur ein kurzer Theil übrig bleibt, bei welchem man die Kirschen fassen kann; dann werden sie gewogen und gleich schwer Zucker genommen, als man Kirschen hat, der Zucker mit Wasser auf's Feuer gesetzt und, wenn er anfängt zu kochen, verschaumt, zu einem dicken Syrup eingekocht, die Kirschen darein gelegt und bei sehr gelindem Feuer gekocht, bis die Haut welk wird und einschrumpft. Dann werden die Kirschen herausgezogen, in eine irdene Schüssel geschüttet, der Syrup zu einer dicken Gelée eingekocht und dann besonders angerichtet; erst wenn die Kirschen und die Gelée kalt sind, wird alles zusammen in Gläser gebracht und zugebunden.

### 8. Andere Art.

Man nimmt nicht allzu reife Zahmkirschen, entfernt Stiele und Steine davon, und nimmt gleich schwer Zucker wie Früchte; der Zucker wird mit Wasser gekocht, verschaumt und zu einem dicken Syrup eingekocht, der fest steht, wenn man davon auf einen Teller tropft; man giebt nun auch die Kirschen dazu, läßt 3 bis 4 Wälle darüber gehen und gießt sie in eine Schüssel. Nach 24 Stunden läßt man allen Syrup ablaufen und setzt ihn auf's Feuer; wenn er kochen will, legt man die Kirschen wieder hinein und läßt sie, wie das erste Mal, 3 bis 4 mal aufkochen, schüttet sie wieder mit dem Syrup in die Schüssel und läßt sie 2 bis 3 Tage stehen; dann werden sie noch einmal eine Viertelstunde gekocht und angerichtet. Ist die Confitüre ganz kalt, so wird sie in Gläser zum Aufbewahren angerichtet und mit einem Papier, das in Kirschwasser getunkt ist, bedeckt.

### 9. Confitüre von Zahm- und schwarzen Kirschen mit Himbeersaft.

Von schönen schwarzen Kirschen (nicht graffions) sticht man die Steine aus; dann werden sie gewogen, zu 1½ kg. derselben nimmt man 1 kg. ausgesteinte Zahmkirschen. Zu dieser Portion Kirschen nimmt man 4 dl. ausgepreßten Himbeersaft und 2½ kg. Zucker; dieser wird mit dem Himbeersaft in einer gelben Pfanne auf's Feuer gesetzt, und wenn er anfängt zu kochen, verschaumt, die schwarzen Kirschen dazu und mit Himbeersaft eine gute Viertelstunde auf gelindem Feuer gekocht, von Zeit zu Zeit aufgerührt und der blasse Schaum, der obenauf kommt, abgenommen. Nach einer Viertelstunde werden dann auch die Zahmkirschen dazu gethan und alles zusammen auf gelindem Feuer fortgekocht und fleißig aufgerührt, bis das Jüs, wenn man einen Löffel voll auf einem Teller erkalten läßt, zu einem ordentlich dicken Syrup wird. Dann richtet man sie in eine Schüssel an, und wenn sie kalt ist, wird sie in Gläser gegossen und zugebunden.

### 10. Andere Art.

Es werden 1 kg. Zucker, 250 g. Zahmkirschen, ohne die Steine gewogen, 375 g. Himbeersaft, zusammen auf starkem Feuer gekocht, der Schaum abgenommen, und wenn die Kirschen weich sind und der Saft dick genug ist, wird die Confitüre in eine Schüssel angerichtet und, wenn sie kalt ist, in Gläser gethan.

### 11. Zahmkirschen en confiture sèche.

Man nimmt 250 g. ausgesteinte Zahmkirschen, stellt sie in einer gelben Pfanne über's Feuer, ohne Wasser und ohne Zucker, und rührt sie immer, aber mit Sorgfalt, damit sie soviel möglich ganz bleiben; sobald sie Saft geben, wird er fleißig abgeschüttet; wenn sie trocken sind, stellt man sie vom Feuer und rührt 250 g. fein gestoßenen Zucker darein, macht kleine Höckli davon, legt sie auf ein Tamis und läßt sie darauf trocknen, nachher kann man sie in einem Zuckerglas aufbehalten.

### 12. Weichseln oder andere saure Kirschen in Kirschwasser.

Man nimmt schöne auserlesene Weichseln, oder in Ermangelung solcher, große Zahmkirschen; sie dürfen keine Risse haben und nirgends verletzt sein, schneidet die Stiele ab und läßt nur soviel davon an der Kirsche, daß man sie dabei fassen kann, legt sie roh in ein Zuckerglas, Gewürznägeli und ganzen Zimmt dazu, und gießt gutes Kirschwasser darüber, bis dasselbe ob den Kirschen zusammen geht, bindet das Glas mit einer Blatter zu und bewahrt sie an einem trockenen Ort auf. Erst nach mehreren Wochen kann man davon gebrauchen; beim Serviren gibt man Zucker dazu.

### 13. Marmelade von Himbeeren.

Zu 500 g. auserlesenen Himbeeren nimmt man 500 g. Zucker, zerstoßt denselben und thut ihn mit den Himbeeren, Lage um Lage, in eine irdene Schüssel und läßt sie an einem kühlen Ort einen Tag stehen, oder so lange, bis der Zucker geschmolzen ist. Dann werden die Himbeeren sammt dem geschmolzenen Zucker und Saft in einer gelben Pfanne auf gelindes Feuer gesetzt und, wenn sie anfangen zu kochen, so werden sie verschaumt und öfters aufgerührt, daß sie nicht anbrennen, und so lange gekocht, bis die Marmelade ordentlich dick und das Jüs größtentheils eingekocht ist. Dann wird sie in einen irdenen Hafen angerichtet, und wenn sie kalt ist, mit Papier zugebunden.

NB. Für jede Confitüre ist es gut, wenn man, nachdem sie kalt ist, ein Blatt dünnes Papier in Kirschwasser netzt und auf die Confitüre legt, so daß dieselbe ganz damit bedeckt wird, und erst dann das Geschirr mit einer Blatter zubindet.

### 14. Gelée von Himbeeren und Meertrübeli.

Die Meertrübeli werden abgestreift und zu 750 g. derselben werden 500 g. Himbeeren genommen und gleich schwer Zucker, als man Früchte hat; diese in einer Schüssel zerdrückt, der Zucker gestoßen und beigemischt; nun läßt man sie stehen, bis der Zucker geschmolzen ist, dann wird alles zusammen in einer gelben Pfanne auf's Feuer gesetzt, einige Minuten gekocht und durchs Tamis gerichtet, ohne sie auszupressen, die Gelée in Gläser angerichtet und, wenn sie kalt ist, zugebunden. — Die Früchte, die im Tamis geblieben, kann man auch aufbehalten, und zu Kuchen gebrauchen.

### 15. Meertrübeli- (Johannisbeer-) Gelée.

Man nimmt gleich schwer Zucker, als man abgestreifte Meertrübeli hat, der Zucker wird gestoßen und mit den Meertrübeli Lage um Lage in einer gelben Pfanne auf das Feuer gesetzt, und wenn es anfängt zu kochen, so wird der weißliche Schaum, der obenauf kommt, abgenommen und die Meertrübeli so lange gekocht, bis der Saft steht, wenn man ein paar Tropfen davon auf einen Teller gießt. Dann wird alles durchs Tamis gerichtet, ohne die Beeren zu zerdrücken, die Gelée in Gläser gegossen und, wenn sie kalt ist, zugebunden. Sie wird auf diese Art sehr schön. Die Beeren, die im Tamis bleiben, werden auch aufbehalten und zu Kuchen benutzt. Man kann auf gleiche Weise auch Himbeeren-Gelée machen und Gelée von schwarzen Meertrübeli, die sehr gut wird.

### 16. Meertrübeli-Confitüre.

Die Meertrübeli werden abgestreift, gewogen und gleich schwer Zucker genommen, derselbe mit Wasser zu einem dicken Syrup gekocht, die Meertrübeli darein gelegt und auf gelindem Feuer etwa 4 bis 5 Minuten gekocht, in eine Schüssel angerichtet und gerührt, bis sie beinahe kalt sind, und nun erst in die Gläser zum Aufbehalten angerichtet.

Oder es wird nur der halbe Theil Zucker zu einem dicken Syrup gekocht, die andere Hälfte fein gestoßen und dann mit den Meertrübeli in den Syrup gemischt und immer fort gerührt; wenn sie anfängt zu kochen, so muß sie nur 6 Minuten kochen, dann wird sie angerichtet und mit Rühren fortgefahren, bis sie beinahe kalt ist.

## 17. Parillen- (Aprikosen-) Confitüre.

1 kg. schöner gestoßener Zucker und 1 kg. Parillen, diese werden geschält, nachdem man sie einen Augenblick in heißes Wasser gelegt, in der Mitte von einander geschnitten, die Steine herausgenommen, aufgeklopft und die Kerne in einer Tasse mit siedendem Wasser übergossen, die Hülsen davon abgezogen und die Kerne aufbehalten, dann legt man eine Lage Parillen und eine Lage Zucker in eine irdene Schüssel, bis Früchte und Zucker alle sind; dann die Schüssel zugedeckt und in den Keller gestellt, bis der Zucker geschmolzen ist. Nun werden die Parillen mit einem Schaumlöffel aus dem Jüs gezogen und das Jüs in einer gelben Pfanne auf's Feuer gesetzt, und sobald es anfängt zu kochen, verschaumt; dann die Kerne darein gelegt und mit diesem zu einem dicken Syrup gekocht, und zuletzt auch die Parillen in den Syrup gethan, zusammen $1/2$ Viertelstunde gekocht, sogleich angerichtet und noch heiß in die Häfen geschüttet, in denen man sie behalten will, und sogleich mit einer Blatter zugebunden.

## 18. Aprikosen in Kirschwasser.

Auf 500 g. Aprikosen nimmt man 375 g. Zucker und ein Glas Wasser auf 500 g. Zucker, welchen man zu einem dicken Syrup kocht und in tiefe Schüsseln anrichtet; die Aprikosen werden in siedendem Wasser gekocht, bis die Haut sich ablöst oder spaltet; nun nimmt man eine nach der andern aus dem Wasser und legt sie in das Tamis zum Vertropfen; wenn sie kalt sind, legt man sie in den Syrup und läßt sie über Nacht darin, den folgenden Tag thut man sie in Confitüren-Gläser, schüttet das Flüssige vom Zucker ab, vermischt den Zucker, der sich in den Schüsseln krystallisirt hat, mit Kirschwasser, so daß die Aprikosen bedeckt seien, und verschließt die Häfen oder Gläser mit einer Blatter.

## 19. Andere Art.

Auf 500 g. Früchte, 250 g. Zucker, welcher mit ein wenig Wasser auf's Feuer gesetzt wird; wenn der Syrup schön klar ist, werden die Aprikosen, welche abgewischt und hie und da durchstochen werden, in den Syrup gelegt, doch nicht zu viel auf einmal, und zieht sie, wenn sie weich sind, sorgfältig heraus, legt sie sogleich in das Glas, in dem man sie aufbehalten will, und deckt sie jedesmal gleich zu, bis sie alle darin sind, mengt dann unter den Syrup, der schön dick sein muß, Kirschwasser oder guten Branntwein, rührt es gut durcheinander, gießt es über die Früchte und bindet das Glas zu. Zu 2 kg. Früchte ist $^3/_4$ l. Kirschwasser hinreichend; wenn aber der Syrup auftrocknet, so muß nachgegossen werden, damit die Früchte immer bedeckt seien.

Pfirsiche und Pflaumen kann man auf die gleiche Art machen.

### 20. Pfirsich-Confitüre.

Man nimmt Pfirsiche, die nicht zu reif sind, gießt siedendes Wasser darüber, daß es ob den Pfirsichen zusammenläuft, deckt sie zu und läßt sie einige Minuten stehen, bis man die Haut gut abziehen kann, die Steine werden mit einem hölzernen Spießchen ausgestoßen, doch so, daß die Pfirsiche nicht spalten, dann gewogen und zu 500 g. derselben 375 g. Zucker und zu $1^1/_2$ kg. Zucker $2^1/_4$ l. Wasser genommen, das mit dem Zucker übers Feuer gesetzt wird; wenn es kocht und verschaumt ist, wird es siedend über die Pfirsiche geschüttet, die in einer irdenen Schüssel sein müssen; wenn der Syrup nicht mehr heiß ist, zugedeckt und an einen kühlen Ort gestellt. Nach 2 bis 3 Tagen wird der Syrup abgeschüttet und wieder kochend gemacht, verschaumt und gleich wie oben damit verfahren, und dieß in Zeit von 12 Tagen 3 Mal wiederholt. Nach dieser Zeit werden die Pfirsiche mit dem Syrup noch ein wenig gekocht, in Gläser oder irdene Häfen gelegt, ganzer Zimmt und ein paar Nägeli dazu, und der Syrup warm darüber geschüttet; er muß ob den Pfirsichen zusammen gehen. Wenn sie kalt sind, wird ein Blatt Papier durch Kirschwasser gezogen, darüber gelegt, die Gläser mit Blattern zugebunden und an einem trockenen Ort aufbehalten.

### 21. Confitüre von rothen Pfirsichen.

Rothe, sogenannte Reb=Pfirsiche schält man, schneidet sie in zwei Theile und entfernt die Steine daraus, wiegt sie und nimmt zu 1½ kg. derselben 1 kg. Zucker, der gestoßen und mit den Pfirsichen, Lage um Lage in eine irdene Schüssel gelegt wird, und diese zugedeckt, in den Keller gestellt. Den folgenden Tag werden die Pfirsiche mit einem Schaumlöffel aus dem Jüs gezogen, und dieser sammt dem Zucker, der nicht geschmolzen ist, und mit einem Glas Wasser in einer gelben Pfanne auf's Feuer gesetzt, und sobald es anfängt zu kochen, verschaumt; so viele Pfirsiche, als in der Pfanne Raum neben einander haben, werden in den Syrup gelegt und gekocht, bis sie weich sind, dann herausgezogen und in eine Schüssel gethan, und wieder andere Pfirsiche in dem Syrup gekocht, und so fortgefahren, bis alle fertig sind, der Syrup zu einer dicken Gelée eingekocht und besonders angerichtet, und wenn die Früchte und Gelée kalt sind, so wird alles zusammen in ein Zuckerglas angerichtet und mit einer Blatter zugebunden.

Man kann einige Löffel Kirschwasser unter die Gelée mischen.

### 22. Pfirsich=Marmelade.

Die Pfirsiche werden roh in eine Schüssel gelegt, siedendes Wasser darüber gegossen, ein paar Minuten zugedeckt und dann die Haut abgezogen, halb von einander geschnitten und die Steine daraus entfernt. Zu 500 g. Pfirsichen werden 375 g. Zucker genommen, derselbe mit nicht allzu viel Wasser gekocht, verschaumt, dann die Pfirsiche darein gelegt und auf gelindem Feuer mit einander gekocht, bis die Pfirsiche weich sind und die Marmelade schön gelb ist, dann in eine Schüssel angerichtet und, erst wenn sie kalt ist, in das Glas zum Aufbehalten gebracht.

### 23. Pfirsiche in Kirschwasser.

Für diese nimmt man gleich schwer Zucker wie Pfirsiche, diese werden vor allem aus sorgfältig geschält und in eine irdene Schüssel gelegt, der Zucker gestoßen darüber gestreut, und die Schüssel zugedeckt über Nacht an einen kühlen Ort gestellt. Am Morgen stellt man die Pfirsiche mit dem Zucker und dem Saft, der ausgelaufen ist, in einer gelben Pfanne aufs Feuer, läßt sie einen Augenblick kochen, zieht sie mit vieler Sorgfalt heraus, damit sie nicht zerfallen, und legt sie auf eine flache Platte, damit sie, so lange sie noch warm sind, nicht zu dick aufeinander= liegen, der Syrup wird noch gekocht, bis er schön dick ist, dann besonders angerichtet und, erst wenn er kalt ist, mit Kirschwasser verdünnt; nachdem die Pfirsiche vorerst mit Sorgfalt in ein Zuckerglas oder in einen glacirten Hafen gelegt worden sind, wird der Syrup darüber geschüttet, der Hafen zugebunden und an einem trockenen Ort auf= bewahrt.

### 24. Mirabelles=Confitüre.

Man nimmt die Mirabelles, ehe sie völlig reif sind, und zu 1½ kg. Mirabelles je 1 kg. Zucker. Derselbe wird mit Wasser in einer gelben Pfanne aufs Feuer ge= setzt und, sobald es anfängt zu kochen, verschäumt und zu einem Syrup gekocht; dann die Mirabelles darein und zu= sammen gekocht, bis sie anfangen zu spalten und weich sind, dann herausgezogen und in einen glacirten Hafen gelegt; der Syrup wird zu einer dicken Gelée eingekocht und heiß über die Früchte geschüttet, und, erst wenn diese kalt sind, der Hafen mit einem Papier zugebunden.

### 25. Pflaumen=Confitüre.

Auf 2½ kg. von den gewöhnlichen rothen Pflaumen, die ausgesteint werden, kommen 2 kg. Zucker, nur grob gestoßen; Früchte und Zucker legt man zusammen, Lage um Lage, in einer gelben Pfanne auf gelindes Feuer und kocht es nur langsam, bis die Confitüre die gehörige Dicke hat. Nach Belieben kann man ein wenig ganzen Zimmt oder fein geschnittene Citronenrinde beigeben.

### 26. Marmelade von Zwetschgen oder Pflaumen.

Man nimmt schöne reife Zwetschgen oder Pflaumen, schneidet sie auf und löst die Steine davon. Zu 1½—2 kg.

Früchte nimmt man 1 kg. grob gestoßenen Zucker, legt die Früchte mit dem Zucker, Lage um Lage, in eine irdene Schüssel und stellt diese zugedeckt in den Keller. Den folgenden Tag wird alles zusammen in einer gelben Pfanne aufs Feuer gesetzt und, wenn es anfängt zu kochen, wird der Schaum abgenommen und die Marmelade unter öfterem Aufrühren gekocht, bis das Jüs nicht mehr dünn und beinahe eingekocht ist, und in eine irdene Schüssel angerichtet; wenn sie sich den folgenden Tag verdünnt hat, so wird sie noch ein wenig gekocht, und in einem Hafen, wenn sie kalt ist, mit einer Blatter zugebunden. Feinen ganzen Zimmt in einem Tüchlein mitkochen, geht sehr gut.

### 27. Zwetschgen-Marmelade.

Zu 2 kg. ausgesteinten Zwetschgen, 500 g. schöner reifer Calviller-Aepfel und 500 g. Quitten, die geschält und in Stücke zerschnitten werden, nimmt man 1½—2 kg. grob gestoßenen Zucker, eine in ganz feine Riemchen geschnittene Citronenrinde und etwas Zimmt, legt alles mit einander, eine Lage Früchte und eine Lage Zucker, in eine gelbe Pfanne und läßt es auf gelindem Feuer unter öfterm Aufrühren kochen, bis die Marmelade schön dick ist.

### 28. Zwetschgen-Confitüre mit Citrone.

Wenn die Zwetschgen einige Augenblicke zugedeckt im heißen Wasser gelegen, geschält und ausgesteint sind, wiegt man sie und nimmt das gleiche Gewicht gestoßenen Zucker, kocht beides zusammen, nimmt auch den Schaum weg; auf 1 kg. Früchte kommt die Rinde einer Citrone, die man dünn abschneidet, dreimal heißes Wasser darüber gießt, es wieder ablaufen läßt, und sie in ganz schmale, feine Streifchen zerschneidet und zuletzt einige Augenblicke mitkochen läßt. Wenn die Confitüre dick genug ist, richtet man sie an, läßt sie erkalten und bindet eine Blatter darüber. Je schneller die Früchte kochen, desto besser behalten sie ihren Geschmack und, indem man den Zucker sparen will, verderben sich die Früchte um so eher.

### 29. Eingemachte Zwetſchgen auf andere Art.

Zu 2 kg. auserleſenen Zwetſchgen, die keine Spälte haben, und wo möglich ganz friſch vom Baum kommen, nimmt man 750 g. Zucker, der mit Waſſer übers Feuer geſetzt, verſchaumt und zu einem nicht gar dicken Syrup gekocht wird, und ſiedend über die Zwetſchgen gegoſſen, die roh und ungeſchält mit ganzem Zimmt und ein paar Gewürznägeli in eine irdene Schüſſel gelegt werden, ohne ſie zu kochen. Die Schüſſel wird über Nacht zugedeckt an einen kühlen Ort geſtellt und dann gleich damit verfahren wie mit den Zwetſchgen en aigre-doux, ausgenommen daß kein Eſſig dazu kommt.

### 30. Zwetſchgen in Kirſchwaſſer.

Zu 2 kg. ſchönen, nicht gar reifen Zwetſchgen nimmt man 600 g. Zucker; die Zwetſchgen werden in einer irdenen Schüſſel mit ſiedendem Waſſer übergoſſen, die Haut mit Sorgfalt abgezogen, daß ſie nicht ſpalten oder zerfallen, der Zucker geſtoßen darüber geſtreut, zugedeckt und über Nacht an einen kühlen Ort geſtellt und gleich damit verfahren wie mit den Pfirſichen.

### 31. Melonen-Confitüre.

Zu 500 g. geſchälten und in Schnitze geſchnittenen Melonen nimmt man 375 g. geſtoßenen Zucker, der Lage um Lage über die Melonen geſtreut wird. Den andern Tag werden dieſe herausgezogen und der geſchmolzene Zucker zu einem Syrup gekocht, in dem die Schnitze, nur wenig auf einmal, gekocht werden, bis ſie weich und durchſichtig ſind. Nachher wird der Syrup noch etwas länger gekocht und dann heiß über die Melonen geſchüttet. Oft iſt es nöthig, den Syrup nach 2 bis 3 Tagen noch einmal zu kochen, wenn er ſich verdünnt hat.

### 32. Confitüre von Transparent-Aepfeln.

Man ſchält die Aepfel und ſchneidet ſie in 4 Theile, legt ſie in ziemlich viel Waſſer, wiegt ſie mit dem Waſſer und nimmt gleich schwer Zucker, dann wird das Wasser mit den Aepfeln gekocht, bis die Aepfel weich sind; zieht sie dann sorgfältig mit einer Schaumkelle heraus, legt Rinde und Kerngehäuse der Aepfel in das Jüs und kocht es, bis es gefärbt ist, richtet es durch ein Tamis, setzt es mit dem Zucker wieder über das Feuer, schaumt es ab und kocht es zu einem dicken klaren Syrup; dann werden die Aepfel wieder darein gelegt und ziemlich lange gekocht, die Schnitze müssen ganz bleiben; wenn sie schön durchsichtig sind und das Jüs von neuem zu einem schönen Syrup geworden, richtet man sie an, legt sie in die Töpfe, in denen man sie aufbewahren will, und läßt sie 2 bis 3 Tage stehen, ehe man sie zubindet.

### 33. Aepfel=Gelée.

Man nimmt eine gute Art Reinetten, frisch vom Baum und ziemlich viel, damit die Gelée einen starken Aepfel= geschmack bekomme. Die Reinetten werden in vier Theile geschnitten, ohne sie zu schälen, noch die Kerne zu entfernen. Sie werden mit vielem frischen Wasser in einer gelben Pfanne auf starkem Feuer zugedeckt gekocht, bis sie ganz verkocht sind, dann durch ein Tuch gerichtet und der Saft in einem irdenen Hafen an einen kühlen Ort gestellt und den folgenden Tag noch einmal durchs Tamis gerichtet; zu 500 g. Saft nimmt man nun 250 g. Zucker, kocht ihn mit Wasser und verschaumt ihn; dann wird der Apfelsaft bei= gemischt und einige Zeit damit gekocht, und wieder durchs Tamis passirt, die Pfanne gewaschen, der Saft darein und wieder gekocht mit der fein geschnittenen, im Wasser ge= weichten Citronenrinde und zuletzt, wenn er beinahe zu Gelée eingekocht ist, auf 500 g. Zucker, den man genommen, der Saft einer Citrone ausgepreßt und durch ein Tuch gerichtet, auch in die Gelée getropft, und noch mit gekocht, dann gießt man ein paar Tropfen auf einen Teller; wenn sie fest ist, so wird die Gelée in Gläser angerichtet und, sobald sie kalt ist, zugebunden.

Eingemachte Früchte, Confitüre und Gelée.

## 34. Marmelade von Birnen.

Dazu sind die weißen Ankenbirnen die besten. Man schält sie und schneidet sie in 4 Theile, und nimmt zu 500 g. derselben 150 g. Zucker, dieser wird in einer gelben Pfanne mit Wasser, verhältnißmäßig zu der Portion Birnen, die man kochen will, auf's Feuer gesetzt und, wenn er anfängt zu kochen, verschaumt, die Birnen darein gelegt und anfangs auf starkem Feuer, nachher nur auf schwachem gekocht und fleißig umgerührt, damit sie nicht anbrennen; zu 3 kg. Birnen wird die Rinde von zwei kleinen Citronen fein geschnifelt, in einer kleinen irdenen Casserole $^{1}/_{2}$ Stunde in Wasser gekocht, das Wasser weggeschüttet und die fein geschnittene Citronenrinde in die Marmelade gemischt, die so lange gekocht und immer fleißig aufgerührt wird, bis sie die gehörige Dicke hat; um sicher zu sein, daß sie gut sei, kann man ein wenig auf einen Teller herausnehmen, und zeigt sich, wenn sie kalt ist, kein dünnes Jüs mehr, so ist die Marmelade gut.

## 35. Andere Art.

Eine Portion Ankenbirnen und 4 oder 6 Quitten schält und schneidet man in 4 Schnitze und sticht die Kerne aus, stellt zuerst die Quitten mit genug Wasser auf's Feuer, und wenn sie eine Weile gekocht haben, auch die Birnen dazu und nun wird beides zusammen gekocht, bis sie weich sind. Hierauf werden die Früchte aus dem Wasser gezogen und durch ein Tamis gedrückt; zu $1^{1}/_{2}$ kg. der ausgepreßten Früchte nimmt man 500 g. Zucker und kocht diesen mit dem Saft von 3 Citronen und einem Glas Wasser zu einem Syrup, endlich wird die Rinde von einer Citrone fein geschnifelt, wie oben geschwellt, und mit dem Ausgepreßten der Früchte (was im Tamis bleibt, wird nicht benutzt) in den Syrup gemischt und alles zusammen unter öfterem Rühren gekocht, bis es ordentlich dick ist.

## 36. Rousseletten in Kirschwasser.

Man nimmt schöne Rousseletten, die nirgends angesteckt und auch nicht teig sind; zu 2 kg. Birnen 750 g. Zucker.

Die Rousseletten werden ganz gelassen, die Stiele läßt man daran und schneidet sie nur ein wenig ab, die Rinde wird ganz dünn abgeschält und mit vielem Wasser gekocht, bis es den Geschmack der Rousseletten angenommen hat, durch ein Tuch gerichtet und wieder übers Feuer gesetzt, und der Zucker dazu; wenn er geschmolzen ist, wird der Schaum abgenommen und dann die Birnen ganz darein gelegt, aber nicht mehr auf einmal, als Platz neben einander haben; man kann nach Belieben ein Bündeli mit ganzem Zimmt und Nägeli mit den Birnen kochen; wenn sie so weich sind, daß man mit einem Strohhalm darein stechen kann, so werden sie aus dem Saft gezogen, in eine Schüssel gelegt und der Saft noch zu einem schönen Syrup eingekocht, der auch besonders angerichtet wird; wenn er kalt ist, so wird nach Belieben Kirschwasser darunter geklopft die Birnen in ein Glas oder einen glacirten Hafen gelegt, der Syrup darüber geschüttet und der Hafen zugebunden. Der Syrup soll ob den Birnen zusammen gehen.

### 37. Coignarde.

Zu 2 l. Traubenmost nimmt man 14 Ankenbirnen, 14 süße Aepfel, vorzugsweise Malzech (Schibech), 8 Quitten und 150 g. Zucker. Die Früchte werden alle geschält, in 4 Theile geschnitten und das Kerngehäuse ausgeschält; der Most mit dem Zucker in einer gelben Pfanne aufs Feuer gesetzt, und wenn es anfängt zu kochen, verschaumt; hierauf werden zuerst die Quitten darein gelegt, und wenn diese eine Weile gekocht haben, gibt man die Birnen und Aepfel dazu, und nach Belieben ein Bündeli mit ganzem Zimmt und Nägeli, deckt die Pfanne zu und läßt es auf gelindem Feuer kochen, bis die Früchte weich sind. Dann wird die Pfanne abgedeckt und unter fleißigem Aufrühren und Zerbrücken der Früchte die Coignarde auf schwachem Feuer eingekocht, bis sie dick ist und kein Jus mehr davon rinnt. Hat man Zimmt 2c. darein gemischt, so wird er herausgenommen, ehe die Früchte ganz eingekocht sind.

### 38. Gumpisch.

Man wischt die Quitten mit einem Tuche ab, schält sie, schneidet sie in vier Theile und sticht die Kerne heraus, die Rinde wird mit vielem Wasser in einer gelben Pfanne gekocht, bis das Wasser den Geschmack der Quitten bekommen hat, unterdessen werden die Schnitze in einer Schüssel zugedeckt, damit sie nicht anlaufen (roth werden), das Wasser wird durch ein Tuch gesäihet, die Quitten gewogen und gleich schwer Zucker genommen, als man Schnitze hat, diese in dem Wasser gekocht, bis sie so weich sind, daß man mit einem Strohhalm hineinstechen kann, und dann herausgezogen, der Zucker in den Saft gethan und mit demselben zu einem Syrup gekocht; auch die Schnitze werden nun noch ein paar Minuten im Syrup gekocht, ganz heiß daraus gezogen und in einem glacirten Hafen mit nachstehenden Früchten, die gerüstet und bereit gehalten werden, rangirt, nämlich: Eine Lage Quittenschnitze, eine Lage kleine rothe Früchte, wie Aestchen von Erbselen, von Trauben, Meertrübeli, Schlehenbeeren und Buttlen, letztere gereinigt und geschwellt; nach diesen kleinen Früchten wird wieder eine Lage Quitten gemacht, wieder kleine Früchte, und so fortgefahren, bis die Quitten alle in dem Hafen sind, der Syrup unterdessen auf der Gluth warm behalten und siedend über die Früchte geschüttet, und wenn er kalt ist, wird der Hafen zugebunden und aufbehalten. Nach 2 bis 3 Tagen sieht man nach, ob sich der Syrup verdünnt hat, in welchem Fall man denselben sorgfältig von den Früchten abschüttet und wieder kocht, bis er die gehörige Dicke hat, und gießt ihn wieder heiß über die Früchte; dieß wird wiederholt, bis der Syrup ob den Früchten sich nicht mehr verdünnt, dann ist der Gumpisch gut.

## 39. Quitten-Confitüre.

Man nimmt vorzugsweise Birnen-Quitten, die nicht lange gelegen sind, schält und schneidet sie in zwei Theile, macht die Kerne heraus, wiegt sie und nimmt gleich schwer Zucker, als man Quitten hat, die ohne Zucker in vielem Wasser gekocht werden, bis sie so weich sind, daß man mit einem Strohhalm darein stechen kann; dann aus dem Wasser gezogen und in einer irdenen Schüssel zugedeckt, das Wasser, in welchem die Quitten gekocht wurden, durch ein Tuch ge=

seihet und mit dem Zucker aufs Feuer gestellt, wohl verschaumt und zu einem Syrup gekocht, die Quitten in beliebige Schnitze zerschnitten, doch nicht in zu dünne, der Syrup siedend darüber geschüttet und wieder zugedeckt. Den folgenden Tag oder zwei Tage darauf, wenn die Schnitze wieder hart geworden sind, wird alles zusammen noch einmal gekocht; sind die Schnitze weich geblieben und hat sich nur der Syrup verdünnt, so wird dieser allein wieder gekocht und immer wieder heiß über die Schnitze geschüttet; er muß oft 2 bis 3 Mal wieder gekocht werden. Man kann auch ein Bündeli Nägeli und ganzen Zimmt mit den Quitten kochen, wodurch sie schön roth werden.

Die Schnitze werden, wenn alles gut ist, in ein Zuckerglas oder in einen glacirten Hafen gelegt, der Syrup, der ob denselben zusammen gehen soll, darüber geschüttet, der Hafen zugebunden und aufbewahrt.

### 40. Quitten-Gelée.

Die Quitten nimmt man frisch, d. h. wenn sie noch nicht lange im Keller gelegen sind; sie werden nicht geschält und nicht geschnitten, sondern bloß mit einem Tuch abgewischt, und wenn sie Flecken haben, wird nur der Fleck ausgeschnitten, dann in einer gelben Pfanne mit viel Wasser aufs Feuer gesetzt, zugedeckt und gekocht, bis sie ganz zu Mues geworden sind, durch ein Tuch gerichtet, und der Saft in einem irdenen Hafen an einen kühlen Ort gestellt; den folgenden Tag wird er noch einmal durchgeseihet, gewogen und zu 500 g. Quittensaft 375 g. Zucker genommen, dieser mit Wasser zu einem dicken Syrup gekocht und verschaumt, und wenn er Fäden zieht, d. h. wenn er recht dick ist, der Quittensaft darein gerührt und zusammen gekocht, bis er, wenn man einige Tropfen auf einen Teller gießt, steht, in Gläser angerichtet, und wenn die Gelée kalt ist, dieselben zugebunden.

### 41. Quitten-Brod.

Man kocht schöne Quitten im Wasser, daß es ob denselben zusammengeht, bis die Haut aufspringt und sie ganz

Eingemachte Früchte, Confitüre und Gelée.

weich sind; dann zieht man sie aus dem Wasser, drückt sie durch ein Haarsieb, und wiegt das Mark, auf 500 g. Mark 500 g. Zucker, stellt diesen in einer Messingpfanne mit einem Glas Wasser aufs Feuer, verschaumt ihn und läßt ihn kochen, bis er Fäden zieht; dann wird das Mark darein gemischt und auf gelindem Feuer unter fleißigem Rühren gekocht, bis es dick zum Stehen ist, gießt es in eine Form, welche man will, oder auf breite zinnerne oder irdene Teller, der Quittenteig muß auf den Tellern nicht dicker als eines breiten Messerrückens sein, man läßt nun denselben trocknen, dann wird er zerschnitten; derjenige, den man in eine Form gelegt, wird zum Serviren zu Tranchen geschnitten, der auf Teller zu Schnitzen oder jeder beliebigen Form. Will man das Quittenbrod schön weiß haben, so müssen die Quitten frisch vom Baume gepflückt sein, will man dasselbe aber roth haben, so brauchen sie nicht ganz frisch zu sein, sondern man mischt noch ein wenig Erbsensaft darein.

### 42. Confitüre von Thierli (Cornelkirschen).

Zu 500 g. schönen weißen Thierli nimmt man 500 g. Zucker, und zu je 500 g. Zucker ein Glas Wasser, das mit dem Zucker in einer gelben Pfanne aufs Feuer gesetzt wird; wenn es anfängt zu kochen, wird der Schaum rein abgenommen, bis der Syrup klar ist, dann die Thierli darein gelegt und gekocht; sobald sie anfangen zu schrumpfen, werden sie mit Sorgfalt aus dem Syrup gezogen und der Syrup noch eingekocht, bis er dick ist. Sind die Thierli kalt, so legt man sie in ein Zuckerglas und gießt den kalten Syrup darüber und bindet das Glas mit einem Papier oder einer Blatter zu.

### 43. Orangen-Marmelade.

Man schält die Orangen, theilt die Schnitze von einander und löst Kerne und die zähe Haut davon; dann werden über Nacht die Schalen in frisches Wasser und ganz wenig Salz gelegt, den folgenden Tag in frischem Wasser gekocht, bis sie weich sind, läßt das Wasser gut abtropfen und schneidet sie in dünne Streifen, mengt sie unter das Innere der Orangen, nimmt zu 500 g. Orangen 750 g. gestoßenen Zucker und kocht dieses zusammen 20 bis 25 Minuten, bis die Marmelade schön klar ist; wenn sie kalt ist, schüttet man sie in Gläser.

### 44. Orange=Confitüre.

Sechs Orangen mit dicken Schalen werden in einer großen gelben Pfanne mit genugsam Wasser gekocht, welches einige Mal verändert werden muß, um den Orangen das Bittere zu nehmen; sie dürfen immer 7 bis 8 Stunden kochen, bis sie so weich sind, daß man leicht mit einem Strohhalm darein stechen kann; dann werden sie mit Sorgfalt aus dem Wasser gezogen und in Schnitze zerschnitten, ohne sie zu schälen; man kann aus einer Orange 12 Schnitze machen, und entfernt die Kerne davon, dann nimmt man 1—1½ kg. Reinetten, zerschneidet sie, ohne die Rinde und Kerne zu entfernen, und kocht sie im Wasser, wie um eine Gelée zu machen; wenn sie anfangen zu verkochen, so richtet man sie mit dem Wasser durch ein Tuch, wiegt den Aepfelsaft und auch die Pomeranzen=Schnitze, und nimmt gleich schwer Zucker als Jüs und Pomeranzen; der Zucker wird mit dem Jüs ein wenig gekocht und verschäumt, dann angerichtet, und wenn er beinahe kalt ist, die Schnitze in den Syrup gelegt, übers Feuer gesetzt und so lange gekocht, bis sie durchsichtig sind und der Syrup zu einer Gelée gekocht ist; dann werden sie mit Sorgfalt angerichtet, daß sie ganz bleiben, und der Syrup darüber geschüttet. Sollte nach 36 Stunden die Gelée sich verdünnen, so muß die Confitüre noch einmal gekocht werden.

### 45. Pomeranzenbast.

Man kocht 6 schöne Orangen im Wasser weich, daß man sie mit einem Strohhalm durchstechen kann, doch muß von Zeit zu Zeit siedendes Wasser nachgegossen werden; sind die Orangen weich, so werden die Kerne daraus entfernt und das Uebrige zu einem feinen zarten Teig gehackt. Nun schält man 18 Reinetten und sticht die Kerne aus,

Eingemachte Früchte, Confitüre und Gelée.

kocht sie ebenfalls bis sie weich sind, und mischt sie unter die Orangen, nimmt gleich schwer Zucker wie Fruchtteig, kocht ihn zu einem Syrup, legt den Teig hinein und läßt ihn unter beständigem Rühren langsam kochen, bis er ziemlich trocken wird, legt davon mit einem Kaffeelöffel auf einen zinnernen Teller, und läßt die Höckli recht trocken werden, indem man sie täglich kehrt. Dieser Bast läßt sich sehr lange aufbewahren und soll sehr gesund sein.

### 46. Citronen-Gelée.

Zwölf mittelgroße zarte rothe Rübli und zwei große Citronen schneidet man, nachdem die erstern geschabt worden, in feine Stäbchen, kocht sie zugedeckt in einer Casserole auf schwachem Feuer mit einem Glas voll siedendem Wasser, dem Saft der Citronen und 250 g. Zucker, rührt sie einige Male sorgfältig auf, daß sie nicht anbrennen und, wenn sie weich und eingekocht sind, so richtet man sie pyramidenförmig auf eine Platte an und servirt sie warm oder kalt. Solche rothe Rübli können auch zu Confitüre eingekocht und in Gläsern aufbewahrt werden.

### 47. Heidelbeeren, Himbeeren, Brombeeren gut aufzubewahren zu Breien.

Man läßt die Heidelbeeren, Himbeeren oder Brombeeren, mit ein wenig Wasser, zugedeckt auf schwachem Feuer einen Augenblick kochen, thut sie dann ganz siedend aus der Pfanne in erwärmte Flaschen oder Gläser, die schnell gepfropft und verschlossen werden. Auf diese Weise lassen sich die Früchte ganz gut über ein Jahr aufbewahren, und ein Brei davon ist zur Winterszeit eine gar beliebte Erscheinung auf der Tafel.

Oder noch besser lassen sich besonders die Himbeeren aufbewahren, wenn man die Früchte ganz frisch in gewöhnliche Weinflaschen bringt, sie so fest wie möglich zusammen schüttelt, dann mit einem guten Zapfen vermacht und diesen noch mit Packfaden fest zubindet. Nun werden diese Flaschen mit Stroh und Tüchern umwickelt und in einem

Hafen mit kaltem Wasser übers Feuer gesetzt und kochen lassen, dann abgestellt und die Flaschen noch darin kalten lassen.

# Liqueurs und Getränke.

### 1. Himbeersaft-Saft.

Die Himbeeren, die schön reif sein müssen, werden zuerst in einer irdenen Schüssel zerdrückt, dann durch ein Tuch gepreßt und der Saft in einem irdenen Hafen, der mit einem durchstochenen Papier zugebunden ist, vor ein Fenster gestellt und so lange da gelassen, bis der Saft recht in Gährung ist, dann mit Sorgfalt abgeschüttet, damit der Satz, der auf dem Boden ist, nicht dazu komme, denn der Saft soll ganz klar sein. Dann wird er gewogen und gleich schwer Zucker genommen, als man Saft hat, beides zusammen in einer gelben Pfanne aufs Feuer gesetzt, und wenn er anfängt zu kochen, verschaumt, bis es keinen Schaum mehr gibt, in irdene Häfen angerichtet, und wenn er kalt ist, in Flaschen abgezogen und mit einem Zapfen vermacht. Sollte es nach einiger Zeit eine Decke darüber geben, so wird sie sorgfältig abgenommen und die Flasche wieder zugepfropft. Im Fall der Saft wieder gähren sollte, so wird er noch einmal gekocht, sonst nicht.

Auf gleiche Weise kann man auch Meertrübeli-Saft machen, der sich, wie der Himbeer-Saft, mit Wasser vermischt, sehr gut trinken läßt.

### 2. Himbeer-Syrup.

Man zerdrücke zur Hälfte Himbeeren und zur Hälfte Johannisbeeren und lasse sie drei Tage im Keller, richte sie dann durch ein Tuch, das man stark drückt, und stelle das Jüs während acht Tagen in den Keller, schütte das Flüssige wieder durch ein Tuch, ohne es zu drücken, gießt

Liqueurs und Getränke.

1 kg. von diesem Jüs über 2 kg. fein gestoßenen Zucker, setzt es zusammen auf ein helles Feuer und läßt es darauf, bis es dem Rand der Pfanne nach anfangen will zu kochen, dann ist der Syrup genug gekocht. Wenn sich auf dem erkalteten Syrup eine Decke bildet, so wird sie sorgfältig weggenommen, der Syrup in Flaschen abgezogen und Zäpfen hineingeschlagen. 1 kg. Jüs und 2 kg. Zucker geben 3 Flaschen Syrup. Läßt sich lange aufbewahren.

### 3. Himbeer-Essig.

Zu ³/₄ l. gutem Weinessig kann man 1¹/₂ l. Himbeeren nehmen und diese mit dem Essig in ein großes Glas legen; der Essig muß ob den Himbeeren zusammengehen, das Glas wird zugebunden und während 14 Tagen oder 3 Wochen am Schatten stehen gelassen; dann der Essig sammt den Himbeeren durch ein Tuch gerichtet und ein wenig ausgepreßt. Zu ³/₄ l. von diesem durchgerichteten Himbeer-Essig nimmt man nun 600 g. Zucker, kocht es zusammen in einer gelben Pfanne, nimmt den Schaum ab, kocht ihn nachher noch einige Minuten, richtet ihn in einen irbenen Hafen an, und wenn er kalt ist, in Flaschen und verwahrt ihn an einem trockenen Orte.

### 4. Syrup von Johannisbeeren und Zahmkirschen.

Zu 6 kg. Johannisbeeren nimmt man 1¹/₂ kg. Zahmkirschen; wenn sie zusammen recht zerdrückt sind, läßt man sie durch ein Tamis austropfen, ohne sie zu pressen, stellt den Saft in einem Glas oder irbenen Geschirr während 24 Stunden in den Keller, seihet ihn noch einmal durch Flanell und nimmt zu je 500 g. Saft 750—850 g. gestoßenen Zucker und läßt beides zusammen nur einen Augenblick kochen, sonst wird der Syrup zu dick.

### 5. Johannisbeeren-Wasser.

500 g. Zucker und 1 kg. Johannisbeeren geben drei Flaschen Wasser; der Zucker wird gestoßen, die Johannisbeeren zerdrückt, und Zucker und Früchte mit einer Flasche frischem Wasser in einer Schüssel gut zugedeckt; dann stellt

man sie einige Stunden in frisches Wasser und richtet es durch's Tamis.

### 6. Erdbeeren-Saft.

500 g. recht reife Erdbeeren und 150 g. Meertrübeli werden zusammen zerdrückt und durch das Tamis passirt, 250 g. gestoßener Zucker und 5 dl. frisches Wasser beigefügt, nochmals durchgerichtet und zur Erfrischung mit ganz frischem Wasser servirt. Er läßt sich nicht aufbewahren.

### 7. Maitrank.

Eine Handvoll Waldmeister, der noch nicht geblüht hat, wird mit 2 Flaschen weißem Wein, 250 g. Zucker und den Schnitzen einer geschälten Orange, in eine geschlossene Schüssel gethan, $1/2$—1 Stunde stehen gelassen und dann die Waldmeister heraus genommen.

### 8. Orangen-Syrup.

Man nimmt eine Handvoll ganz dünn geschnittene Orangenrinde, schneidet sie in dünne Stäbchen, welche man in eine Flasche guten weißen Wein legt, stellt die Flasche entweder an die Sonne oder auf einen nicht zu heißen Ofen während 5 bis 6 Tagen, kocht es ein paar Minuten mit der Rinde, richtet es durch ein Tamis, daß die Rinde zurückbleibt, und kocht den Wein mit 750 g. Zucker zu einem ordentlich dicken Syrup, was etwa 15 bis 20 Minuten erfordert.

### 9. Capillaire-Sirop.

Eine Handvoll Capillaire-Kraut wird mit siedendem Wasser angebrüht und 12 Stunden zugedeckt stehen lassen und durch ein Tuch gerichtet, es muß dann noch 250 g. Wasser bleiben. Dies Wasser wird nun über 500 g. Zucker geschüttet, zusammen in einem ehernen Tüpfi auf der Gluth verschaumt, nur langsam ein wenig gekocht und wieder durch ein ganz dünnes Tuch oder Tamis gerichtet; wenn dieser Syrup beinahe kalt ist, so mischt man für 25 Cts. Eau de fleur d'orange darein und gießt ihn dann in Flaschen.

### 10. Andere Art.

Zu 500 g. Zucker nimmt man 4 dl. frisches Wasser, und wenn man ihm eine schöne Farbe geben will, einen Eßlöffel voll gestampften schwarzen Zuckerkandis, läßt diesen im Wasser schmelzen und schlägt ein Eiweiß darein, und läßt den Syrup, wohl verschaumt, einkochen, bis er breit von der Schaumkelle fällt. Nun gießt man ein halbes Gläschen doppelt gebranntes Pomeranzenblüthenwasser dazu und richtet den Syrup, wenn er wieder kochen will, durch ein dünnes Tuch an.

### 11. Quitten-Liqueur.

Man wischt die Quitten mit einem Tuch ab, reibt sie am Reibeisen, stellt sie bis den folgenden Tag in den Keller, drückt sie dann durch ein Tuch, und nimmt auf 1½ l. Saft 1½ l. gutes Kirschwasser, 250 g. gestoßenen Zucker und 30 bittere Mandeln, schüttelt alles gut untereinander, zieht es in Flaschen ab und läßt es etwa 8 Wochen auf einem warmen Ofen stehen. Nachher seihet man es durch ein Tuch oder Papier und schüttet es in Flaschen zum Aufbewahren. Sollte es nicht süß genug sein, so kann man Zuckersyrup hinzufügen.

### 12. Orange-Liqueur.

In 1½ l. Kirschwasser läßt man während 2—3 Wochen die Rinde von 6 Orangen einweichen, drückt dann den Saft der Orangen aus und kocht ihn mit 1 kg. 250 g. Zucker zu einem dicken Syrup und gießt eine Flasche guten Wein hinzu, preßt das Kirschwasser mit der Rinde durch ein Tuch aus, gießt es auch zu dem Syrup und rührt es gut untereinander. Die Rinde kann man mit Zucker einkochen, wenn man will, und nimmt man dazu halb so viel Zucker, als die Rinde wiegt.

### 13. Curaçao.

Von 8 süßen Orangen wird die Rinde ganz fein abgeschält, so daß gar nichts von der weißen Haut daran bleibt, die Rinde in eine halbmäßige Flasche gelegt, diese mit gutem Kirschwasser gefüllt und gut zugemacht 4 bis 6 Wochen an einen trockenen Ort hingestellt. Nach dieser Zeit wird von 250 g. Zuckerkandis mit Wasser ein nicht gar dicker Syrup gemacht, und wenn er kocht, so wird das Orangewasser durch ein dünnes Tuch gerichtet, der Syrup darunter gemischt und nachher filtrirt. Es muß nur sehr langsam durchlaufen. Das Papier wird trichterförmig in einen Trichter gestellt, und wenn es dick wird, daß es gar nicht mehr abtropft, so wird ein frisches Papier genommen.

### 14. Münzen-Rosolis.

In eine Flasche Kirschwasser legt man eine große Handvoll Münzeästchen, stellt sie an die Sonne oder auf den warmen Ofen und rüttelt sie von Zeit zu Zeit; nach 4—6 Wochen seihet man es durch ein Tuch, wirft die Münze weg und mischt 250 g. braunen, gestampften Zuckerkandis in das Kirschwasser, stellt sie wieder an einen warmen Ort und schüttelt die Flasche öfters; sobald der Zuckerkandis geschmolzen, ist der Rosolis fertig.

### 15. Persicot.

Man legt nach und nach so viel Pfirsichsteine als man will, in gutes Kirschwasser und stellt es an die Sonne während 6 Wochen; nimmt 1½ l. Kirschwasser, 500 g. Zuckerkandis, zu einem dicken Syrup gekocht, fügt es dem abgelaufenen Kirschwasser bei, läßt es durch ein Tuch seihen und thut es in Flaschen.

### 16. Vert-jus.

Man nimmt weiße Trauben, bevor sie ganz reif sind, drückt den Saft daraus und läßt ihn durch Filtrirpapier fließen, macht einen gut geläuterten Syrup von Zucker, im Verhältniß von 1 kg. Zucker und 500 g. vert-jus. Wenn der Syrup schön dick ist, wird das Jüs hinzugethan und auf je 500 g. Jüs die Rinde einer Citrone, läßt es einige Minuten kochen, richtet es durch ein Tuch und füllt es in Flaschen.

### 17. Glühwein.

In eine Flasche rothen Wein legt man 125 g. Kandis oder weißen Zucker, nebst einem Stückchen Vanille, ein wenig Zimmt und Citronenschalen, läßt ihn auf dem Feuer wie hartgesottene Eier kochen und gibt ihn warm zur Tafel.

### 18. Limonade.

Auf ³/₄ l. Wasser reibt man zwei schöne Citronen am Zucker ab, schabt ihn in eine Schüssel, drückt den Saft von den Citronen auch dazu, gießt nach und nach Wasser daran, und wenn der Zucker geschmolzen ist, füllt man es in Gläser oder Flaschen.

### 19. Mandelmilch.

Man schält 200 g. süße und 50 g. bittere Mandeln, stößt sie ganz fein, gießt nach und nach 1½ l. Wasser daran, preßt es durch ein Tuch, stößt es noch einmal und preßt es wieder durch; dann läutert man ein Stück Zucker und rührt ihn unter die Mandelmilch.

### 20. Punsch.

Man reibt 500 g. Zucker an der Rinde einiger Citronen ab, zerbröckelt ihn und läßt ihn in einer Schüssel, ein wenig heißes Wasser darüber, schmelzen, drückt den Saft von 5 Citronen durch ein Tamis oder eine Serviette, gießt 4 dl. Arak oder eine Flasche Rhum und 1½ l. Wasser dazu und deckt die Schüssel sogleich zu; man kann auch 10 g. feinen Thee mit dem Wasser anrühren; auch gibt es einen angenehmen Geschmack, wenn eine süße Pomeranze dazu genommen wird. Ist der Punsch für Damen bestimmt, so kann mehr Zucker genommen werden.

### 21. Andere Art.

1½ l. Wasser wird siedend über 15 g. Thee gegossen, legt 250 g. Zucker in großen Bröcklein auf einen Rost wie zum Brod bähen, stellt den Rost auf eine Suppenschüssel, zündet den Zucker, mit 4 dl. Arak ganz benetzt,

mit einem Papier an und läßt ihn durch den Rost hinab=
brennen; sobald er nicht mehr brennt, muß er mit dem
Arak wieder befeuchtet und angezündet werden, dann läuft
er gleich wieder. Wenn aller Zucker in die Schüssel ge=
schmolzen ist, reibt man von einer Citrone die Rinde an
einem Stückchen Zucker ab, preßt von sechs Citronen den
Saft mit einem Citronenpresser auch darein und gießt den
angesetzten Thee hinzu; dann kann noch 4 dl. Rheinwein,
Burgunder oder alter Markgräfler darunter gemischt werden;
hat man nicht von diesen Sorten Wein, so wird der Punsch
verdorben; es ist daher besser, man lasse den Wein weg
und mache ihn ohne denselben.

### 22. Eier=Punsch.

Zu 12 Gläser altem weißem Wein werden 4 Gläser
Arak genommen, und mit einem großen Stück Zucker einen
Augenblick aufgekocht, gießt es in einen Topf, worin schon
das Gelbe von 12 Eiern zu Schaum geschlagen wurde,
setzt damit diesen Topf mit der sämmtlichen Flüssigkeit auf
ein Kohlenfeuer, fährt fort das Ganze mit einem Beseli
schaumend zu schlagen, während man einen Stengel Vanille
klein zerschnitten mit 4 dl. Wasser auskocht; dieses Vanille=
Wasser wird nun auch in den Topf gegossen und dann der
Punsch schaumend und heiß servirt.

### 23. Bischoff.

Man nimmt 3—4 schöne Pomeranzen, macht mit
einem Messer Einschnitte und steckt Nägeli und Zimmt
hinein, steckt die Pomeranzen auf hölzerne Spießchen und
bratet sie auf Kohlen, legt sie in eine Schüssel nnd gießt
3 l. rothen Wein darüber und läßt es zugedeckt an einem
warmen Orte etwa 6 Stunden stehen; man kann die
Orangen auch einigemale mit einem Löffel ausdrücken.
Dann preßt man ihn durch ein Tuch und versüßt ihn mit
Zucker.

### 24. Nußwasser.

Acht bis zehn mittlere Baumnüsse, die noch keine
harte Schale haben, durchsticht man hie und da mit einer